市民を雇わない国家

日本が公務員の少ない国へと至った道

前田健太郎［著］

東京大学出版会

A STATE WITHOUT CIVIL SERVANTS
Japan's Public Sector in Comparative Perspective
Kentaro MAEDA
University of Tokyo Press, 2014
ISBN978-4-13-030160-2

目　次

序　論 ——————————————————————— I
　　1. 本書の構成（4）
　　2. 制度論による説明（7）
　　3. 公務員数の抑制と行政改革（14）
　　4. 探究の方法（16）

第1章　日本の小さな政府 ——————————————— 19
第1節　日本の公務員数は本当に少ないのか　20
　　1.「官の大きさを示す実態」（21）
　　2.「実態」の実態（24）
第2節　公務員数の国際比較　33
　　1. 国際機関の統計（33）
　　2. 世論調査（37）
第3節　公務員数の意味　39
　　1. 公務員数と官僚制の権力（40）
　　2. 公務員数と公共サービスの供給の効率性（42）
　　3. 公務員数と女性の社会進出（47）
小　括　49

第2章　小さな政府への道 ——————————————— 51
第1節　事実による公務員数の説明の限界　52
　　1. 日本の行政組織の効率性（53）
　　2. 国の人口規模（56）
　　3. 国民の価値観（58）
　　4. 事実による説明の限界（60）
第2節　公共部門の拡大と拡大停止　62
　　1. 経済発展と公共部門の拡大（62）

2. 下からの圧力，上からの改革（66）

第3節　公務員数の少ない国への変化　72
1. 戦後日本の公務員数（73）
2. 経済発展と公務員数の推移（78）
3. 変化の理由（81）

小　括　84

第3章　上からの改革 ——————————————85

第1節　公務員の給与と行政改革　86
1. 総定員法の謎（87）
2. 総定員法案の審議風景（90）

第2節　制度による制約　92
1. 給与制度と財政（92）
2. 国際経済の制約（98）
3. 行政需要に対応するための行政改革（107）

小　括　109

第4章　戦後改革と制度の選択 ——————————111

第1節　公務員の給与制度の形成　112
1. 団体交渉制度の導入と崩壊（113）
2. 人事院の設立（118）
3. アメリカの冷戦戦略と人事院勧告（121）

第2節　為替相場と緊縮財政　124
1. 終戦直後の貿易管理（124）
2. 冷戦と占領政策の転換（127）
3. 為替相場の設定の帰結（132）

第3節　制度の選択と定着　134
1. 戦後日本の歴史的条件（135）
2. 人事院勧告の定着（139）
3. 為替相場の定着（145）

小　括　148

第5章　給与と定員 —————————————————— 149

第1節　高度成長期の文脈　150
1. 保守政権の経済政策の変化（150）
2. 春闘の成立（154）
3. 民間部門から公共部門への賃金上昇の波及（157）

第2節　人事院勧告と行政改革　160
1. 所得倍増計画と第一臨調（160）
2. 財政硬直化打開運動から総定員法へ（167）
3. 総定員法の成立（172）

第3節　行政改革の影響　176
1. 地方公務員数の抑制（176）
2. 政府外の組織の膨張（181）
3. 行政改革の持続（187）

小　括　189

第6章　イギリスの転換 —————————————————— 191

第1節　国際経済の制約と戦後イギリスの経済政策　192
1. 長期停滞の構図（192）
2. ポンドの制約（194）

第2節　国際収支問題と所得政策　197
1. 賃金交渉の制度（197）
2. 国際収支問題と労使交渉（200）
3. 1960年代の行政改革（206）

第3節　IMF危機と所得政策の崩壊　208
1. 労使紛争の激化とヒース政権による所得政策の挫折（210）
2. IMF危機と労働党政権による緊縮財政への転換（212）
3. 「不満の冬」とサッチャー政権の誕生（216）

小　括　220

第7章　福祉国家と行政改革 —————————————————— 223

第1節　脱工業化と福祉国家の拡大　224
1. 福祉国家の発展過程（224）
2. 脱工業化と公務員数（226）

3. 拡大の限界（230）

第2節　政権の党派性と福祉国家改革　233
  1. 政党政治と福祉国家（233）
  2. 政権党と公務員数（236）
  3. 福祉国家の拡大が止まるタイミング（239）

第3節　給与問題と行政改革　248
  1. コーポラティズムと官公労組（248）
  2. 例外的なコーポラティズム：オーストリアの事例（251）
  3. 政府主導の給与設定：フランスの事例（253）

小　括　256

結　論　257
  1. 古い現象としてのガバナンス（258）
  2. 閉ざされた女性の社会進出への道（260）
  3. 行政改革の持続性と日本の公務員制度（263）

参考文献　269
あとがき　293
索　引　299

序　論

　資本主義社会における国家の役割を考える上で，市場競争による経済的繁栄を目指す立場と，国家の介入による社会的不平等の是正を志向する立場があるとすれば，1980 年代以降の先進諸国で優位に立ったのは前者の立場である．欧米諸国では，イギリスのマーガレット・サッチャーやアメリカのロナルド・レーガンのように国家の役割の縮小を掲げる指導者が台頭し，民営化や規制緩和などの改革に乗り出した．日本でも，中曽根康弘や小泉純一郎が同様の政策路線を追求し，三公社民営化や郵政民営化などに代表される一連の改革を実行した．2008 年のリーマン・ショックと 2011 年の東日本大震災を経た現在も，その傾向が根本的に逆転したことを示す兆候は見られない．

　今日の日本において国家の役割の縮小を主張する論者に共通するのは，自国の官僚制が他国と比べて強い権力を持っているという認識である．実際，こうした見方を支持する学説を探すことは難しくない．従来から，日本では多くの研究者が官僚制の政治的な役割の大きさに着目し，その影響力の強さを巡って論争を繰り返してきた[1]．海外の研究者も，日本における官僚制の政治的な役割の大きさを前提に，産業政策や規制政策の研究を盛んに行ってきた[2]．官僚

---

1) 初期に主流であったのは，欧米諸国との比較に基づき，日本の官僚制の持つ権力の強さを強調する議論である（辻 1969；伊藤 1980）．この官僚優位論に対して，1980 年代には日本の事例の再検討が進み，個別の政策分野における専門性を身に付けた政権党の政治家が「族議員」として官僚制に対する影響力を行使していることが強調された（村松 1981；猪口・岩井 1987；佐藤・松崎 1986）．しかし，近年ではこうした政党優位論の根拠とされるような政治家の影響力は，逆に党内の権力を分散させ，官僚制の割拠性を強化し，内閣による一元的な政策決定を妨げるものだという考え方が強くなっている．他の議院内閣制諸国との比較において，このような政官関係に基づく日本の政治制度は「官僚内閣制」と呼ばれることもある（飯尾 2007）．

2) 最も大きな注目を集めたのは，旧通商産業省（通産省）の産業政策である（Johnson 1982; Samuels 1987; Okimoto 1989）．また，旧大蔵省による金融規制も重要な研究対象として取り上げられてきた（Rosenbluth 1989; Vogel 1996; Amyx 2004）．

制が企業をコントロールしていると見るべきか，両者が協力していると見るべきか，力点の置き方は学説によって違うものの，日本では市場に対する国家の影響力が他国よりも強いという認識が学界の内外で広く共有されてきたのである．

　その一方で，興味深いことに，日本の官僚制の組織としての規模は多くの面で他の先進諸国よりも小さい．電力，航空，鉄鋼，造船など第二次世界大戦後に多くの産業部門を国有化した他の先進諸国とは対照的に，日本は 1990 年代までに郵便事業を除く主要な国営企業を民営化しており，イギリスと並んで先進国で最も幅広く民間企業による経済活動が行われている国となっていた（Hodge 2000, 26）．また，日本の財政支出の規模も，政府消費支出と社会保障支出とを問わず，一貫して先進国の中で最低の水準にあった（Tanzi and Schuknecht 2000, 25; Lindert 2004, 14）．つまり，世間で信じられているような日本の官僚制の権力の強さは，少なくともその組織の規模には反映されていないのである．

　本書は，こうした日本の官僚制の規模を示す指標の中でも，公務員数が極端に少ないという事実に注目する．ここでの公務員数とは，その絶対数ではなく人口に占める割合を指す．経済協力開発機構（OECD）が 2005 年に実施した国際比較調査によれば，国営企業の職員を除いた一般政府職員が日本の労働力人口に占める割合は約 5% であった（OECD 2009, 67）．この数字は OECD 加盟国の平均の 3 分の 1 程度に過ぎず，その大半を占める欧米先進国はもちろん，後発工業国の中で最も公務員数の少ない韓国に比べても低い水準にある（図 0.1）．すなわち，国際的に見れば，日本は市民を雇わない国家であるという点において際立った特徴を持っているのである．

　それでは，なぜ日本の公務員数は他の先進国に比べて少ないのか．これが，本書の取り組む問いである．近年の日本では，公共部門の運営を効率化するという目標の下，中央省庁と地方自治体とを問わず公務員数の削減が進められてきた．しかし，日本の公務員数が既に他国に比べて大幅に少ないのだとすれば，こうした改革を行う意義は明らかではない．我々は，利益の少ない改革に大きなエネルギーを注いできたのではないかという疑問も湧いてくる．その意味で，この問いに取り組むことの意味は小さくない．

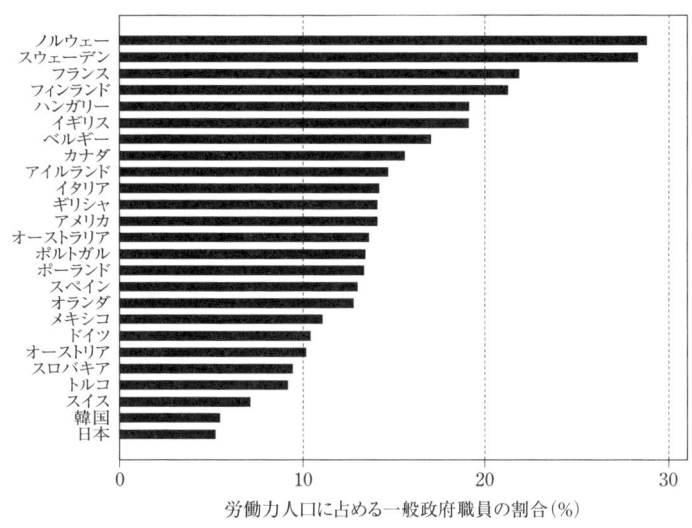

図 0.1 公務員数の国際比較 (2005 年)

　そのための第一歩は，問題設定の前提となる事実を確認する作業である．日本の公務員数が少なく見えるのは，公務員の定義が外国と違うからに過ぎないのではないか．政府系企業や外郭団体の職員まで含めれば，日本の公務員数は遥かに多くなるのではないか．こうした疑問は，本書の執筆を進める中で何度も投げかけられた．しかし，第1章で示すように，日本と諸外国の公務員数の差を数え方の違いによって説明することはできない．その理由は，公共部門と民間部門の境界線上にある公益法人や独立行政法人などの組織の職員の人数が，国家公務員や地方公務員などの標準的な意味での公務員に比べて遥かに少ないことにある．そうである以上，公務員の定義を広げて，これらの職員を算入したとしても，国際比較の中での日本の位置付けは全く変わらないのである．

　他方，日本の公務員数が少ないという認識を共有する論者の間でしばしば見られるのが，その理由を公共部門が他国よりも効率的に運営されていることに求める議論である．例えば，稲継裕昭は，日本の公務員数が他国よりも少ないのは，その人事制度が職員の意欲を向上させ，それを通じて公共部門の効率性を高めた結果であると論じている（稲継 1996, 59-67）．しかし，本書はこの見解には与しない．第1章で詳しく述べるように，公務員数が少ないことは，公

務員ではない主体が公共サービスの供給を担っていることを示すものではあっても，公共部門が効率的に運営されていることを示すものではないからである．日本の行政組織を，職員の活動量の多い「最大動員のシステム」として特徴付けた村松岐夫の，「日本の省庁官僚制の最大動員という特徴を作り出している第一の要因は，リソースが少ないことである」という主張が正しければ，公務員が少ないから官僚制が活動的なのであって，官僚制が活動的だから公務員が少ないのではない（村松 1994, 28-30）．

　本書では，日本の公務員数が他国よりも少ない理由を，経済発展の早い段階で行政改革に着手し，公務員数の増加を抑制したことに求める．すなわち，福祉国家が成熟した後に行政改革を開始した欧米諸国と異なり，第二次世界大戦後の高度成長期に公共部門の膨張を防いだからこそ，日本の公務員数は長期的に低い水準に留まったと考えるのである．こうした行政改革のタイミングの早さを説明する重要な要因として，本書では日本の公務員制度，特に人事院勧告を中心とする給与制度に注目する．第二次世界大戦後に作られた日本の公務員制度の特徴は，公務員の労働基本権，特に争議権と団体交渉権を制限する一方で，その代償として人事院という独立性の高い人事行政機関を設置し，その勧告によって給与水準を設定する仕組みを採用したことにある．このため，政府は財政状況に応じて公務員の給与水準を抑制する手段を欠くことになった．その結果，人件費の膨張を防ぐための政策手段が公務員数を抑制するという方法に限定された政府は，経済発展の早い段階で行政改革に乗り出したのである．つまり，公務員の経済的利益を守る制度が，逆に公務員数の増加に対する政府の危機感を生み，官僚制の拡大を封じたというのが本書の考え方である．

　以下，この序論では，本書全体の構成をまとめた上で，その理論的な立場を示し，最後に研究方法について述べる．

1. 本書の構成

　本書の各章では，次の順序で問いを立てながら考察を進める．
・日本の公務員数は本当に他国よりも少ないのか（第 1 章）
・日本の公務員数はいかにして他国よりも少なくなったのか（第 2 章）
・日本の公務員数の増加が早い時期に止まったのはなぜか（第 3 章・第 4

章・第 5 章)
・他の先進国ではいかなる理由で,どの時点で公務員数の増加が止まったのか (第 6 章・第 7 章)

　第 1 章では,日本の公務員数が他国よりも本当に少ないのかどうかを確認する.ここでの中心的な知見は,国家公務員と地方公務員に加えて政府系企業や外郭団体の職員を数えたとしても,国際比較から見た日本の公務員数はほとんど変わらないということである.さらに,この章では国際機関の公式統計や国際世論調査データを検討し,日本の公務員数の少なさが公務員の定義の違いによって生じているわけではないことを示す.その一方で重要なのは,この事実が日本の公共部門の運営の効率性を示すものではないということである.公務員数が少ないことは,あくまで日本の政府が創出する雇用の規模が他国よりも小さいことを意味するに過ぎないのである.

　第 2 章では,現在の日本と他国の公務員数の違いが生じたメカニズムを考察する.ここで注目するのは,経済発展に伴って公務員数が増加するという歴史的傾向の中で,政府が行政改革を開始するタイミングの持つ重要性である.公務員数の削減はその増員に比べて政治的に難しいため,一度拡大した公共部門を縮小するのは容易ではない.逆に言えば,早い段階で公務員数の増加を止めた国では,民間委託などの間接的な手段を用いて公共サービスを供給し,公務員数を低い水準で維持することが可能となる.こうした公共部門の規模の経路依存性を踏まえれば,現在の各国の公務員数は,公共部門の拡大が止まったタイミングにも依存すると考えられる.この章では,経済発展の水準から見た日本の公務員数が第二次世界大戦前までは比較的多かったことを示した上で,その傾向が戦後の高度成長期に消滅したことを明らかにする.すなわち,日本は他国に比べて早い時期に行政改革を開始し,公務員数の増加に歯止めをかけた事例だと考えられるのである.

　第 3 章では,日本で早い時期に公務員数の増加が止まった理由を解明するための手掛かりを探るべく,1969 年に制定された「行政機関の職員の定員に関する法律」(総定員法)の事例研究を行う.この事例を取り上げる目的は,当時の政策決定者が直面していた制約の内容を明らかにすることである.特に注目するのは,総定員法を制定する理由を,人事院勧告による公務員の給与水準

の上昇への対応として政府が説明していたという事実である．この時，政府が人事院勧告への対応を重視していたのは，ブレトン・ウッズ体制下の日本において周期的な国際収支問題が発生する中で，人件費の膨張によって財政支出が硬直化することを懸念したためであった．つまり，政府による公務員の人件費のコントロールが難しい給与制度が採用されていたことが，高度成長期の行政改革を促したと考えられるのである．

　第4章では，第二次世界大戦後の占領期まで時代を遡り，人事院勧告を中心とする給与制度が採用された理由を考察する．出発点は，この制度が，連合国軍総司令部（GHQ）の手で，公務員の組織的な利害に反して選択されたことである．ここでは，このGHQによる制度選択が，しばしば言われるような米ソ冷戦の悪化に伴う「逆コース」の帰結ではなかったことを強調する．人事院の制度設計は，終戦直後から激化した公共部門の労使紛争に対応するため，日本が冷戦に巻き込まれる前から既に進んでいた．そして，アメリカの冷戦戦略によって占領政策が転換し，1ドル＝360円の為替相場が設定された際には，ドッジ・ラインに伴う緊縮財政が，人事院による給与勧告と衝突することになった．つまり，この時代に官公労組に対する弾圧が繰り返されたにもかかわらず，長期的に公務員の給与を引き上げる仕組みが作られたのは，公務員制度の設計が冷戦の論理とは独立に行われたことの結果なのである．こうした制度がその後の日本に定着した理由は，人事院の設置に最も強く反対する官公労組の急進派が制度の導入過程で弱体化したことにある．つまり，関係者の幅広い合意に基づく制度が選択されたのではなく，外生的に選択された制度によって，それに反対する主体が淘汰されたのである．

　第5章では，このような形で占領期に選択された公務員の給与制度が，その意図せざる結果として経済発展の早い段階で行政改革を促したメカニズムを明らかにする．高度成長期の保守政権が積極財政路線と同時に行政改革を打ち出したのは，占領期の行政整理が継承されたからではなく，人事院勧告によって人件費が外生的に膨張したためであった．春闘が開始され，それに続いて急速な経済成長が進むと，民間部門が公共部門の給与水準を引き上げ，財政当局の手を縛ることになった．第一次臨時行政調査会（第一臨調）を初めとする1960年代の行政改革への取り組みは，こうした変化への対応として位置付け

られる．その結果，この時代には地方公務員の増加する速度を抑制する試みも開始され，公務員に代わって公共サービスの供給を担う公益法人などの政府外の組織が膨張することになった．それ以後，国際収支問題が解消される一方で，財政状況が急速に悪化した結果，公務員数が再び増加に転じる条件は失われたのである．

以上の議論の妥当性を示すには，日本と異なる制度を選択した他国の事例との比較が必要となる．第6章では，第二次世界大戦後に日本以上に厳しい国際収支の制約に晒され続けながら，1970年代半ばまで公務員数が増加し続けた事例として，イギリスを取り上げる．この章では，イギリス政府が公務員の給与の抑制によって国際収支問題に対処し続けたことを示した上で，そうした対応が労使紛争の激化によって困難になった時点で公共部門の拡大が止まったことを明らかにする．重要な転換点となったのは，1976年のポンド危機に伴う国際通貨基金（IMF）の介入であり，サッチャー政権が登場する頃には既に公務員数の増加は止まっていたのである．

第7章では，欧米先進国全体に比較対象を拡大して分析を行う．ここでは，統計データを用いながら，経済発展に伴う公共部門の拡大局面と拡大停止局面を区別できることを示した上で，各国が行政改革に踏み切るタイミングは政権の党派性とは関係がなかったことを明らかにする．その上で，国際収支問題によって財政的な制約を課せられた国の中でも，政府が公務員の給与を抑制しやすい制度を採用していた国では公務員数の増加が長期間に渡って続いたことを比較事例研究によって示す．

結論では，本書の知見を要約し，そこから導かれる理論的・政策的な含意を述べる．

2. 制度論による説明

本書の目的は，日本の公務員数が他の先進諸国よりも少ない理由を説明することである．国家と市場の関係を対象とする点で，本書は政治学の中でも政治経済学と呼ばれる分野に属する研究であり，理論的には制度論の立場から書かれている．制度論とは，国家間の差異が生じる理由を各国における社会集団の力関係や国民の文化的な価値観ではなく政治制度や経済制度の違いに求める理

論の総称である．ここでは，制度論に基づく説明を他の種類の説明と対比し，本書が制度を重視する理由を述べる[3]．

　日本の公務員が少ない理由を人事院が給与を決める仕組みに求める本書の議論を聞いて，戸惑う読者も少なくないだろう．給与制度とは給与を決めるための制度であって，公務員数を決めるための制度ではない．制度が重要だというのならば，むしろ定員管理法制の運用に注目すべきではないか．例えば，日本の国家公務員の増加を防ぐ上で有効だったとされる総定員法の総量規制方式を，外国の仕組みと比較すべきではないか（大森 1980；増島 1980）．このような，制度の働きをその設計目的に照らして評価する行政学的な観点からの疑問は，全く不自然なものではない．

　そこで，まず強調しておくべきなのは，本書の目的が日本と諸外国の公務員数の差を生んだ直接的な原因を探ることではないということである．確かに，総定員法の運用の仕方が日本の国家公務員数を極めて正確に説明するのは間違いないが，それは説明として満足のいくものではない．というのも，公務員の大半を占める地方公務員がその規制の外にあるという問題とは別に，そうした定員管理の仕組みが作られた理由が説明されていないからである．より根本的に公務員数を規定する原因を探るには，そもそも公務員数を低い水準に抑えるという政策判断を政府が行った理由を明らかにしなければならない[4]．

　そう考えると，次に目が行くのは日本における社会集団の政治的な力関係，特に労働運動を基盤とする左派勢力の弱さである．他の先進諸国と比較した日本の大きな特徴は，自由民主党（自民党）という保守政党が長期に渡って政権の座に就いていたことにある．労働組合の組織力が弱く，日本社会党などの社

---

[3]　様々な種類の制度論に関する学説の整理は既に数多く行われているので，敢えて屋上屋を重ねることはしない．アメリカの研究者の間では，それぞれ学説史的起源の異なる歴史的制度論・合理的選択制度論・社会学的制度論という三つの「新制度論」の特徴を区別するべく，主に歴史的制度論の立場を取る研究者の手で様々な整理が行われてきた（Thelen and Steinmo 1992; Hall and Taylor 1996; Thelen 1999）．こうした制度論の考え方については，日本語でも紹介が行われている（河野 2002；建林・曽我・待鳥 2008, 36-64；北山 2011, 30-40）．

[4]　社会現象の直接的な原因と，それを規定する根本的な原因の区別は，North and Thomas（1973, 2）に倣う．

会民主主義政党がほとんど政権を担えなかった日本では，公共部門の労働者の意見が政策に反映されにくく，その結果として公務員数が他国よりも低い水準に抑え込まれた可能性がある．社会民主主義政党や労働組合が強い国ほど財政支出の規模が大きいことは，数多くの国際比較研究が示してきた通りであり，公務員数の規定要因もそれと同様に理解できそうに見える（Stephens 1979; Korpi 1983; Esping-Andersen 1990; 新川 1993；Huber and Stephens 2001）．

しかし，この説明もやはり十分なものではない．というのは，そもそも自民党政権が公務員数を低く抑える政策を選択した理由は何なのかという次の疑問が浮上するからである．経験的に言えば，同じ保守政党でも国ごとにその政策志向は大きく異なる．例えば，政府の役割の縮小を明示的に掲げて労働党と対決したサッチャー政権期のイギリス保守党などとは異なり，自民党は野党である社会党の政策位置に接近する形で再分配的な政策を掲げたと言われている（蒲島 2004, 20；大嶽 1999, 20）．さらに理論的に言えば，得票率の最大化を目指す二大政党は同じような政策位置へと収斂するという合理的選択論者の議論や（Downs 1957），資本主義社会では財界が政府に対する特権的な影響力を持つというマルクス主義的な色彩を帯びた議論に見られるように（Lindblom 1977），政府は政権の党派性に関係なく常に世論や経済状況の制約を受ける．従って，保守政党が公共部門の縮小を目指すとは一概に言えない以上，自民党政権が長期化したことは日本の公務員数が他国よりも少ない理由を説明する根本的な原因であるとは言えないのである[5]．

そもそも，制度論が登場する以前の主要な社会科学の理論は，各国の政治経済体制が経済発展に導かれて一定の方向に収斂すると考える傾向にあった．マルクス主義の場合，技術進歩を原動力とする単一の歴史的発展の軌道が存在し，経済構造の段階的な発展と共に階級対立が先鋭化する．政治制度や文化などの「上部構造」が経済的な「下部構造」に規定される以上，国家は資本家の道具に過ぎず，各国の差異は経済的な発展段階の違いに還元される．一方，1960

---

[5] これは，政権の党派性と経済政策の間の相関関係や因果関係が存在しないということではなく，政党の政策位置を説明する別の要因を考慮しなければならないということである．ただし，第 7 章で詳しく分析するように，本書は政権の党派性と公共部門の規模との間に因果関係を見出す見解自体に対してもやや懐疑的である．

年代に隆盛した産業社会論は，いわば自由主義の立場からのマルクス主義への対応であったものの，ここでも技術進歩は各国を同じ方向へ収斂させる働きを与えられた[6]．近代化によって社会の多元化が促進されると，階級対立が抑制されて豊かな産業社会が出現し，民主的な福祉国家が社会的平等を実現する．二つのパラダイムの描く未来図は正反対であったが，いずれも長期的な社会のモデルを一つに絞る収斂理論である点は共通していたのである（Berger and Piore 1980, 133-134; Goldthorpe 1984, 315-317）．

　制度論の特徴は，こうした資本主義社会の収斂圧力を前提に，政治経済体制の国際的な多様性が生じるメカニズムを説明する道具を提供したことである．その考え方に従えば，政治制度や経済制度は支配的な社会集団の利害を反映して作られるとは限らず，むしろその選択を制約し，利害関係の構造そのものを作り変える働きを持つ．同じような経済変動に直面する社会でも，歴史の分岐点において異なる制度が採用されれば，政策決定者に加わる制約の内容も変わる．それを通じて，従来とは異なる政策が選択されることで，収斂理論の想定する歴史の道筋から大きく外れた社会が出現する[7]．

　この点に関して，制度論を用いて国際比較の中で日本の政治経済体制の特徴を説明する従来の研究は，自民党政権が日本社会の各層に幅広く利益を分配したことを重視する傾向にあった．この種の研究としては，例えば労使協調的な賃金交渉制度に基づくインフレの抑制と寡占的な産業構造に基づく産業政策の成功が，国民の生活水準を向上させることを通じて自民党の長期政権を支えたという議論や（樋渡1991），大蔵省に強い権限を与える金融制度が赤字国債の消化を助けることを通じて自民党政権の利益誘導政治を可能としたという議論

---

[6] ただし，福祉国家を進歩の到達点と考える点で，産業社会論は自由放任型市場経済を理想とする古典的な自由主義とも大きく異なる（佐々木1999, 236）．

[7] このように収斂理論と制度論を対置する発想は，「資本主義の多様性」の議論にも継承されているが，そこでの収斂への圧力として想定されているのは経済のグローバル化である（Hall and Soskice 2001, 54-56）．グローバル化によって福祉国家の縮減や規制緩和などの「底辺への競争」が生じるという見方に対する初期の批判的な検討についてはBerger (1996) を参照．経済史における制度論の場合，説明の対象は，経済発展の水準の多様性である．新古典派経済学に従えば効率的な市場制度への収斂が生じるはずであるところ，非効率的な制度が持続した国では経済の停滞が続くことになる（North 1990, 6）．

がある（真渕 1994）．あるいは，中選挙区制に基づく選挙制度が政権党に特殊利害への応答を促した結果として，普遍主義的な社会保障制度ではなく公共事業や農業補助金などの「機能的等価物」が再分配政策の中心となったという議論などもある（Estévez-Abe 2008）．こうした制度論に基づく従来の有力な研究は，その規範的な立場はともあれ，日本の政治経済体制の平等主義的な性格を前提とするものであった[8]．

　本書はこうした従来の議論とは異なり，制度論を用いて自民党政権の排他的な側面を明らかにする．公務員数が他国よりも少ないということは，外郭団体や民間企業を通じた間接的な公共サービスの供給が行われることを意味し，組織の拡大を目指す官公労組の利害に反するだけでなく，公共部門における安定的な雇用を通じて社会進出を果たすことのできるはずの女性などの社会的弱者の利害にも反する（Huber and Stephens 2000; Iversen and Rosenbluth 2006）．こうした問題が目立たないのは日本の労働市場における公務員や女性労働者の存在感が薄いためであるが，実はそのこと自体が自民党政権による政策選択の結果なのである．そのような帰結をもたらしたメカニズムとして，本書は人事院勧告を中心とする公務員の給与制度が政権党に対して財政的な制約を加えたことを重視する．通常，日本の公務員制度が公務員一般に及ぼした最大の不利益は労働基本権を制約したことだと考えられているのに対して（辻 1969, 57），人事院勧告はそうした厳しい条件下に置かれた公務員の給与を凍結や削減から守る役割を果たしたという評価の方が一般的であろう（西村 1999, 269）．本書はこうした見解を否定するものではない．逆説的ではあるが，むしろ公務員の経済的利益を保護する給与制度が有効に機能したからこそ，自民党政権は公務員数の増加を封じる戦略を取ったというのが本書の考えである．

　とはいえ，検討するべき要因は他にもある．むしろ，より直観的に分かりやすいのは，思想や文化に基づく説明であろう．すなわち，日本の政策決定者が公務員を増やすべきでないという価値観を持っていたから，他国のようには公務員数が増えなかったのだという考え方である．その価値観の源泉としては，

---

8) 北山（2011）のように自民党政権の政策選択を規定した制度ではなく福祉サービスの供給における地方政府の役割の大きさに注目する議論も，国民皆保険制度が早い時期に実現したことを説明の対象としている点で，日本の福祉政策の平等主義的な面を強調する．

政治家や官僚の個性，政治エリートや専門家集団が共有する政策理念，そして国民の共有する文化的規範などがある．いずれにせよ，それらは社会集団の力関係とは独立に作用する思想的な要因である点に特徴がある．例えば，新自由主義が台頭する 1980 年代以降の先進諸国の行政改革を説明するのであれば，思想的要因に注目する分析は大きな力を発揮するに違いない[9]．日本の 1980 年代の行政改革についての解説も，その背景としてサッチャー政権以後の経済思想の変化に言及するのが一般的である（森田 2000, 41；大嶽 1997, 27）．

しかし，本書の問題設定に関して言えば，思想的要因に基づく分析の力は弱い．第 2 章で見るように，日本の人口に占める公務員の割合は高度成長期には頭打ちになっており，公務員数の増加の止まるタイミングは先進国の中では例外的に早かった．それにもかかわらず，標準的な日本政治史において，行政改革が自民党政権の重要課題として登場するのは，1981 年に第二次臨時行政調査会（第二臨調）を設置した鈴木善幸内閣を待たねばならない．それ以前の高度成長期における行政改革の取り組みは，政治指導者の重要な業績としては記録されていないのである（升味 1988, 450-457；北岡 1995, 201, 216-218）．

こうした早い時期の行政改革の見えにくさは，本書が制度論を用いるもう一つの理由を提供する．制度論の特性を理解する上で決定的に重要なのは，それが政治主体の抱く目的ではなく，それに対して加わる制約に基づいて社会現象を説明する議論だということである．やや乱暴に整理すれば，それは「したいこと」ではなく「できないこと」に基づく議論であると言い換えてもよい．思想や文化が政治主体の選好を内から作り出すものだとすれば，制度はそれを外から拘束する．そのことは，歴史の語られ方にも重大な影響を及ぼす．制度に

---

[9] この考え方を日本の政治経済体制の分析に導入したのは内山（1998）である．政治エリートの思想に注目するのは政治史研究における標準的なアプローチであるが，政治経済学の特徴はそれを社会集団の力関係や制度の影響から意識的に切り分け，その説明力の射程を検討するところにある．代表的なものとしては，1970 年から 1989 年までのイギリスのマクロ経済政策の転換を検討した Hall（1993）や，20 世紀のアメリカとスウェーデンにおける経済政策の歴史を通観した Blyth（2002）の議論がある．ただし，1980 年代の新自由主義的改革を政策理念の産物として理解する見方に対しては，Prasad（2006, 20-21）による強力な反論がある．すなわち，新自由主義の理念を掲げる政治勢力が影響力を行使しえたのは，それに先立って既に政権を獲得していたためであって，思想それ自体が独立に影響を及ぼしたわけでないというのがその主張である．

制約されて行われる政策選択は，必ずしも政治指導者の掲げる目標に従うものではない以上，それが実績として誇られることも少なく，政治史家の目にも止まりにくいからである．ここに，制度論による分析を行うことの意味がある．本書では，公務員数を抑制するという目標に従って行動する政治家のリーダーシップによって日本の公務員数が少なくなったと考えるのではなく，経済成長の促進や支持者への利益配分を目指す政策決定者が，その目的を達成するための手段を制度的に制約された結果，いわば副産物として公務員数の抑制を選択したと考えるのである．

最後に残るのは，制度がその設計者の意図をどこまで反映するのかという問題である．制度が政策に影響を与えるのであれば，各国の政策決定者は自らの選択したい政策に合わせて制度を設計するだろう．そうだとすれば，制度の働きは副次的なものに過ぎず，各国の政策的な差異をもたらす根本的な要因は政治エリートの思想や社会集団の力関係であるという結論に落ち着くことになるかもしれない（Iversen 2006, 617-618; Przeworski 2007, 167-169; Rogowski and MacRae 2008, 354-357）．例えば，日本の公務員制度を米ソ冷戦の激化に伴う占領政策の「逆コース」の一環として位置付ける見方からすれば，それが日本の公務員数を低い水準に抑制する働きを持っていたことは，占領期に保守勢力の優位が確立したのと同じ力学を反映したものとして理解されるだろう．

この問題については制度論者の間でも意見が分かれるが，本書は次のような立場を取る．歴史の分岐点において制度が作られてから時間が経つにつれて，その制度の影響を受ける人々の構成は変化する．その制度によって不利益を受ける人々は淘汰され，利益を得る人々は勢力を拡大する[10]．さらに，経済発展に伴う社会変動を通じて，制度を取り巻く利害関係者の配置は以前とは全く異なるものとなる．制度の設計者がこうした長期的な変化を見通すことはできない以上，制度の働きはやがて設計者の意図を反映しない形へと変化する（Pierson 2004, 108-122; Streeck and Thelen 2005, 24-29; Mahoney and Thelen

---

[10) 制度が利害関係者の力関係を変化させる現象は，制度のフィードバック効果と呼ばれており，歴史的制度論の中核を成すメカニズムである（Ikenberry 1994; Thelen 1999; Pierson 2004, 17-53）．制度の規範が関係者の利害そのものを規定するという社会学的制度論の考え方と同一視されることも多いが，そのメカニズムは大きく異なる．

2010, 10-14, 17-18).本書で扱う日本の公務員制度も，最終的には設計者の意図しない結果を生んだ．占領期に日本の公務員制度を設計したGHQのブレイン・フーヴァーの目の前にあったのは，終戦直後の公共部門における労使紛争の激化という短期的な課題であり，その制度によって公務員の人件費の膨張という課題が長期的に浮上するという可能性は全く予見されていなかった．制度の働きが時間の経過と共に変化したことは，その成立を支えた思想や権力構造に依存することなく歴史が作られたことを意味したのである[11]．

　もちろん，本書で描かれるのは日本の公務員数を低い水準に抑えたメカニズムの一部に過ぎない．制度に着目することは，逆に社会集団の力関係や政治エリートの思想が及ぼした影響を検討する余地を狭める．こうした限界を踏まえてなお本書に貢献できることがあるとすれば，それは従来の研究にはない物の見方を示すことであろう．そのための作業を行うのが本書の目的である．

3. 公務員数の抑制と行政改革

　本書において，公務員の給与制度と公務員数を結びつけるのは，行政改革のタイミングの早さである．日本における行政改革の研究の多くが1980年代以降を対象とするのに対して，本書では高度成長期以前に起きた出来事に注目する．本書で検討の対象とする行政改革には，公務員数の増加を止めるために行われる政策的な対応全般が含まれる．標準的な行政改革の概念を念頭に置くと，この用法には三つの点で注意が必要である．

---

[11] Streeck and Thelen (2005) と Mahoney and Thelen (2010) はこうした現象を制度変化 (institutional change) と呼んでおり，その考え方は日本にも紹介されている（北山 2011, 37-39）．しかし，本書ではこの用語法には従わない．これらの論者は，「制度の変化」と「制度の働きの変化」を（半ば意図的に）区別しておらず（Streeck and Thelen 2005, 18），読者の無用な混乱を招く恐れがある．具体的には，置換（displacement），累積（layering），漂流（drift），転用（conversion）という四類型（Streeck and Thelen 2005 では枯渇 exhaustion も加えた五類型）の内，環境の変化による既存の制度の効果の変化を意味する「漂流」と，既存の制度が別の目的のために利用される「転用」の二類型には従来の規則の改正も新たな規則の導入も伴わない．つまり，これらの類型において，少なくとも表面上は，制度変化が生じているわけではないのである（Mahoney and Thelen 2010, 16）．なお，本書をこの分類に当てはめるならば，制度の働きの変化が政策決定者を取り巻く環境の変化によって生じたという意味で，アメリカの社会保障制度の機能の変化を指摘したHacker (2004) と同じく，制度の漂流を対象とした研究として位置付けることができよう．

第一に，ここで扱うのは様々な種類の行政改革の中でもごく一部に過ぎない．西尾勝は，一定の制度的な構造を前提とした予算査定や定員査定を行う日常的な行政管理と，そうした制度そのものを変えるための非日常的な行政改革を対置する（西尾 2001, 369）．この区分に従えば，行政改革とは省庁再編や公務員制度改革を通じて官僚制の働きを改善することであり，公務員数を減らすことはその中心的な目標ではない．それにもかかわらず，本書が行政改革という言葉を用いるのは，少なくとも現代日本において，行政改革の実質的な成果は常に官僚組織の規模の縮小という観点から語られてきたからである．

　第二に，本書では第一臨調・第二臨調などの政府の諮問機関による改革提言ではなく，実際に行われた公務員数の抑制策を分析の対象とする．行政改革の背後にある思想の内容を調べることを目的とする研究の場合であれば，改革提言の内容を分析するのは有効な方法であろう（牧原 2009, 4-8）．しかし，本書のように官僚制の組織としての規模を規定するメカニズムに関心がある場合，諮問機関の提言が実施されたかどうかは必ずしも重要ではない．20世紀のアメリカ連邦政府における機構改革の試みを包括的に調査したジェームズ・G. マーチとヨハン・P. オルセンによれば，改革提言によって業務の効率化などの実質的な成果が出たことはほとんどない．行政改革を実施すべきだという「適切性の論理」が関係者に共有されても，行政改革によって達成すべき成果が何であるのかを示す「結果の論理」は必ずしも共有されないからである．従って，短期的に見れば，そうした行政改革の試みは政治指導者の意欲を表現するための文化的な儀式に過ぎないのである（March and Olsen 1989, 69-94）．日本でも，中央省庁の組織再編は多くの場合に政府の諮問機関の提言とは関係なく行われてきた（真渕 1999）．2001年の中央省庁再編のように改革提言が組織再編に結実した場合でも，それが政策過程の実質的な変化を生んだかどうかは明らかではないと言われている（金井 2012）．

　第三に，本書における行政改革には，人員の削減だけでなく，人員の増加の抑制も含まれる．通常，行政改革と言えば，国営企業の民営化のように，官僚組織の規模が縮小されるというイメージが強い．だからこそ，1980年代の行政改革にはそれ以前の行政改革に比べて遥かに大きな注目が集まってきた．しかし，行政改革を非日常的な変化として捉えるのであれば，まず日常的な行政

活動の姿を考えなければならない[12]．組織の規模が一定であるのが当たり前の世界では，組織を縮小して初めて行政改革と呼ぶに値する．しかし，資本主義社会の官僚制は，経済発展が続く限り，一般的に拡大を続ける性質を持つ．その理由は，官僚たちが自らの権限を拡大するために無駄な仕事を増やすからではなく，市民の生活水準の向上を伴う社会変動によって公共サービスに対する需要が増大するからである．つまり，第二次世界大戦後の日本や他の先進諸国のように持続的な経済成長を経験してきた社会では，官僚組織の膨張は病理現象ではなく，日常的な風景なのである．このように経済発展に伴う公共部門の拡大圧力を封じて官僚機構の規模を維持する作業は，決して目立たないかもしれないが，大きなエネルギーを必要とする．その意味で，本書で検討するような高度成長期の日本における行政改革の持つ意義は小さくないと思われる[13]．

4. 探究の方法

この序論を閉じるにあたり，本書を他の三種類の研究から方法論的に区別しておきたい．

第一に，本書は仮説の検証を目的とする研究ではない．そうした研究は，説明の対象となる結果をもたらした原因が既に絞り込まれていることを前提に，その原因が結果に及ぼした影響の大きさを推定するために行われる（King, Keohane, and Verba 1994, 141-142）．本書では，日本の公務員数が少ないという結果は分かっているのに対して，その原因は特定されていない状態から出発する．ここでの課題は，日本を含めた先進諸国を観察することを通じて，その結果が生じたメカニズムを可能な限り簡潔に定式化することである．そこから経験的な法則性を導き出すことは，本書の狙いではない（Elster 2007, 36）．

第二に，本書は複数の国の事例を並列する比較研究ではない．それは，本書の目的が，多様性ではなく逸脱を説明することにあるからである．各国の政策の多様性を説明するのが目的であれば，公務員数の多い国と少ない国を同じよ

---

[12] このような変化の捉え方は，「社会変動とは予想が実現しないことである」とするElster（1989, 160）の考えに従っている．

[13] 同様の指摘は福祉政策の研究でも行われている．労働者の経済的リスクが高まる状況下で社会保障制度が従来と変わらなければ，実質的な福祉水準は低下する（Hacker 2004）．

うに取り上げて比較しなければならない．これに対して，本書ではまず他国に見られる典型的な傾向からの逸脱事例として日本を位置づけ，その逸脱を説明する論理を組み立てた後に，その知見の妥当性を確認するために他国を典型事例として分析する[14]．そうである以上，外国の事例研究は日本の事例研究を補強する手段であって，それ自体が目的であるわけではない[15]．

最後に，本書の大部分は，研究書や雑誌論文などの二次資料に依拠して組み立てられている．高度成長期の行政改革については従来の研究が見逃してきた歴史的事実を踏まえている箇所があるものの，その他の部分については先行研究に多くを拠っている．こうした手法を用いるのは，本書の扱う対象が多岐に渡るためである．本書の目的は，新しい事実関係を明らかにすることではなく，既に個別の研究分野では知られている事実に関する一貫した説明を提示することにある[16]．日本に関して本書が重点的に扱う給与政策と財政政策という二つの分野については，既に行政学者の手で多くの優れた研究が行われてきた[17]．また，欧米の先進諸国における経済政策については，政治経済学における研究成果の蓄積がある．本書では，それらの成果を踏まえた上で，これまで別々に研究されてきた分野の間に密接な関係が存在することを示し，それを通じて日本における国家と市場の関係に新たな角度から光を当てることを目指したい．

---

14) 事例の多様性，逸脱性，典型性の区別は Gerring (2007, 91-101, 105-108) を参照．
15) こうしたスタンスは，主にヨーロッパ諸国の多様性を説明することを目指す比較政治経済学（comparative political economy）よりも，ヨーロッパ諸国から見た自国の例外的な発展過程を説明することを志向するアメリカ政治発展論（American political development）の考え方に近い．Orren and Skowronek (2004, 78-119) の整理に従えば，アメリカ政治発展論においては，秩序の構築，多様な歴史的変化の軌跡の形成，複数の秩序空間の維持，という三つの制度の働きが注目されてきた．それらの内，本書で扱う制度は第二の類型に当たる．代表的な研究としては，ヨーロッパとの対比で官僚制の成立過程を説明する Skowronek (1982)，イギリスとの対比で 20 世紀初頭の家族向け福祉政策の発展過程を示す Skocpol (1992)，カナダとイギリスとの対比で民間中心の健康保険の成り立ちを説明する Hacker (1998) などが知られている．
16) North (1981, 71) によれば，二次資料は「一次資料と理論の間の中間財」である．
17) 給与政策については松並 (1990；1991)，稲継 (1996；2005)，西村 (1999)，財政政策については山口 (1988)，真渕 (1994)，牧原 (2003) が代表的な研究である．

第1章　日本の小さな政府

　日本の公務員数が他国よりも少ないというのは本当か．本章の目的は，この問いに答えることである．定義が国際的に統一されている国内総生産（GDP）のような指標と比べて，公務員数には各国の公務員の数え方の違いが大きな影響を与えている可能性がある．そうである以上，日本の公務員数が少ない理由を探究する前に，その問題設定の前提となる事実を確認しておくのが本章の狙いである[1]．

　ここでは，まず公務員の定義が日本の公務員の数え方に与える影響の大きさを検討する．日本の政府が発表する公式の数字としての公務員数は，人事院の年次報告書に「公務員の種類と数」という見出しで掲載されている．2013年度の数字を見ると，日本の公務員数は約339.3万人であり，人口の僅か3%を占めるに過ぎない[2]．しかし，今も昔も，この数字を額面通りに受け取らずに懐疑的な目を向ける者は繰り返し現れてきた．その理由は，日本には独立行政法人や公益法人の職員など，公共部門と民間部門の境界線上で公務員と同等の待遇を享受する市民が多数存在するため，それらを加えれば公務員数が大幅に多くなると信じられてきたことにある．そこで，本章では日本の政府に比べて広い公務員の定義を用いたとしても，他国と比較した日本の公務員数が極めて少ないという事実は変わらないことを示す．

　次に検討するのは，日本と他国の公務員数の比較可能性である．もとより，完全に比較可能な指標は存在しない以上，問題となるのは公務員の数え方の違いが国際比較を妨げるほど深刻なバイアスを生むかどうかである．本章で重視

---

1) こうした作業を記述的推論（descriptive inference）と呼び，因果的推論（causal inference）の準備作業として位置付けることもある（King, Keohane, and Verba 1994, 55）．しかし，ここでの狙いは，あくまで国際比較の中での日本の位置付けを確認し，本書の問題設定の妥当性を示すことである（Elster 2007, 15）．

2) 人事院「平成25年度　年次報告書」http://ssl.jinji.go.jp/hakusho/hakusho/25_mokuji-zenbun.pdf（2014年7月31日アクセス）

するのは，1990年代以降の国際機関による調査手法の改善と，国際的な世論調査の発達によって，公務員数の国際比較を妨げてきた障害が大幅に緩和されたことである．ここでは，これらの新たなデータにおいても日本の公務員数は国際的に見て極端に少ないことを確認する．

最後の問題は，公務員数という指標の持つ意味である．公式統計に表れる公務員数が多くの日本人の感覚と乖離する一つの理由は，それが官僚制の権力の強さや公共部門の運営の効率性の指標としての意味を持たないことにある．ここでは，公務員数がそのような価値と直結する指標ではないことを示した上で，公共部門の雇用が女性の社会進出を促進する機能を持つことを強調する．このように見方を変えれば，他国に比べて公務員数が少ないという事実は日本人の感覚とも合致すると思われる．

以下，第1節では公務員を数える際に生じる問題について触れ，その数え方を変えても日本の公務員数は大きくは変わらないことを示す．第2節では，諸外国と比較した日本の公務員の数を把握するために，公務員数に関する国際機関の統計資料に加えて，世論調査データに基づく国際比較を行う．第3節では，これらの検討を踏まえた上で，公務員数の持つ意味について考察する．

第1節　日本の公務員数は本当に少ないのか

一般的に，OECDなどの国際機関が公務員数の国際比較を行う際には，組織をコントロールする主体と，その組織が供給する財の種類による分類が行われる．まず，広義の公務員とは，民間部門と区別された公共部門（public sector）の職員である．ここには，民主的な政治過程を通じて選出された政治家，またはそれらの政治家が任命した者が運営する組織に雇用された市民が含まれる．さらに，公共部門の職員は，中央省庁や地方自治体に勤務する一般政府部門（general government sector）の職員と，国営企業部門（public corporations sector）の職員に分けられる．この内，一般政府職員が生産した財・サービスは主として政府が購入するのに対して，国営企業職員の場合には市民が消費者として自ら購入主体となる（Hammouya 1999, 3）．

この分類で言えば，本書が検討の対象とするのは，一般政府職員である．日

本の人事院が「公務員の種類と数」として発表する公務員数は国家公務員数と地方公務員数の合計であり，概ね一般政府職員に相当する．また，序論で紹介したOECD (2009) のデータにおいても，国際比較の基準となっているのは一般政府職員である[3]．しかし，こうした公務員の定義が狭すぎるという批判はあり得る．政府や国際機関の数字は日本の公務員数の実態を反映していないのではないか．公務員の定義を広げればその数は大幅に多くなるのではないか．本節では，こうした疑問に答えたい．

1.「官の大きさを示す実態」

> 国民8人について1人の役人を養っているといわれる日本のお役人はんらんの実情は自立経済へ門出する講和の締結を前に十分批判されてよいであろう．

これは，1951年7月15日付の『読売新聞』に掲載された「行政整理はどうあるべきか」と題する記事の最初の一文である．1950年の日本の人口は約8400万人であるから，この数字に従えば当時は1000万人を超える公務員がいたことになる．しかし，『日本統計年鑑』を用いて同年の公務員数を調べると，国家公務員と地方公務員を全て合わせた人数は290万人程度にすぎない[4]．

この記事に限らず，日本の公務員の人数について調べていると，公式統計とかけ離れた数字に出会うことがある．第二次世界大戦後の占領期の日本の新聞や国会の議事録には，日本の公務員の人数として，「国民の7人に1人」といった表現がしばしば登場する．その数字は時と場合によって「6人に1人」から「8人に1人」の範囲で変動するものの，こうした表現は遅くとも1947年半ばには登場し，膨張した公務員数の削減を要求する政治家やジャーナリストのレトリックとして1950年代前半まで広く用いられ続けたようである[5]．

---

[3] ただし，国有林野事業の現業国家公務員と地方公務員に含まれる公営企業等会計部門職員はOECDの分類では国営企業職員に含まれる．
[4] 国家公務員が約158万人，地方公務員が約133万人である．
[5] 国会で最初にこの表現が登場するのは，1947年9月22日の衆議院司法委員会における日本自由党の鍛冶良作の発言である．

それでは，なぜジャーナリストや政治家の口にする公務員数と公式統計の数字との間に数倍もの開きが生じたのだろうか．その答えを知るためには，この表現が使われ始めた時点に遡ればよい．1947年6月11日付の『読売新聞』は，その前月に成立したばかりの片山哲内閣が行政整理によって公務員の人件費を削減する方針を固めたことを次のように報じている．

　　終戦後の官吏人員は戦争後といえども少しも低下せず，現在250万人の官吏を擁している．これは1人が4人扶養家族を持つとすれば1250万人となり，官吏及び同家族に対し国民は6人で1人の官吏を養っている形となっている．このため，今回画期的な行政整理を断行して余剰人員の淘汰を行い，適正賃金による高能率を期し，整理による人員に対しては失業保険制度による救済を行おうとするものである．

つまり，国民の「6人に1人」や「8人に1人」といった数字は，それが登場した当初は，公務員の人数に家族を加えて人為的に膨らませたものだったのである．それが，いつの間にか公務員の人数そのものとして噂話のように広まったということなのであろう．

公式統計の数字と乖離した公務員数は，現在でも折に触れて出現する．その際に用いられるのは，中央省庁や地方自治体の職員だけでなく，その外郭団体の職員を加えれば，公務員の数が遥かに多くなるという論理である．実在の組織が登場するという意味で，この議論にはそれなりの説得力があり，具体的な数字も挙げられている．2005年10月31日付の『日本経済新聞』に掲載された記事は，日本の公務員数を約400万人と紹介した後，以下のように続ける．

　　この数字を国民1,000人あたりに直すと日本は約35人．総務省の調査によると，フランスは約96人，英国は約73人，米国は約81人．この数字でみると日本は小さな政府といえる．
　　しかし，日本経団連の調査によると，中央政府と関係が深い公的部門で働く人はざっと135万人いる．内訳は各省が設置を認めた財団法人など公益法人に51万人，政府が出資する企業に45万人，政府系金融機関など特

殊法人に15万人，国立大学に13万人などだ．地方の第三セクター企業や公益法人など地方自治体と関係が深い部門を含めれば，さらに規模は大きくなるが，この具体的な統計はない．

　国税庁がまとめた2003年の源泉所得税の納税状況をみると，政府部門の就労者に区分される人は893万人いた．これには公務員だけでなく，公社，公団，政府系金融機関の職員や役所で働くアルバイトらも含まれるが，この数字が公務員数で見た官の大きさを示す実態に近いとみられる．400万人とされる水準の2倍を超す．

人事院の年次報告書によれば，2005年の日本の公務員数は約406万人であった．しかし，この記事が述べる通り，本当は893万人も実質的な公務員が存在していたのであれば，政府の発表する数字は実態とかけ離れていたことになる[6]．

　日本の財政規模を考慮すると，確かに公式統計に表れる日本の公務員数は奇妙なほど少ないように見える．図1.1に示したのは，OECD統計に基づく各国の財政支出の規模と公務員数の関係である．ここでは，横軸がGDPに占める中央政府と地方政府を合計した財政支出の割合を，縦軸が労働力人口に占める一般政府職員の割合を表しており，OECDによる公務員数の調査が行われた2005年の数字を用いた上で，二つの変数の間の傾向を示すために，回帰直線を当てはめている．この分析に従えば，財政支出の水準が1%高い国では，平均して公務員数が約0.5%多い．回帰直線に近い位置にある国は，その公務員数が財政規模から予測される程度の水準にあることを意味する．注目すべきは，回帰直線の遥か下に外れた日本の位置である．その財政支出がGDPの40%を占めるのに対して，公務員数は僅かに労働力人口の5.3%にとどまる．この年の日本の労働力人口は約6650万人であるから，公務員数は約350万人ということになる．これは，人事院の発表する公務員数から国有林野事業や地

---

[6] この数字は日本の公務員制度について論じる研究者や評論家にも頻繁に取り上げられている（中野 2006, 16；福岡 2010, 56-57）．2005年度の公務員数については，人事院「平成17年度　年次報告書」http://ssl.jinji.go.jp/hakusho/h17/jine200602_1_004.html（2014年7月31日アクセス）

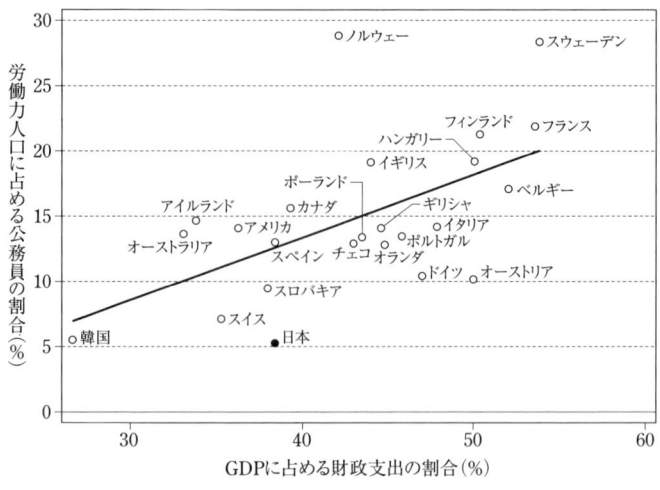

図 1.1 財政支出と公務員数（2005 年）

方公営企業等の職員を除いたものに相当する．同程度の財政規模にあり，公務員が労働力人口の 15% を占めるアメリカやカナダなどと比べて，日本の公務員はその約 3 分の 1 にすぎない．さらに，日本の公務員数は回帰直線から予測される水準の半分以下であり，同じく回帰直線から下に外れたドイツ，オーストリア，スイスなどと比べても逸脱の度合いは大きい．

　この図に対する一つの解釈は，実質的には公務員に相当する市民が日本では公務員として数えられていないために，財政支出の割に公務員数が少なく見えるというものである．それでは，公務員の定義を広げてそのような市民を含めれば，公務員数は大きく増えるのか．そして，893 万人という数字は，本当に日本の公務員数の実態に近いのか．その答えを探るのが次の課題となる．

2.「実態」の実態

　これまで政府が報告してきた公務員数の国際比較において，日本の公務員数は常に極端に低い水準にあり続けてきた．1970 年代以降，伝統的に日本の比較対象とされてきたのはイギリス・フランス・アメリカ・ドイツの 4 カ国である．2006 年の総務省の資料によれば[7]，軍事部門を含めた日本の公務員数は約 400 万人であり，人口 1,000 人当たり 33.6 人である．これに対して，ドイツ

は 57.9 人，アメリカは 78.4 人，イギリスは 78.8 人，フランスは 89.7 人となっている．この数字は，前述の『日本経済新聞』の記事に示されたものとはやや異なるものの，やはり日本は他の国々よりも極端に小さな政府だということになる．この結論は軍人を除いても全く変わらず，同じような傾向は過去に行政管理庁が実施した公務員数の国際比較にも表れている（増島 1979；福井 1983）．

　しかし，人を数えることは政治的な行為である．近代国家は，国勢調査を初めとする各種の統計調査の実施を通じて，市民を分類し，数え，管理することを試み続けてきた（Scott 1998, 81-82）．ヴィクトリア朝時代にマレー半島に進出したイギリスは，それまでの現地の支配者たちとは対照的に，徴税の対象とならない女性や子どもまで徹底的に数え上げ，この時に作られた様々なエスニック集団のカテゴリーは，後にこの地域の国民意識の核となった（Anderson 1991, 164-170）．19 世紀のアメリカでは，当時流行していた人種理論の影響から，混血人種の出生率を確かめる目的で，白人とそれ以外の人種を明確に分類することに大きなエネルギーが注がれた（Nobles 2000, 26-31）．現代の民主国家も，常に市民を数え続けている．

　公式統計における公務員も国家による分類の一つにあたる以上，その数が何らかの政治的な意図を反映して構築される可能性は常に付きまとう．例えば，人事院の年次報告書に掲載される「公務員の種類と数」は，中央省庁の予算定員と，総務省の「地方公共団体定員管理調査」の結果を合計したものである．そこには政府と関係の深い公益法人などの外郭団体に勤務する職員は含まれず，民間企業に天下りを行った公務員も含まれていない．官僚たちは，自分たちに対する行政改革の圧力を和らげるために，意図的に公務員数が少なくなるような数え方をしているのではないか．そうした疑問が浮かんでも不思議ではない．

　このような問題意識に応えるのが，政府よりも広い定義を用いて公務員を数え直す試みである．その中でも重要な成果であると思われるのは，2005 年に内閣府経済社会総合研究所が野村総合研究所（野村総研）に委託して作成された報告書「公務員数の国際比較に関する調査」である．この報告書では，「公

7）　第 1 回行政改革推進本部専門調査会参考資料 6「公務員の種類と数」http://www.gyoukaku.go.jp/senmon/dai1/sankou6.pdf（2014 年 3 月 31 日アクセス）

表1.1 公務員の分類（2005年）

		人事院「公務員の種類と数」		野村総研「公務員数の国際比較に関する調査」	
国	特別職	防衛庁職員	274,000	国防省・軍人	252,000
		大臣，副大臣等	400	行政機関・議会・司法	364,000
		特定独立行政法人役員等	200		
		国会職員	4,000		
		裁判官，裁判所職員	25,000		
	一般職	非現業国家公務員	301,000	公社公団	342,000
		検察官	2,000		
		国営企業（林野）職員	5,000		
		特定独立行政法人職員	69,000		
		日本郵政公社職員	262,000		
		（なし）		政府系企業（非特定独立行政法人・国立大学法人・特殊法人）	309,000
地方	一般職	一般行政・教育・警察・消防	3,117,000	行政機関，議会	2,652,000
		地方公営企業		地方公社・公営企業	813,000
		（なし）			
		公務員	4,059,600	正規職員	4,732,000
		（なし）		＋嘱託職員	651,000
		合計	4,059,600		5,383,000

共セクターとして分類される組織の職員数をできるだけ幅広くとらえる」という目的に従い，日本の他にイギリス・アメリカ・フランス・ドイツの各国の統計資料に基づいた公務員数の比較が行われている．日本の場合，自衛官を含む国家公務員や地方公務員に加えて，特殊法人，独立行政法人，地方公社の職員，さらには正規職員に加えて嘱託職員も公務員の数に含まれている．その結果，公務員の数は約538万人へと大幅に上方修正され，人事院の2005年度の年次報告書における「公務員の種類と数」に示された約406万人という数字を3割程度上回った（野村総合研究所2005）．

　この二つの資料における数字の違いがどのように生じているかを確認するために，ここでは数字の内訳を比較してみることにしたい（表1.1）．左の列に示したのは2005年の「公務員の種類と数」における公務員の分類別の人数であり，右の列に示したのは「公務員数の国際比較に関する調査」における公務員の分類別の人数である．

この表において注目に値する点は，大きく分けて三つある．第一に，「公務員の種類と数」に含まれているカテゴリーは全て野村総研の「公務員数の国際比較に関する調査」に含まれている．第二に，二つの数字の差の約半分は，正規職員数の違いによって生じている．例えば，「公務員数の国際比較に関する調査」には，国家公務員の「政府系企業」というカテゴリーに，非特定独立行政法人，国立大学法人，特殊法人の職員数が算入されている．さらに，地方公務員については「地方公社・公営企業」というカテゴリーに，公営企業，地方自治体が25％以上出資している社団法人，財団法人，株式会社・有限会社，および地方三公社（地方住宅供給公社，地方道路公社，土地開発公社）の役職員が含まれている[8]．第三に，二つの数字の差の残りは，「公務員数の国際比較に関する調査」が正規職員だけでなく約65万人の嘱託職員を算入していることによって生じている．ここには，予備自衛官も含まれているが，大半は国や地方自治体の臨時・非常勤職員である[9]．

　この野村総研の「公務員数の国際比較に関する調査」を読む上で重要なのは，それが日本における公務員の定義を拡大した場合に含まれる可能性があるものをほぼ全て含んでいることである．例えば，公務員の天下り先として批判されることの多い中央省庁や地方自治体の外郭団体は，特殊法人であれば「政府系企業」に，地方自治体と関係の深い公益法人であれば「地方公社・公営企業」に含まれる．さらに，ここには正規職員に比べて雇用条件の遥かに悪い非常勤職員や臨時職員も含まれている．このように，見方によってはかなり強引に公務員の定義を広げたにもかかわらず，この報告書に表れる数字は「公務員の種

---

[8] このデータの出典は『地方公社総覧』であるが，これは総務省が毎年実施している「第三セクター等の状況に関する調査」における「第三セクター等」の定義とほぼ同じである．ただし，ここには公立大学の職員等を含む地方独立行政法人は含まれていない．

[9] このうち地方自治体の嘱託職員については，2000年の全日本自治団体労働組合（自治労）による調査に基づいて31.2万人という数字が記載されている．しかし，非常勤職員や臨時職員の正確な数を把握するのが難しい点には注意が必要である．これらの非正規職員は，常勤職員に比べて賃金が低く，身分保障を欠いているだけでなく，その賃金も経理上は人件費ではなく物件費として扱われており，地方公務員給与実態調査や地方公共団体定員管理調査の対象外となっている（布施 2008, 56-66）．政府の報告する数字に従えば，旧自治省が1990年代初頭に行った調査では約20万人とされていた臨時・非常勤職員が，総務省が2008年に実施した調査では約50万人に増加している（上林 2012, 19-28）．

類と数」に比べて 3 割程度しか大きくならないのである．

　この数字を補正する余地があるとすれば，地方自治体の出資比率が 25% 未満の公益法人の職員数を含めることである．従来，公益法人に関する大規模な調査は林・入山（1997）に限られていたが，現在では内閣府が毎年発行している『特例民法法人に関する年次報告』（2008 年までは総務省『公益法人に関する年次報告』）により，財政規模や職員数別の公益法人のデータが明らかになっている．例えば，2010 年の場合，社団法人と財団法人を合わせた公益法人の団体数は合計で 22,783 団体である．これらの団体の規模は，基本的に小さい．財団法人の多くは零細であり，数十人の職員を雇用している例すら稀である．これに対して社団法人に関してもいくつかの大きな団体は存在するものの，目立つものはそれほど多くない．ここには，日本医師会や日本経済団体連合会（日本経団連）などの利益集団も含まれている．

　こうした組織に勤務する人々を公務員と同一視することには違和感があるかもしれないが，我々の問題関心に応える上で重要なのはそれらの組織の大きさである．「公務員数の国際比較に関する調査」では，「地方公社・公営企業」の人数を集計する際，「地方公営企業」については総務省の集計した地方公務員数の内訳に基づく 2004 年のデータを，「地方公社」については『地方公社総覧』2002 年のデータを用いて，81.3 万人という数字を弾き出している．ここでは，比較の基準となる年を揃えるため，2006 年のデータを見てみよう．総務省の「地方公共団体定員管理調査」によれば，公営企業等会計部門の職員数は 411,701 人である．一方，『地方公社総覧』は 2002 年を最後に発行されていないため，ここでは同様の数字を集計している総務省の「第三セクター等の状況に関する調査」の数字を用いる．この資料によれば，第三セクター等・地方公社・地方独立行政法人の役職員の合計は 318,604 人であり，その内で社団法人と財団法人に相当する民法法人の役職員は 147,739 人であった．これに対して，同年の『公益法人に関する年次報告』では，社団法人と財団法人の役職員の合計は 1,022,659 人となる[10]．つまり，「公務員数の国際比較に関する調査」には，90 万人近い公益法人の職員が含まれていないことになる（図 1.2）．そ

---

[10] 内訳は理事 397,261 人，監事 55,768 人，職員 569,630 人．

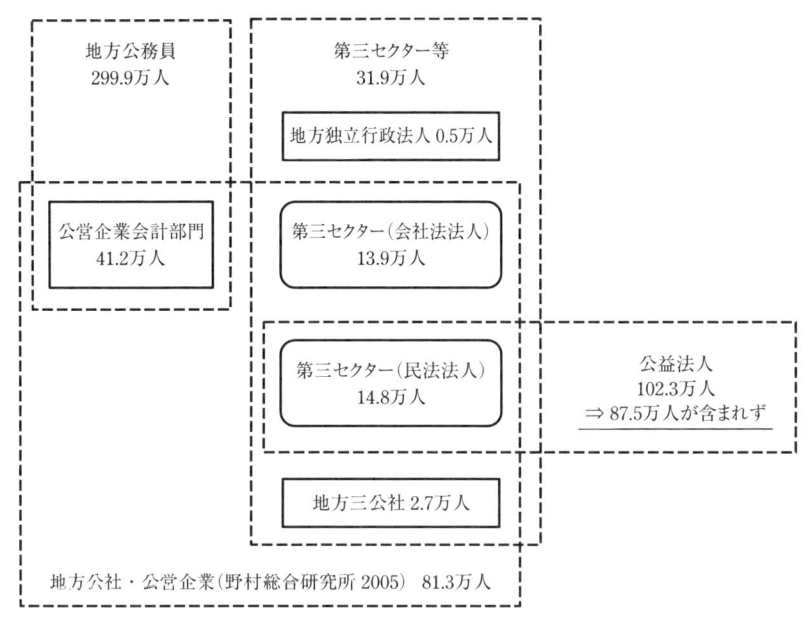

第1節　日本の公務員数は本当に少ないのか　　29

```
┌─────────────────┬──────────────────────────────┐
│  地方公務員      │    第三セクター等            │
│  299.9万人       │    31.9万人                  │
│                  │  ┌────────────────────────┐  │
│                  │  │ 地方独立行政法人 0.5万人│  │
│                  │  └────────────────────────┘  │
│  ┌────────────┐  │  ┌────────────────────────┐  │
│  │公営企業会計部門│ │第三セクター(会社法法人) │  │
│  │  41.2万人   │  │  │   13.9万人             │  │
│  └────────────┘  │  └────────────────────────┘  │
│                  │  ┌────────────────────────┐  ┌──────────────┐
│                  │  │第三セクター(民法法人)  │  │ 公益法人      │
│                  │  │   14.8万人             │  │ 102.3万人     │
│                  │  └────────────────────────┘  │⇒87.5万人が含まれず│
│                  │  ┌────────────────────────┐  └──────────────┘
│                  │  │  地方三公社 2.7万人    │  │
│                  │  └────────────────────────┘  │
│  地方公社・公営企業(野村総合研究所 2005) 81.3万人
└─────────────────┴──────────────────────────────┘
```

図 1.2　公営企業・地方公社・公益法人（2006 年）

れを 538 万人という広義の公務員に加えれば，その数は 600 万人を上回る．

　公務員の定義を広げるとすれば，このあたりが限界であろう．重要なのは，こうした作業の結果として国際比較から見た日本の公務員数がどれほど変わるかである．それを視覚化したのが，図 1.3 である．ここでは，過去に日本の政府が行った公務員数の国際比較の結果を，野村総研の「公務員数の国際比較に関する調査」と比較している．この図から分かるのは，調査の年度が違うために多少は国の順位の入れ替わりがあるものの，日本の公務員数が他の 4 カ国よりも少ないという傾向だけは 20 年以上の期間を通じて一貫していることである．こうした数字に対して，『日本経済新聞』の記事に表れた数字は，突出して大きい．「公務員数の国際比較に関する調査」における日本の公務員数に，そこに含まれない公益法人の役職員を全て加えても，『日本経済新聞』の数字に到達するどころか，従来と微かに違う数字にしかならないのである．

　このように，統計資料をいくら掘り起こしても，『日本経済新聞』の記事にある「893 万人」という数字には全く接近する気配がない．残された手段は，

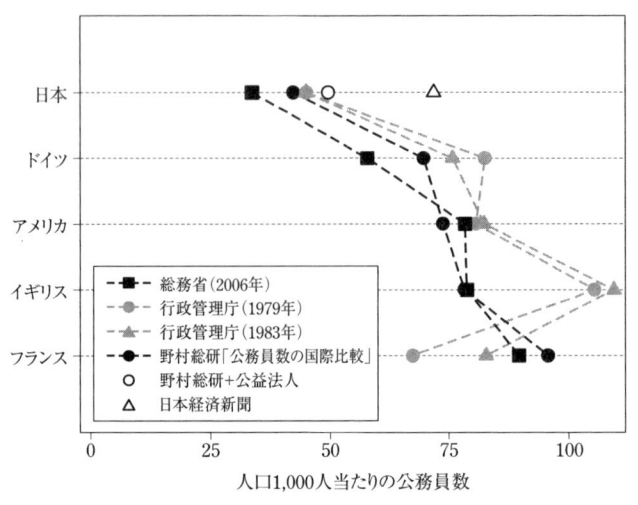

図 1.3 複数の定義に基づく公務員数の国際比較

記事の依拠する資料に直接当たることである．そこで，国税庁の『国税庁統計年報書』の 2003 年度版を確認すると，源泉所得税の対象となる給与所得者のうち，「官公庁」の人員は確かに 893 万人と記されている．他の年度を見ても，その人数は 900 万人前後を推移しており，最後にデータの残る 2006 年には 917 万人に達している（図 1.4）．これを日本の公務員数の「実態」とすると，野村総研の推計を 400 万人近く上回り，人口 1,000 人あたり 71.7 人となる．我々は何か重要な集団を数え忘れているのだろうか．

この謎の答えは，源泉所得税の納税者数の内訳を見ると明らかになる．『国税庁統計年報書』の 2006 年度版の場合，源泉所得税対象となる給与所得者のうち，「官公庁」以外のカテゴリーである「その他」の納税者は約 6693 万人であり，両者の合計は約 7611 万人である．この数字は，総務省統計局の「労働力調査」に基づく同年度の就業者数の 12 カ月平均（6389 万人）を大幅に上回っており，それに基づいて源泉所得税納税者の給与所得の平均を取ると約 319 万円という極めて低い水準になる．「官公庁」の平均は 348 万円，「その他」の平均は 315 万円である（表 1.2）．一方，国税庁の実施する「民間給与実態統計調査」には全く違う数字が表れる．ここでは，約 5340 万人の給与所得者の 8 割強にあたる約 4485 万人の 1 年勤続者が給与総額の実に約 97％ を占めてお

第1節 日本の公務員数は本当に少ないのか

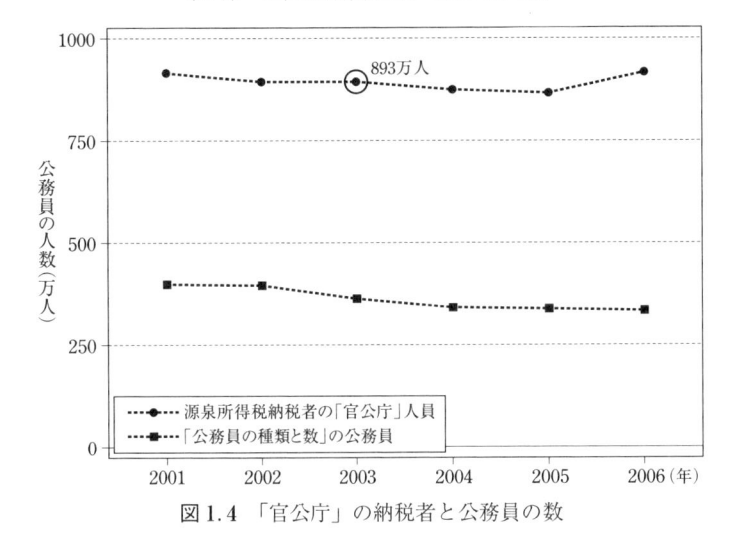

図1.4 「官公庁」の納税者と公務員の数

表1.2 納税者数と給与所得者数（2006年）

	人数（a）	給与金額（b）	平均（b÷a）
源泉所得税納税者	7611万人	243兆円	319万円
官公庁	917万人	32兆円	348万円
その他	6694万人	211兆円	315万円
民間給与実態統計調査	5340万人	200兆円	375万円
1年勤続者	4485万人	195兆円	435万円

り，その平均給与は約435万円である．これは民間企業の給与の平均であり，「その他」の源泉所得税納税者の平均給与額である約315万円を120万円ほど上回る．このような違いが生じるのは，源泉所得税の徴収票によって数えられた納税者の数に，公共部門や民間部門の雇用によって生計を立てる市民だけでなく，それぞれの部門で少額の給与を得て源泉徴収票を受け取った市民も全て含まれているためである．従って，『日本経済新聞』の記事は，公務員数とは直接の関係がない数字を抜き出しているのである．

最後に，「天下り」の問題に触れておこう．天下りの定義は曖昧であり，それを通じて民間企業や外郭団体に再就職する公務員の全体数を厳密に割り出せる資料はない（Colignon and Usui 2003, 22-27）．また，公表されている資料もほぼ中央省庁に限られている．しかし，天下りという現象は新聞の見出しにお

いては目を引くものの，公務員の数を考える上では桁違いに規模が小さい．例えば，総務省が国家公務員法に基づいて公表する中央省庁の管理職職員の再就職件数を見ると，2012年度の再就職者数は公益法人と民間企業を合わせて1,122人であった[11]．また，これまで天下りによって再就職した公務員の総数を示す数字は存在しないが，この問題に関して最も大きな数字が提示されたのは2009年5月に国会で行われた民主党の鳩山由紀夫党首と自民党の麻生太郎首相の党首討論であろう．この討論の中で，鳩山は公益法人と独立行政法人への官僚の天下りを批判し，次のように述べた．

> 民主党の若いメンバーが中心となって調査をいたしました．つい先日，結果が出てまいりました．天下りです．どの位いると思いますか．4,500の天下り団体に25,000の天下った方々がおられて，そこにですよ，国の予算がどのぐらい出ていると思います．12兆1000億円のお金がそこに流されているわけです[12]．

この鳩山の発言は日本の官僚の特権性を表すものとして広く報道されることになったが，冷静に考えれば，約12兆円の財政支出はともかく，2.5万人という天下りの件数は決して大きな数字であるとは言えない．その人数が仮に本当だったとしても，それは公益法人の役職員全体の2%程度にすぎないからである[13]．むしろ，ここまで見てきた数字を踏まえれば，天下りは公務員の数を考える上ではほとんど影響を及ぼさない変数であるといえよう．

以上のように，「実態」をいくら追究したところで，欧米諸国のような巨大な公共部門が現れることはない．その単純な理由は，公式統計の定義する公務員数に比べて，国営企業や第三セクターなどの組織に勤務する職員数が少ない

---

11) 国家公務員法第106条の25第2項等の規定に基づく国家公務員の再就職状況の公表（総括表）http://www.soumu.go.jp/main_content/000248458.pdf（2014年3月31日アクセス）

12) 国家基本政策委員会合同審査会，2009年5月27日．

13) なお，この鳩山の主張に対しては自民党側も財務省の資料に基づいて反論を行っている．それによれば，実際に補助金が支出されているのは1,606法人，公務員の再就職者は14,665人であり，その人件費は1026億円だったという（塙2013, 264）．

ことである．国家公務員と地方公務員が数百万人規模であるのに対して，そうした組織の職員数は文字通り桁違いに少ない以上，その人数を加えたとしても公務員数は大きくは変わらない．そもそも，日本の公務員数自体が諸外国に比べて極めて少ない以上，そのような小さな数字の比率を取ることで出てくるのは，同じように小さな数字である．このため，定義を広げることで公務員数が何割か変動しても，国際比較の観点からはほとんど影響が生じない．つまり，日本の公務員数が多少「実態」から外れていたところで，それが他の国と比べて遥かに低い水準にあるという事実そのものは変わらないのである．

第2節　公務員数の国際比較

その定義を広げても，日本の公務員数が他の先進国の水準に届く可能性は低い．そうであれば，次に考慮すべき問題は外国と日本の公務員数の比較可能性である．そこで，まず本節では国際機関の統計データを検討する．かつて各国の公務員の数を比較するのを妨げていた問題の大きな部分は，一般政府職員と国営企業職員の区別が行われていなかったことであった．これに対して，近年の統計資料では明確に二つの部門が区別されており，一般政府職員の比較が可能になっている．また，一般政府職員の内訳を見ても，日本は全ての分野で公務員数の少ない国であることが分かる．さらに，本節では国際世論調査のデータを検討し，市民から見た公共部門における雇用の規模を確認する．その場合にも，日本の公務員数は他国に比べて極端に少ないことが見出される．

1. 国際機関の統計

公務員数の国際比較のための取り組みは，1980年代に始まり，1990年代に大きく発展した．最初は国際機関や大学の研究者が独力で統計資料を収集して各国の公務員数を集計していたため，一般政府職員と国営企業職員の区別が曖昧な場合や，調査年のばらつきが多い場合もあるなど，そのデータの質には課題が残されていた．これに対して，現在ではOECDや国際労働機関（ILO）が各国の統計機関に対する質問紙調査を実施しており，統一的な定義に基づく公務員数の統計データの収集が試みられている．その結果，公務員数に関する

国際比較データは以前に比べて遥かに充実したものになった[14].

　こうした試みがどれほど実を結んだかを確認するために，OECD と ILO のデータを比べてみよう．ここでは，OECD 統計における 2005 年のデータを用いて，加盟国を一般政府職員の多い順に上から並べ，同年の ILO 統計に基づく一般政府職員数と国営企業職員数のデータを重ね合わせる．その結果が，図 1.5 である．この図を見ると，OECD と ILO の一般政府職員数は多くの国でほぼ一致しており，大きな違いが生じているのはギリシャやポーランドなど一部の国に限られていることが分かる．日本に関しても，OECD と ILO のデータにやや乖離が見られるものの，OECD のデータは一般政府職員数を正確に示している[15]．こうした数値の一致もあってか，OECD は 2005 年以降公務員数の調査を実施しておらず，近年は ILO の調査に依拠して公務員数を測っている (OECD 2011, 102).

　このように公務員数全体を比較した上で，確認しておく必要があるのは，公務員の職種別の内訳である．日本の公務員数が他の国より少ないのは，特定の部門に限られた現象かもしれない．そうだとすれば，その部門における雇用者数の違いを説明することで，日本の公務員数が少ない理由を説明できる．先進諸国の政治経済体制の特徴に関する標準的な理解を前提にすると，ここには三

---

14) 初期の試みとしては，主に先進国を対象とする OECD の調査 (OECD 1982) と，発展途上国も含めた IMF の報告書 (Heller and Tait 1983) の二つの試みが知られている．1990 年代については，世界銀行が 100 カ国を対象とする調査を行った (Schiavo-Campo, De Tommaso, and Mukherjee 1997)．しかし，こうした調査においては各調査者が独自の手法を用いたため，公務員の定義の統一性については曖昧なままであった．一部の欧米諸国に関しては，Flora and Alber (1983) が 19 世紀まで遡って一般政府職員数を収集する一方で，Rose (1985) は国営企業職員まで含めた資料を収集するなど，研究者の手による従来よりも厳密な比較の試みもあったが，その対象となる国の数は限られていた．OECD では，1990 年代に入って公務員数の比較可能性の向上に関する検討が進められ (OECD 1992; 1994; 1997)，従来のように統計資料を収集する方法に代えて，各国の統計機関に対する質問紙調査を 1995 年と 2005 年に実施した (OECD 2002; 2009)．こうした OECD の取り組みと並行する形で，ILO も 1990 年代後半から 100 カ国以上に対する調査を開始しており (Hammouya 1999)，その調査結果は公共部門雇用 (public sector employment) の指標として ILO のデータベース (LABORSTA) で公開されている．

15) ILO の統計では，日本の公務員数は 2006 年の数字であり，444.99 万人となっている．その内訳を見ると，福祉部門や教育部門の公務員が日本の公式統計よりも多く計上されている．

第2節　公務員数の国際比較

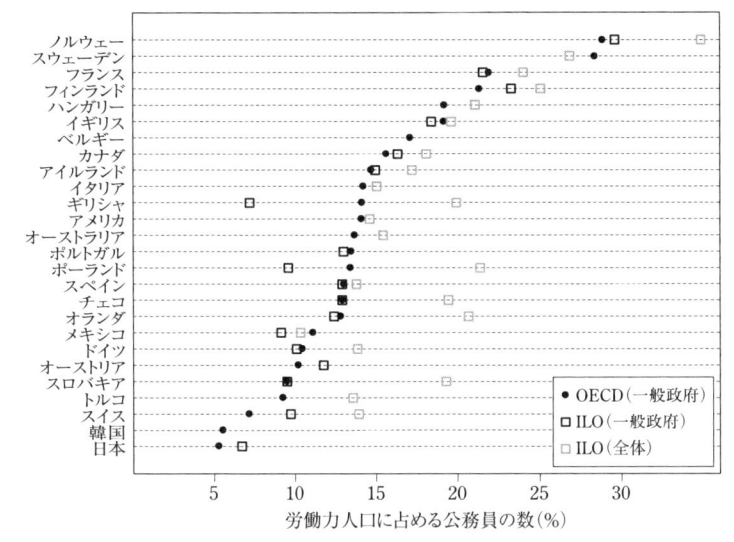

図1.5　OECDとILOの統計の比較（2005年）

つの可能性が考えられる．

　第一は，国家の市場に対する直接的な介入の強さの違いである．第二次世界大戦後のヨーロッパ諸国では，多くの産業が国有化されたという歴史的な経緯がある（Shonfield 1965）．これに対して，日本の公務員数が少ないのは産業の国有化が大規模に行われなかったからだという可能性もありそうに見える．

　しかし，この要因はここまで検討して来た問題とは直接の関係がない．なぜなら，ここで比較の対象としている一般政府職員には，そもそも国営企業職員は含まれないからである．また，国営企業を加えれば日本とヨーロッパ諸国の差が大幅に拡大するというわけでもない．図1.5が示すように，現在の先進国では国営企業部門の職員数は極めて少なく，その割合が比較的大きいのは旧共産圏を除けばギリシャ，スイス，そしてオランダに限られている．

　第二は，軍事部門の規模の違いである．「戦争が国家を作り，国家が戦争を起こす」と言われるように，軍は近代国家の成立時における公共部門の中核であり，現在でも多くの軍人が各国政府に雇用されている（Tilly 1992）．これは，軍事大国であるアメリカの公務員数が日本よりも多い理由として思い浮かぶ最初の要因であろう．

しかし，実は軍人が公務員に占める割合は驚くほど小さい．2013年の数字を例に取れば，アメリカでは文民の公務員が2000万人を上回るのに対して軍人は約130万人にすぎない．日本の場合，文民は300万人を超えるのに対して，事実上の軍人である自衛官は約25万人程度である．どちらの国でも，軍人は一般政府職員の1割にも満たないのである．そうである以上，軍事部門の規模は公務員数の国際比較にはそれほど影響を与えないと言えよう．

第三は，福祉部門の規模の違いである．北欧諸国の福祉国家では充実した公共サービスを政府が直接供給しており，医療部門・福祉部門の職員が公務員の多くの部分を占める（Esping-Andersen 1990）．これに対して，日本では医療法人や社会福祉法人がサービス供給の大きな部分を担っている．その観点から言えば，日本の公務員数が少ないのは福祉国家としての公共部門の規模が小さいからであって，公務員という言葉から多くの人が連想するような一般行政職員の人数はそう変わらない可能性もある．

この最後の要因を検討する上で論点となるのは，福祉関係の職員を除いたとしても日本の公務員数は少ないのかどうかである．この点については，ILOの労働力統計の分野別雇用統計のデータを用いて確認することができる．この統計では，各国の労働力調査の結果に基づくデータの収集が行われ，国際標準産業分類の第三次改訂版（ISIC Rev. 3）に従って，各国の産業別の雇用者数が記録されている．その中で，ここでは「行政・防衛（public administration and defense）」部門の雇用者数を労働力人口で割った値を2008年のデータに基づいて算出し，2005年のOECD諸国における労働力人口に占める公務員の割合と対比する．その結果を示したのが，図1.6である．既に述べた通り，公務員に占める軍人の割合は極めて小さい以上，この図から分かるのは，公務員が多い国では医療や福祉に従事しない，一般行政職員の数も多いということである．ただし，この傾向は一定ではない．フィンランドやスウェーデンのように，北欧の福祉国家においては，確かに日本よりは一般行政職員が多いものの，ベルギーやフランスなどに比べればその割合は小さい．財政危機の前のギリシャも，一般行政職員の割合は他のヨーロッパ各国の平均よりも大きい．

以上の結果をまとめれば，日本の公務員数が少ないという傾向は分野を問わず妥当する．他国との公務員数の違いは，単に分野の偏りに還元することはで

図 1.6 公務員と一般行政職員

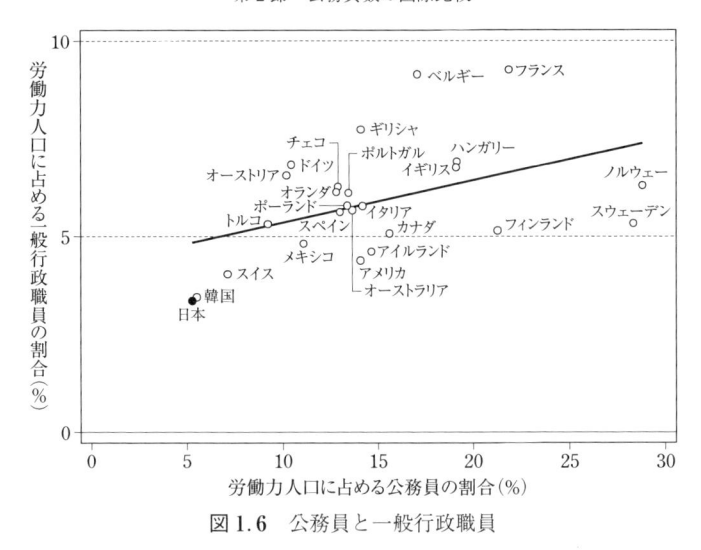

きないのである．

2. 世論調査

しかし，なお解消することのできない問題がある．それは，自らを公務員であると考えている市民が，統計上は公務員として数えられていない可能性である．そこで，ここでは別の方向からのアプローチを試みたい．それは，世論調査によって，市民自身が自らの雇い主を誰だと考えているのかを調べる方法である．例えば，統計上は公務員に含まれないような公益法人の職員も，実際には自らが公務員であると考えているかもしれない．もし日本の政府が公務員の見かけ上の人数を低い水準に抑えることに成功している一方で，実際には多くの市民が自らを民間企業の社員や自営業者ではなく公務員だと考えているのであれば，その事実は調査対象となった市民の回答に反映されると考えられる．

こうした方法によって公務員の数を調べるのに適しているのは，国際社会調査プログラム（ISSP）の国際比較世論調査データである．1985 年以降，ISSP は政府の役割や家族関係，さらには環境問題や国民意識など，様々なテーマについて数カ国から数十カ国の研究者の協力に基づいて世論調査を実施している．本書にとって重要なのは，ISSP が一貫して回答者の勤務する産業部門につい

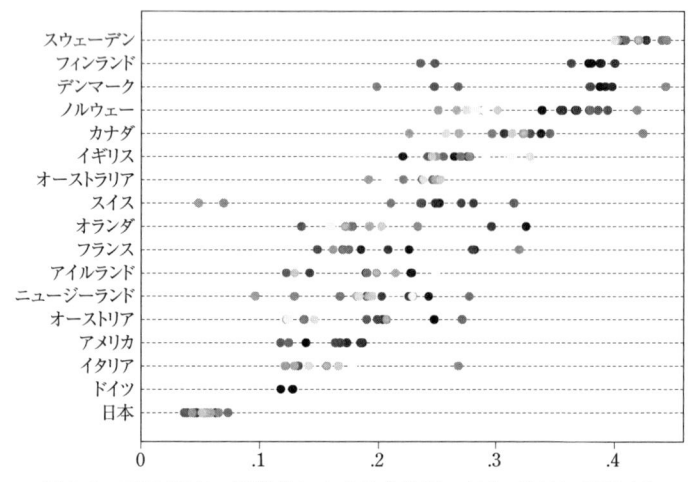

図1.7 ISSP調査の回答者に占める公務員の割合（1990-2007年）

ての質問項目を含んでいることである．つまり，この調査は共通する質問項目に基づいて各国の市民に自らの雇い主が誰であるかを尋ねているのである．

　ここで検討の対象とするのは，サンプル中の各国の全就業者に占める公務員の割合である．具体的には，自らを「政府に雇用されている」と述べた回答者数を，失業者や学生，高齢者など労働市場に参加していない人を除いた回答者数で割った数字を算出した．ただし，1989年以前のISSP調査は「政府のために働いているかどうか」を尋ねているのに対して，それ以降は一部の国で「政府」と「国営企業」を区別している．こうした質問項目の違いによる影響を避けるため，ここでは1990年から2007年までのデータに検討の対象を絞った上で，各国の回答者の内，「政府」の職員と「国営企業」の職員の合計が全就業者に占める割合を比較の対象とする．

　その結果が図1.7である．縦軸には，公務員の割合の18年間の平均値の順に調査対象国を並べた．色の濃い点は近年のデータを，色の薄い点はより早い時点のデータを示している．年ごとにばらつきがあるのは，標本誤差が存在することとは別に，公務員の数それ自体も変化しているからである．従って，これは公務員数の指標としては極めて粗い．しかし，一見すれば明らかな通り，日本の回答者の内で自らを公務員として回答する市民の割合は他の全ての調査

対象国に比べて大幅に小さい以上，特定の年に調査対象となったサンプルが偏っていたために日本の公務員数が少なく示されているとは考えにくい．また，各国の順位を見ると分かる通り，ILO や OECD の統計において公務員数の多い国では，世論調査の回答者に公務員が占める割合も大きい．

以上で，公務員数の国際比較の方法についての検討を終える．本節では，国際機関の統計データに基づいて日本と他国の公務員数を比較することに妥当性があることを示した．過去に比べて現在では定義を統一した上で各国の公務員数を集計することに大きな労力が注がれており，その数字の信頼性は向上している．さらに，国際世論調査データを見ても，日本における公務員の数は極めて少ない．市民の目から見ても，日本における政府の雇用主としての役割は大きくないのである．

第3節　公務員数の意味

ここまで，本章では日本と他の先進国の公務員数を複数の角度から比較してきた．そのために用いたのは様々な統計資料を突き合わせるという単純な方法であり，新たな調査によって各国の公務員を最後の一人まで直接数えたわけではない．しかし，入手可能な資料を検討した限り，日本の公務員数が他国よりも少ないという結論は動かないと思われる．

とはいえ，これだけでは恐らく「日本の公務員数が他国よりも少ないのは本当か」という疑問に十分に答えたことにはならない．というのは，そのような疑問を持つ人の多くは，公務員数自体ではなく，官僚制の権力や公共部門の効率性に関心があり，その指標として公務員の人数を捉えているからである．そのような見方に立つと，日本の公務員数が他国よりも少ないということは，日本の官僚制の権力が弱く，効率性が高いということを意味する．こうした認識が受け入れ難い場合，公式統計に表れる公務員数も疑わしく見えてくる．

そこで，本節では公務員数の持つ意味を改めて検討し，それを官僚制の権力や効率性と切り離す作業を行う．一般に受け入れられている物の見方が，その事実を一面的に切り取って捉えている場合，政治学の重要な役割はその事実を別の角度から意味づけた上で記述し直すことにある．その作業を，政治理論家

のイアン・シャピロは「問題提起の記述」と呼んでいる（Shapiro 2005, 199）．そのような記述の一環として，ここでは社会的不平等を是正する国家の働きを示す指標としての公務員数の意味を強調する．具体的に言えば，公務員数の少ない日本では，女性の社会進出を促す公共部門の働きが欠けているのである．

1. 公務員数と官僚制の権力

　まず，公務員数と官僚制の権力の強さの関係を考えてみよう．しばしば，公務員数は官僚制の権力の強さを示す指標として用いられる（田口 1981, 79-80）．本章の第1節で紹介した『日本経済新聞』の記者のように，日本の公務員数が公式統計に表れる数字よりも大きいはずだと感じる人は，日本では他国に比べて官僚制の権力が強いと考えているのであろう．その場合，官僚制の権力と公務員数の間の因果関係は，双方向に働く．いわゆる官僚制の予算最大化モデルに従えば，官僚制は社会全体の利益ではなく予算額の最大化を目指すため，予算編成の権限を与えられた場合には，その予算に従って財政支出を行う議会にとって最適な水準以上の予算をサービスの供給に投じることになるから，公務員数も必要以上に増加するであろう（Niskanen 1971, 45-50）．逆に，多くの市民を雇用する政府は，市場における職業選択の幅を狭めることを通じて経済的自由を奪い，政府に反対する者が生活の糧を得るのを難しくすることによって，政治的自由を強力に制約する（Friedman 1960, 7-21）．そのように考えれば，日本の公務員数が少ないという事実は，官僚制の権力が強いという前提と矛盾する．ここで，官僚制の権力が強いという前提を崩さないのであれば，公務員数が他国よりも少ないという事実の方を疑うしかなくなる．

　確かに，日本の政府が欧米の先進国に比べて市場を強力に統制しているというイメージは今も昔も強い．その典型は，アメリカの研究者たちが1980年代に定式化した「開発国家」のイメージであろう．開発国家の主役は，通産省の産業政策を司る高級官僚たちであった[16]．そこに現れたのは，先見性のある国家が，民間企業と協力しながら，その投資を有望な分野へと誘導することを通

---

16) Johnson（1982）が経済官僚の強力なナショナリズムとそれに基づく企業に対する指導を強調したのに対して，Samuels（1987）はエネルギー産業を，Okimoto（1989）はコンピュータ産業を取り上げ，官僚制と企業の関係がむしろ対等な協力関係に近いと論じた．

じて経済成長を促進する姿であった[17]．日本の経済官僚が，企業の政治的要求に取り込まれることなく，同時に企業と頻繁に連絡を取りながら政策を形成する様は，国家の「埋め込まれた自律性」と呼ばれ[18]，後に韓国やシンガポールなどアジアの後発工業国における産業化の成功を説明するための条件として注目されることになった（Evans 1995）．

こうした見方の当否については様々な意見があろうが，重要なのは開発国家論に基づく議論の妥当性が公務員数によって左右されるわけではないということである．そもそも，チャルマーズ・ジョンソンが「開発国家」という概念を提起したのは，アメリカ型の市場経済とソ連型の計画経済の二元論を批判するためであった．ジョンソンの見るところ，開発国家は，産業を国有化して巨大な官僚機構を作り上げた社会主義国とは異なり，比較的小規模な官僚組織の能力を用いて産業化を促進する存在だったのである（Johnson 1982, 18-19）．この議論を受け継ぐ「埋め込まれた自律性」の理論も，国家の役割を既存の産業の規制や国有化に求める伝統的な見方を批判し，その役割を政策金融や税制優遇措置による成長産業の育成に求めている（Evans 1995, 13-14）．こうした考え方に従えば，政府が市場における企業活動に介入するために必要なのは，政策形成を担う官僚たちが将来性のある有望な分野の企業を選別して資金を配分するための専門能力を持つことであって，政府が膨大な数の職員を雇用するこ

---

17) やがてバブル崩壊によって日本経済が失速すると，こうした市場への介入は産業競争力に対する桎梏であると看做されるようになり，こうした「国家の能力」は初めから存在しなかったという議論も登場した．Weinstein（1995）は行政指導の効果について，Beason and Weinstein（1996）は政策金融の効果について，それぞれ統計分析を行い，政府の介入には効果がなかったと結論する．三輪（1998）は戦時統制期と高度成長期の工作機械製造業の，三輪・ラムザイヤー（2002）は1960年代の海運業・繊維産業・石油産業の事例研究を行っている．

18) 一般的な定義に従えば，国家とは特定の領域の内部における正統性のある暴力を独占する組織である（Weber 1946, 78）．国家の自律性（state autonomy）とは，その組織が政策目的を決定する際に企業や労働組合などの社会集団に対して有する自律性を指す．これに対して，国家の能力（state capacity）とは，国家が既に決定された産業政策や福祉政策などの目的を実際に達成する能力を指す（Skocpol 1985, 9-20）．こうした国家は，当然のことながらマルクス主義者の想定するような資本家の道具ではなく，それ自身の意思に基づく多様な政策の選択肢を与えられた存在であった．だからこそ，1980年代における「国家論の再興」は，制度論の登場する重要な伏線となったのである．

とではない．もちろん，国家建設の初期段階においては一定数の高等教育を受けた職員は不可欠であるが[19]，その作業に必要な人数はそれほど多くない[20]．日本のように経済発展を遂げた国では，ほとんどの政府職員は産業政策以外の業務に従事している．現在の経済産業省の職員は約 4,000 名であり，約 350 万人の公務員の 0.1% に過ぎず，開発国家論の隆盛した 1980 年代における通産省の時代からほとんど変わっていない．官僚制の権力が強いというイメージを守るために，公務員数が少ないという事実を否定する必要はないのである．

2. 公務員数と公共サービスの供給の効率性

次に，公務員数と公共サービスの供給の効率性の関係を考えてみよう．次章でも述べるように，公務員数が少ないという事実は，しばしば日本の官僚組織の効率性の高さを示す根拠として用いられる．ここには，二つの論理がある．日本の政府も他の先進国と同じように一通りの公共サービスを市民に提供している以上，公務員数が少ないということは同じ業務をより少ない人数で実施しているはずだという論理と（稲継 1996, 60），公務員の少ない国では民間部門を通じて公共サービスが供給されるため，そのコストが安くなるに違いないという論理である（OECD 2011, 102）．

この二つの論理のうち，相対的に妥当だと思われるのは後者である．同程度の財政規模にある他国よりも政府職員の数が極端に少ないということは，そのまま公務員が他国の何倍も働いていることを意味するわけではない．そのことが意味するのはむしろ，公務員ではない主体が公共サービスの供給を担うことが多いということである．政府の直営事業では公共サービスを供給するために

---

19) 例えば，Van de Walle (2004, 98-104) は，Schiavo-Campo, De Tommaso, and Mukherjee (1997) のデータを引用しながら，アフリカ諸国の破綻国家化の要因として公務員数が少ないことを挙げ，そのことが首都以外の農村部の掌握を難しくしていると述べる．
20) Weiss (1998) による国家の転換能力（transformative capacity）と分配能力（distributive capacity）の区別に従えば，開発国家としての能力は前者に当たり，福祉国家としての能力は後者に当たる．この内，公務員数は主に後者の能力の指標である．例えば，Kohli (2004, 34-35) は第二次世界大戦前の朝鮮総督府における韓国人職員の多さを挙げ，日本の官僚組織で訓練を受けたこれらの職員が戦後の韓国の官僚制を作り上げる重要な役割を担ったと論じるが，その人数として示されているのは 4 万人程度にすぎない．

第3節　公務員数の意味　　43

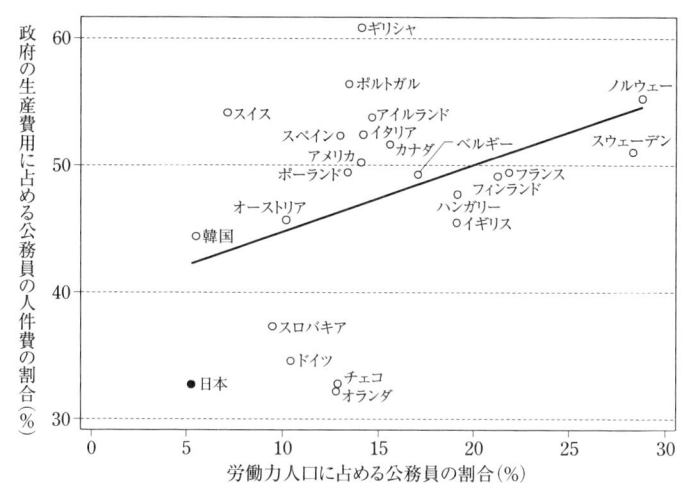

図1.8　公共サービスの生産費用に占める人件費の割合

　公務員が雇用されるのに対し，そのサービスが民間委託を通じて供給されれば事業の実施に携わる公務員の数は少なくなる[21]．つまり，日本の公共サービスの多くは，政府による直接供給を通じてではない形で，公務員とそれ以外の主体の協働を通して市民の手に届いていると考えられるのである．

　各国における公共サービスの供給がどの程度まで公共部門の外部に委託されているかを比較する道は二つある．一つの方法は，政府が財やサービスを供給する費用の中で公務員の人件費が占める割合を算出するアプローチである．公務員の人件費の割合が小さい国では，それだけ公務員以外の主体がサービスの供給を担っていると考えられる．OECD（2009）には，公務員数に関する2005年のデータと共に，人件費を含む公共サービスの生産費用に関する2007年のデータが収録されており，両者を照らし合わせることが可能である．そこで，図1.8の横軸には労働力人口に占める公務員の割合を，縦軸には公共サービスの生産費用に占める公務員の人件費の割合を示した．全体的な傾向として，公務員が少ない国ほど人件費が政府の生産費用に占める割合も小さく，間接的な手段でサービスの供給が行われている[22]．その中でも，日本は特に人件費の割

21）　アメリカの連邦政府の職員数に関する同種の指摘として，Light (1999) を参照．
22）　メキシコは人件費の割合が極端に高く（80％），回帰直線の傾きを大きく歪める外れ値

図1.9 公共サービスの供給主体

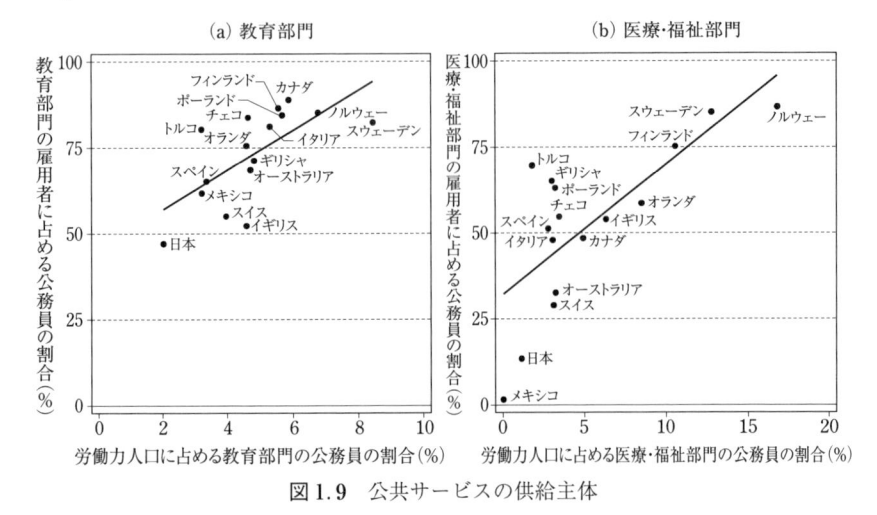

合が小さい国に当たる．

　もう一つの方法は，特定の分野の公共サービスの供給に携わる主体の中で公務員の占める割合を確認するアプローチである．国の数がやや限られるという欠点があるものの，ILO の公務員数調査には ISIC Rev. 3 に基づく分野別の内訳に関するデータが含まれている．このデータを分野別の全雇用者数と照らし合わせれば，各分野の雇用者に占める公務員の割合が分かる．特に，教育部門と医療・福祉部門は国家の関与が強い領域である以上，その分野の雇用者に占める公務員の割合は公共サービスの供給の直接性を示す指標として用いることができると考えられる．それを示したのが，図1.9である．ここでは，(a) 教育部門，(b) 医療・福祉部門について，横軸には労働力人口に占めるそれぞれの分野の公務員の割合を，縦軸にはそれぞれの分野の雇用者に占める公務員の割合を示した．この図からは，その分野の公務員の少ない国ほど，そのサービスを供給する際に公務員の果たす役割が小さく，それ以外の主体の果たす役割が大きいことが明確に見て取れる．

　注意すべきなのは，公務員の直接供給によることなく外部への委託を進めれ

　であったため，この図からは除外している．

第3節　公務員数の意味

ば，安い費用で質の高いサービスが提供されるとは限らないということである（Hodge 2000, 155-156）．公共サービスの多くは，それが市場では十分に供給されないが故に政府が供給を担っている．従って，その供給主体を公共部門から民間部門に移しても問題はなくならない．いわゆるプリンシパル・エージェント論に従えば，サービスの供給を担う主体が政府とは異なる利益を追求し，その行動を把握する十分な情報を政府が持たない場合，期待されたようなサービスは供給されにくい．公務員がサービスを直接供給する場合と，企業やNPOなど外部の主体がサービスを供給する場合を比べれば，後者の方がこの問題に対して脆弱である．そのため，外部の主体との契約によって公共サービスを供給する場合，政府は委託する業務の内容を定め，委託する主体を選定し，適切な誘因や罰則を定め，パフォーマンスを監視しなければならない．こうした条件を揃えた上で民間委託を実施できるのは，定型化され，予測可能性の高い業務に限定される．そうでなければ，必要のないサービスが供給され，費用も高くつくことになりかねない（Donahue 1989, 79-98; Kettl 1993, 22-29）．

　この点を意識すれば，間接的な手段による公共サービスの供給が行われる場合でも，公務員が直接供給を行う場合とは異なる種類の問題が生じることが分かる．公務員がサービスを供給する際には，競争が働かないために非効率的な業務が行われることが問題となる．これに対して，民間委託を行った場合には，政府と企業が癒着すれば，随意契約によってコストの高い契約が持続し，企業同士の談合が行われれば，事業の落札価格が高騰し，業務を委託された企業が倒産すれば，サービスの供給が途絶する．公務員が多すぎるために生じる問題は民営化や民間委託によって解決できたとしても，それに伴って生じる新たな問題には別の解決法が必要になる．各種の入札改革や公共施設の整備における民間資金の導入（PFI），あるいは指定管理者制度など，公共サービスの供給手段に関して近年の日本の国や地方自治体で進められている諸改革は，まさにそうした問題に取り組むことを目的としている．日本のように公務員数の少ない国で公共サービスを効率的に供給するために優先すべきなのは，公務員数の削減ではなく，既に間接的に供給されている公共サービスの適正化なのである．

　このように公務員数と公共サービスの供給の効率性が直結しない以上，ただ単純に公務員数を減らせば財政状況を改善できるわけでもない．2009年に経

図 1.10 公務員数と財政赤字

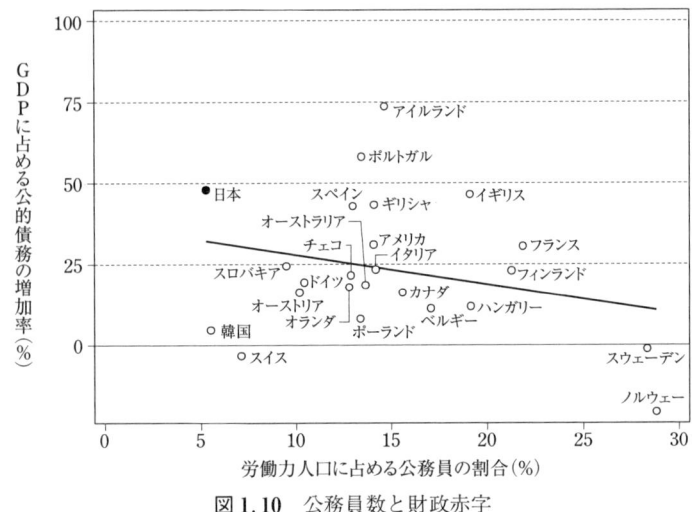

済危機に陥ったギリシャの事例のように，公共部門の肥大化が財政危機の原因として指摘されることもあるが（村田 2012, 272-276），先進国全体を見れば公務員数と財政の健全性の間には特に見るべき相関関係はない．例として，ここではOECDの財政データを用いて，2008年のリーマン・ショック後の各国の財政状況について国際比較を行ってみよう．図1.10では，縦軸に2008年から2012年までのGDPに占めるOECD各国の公的債務の増加率を取り，横軸には2005年の労働力人口に占める公務員の割合を示した上で，全体の傾向を示すためにサンプル全体に回帰直線を当てはめた．しかし，この図から読み取ることのできる明確な傾向は特にない．公務員数の多い国ほど不況時に公的債務が増加したという傾向は見られないし，逆に増加しなかったという傾向も見られない．ギリシャやアイルランドなど深刻な経済危機に陥った国々は日本よりも公務員の数が多く，公的債務も急速に増加した．その一方で，最も公務員数の多いスウェーデンとノルウェーでは，財政状況は全く悪化しなかった．相関関係が因果関係を意味しない以上，この分析から学べることは多くはないが，公務員数が増えれば財政危機が生じるという証拠もまた見出せないのである．

3. 公務員数と女性の社会進出

　以上のように公務員数を官僚制の権力や公共サービスの供給の効率性の指標として捉える見方に対して，公共部門の雇用によって社会的不平等が是正されるという側面は，日本ではあまり注目されることがない．しかし，資本主義経済の下で一握りの勝者が生み出される一方，多数の市民が失業と貧困に苦しむ中で，国家が雇用を創出すれば，それらの市民の生活を保障することが可能となる．その意味で，公共部門の雇用は福祉国家の重要な構成要素なのである．もちろん，社会的平等を推進する政策手段は市民を雇用することだけではない．日本の場合，公共事業や農業補助金，さらには民間企業に対する厳しい解雇規制など，欧米諸国の福祉政策の「機能的等価物」によって不平等の是正が図られてきたという考え方もある（Estévez-Abe 2008, 3-4）．

　公共部門における雇用の規模が重要な意味を持つのは，それが単に個人レベルでの貧富の格差を是正するのに留まらない機能を持つからである．資本主義経済の下では，貧富の差に代表される個人間の不平等に加えて，エスニシティやジェンダーなどの社会的属性に基づく集団間の不平等が生じる（Tilly 1998, 1-8）．公共部門における雇用の特徴は，そうした不平等の中でも，特に男女の経済的な不平等を是正する役割を果たすことである．国家が市民を公務員として雇用し，身分保障を与えることは，家庭内での男性に対する従属的関係によって出産や育児による労働市場からの退出を強いられる女性に持続的な雇用の機会を与える．それが仕事と家庭の両立を通じて女性の経済的な地位を強化すれば，家庭内でのパートナー間の力関係もより平等になる（Huber and Stephens 2000; Iversen and Rosenbluth 2006）．

　この観点から見れば，日本の公務員数が少ないことと男女の社会的地位が著しく不平等であることの間には密接な関係がある．しばしば言われるような日本の「平等社会」は，家計を単位とする平等であり，主として男性稼得者の間の経済的な平等であった．その一方で，男性が仕事を，女性が家事・育児・介護を担当するという性別役割分業は，日本では他の先進国に比べてかなり明確に観察されてきた．北欧諸国が公共部門における雇用を通じて女性の社会進出を支えたのに対して，日本では公共事業にせよ農業部門の保護にせよ，政府に

(a) 労働参加 / (b) 家事労働

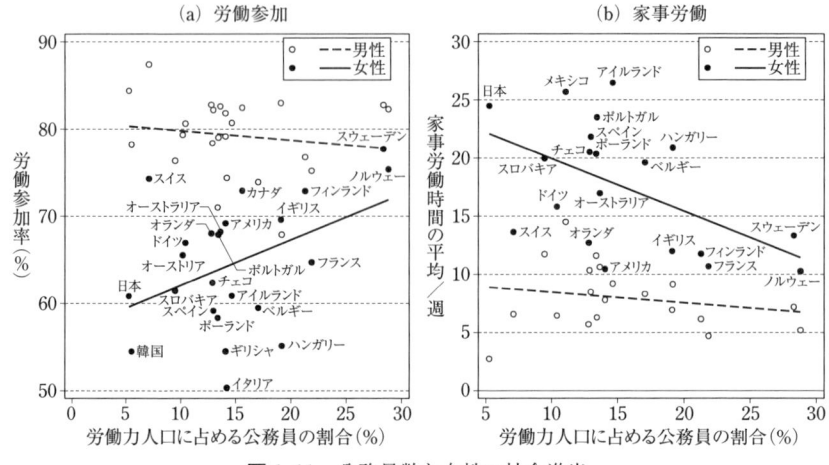

図 1.11 公務員数と女性の社会進出

よる雇用創出の手段として広く用いられてきた政策の受益者は男性に大きく偏っている．また，民間企業に対する強力な解雇規制による正社員の保護は，長期雇用による企業特殊的な技能の蓄積を前提とする雇用システムを生み出すことを通じて，逆説的にではあるが，出産と育児の負担を強いられるために長期勤続の難しい女性を労働市場から締め出す働きを持っていた（Estévez-Abe, Iversen, and Soskice 2001）．

こうした労働市場における公共部門の役割を確認するため，ここでは女性の社会進出に関連する二つの指標を用いる．第一は，労働参加率，すなわち 15 歳から 64 歳までの生産年齢人口に占める労働力人口の割合である．ここでは，OECD 労働力統計の 2006 年のデータを用いる．第二は，家事労働時間である．ここでは，2002 年の ISSP 調査から，各国の回答者の週あたりの家事労働時間の平均を算出する[23]．この結果を示したのが，図 1.11 である．(a) は労働参加率を，(b) は家事労働時間を縦軸に取っている．どちらのグラフも，横軸に 2005 年の公務員数を取り，女性と男性をそれぞれ黒と白の点で散布図上に

---

[23] 2005 年の公務員数が 2002 年の家事労働時間に影響を与えるとは考えにくい以上，従属変数には 2005 年以降のデータを用いる方が望ましいものの，家族とジェンダー関係の変容（family and changing gender roles）をテーマとする ISSP 調査の内，本書執筆時点でデータが公開されている調査は 2002 年が最後であった．

示した上で，回帰直線を当てはめた．

これらのグラフから分かるのは，回帰直線の傾きが男性と女性で全く異なることである．男性の場合，(a) 労働参加率も，(b) 家事労働時間も，公務員数との相関関係はほとんどない．これに対して，女性の場合には公務員数の多い国において労働参加率が高く，家事労働時間が少ない．つまり，男性にとっては公務員数という指標はあまり重要な意味を持つものではないのに対して，女性にとっては公務員数が多い国の方が家庭の外に生活の基盤を築く余地が大きい．公務員数の少ない日本が，同時に先進国で最も女性の社会進出の遅れている国に数えられているのは，決して偶然ではないのである．

以上のように，公務員数という指標に対する意味付けを変えることで，日本の公務員数が少ないという事実に対する規範的な判断は大きく異なってくる．それを官僚制の権力や公共部門の効率性の指標として捉えるのであれば，公務員数が少ないのは望ましいことであろう．逆に，そこに社会的不平等を是正する機能の指標としての意味を読み込むのであれば，公務員数が少ないのは決して望ましいことではない．

重要なのは，こうした「問題提起の記述」によって，その記述の対象となる現象の説明の仕方も変わってくるということである．公共部門の効率性が高い理由を考える場合と，そうでない場合とでは，日本の公務員数が少ない理由を説明するメカニズムを組み立てる方法は全く異なる．前者であれば，公務員がそれほど必要ではないから人数が少ないのだと考えるのに対して，後者であれば，公務員が必要とされているにもかかわらず，その人数を政府が強制的に抑制したのだと考えなければならない．従って，前者の説明に比べて後者の説明は明示的に政治性を帯びるであろう．次章で見るように，本書は日本の公務員数が少ない理由について従来とは異なる角度からの説明を提示する．

小　括

日本の公共部門に勤務する市民の割合は，公務員の広い定義を用いたとしても，狭い定義を用いたとしても，他の先進国に比べて極めて小さい．こうした事実は，特殊法人や独立行政法人といった法人が多数存在し，高級官僚がそう

した法人に天下りを行っていたとしても，一般政府職員という意味での公務員数を他国と比較する際には，それほど大きな問題が生じないことを示している．公務員数から見た日本の政府が「小さな政府」でないことを示す証拠は，どこにもない．

　それにもかかわらず，日本の本当の公務員数は公式統計の数字よりも多いはずだと主張する意見が後を絶たない理由は何か．この問題について本書でこれ以上詳しい検討を行う余裕はないが，その心理的なメカニズムは推測できる．もとより，人間は数字を扱うのが苦手な動物であり，その認知的な能力の限界は極端に小さい数字や大きな数字を扱う場合に特に表れやすい（Paulos 1988, 8-12）．その結果，人間は自らを取り巻く環境の中から都合の良い情報だけを選択的に吸収して事実として認識する．例えば，ある社会集団についての否定的な印象を抱く人々は，その集団についての否定的な情報を積極的に集めるため，結果としてその脅威を一層強く感じ，その規模を過大に認識してしまう．多くのアメリカ人は，人口に占めるアフリカ系やヒスパニックなどのエスニック集団の割合（Nadeau, Niemi, and Levine 1993; Alba, Rumbaut, and Marotz 2005），生活保護受給者の割合（Kuklinski et al. 2000），性的少数者の割合（Martinez, Wald, and Craig 2008）など，様々なマイノリティの人数を実際の数倍の規模に見誤っているという．こうした知見に鑑みれば，日本の労働市場における少数派であり，多くの市民から否定的な評価に晒される公務員の数が実際よりも多く見積もられることは，ある意味で当然なのである．

　本章においてやや入念に公務員の数え方を検討したのは，他国と日本の公務員数の比較可能性を示すためであった．かつては難しかった公務員数の国際比較も，現在ではOECDとILOによる調査の結果として数値の信頼性が大きく向上している．こうして出てきた数字は，市場に対する国家の介入の強さや公共部門の効率性を示すものではないとしても，公共サービスの供給の直接性や女性の社会進出という意味での社会的平等を促進する国家の役割の指標としては大きな意味を持っている．このような基礎を踏まえ，次章では日本の公務員が他国よりも少ない理由を解明する作業を開始する．

第 2 章　小さな政府への道

　公務員数を説明するという課題には，戦争や革命などの政治現象を説明するのとは異なる独特の難しさがある．その難しさは，問題設定のスケールの大きさでもなければ，その事実の反直観性でもなく，それが「事実」であるということ自体に由来している．一見些細な言葉遣いの違いであるが，公務員数は事実であるのに対して，戦争や革命は出来事である．そして，一般的に事実は出来事よりも遥かに説明することが難しい．出来事にはそれを直接引き起こす人間が存在するのに対して，事実にはそのような観察対象が明確には存在しないからである．この問題に取り組むには，説明の対象である公務員数という事実を，何らかの出来事の結果として記述し直さなければならない．日本が「公務員の少ない国である」理由を説明するには，日本が「公務員の少ない国になる」メカニズムを探らなければならないのである．

　本章では，日本の公務員数が他の国よりも低い水準へと至ったメカニズムを考察する．しかし，その手掛かりは現在の日本には見当たらないであろう．国家を構成する他の多くの要素と同じく，公務員数が変化する速度は極めて遅いからである．国家公務員と地方公務員を合わせた日本の公務員数は，2012 年度から 2013 年度にかけて 340.8 万人から 339.3 万人へと 1.5 万人減少したに過ぎない[1]．財政危機が叫ばれ，主要政党の多くが公務員の人件費削減を公約として掲げる中，日本の公務員数は 1% 未満しか変化しなかったのである．先進国の中で最も小さな政府の，さらにその 1% 未満という数字が，変化の小ささを物語っている．

　そこで，本章では時間を大きく遡って公共部門の歴史的発展の軌跡を辿る．現在の先進諸国の公務員数は，初め極めて低い水準にあったものが，19 世紀

---

[1] 2012 年度については，人事院「平成 24 年度　年次報告書」http://ssl.jinji.go.jp/hakusho/h24/0-4a.html，2013 年度については，人事院「平成 25 年度　年次報告書」http://ssl.jinji.go.jp/hakusho/hakusho/25_mokuji-zenbun.pdf（2014 年 7 月 31 日アクセス）

後半から経済成長や戦争を経て断続的に増加し，20世紀後半に現在の水準に到達した後，増加を停止した．重要なのは，今日の各国の公務員数が，その増加の開始と増加の停止という二つの出来事の結果だということである．従来，本書と近い関心を持つ研究の多くは，公共部門の拡大圧力の強弱を規定する要因に関心を集中させてきた．これに対して，本書では公務員数の増加が止まったタイミングに注目する．すなわち，公務員数の増加する過程で生じた何らかの出来事が，日本の公共部門の拡大を他の国に比べて早い段階で止め，その結果として他国よりも公務員数が大幅に少ないという現在の状況が生じたと考えるのである．そうしたタイミングの違いが生じた原因について検討するのは，次章以降の課題とする．

　以下，第1節では，事実によって事実を説明する方法の持つ限界を示し，公務員数を説明するために解決しなければならない問題の所在を明らかにする．第2節では，公共部門の拡大するメカニズムに関する理論的な検討を行う．ここでは，現在の公務員数を規定する要因について考える上で，社会的な要求による公共部門の拡大圧力の発生と，政治エリート主導の行政改革による公務員数の増加の停止という二つの出来事を区別する必要性について述べる．その上で，第3節では，日本と諸外国において公務員数が増加した歴史的な過程を比較する．ここでは，日本の公務員数の増加が経済発展の早い段階で止まり，それによって長期的に他の国々との大きな差が生じたということを示した上で，行政改革のタイミングの早さに注目することの重要性を強調する．

第1節　事実による公務員数の説明の限界

　日本が何らかの点で他国と違う理由を説明することを求められた人の多くは，まず日本と外国の特徴の違いを示す事実を述べることを試みるだろう．日本の夏が暑いのは緯度が低いからであり，食料自給率が低いのは平地が少ないからである．公務員数についても，同じことが言える．従来の研究は，日本の公務員数が少ないのは公共部門が効率的に運営されているからだと考え，その事実を説明する要因として日本の行政組織の特徴という別の事実を挙げてきた．本節では，こうした方法の限界を明らかにする．日本の公務員数を説明するには，

まずその事実を何らかの出来事の結果として記述し直さなければならないというのがその結論である．

1. 日本の行政組織の効率性

　日本の公務員数が他国よりも少ない理由を説明する従来の議論においてしばしば見られるのは，それが行政組織の効率性の高さを意味するという認識である．特に，官僚制にシンパシーを抱く人は，そうした立場を取ることが多い．例えば，旧大蔵省に長く勤務した榊原英資は，「公務員バッシング」の風潮を批判し，次のように述べる．

> 　　財政規模で見ても公務員数で見ても，日本は OECD 諸国中で最も「小さな政府」の優等生なのです．正確に言うと，財政規模ではメキシコ，スイス，韓国，アイルランド，オーストラリアが日本よりも小さいのですが，公務員数では日本が最少．……日本はとても「効率の良い国家」なのです（榊原 2012, 10）．

　こうした認識に立つ研究の中でも代表的なのが，稲継裕昭の『日本の官僚人事システム』である．この著作は，日本の公務員数が他国よりも少ないという事実に注目した上で，その理由を日本の公務員の生産性の高さに求めている．すなわち，日本の官僚機構における横並びの「おそい昇進」や「積み上げ型褒賞システム」が職員の士気を向上させ，行政組織の効率性を他国に比べて高めているというのである（稲継 1996, 66）．その根拠として，稲継はアメリカ，イギリス，フランスの事例との比較の中で日本の行政組織の特徴を示す作業を行っており，その方法は一国研究に比べて遥かに洗練されている．日本と外国の公務員数の違いを説明するのであれば，まずは何らかの形で日本と外国の違いを指摘しなければならない．このしばしば見落とされがちな条件を，稲継の研究は十分に満たしているのである．

　しかし，日本に特有の人事制度が職員の士気を高めるために少ない職員で多くの仕事ができるのだという主張に対しては疑問も浮かぶ．例えば，人事制度と公務員数を共に規定するような別の要因こそが重要なのであって，その二つ

の間に因果関係はないのではないか．あるいは，公務員がよく働くから公務員数が少ないのではなく，その逆の因果関係が働いているのではないか[2]．例えば，官僚たちが少ない公務員で必要なサービスを供給するための工夫を行った結果として「最大動員のシステム」とも形容されるような活動的な官僚組織が形成されたという論理を組み立てることも可能である（村松 1994, 28）．

そうなると，より根本的な問題は，人事制度の影響が本当はどれほど大きいのかという問題以前に，この要因を抽出した手続きが妥当だったかどうかである．一体，なぜ我々は行政組織の特徴を公務員数を説明する重要な要因として考えるべきなのか．このような，未知のメカニズムに基づく新たな説明を構築する方法については，既に定式化された理論に基づく仮説の説明力を検証する方法に比べると，あまり重点的な検討は行われてこなかった．しかし，それはこの問題の重要性を失わせるものではない[3]．

この角度から見た場合，稲継の議論において検討を要する点は，公務員数が少ないという事実から，行政組織の効率性が高いという別の事実を推測した手続きである．行政組織の効率性が高いと考えるからこそ，その特徴に基づく説明が意味を持つ．しかし，既に前章で述べたように，この認識を支える根拠は十分なものではない．多くの場合，公務員数が少ない理由は，それ以外の主体が公共サービスの供給を担っていることを意味するに過ぎないからである．観察された事実だけを見れば，日本は公務員が他国の何倍も働く国家なのではなく，ただ市民を雇わない国家に過ぎないのである．

---

2) これらは，人事制度が公務員数を低く抑えたという議論の妥当性を考える際には重要な論点である．前者は欠落変数バイアスと呼ばれ，別の第三の変数が独立変数と従属変数の両方に影響を与える場合に生じる問題である．後者は内生性バイアスと呼ばれ，説明の対象となる従属変数が説明の主体となる独立変数に影響を与えることによって生じる問題である．この二つの問題が生じる時，独立変数と従属変数の間に因果関係がなかったとしても，両者の間には相関関係が観察されてしまう（King, Keohane, and Verba 1994, 168-176, 185-187）．

3) King, Keohane, and Verba (1994) の議論が仮説検証型の研究に特化していたのに対して，それに続く多くの論者は理論構築を行う上での事例研究の有用性を強調し，その方法についてもある程度の量の記述を行っている（Van Evera 1997, 67-71; George and Bennett 2005, 111-115, 151-262; Gerring 2007, 39-43）．しかし，仮説検証の方法に比べると，理論構築の方法についての幅広い合意があるとは言えない．

第1節 事実による公務員数の説明の限界

　このような問題が生じる理由を考える上で押さえておく必要があるのは，公務員数という説明の対象が，事実（fact）であって出来事（event）ではないということである．普段この区別が意識されることは少ないかもしれないが，両者の性質は大きく異なる．出来事は何かが生起することを指すのに対して，事実は何らかの状態が存在していることを指す．出来事を動画とすれば，事実は静止画である．出来事の世界では，政権が交代し，郵便事業が民営化され，スペースシャトルが墜落する．事実の世界では，アメリカが世界最強の軍事力を持ち，アフリカは貧しく，日本の公務員数は他国よりも少ない．

　一般的に，事実は出来事に比べて遥かに説明が難しい．なぜなら，事実は実際の因果関係を構成する単位ではないからである．社会現象が生じるメカニズムとは，ある出来事が原因で別の出来事が引き起こされることである．事実とは，出来事の一部を切り取ったものであり，そのメカニズムを説明する段階で初めて登場するに過ぎない（Elster 1983, 25-31）．説明の対象が出来事として設定されている場合，その出来事と時間的・空間的に近接した主体の行動を観察した上で，その行動の動機を解明すれば良い．一方，事実は，出来事の中から抽出される過程で，それと近接する出来事と切り離されているため，それを引き起こした主体を探すのが難しい．事実は，出来事の持つ厚みを欠いているのである．

　特に難しいのは，ある事実を別の事実で説明しようと試みる場合である．前者と後者は直接繋がっていないため，説明を組み立てる上で想像に頼る部分がどうしても大きくなる．公務員数という数字だけを見ても，その状態が誰のどのような意図によって生じた出来事の結果であるかは分からない．その結果，公務員数と関係のありそうな別の事実を探した上で，その両者を結ぶ論理を想像によって埋めていくことになる．上に挙げた稲継の研究の場合，公務員数という事実を説明するために行政組織の性質という別の事実を観察し，公共部門の効率性が高いという別の事実を仮定することによってその両者を結びつけているのである．

　初めから原因と結果の関係を示すメカニズムが特定されている仮説検証型の研究の場合，事実によって事実を説明する形式を取っても問題は少ない．本書のように公共部門の規模を説明する場合も，こうした形式は頻繁に用いられる．

例えば，選挙制度が比例代表制の国では小選挙区制の国に比べて財政支出の規模が大きい（Persson and Tabellini 2003, 158-169）．あるいは，人種構成の多様な国では社会保障支出の水準が低い（Alesina and Glaeser 2004, 136-146）．そこに問題が生じにくい理由は，事実と対応する出来事が先に明示されているからである．それは，前者の場合であれば小選挙区制から比例代表制へと選挙制度が変化した場合に生じる財政支出の変化であり，後者の場合であれば人種構成が変化した場合に生じる社会保障支出の変化である．

しかし，先にメカニズムを示すことなく，ただ観察された事実を説明しようとする場合，それと関係のありそうな別の事実から出発したとしても，両者を結ぶメカニズムが見えてくる保証はない．少なくとも，この方法を用いて公務員数を説明しようとすると，足下を掬われやすくなる．そのことを示すため，以下では事実に基づいて公務員数を説明する仮想的な議論を二つ取り上げる．

2. 国の人口規模

社会現象についての説明を組み立てる一つの方法は，アナロジーを用いることである．例えば，国家レベルでの現象を説明する要因は，往々にして地方自治体レベルでの現象をも説明する．公務員数を説明する場合，真っ先に思い浮かぶのは人口であろう．日本の地方自治体に勤務する公務員数は，人口を独立変数とする回帰分析のモデルで概ね予測できるからである（地方公共団体定員管理研究会 2011）．

一般的に，人口に占める地方公務員の割合は自治体の規模が大きいほど小さい．2010 年の総務省「地方公共団体定員管理調査」によれば，東京都世田谷区には 88 万人の住民に対して 5,113 人の職員が配置されていた．その一方で，東京都青ヶ島村の職員数は，214 人の住民に対して 21 人であった．公務員が人口に占める割合は，世田谷区では 1% に満たないのに対して，青ヶ島村では 10% 近い[4]．同じ発想を応用すれば，国の規模と公務員数にも負の相関関係が想定できる．他の先進国と比べると，日本は非常に人口が多い国であり，その約 1 億 2700 万人という人口は OECD 諸国の中でもアメリカの約 3 億人に次ぐ

---

4) http://www.soumu.go.jp/main_sosiki/jichi_gyousei/c-gyousei/teiin/100401data.html
（2014 年 3 月 31 日アクセス）

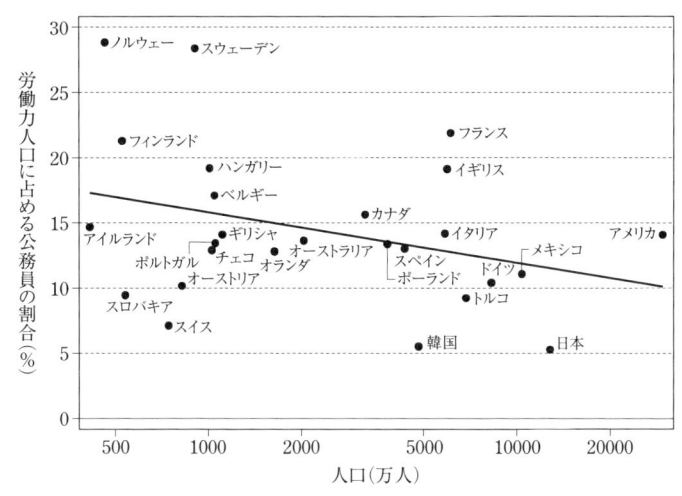

第1節 事実による公務員数の説明の限界

図 2.1 国の人口規模と公務員数（2005 年）

規模である．そうだとすれば，日本の公務員数が少ない理由の一端は，その人口が多いことにあるのかもしれない．

　このような政治共同体の人口規模の影響に関する議論は，政治学においては長い歴史を持つ．モンテスキューは直接民主制を運営する上での小規模な国家の利点を強調し，マディソンは派閥の弊害を除去する上での大規模な国家の効用を指摘した．現代の政治学においても，小さな国では市民の参加の有効性が高く，大きな国では市民の要求に対応する能力が高いというトレードオフが指摘されている（Dahl and Tufte 1973）．このような人口規模の違いがもたらす影響は，公共サービスの規模の経済性を通じて公共部門の規模にも影響を及ぼす．人口に比例して多くの職員を雇用する必要のある業務がある一方で，人口に関係なく一定数の職員で運営できる業務が存在するためである．例えば，教育を受ける必要のある児童の数は人口と比例するのに対して，認可の対象となる医薬品の数は人口の多い国も少ない国もそれほど変わらない．後者のようなタイプの業務が存在する限り，人口の多い国ほど公共サービスの供給に必要な人員の割合が小さくなり，その分だけ人口に占める公務員の割合も小さくなる（Alesina and Spolaore 2003, 17-30, 155-173）．

　こうした予測の妥当性を確認するため，図 2.1 に 2005 年の OECD 諸国にお

ける人口と公務員数の関係を示した．この図に示されている通り，人口と公務員数の間の相関関係はある程度まで成り立つ．ただし，人口の少ない国々の間でもスウェーデンやノルウェーの公務員数は多く，アイルランドやスイスの公務員数は少ない．一方，図の中で日本の位置を確認すると，回帰直線からの距離（回帰残差）が大きくその公務員数は他の国々の傾向から予測される水準の約半分にすぎない．ただし，全体で見れば人口の少ない国には公務員数が多い傾向が観察できる．

　この分析結果に対する一つの解釈は，日本の公務員数の少なさがその人口の多さによって部分的に説明されるというものである．しかし，それは説明として妥当だろうか．公共サービスの供給量に基づく規模の経済性が働いていたとしても，人口と公務員数を結ぶメカニズムは，この図から読み取れるものではなく，演繹的な論理から導かれたものに過ぎない．そうである以上，そのメカニズムが現実に働いているかどうかをこれだけの材料から判断するのは，おそらくは至難の業であろう．回帰直線の当てはまりの悪さは，ここでの問題ではない．問題は，公務員数という事実と相関関係のある別の事実を探すという方法それ自体なのである．それがなぜ問題であるのかを示すため，以下ではより回帰直線の当てはまりの良い変数を取り上げてみよう．

3. 国民の価値観

　公務員数を説明する事実を探すもう一つの戦略として考えられるのは，国民の価値観を探ることである．日本も含め，民主的な国家の政策は世論に従って決まる．国家による雇用の創出を福祉政策の一種だと考えるとすれば，そのような政策を求める市民が多い国では，公務員の数も多くなるはずである．こうした論理に基づいて，近年の福祉国家研究においては福祉政策に対する世論の影響を分析する研究が隆盛している（Brooks and Manza 2007; Busemeyer, Goerres, and Weschle 2009; Rehm 2009, 2011; Lynch and Myrskyla 2009; Gingrich and Ansell 2012; Margalit 2013）．

　国家による雇用創出に対する支持は，その雇用の生み出す効果に依存する．第1章で述べた通り，公務員は女性の社会進出に親和的な雇用形態である．従って，女性の社会進出を望む国民の多い国では，国民が多くの公務員を雇用す

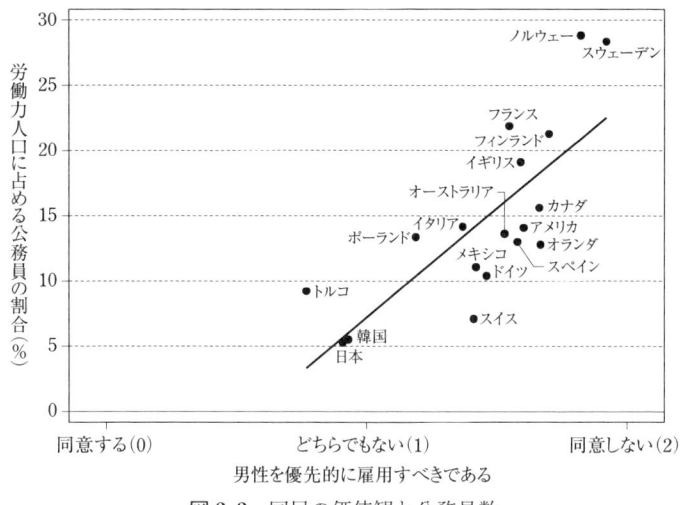

第1節　事実による公務員数の説明の限界　　　　　59

図2.2　国民の価値観と公務員数

ることを望むため，公務員が多いという仮説が成り立つ．ある国民は，国家が数多くの公務員を雇用すべきだと考え，別の国民は自分たちの収める税金で他人を養うのを嫌う．こうした価値観の違いが，公務員数に影響を与えることになる．

　突拍子もない議論に聞こえるかもしれないが，世論調査データを使えば，こうした議論の妥当性を確認することが可能である．例えば，世界価値観調査 (World Values Survey) の第5次調査（2005-2007年）には，男性を女性に優先して雇用すべきだという意見への賛否を問う質問項目があり，「同意する」「同意しない」「どちらでもない」という三種類の選択肢が与えられている[5]．これらの選択肢に対する国別の回答を見れば，各国民の価値観を抽出できる．「同意しない」という回答者の多い国民は男女の平等を重視し，「同意する」という回答者の多い国民は男性を優先する．その価値観が各国の公務員数と対応していることを示せばよい．

　この分析の結果を示したのが図2.2である．横軸は，質問項目に対する回答を「同意する (0)」「どちらでもない (1)」「同意しない (2)」の三段階に数値

---

[5]　ここで用いたのは質問項目 V44（「雇用が縮小している状況下で，男性が女性よりも優先的に雇用される権利を有するという意見に同意するか」）である．

化した上で，各国の回答者の平均値を取ったものである．縦軸は先ほどと同じく労働力人口に占める公務員の割合である．調査の対象国が限られているためにサンプルは OECD 全体よりもやや少なくなるが，この二つの軸に基づく散布図に回帰直線を当てはめてみると，データが得られた限りにおいて回帰直線はデータに無理なく当てはまる．北欧諸国においては圧倒的多数の回答者が雇用の権利における男性の優越を否定し，公務員数も多い．これに対して，日本や韓国では男性の優越を肯定する回答者の数の方が，それを否定する回答者の数よりも多く，公務員数も少ない．そして，人口を独立変数として投入した場合と違い，日本の事例は韓国と同じく回帰直線上に位置している．

それでは，この図から日本国民の共有する男性優位の価値観がその公務員数の少なさを説明すると結論付けるべきだろうか．そうではあるまい．そのような結論を導くためには，国民の価値観が選挙や圧力活動を通じて政策決定に反映され，それを通じて公務員数が低い水準に設定される，という一連の出来事が観察されなければならない．しかし，ここで観察されたのは国民の価値観と各国の公務員数という二つの事実に過ぎない．国民の価値観が公務員数を規定するメカニズムは，この図からは読み取れないのである．もちろん，両者の因果関係は逆方向に働いているかもしれないし，両者の相関関係は別の変数によって生じた疑似相関に過ぎないのかもしれない[6]．いずれにせよ，ここから日本の公務員数が少ない理由を説明するには，かなりの論理の飛躍が必要となるだろう．

4. 事実による説明の限界

以上，公務員数と相関関係のある事実を探す方法を二通り検討し，そのアプローチの限界を明らかにした．重要なのは，公務員数を行政組織の特徴によって説明する従来の研究が，基本的にこれと同じ論理で説明を組み立ててきたことである．公務員数と相関関係のある事実を示し，その両者を結ぶ論理を考えるという手続きを踏んだ結果として問題が生じるのであれば，その分析の欠点

---

[6] 日本と韓国のように一見すると似たような国民の価値観も，実は全く異なるメカニズムで創出されている可能性が高い．日本では女性と男性の回答の平均値がほぼ同じであるのに対して，韓国では女性の方がかなり男女平等志向を強く持っているからである．

第 1 節　事実による公務員数の説明の限界

は従来の研究にもそのまま反映されているはずである．事実で事実を説明しようとする限り，公務員数が少ないという事実と相関関係のある事実は列挙できても，その相関関係を生み出したメカニズムは分からないのである．

　強調しておく必要があるのは，この問題はより洗練された統計分析の手法を使っても解決できないということである．例えば，本節で用いた単回帰分析の代わりに重回帰分析を用いたとしてみよう．思いつく限りの説明変数を列挙して回帰方程式の右辺に投入すれば，そのうちのいくつかの回帰係数は必ず統計的に有意になる．しかし，それらの回帰係数の値は，因果関係の強さを正しく示しているものかもしれないし，そうでないかもしれない．因果関係の強さを推定するためには，先にそれらの変数の関係についてのメカニズムが想定されていなければならないからである[7]．

　この限界を克服する最初のステップは，事実を説明するための別の事実を探すのではなく，その事実の背後にある出来事を探すことである．どのような事実も，複数の出来事の結果として生じている．例えば，今日の日本が民主国家であるという事実は，1945 年の敗戦によって軍国主義体制が倒れたという出来事と，その後に行われた戦後改革の結果として民主主義体制が成立したという出来事の結果である．あるいは，2012 年の総選挙の投票率が 60% であったという事実は，有権者の 6 割が投票所に出向いたという出来事と，残りの 4 割の有権者が棄権したという出来事の結果である．

　従って，我々はまず公務員数と相関関係のある事実ではなく，公務員数の背後にある出来事を探らなければならない．では，その出来事とは何か．事実と

---

7)　一般的に，重回帰分析とは，独立変数を一つに定めた上で，それに影響を与えると考えられる制御変数を複数投入することで，単回帰分析から得られた独立変数の回帰係数の欠落変数バイアスを修正するための手続きである．逆に，独立変数の影響を受ける媒介変数を制御変数として投入すると処理後バイアスが生じてしまう．この論理に従えば，独立変数と制御変数の効果を同時に推定することはできないため，重回帰分析を行ったとしても得られる推定値は一つしかない．従って，政治学の分野で数多く行われてきたような，重回帰分析を用いて統計的に有意な独立変数を探すアプローチには，実は重大な問題がある．興味深いことに，統計分析の方法を事例研究にも導入することを提唱する King, Keohane, and Verba (1994, 174) と，統計分析の有効性に懐疑的な Elster (2007, 48) は，どちらもこの方法がデータの中の相関関係のパターンを探すための「データ・マイニング」の一種に過ぎないと言い，因果関係を探る方法としては不適切だと述べる．

は様々な出来事の複合体である以上，その中から適切な出来事を選び出して説明するためには，もう一度最初の問題設定に立ち返らなければならない．すなわち，日本の公務員数が他の国よりも少ないのはなぜなのか．この問いを念頭に置くと，本書が探求すべきなのは，日本が公務員数の少ない国ではない状態から，公務員数の少ない国へと移行する契機となった出来事である．

やや強引に一般化すれば，これは「である」ことを「になる」ことに変換することを意味する．すなわち，日本が公務員数の少ない国であるという事実の背後では，日本が公務員数の少ない国になるという出来事が生じていた，と考えるのである．それでは，その出来事はいつ，どのような理由で生じたのか．それを探るのが次節の課題である．

第2節　公共部門の拡大と拡大停止

日本が公務員の少ない国になった経緯を知るためには，歴史を遡る必要がある．本章の初めに示した通り，公務員数は，毎年僅かしか変化しないからである．日本に限らず，先進諸国の公務員数は極めて少ない状態から断続的に増加し，その結果として現在の規模に至った．日本が公務員の少ない国になった理由は，その過程で他の国々のような公共部門の拡大の道筋から逸脱したことにある．言い換えれば，日本の公務員数が少ないという事実は，公務員数が他の国ほど増加しなかったという出来事の結果なのである．本節では，その出来事を特定するための考え方として，公共部門の拡大圧力の強さに注目する見方と，公共部門の拡大が停止するタイミングに注目する見方の二つを提示する．

1. 経済発展と公共部門の拡大

一見すると非常に凡庸な考え方に思えるかもしれないが，先進諸国の現在の公務員数を規定する最も直接的な出来事とは，前年からの変化である．どの国でも，政府が毎年決まった時期に次年度の予算を編成し，それに合わせて行政機関の定員を設定し，国営企業の職員数を決めている．その際に判断の基準となるのは前年度の定員であり，その定員が決められた際の前々年度からの増減の幅である．どれほど社会経済状況が急変しようとも，その年の公務員数は，

第 2 節　公共部門の拡大と拡大停止

ゼロからの数字の積み上げではなく，前年度の数字を修正する形で決まる．こうした微修正の積み重ねを通じて公務員数が決定されるのは，政策形成や予算編成のプロセスが漸増主義的であるのと同じである（Lindblom 1959; Wildavsky 1964, 13-16）．

　言い換えれば，直近の出来事を観察するだけでは，日本と他の先進諸国の公務員数の大きな差が生じた理由を説明することはできないのである．現在の公務員数を規定する根本的な原因が何であるにせよ，その原因は，何十年にもわたって積み重ねられた微小な変化を通じて公務員数に影響を及ぼしてきた．2014 年度の日本の公務員数が同じ年の他の先進国に比べて少ない理由は，2013 年度の公務員数が他国よりも少なかったことであり，2013 年度の公務員数が他国よりも少なかった理由は，2012 年度の公務員数が他国よりも少なかったことであろう．

　そうである以上，日本と他国の差が生じる契機となった出来事を特定するには，歴史を遡らなければならない．それは，昔の方が公務員数の国際的な違いは小さかったと考えられるからである．どの国でも，近代国家の成立時における公務員数は極めて少なかった．それまでの家産官僚制に代わって今日のような近代官僚制が成立したのは，欧米諸国でも 19 世紀後半であり，福祉国家化に伴って公共部門が拡大したのは第二次世界大戦以後である．従って，現在の日本の公務員数が他の先進諸国に比べて極端に少ないのは，過去の特定の時点で生じた小さな差が，歴史の中で拡大してきた結果だと考えられる[8]．

　公務員数の増加傾向は，経済発展と深い関係にある．確かに，官僚組織は行政需要に関係なく時間の経過と共に肥大化するという「パーキンソンの法則」を信じる者は多い（Parkinson 1957, 14）．しかし，実際には経済発展に伴う行政需要の増大こそが公共部門を拡大させる原動力である．そのメカニズムを考える上での出発点となるのは，産業社会論であろう．技術的に発展した社会では道路やコミュニケーション手段の整備が必要となり，市民の所得が向上すると教育や医療への需要が増大し，女性の労働参加が進む一方で高齢者人口が増

---

[8]　社会保障支出に関する同様の指摘として，1990 年代のデータに立脚してアメリカとヨーロッパの違いを説明しようとする Alesina and Glaeser（2004）に対する Pontusson（2006, 324-325）のやや批判的な書評を参照．

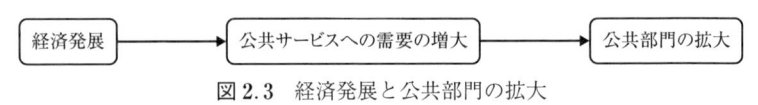

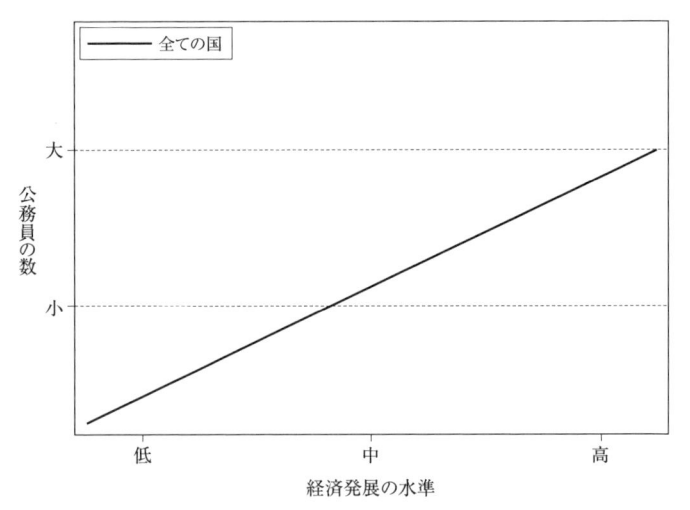

```
経済発展 → 公共サービスへの需要の増大 → 公共部門の拡大
```

図2.3　経済発展と公共部門の拡大

図2.4　経済発展と公務員数：収斂理論

加すると，そうした社会の変化に伴って公共サービスの供給を拡大する圧力が生じる（図2.3）．このような発展の図式は，社会の複雑化に伴う階級対立の緩和を通じた，穏やかな社会変動を想定する点に大きな特徴があった（Kerr et al. 1960, 40-41; Wilensky 1975, 15-18; 2002, 3-5）．

　序論で言及したように，この考え方は「収斂理論」である点において，マルクス主義と論理構造を共有している．マルクス主義の論理に従えば，資本主義の成熟に伴って階級闘争が激化すると，国家は資本家と労働者の対立を緩和するために福祉国家を拡大させ，やがては財政危機に至る（O'Connor 1973, 5-10）．その未来図は異なるものの，技術進歩による産業化と経済発展を通じて，各国で似通った社会構造が形成され，それに従って公共部門も一様に拡大すると考える点において，マルクス主義と産業社会論の論理は共通している．どちらの立場も，全ての国に共通する歴史的発展の軌道が存在すると想定していたのである（図2.4）．

　こうした理論が念頭に置いていたのは，国際比較から見た経済発展の水準と

第 2 節　公共部門の拡大と拡大停止　　　65

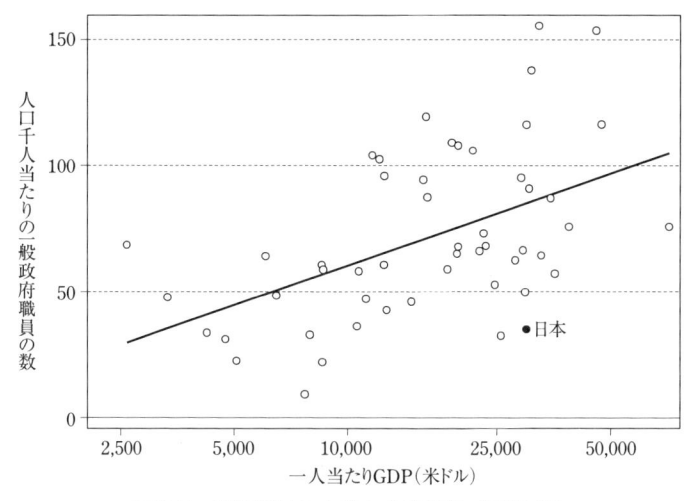

図 2.5　経済発展の水準と公務員数（2005 年）

公共部門の規模の間の強力な相関関係である．ここでは，ILO の集計した 2005 年の公務員数のデータを利用して，発展途上国も含めた世界各国において人口に占める一般政府職員の割合を算出する．一方，経済発展の水準については国民一人当たり GDP を用いる[9]．この二つの変数の関係を散布図で示した上で，一人当たり GDP から公務員数を予測するための回帰直線を引くと，図 2.5 のようなパターンが示される．全体的な傾向として，先進国の方が発展途上国に比べて人口に占める公務員の割合が明らかに大きい．この結果は，データの収集された年に関係なく，極めて安定的に観察される[10]．

しかし，同時に注目すべきは，経済発展の水準が高い国々の間の公務員数のばらつきの大きさである．特に，日本の位置を確認すると，経済発展の水準が高いにもかかわらず全体の中では公務員数が少ないということが目を引く．さらに，多くの発展途上国に比べても日本の公務員数は少ない．一方，回帰直線が日本の遥か上を通っていることが示す通り，日本と同程度の経済発展の水準

---

9)　GDP のデータは Penn World Table 7.1 を利用した（Heston, Summers, and Aten 2012）．
10)　同様の分析を行ったものとして，Schiavo-Campo, De Tommaso, and Mukherjee（1997）を参照．収斂理論の観点から日本の福祉国家を位置付けている数少ない研究としては Kasza（2006）がある．

にある先進諸国では，日本よりも公務員数が多い．

　従って，経済発展と公務員数の間には何らかの関係が存在するとしても，収斂理論の想定するような単一の歴史的発展の軌跡が存在するとは考えにくい．同じように経済発展が生じる中でも，各国が直面する地政学的競争の厳しさや，歴史的伝統に基づく社会的亀裂の構造は異なるだろうし，そうした歴史的経緯の結果として生じた多様な経済制度や政治制度が，公共部門の拡大圧力に晒される政治エリートの政策選択を制約する．そのため，各国の公共部門は多様な発展の軌跡を描き，その公務員数は長期的に異なる水準へと至る．すなわち，日本の公務員数が他の国よりも少ない理由を明らかにするには，日本に近代官僚制が誕生した明治時代から今日に至るまでの公務員数の増加の過程を辿り，その上で日本の公務員数が他の国よりも少ないという状態が明確になった時期を特定しなければならないのである．

2．下からの圧力，上からの改革

　公務員数に限らず，経済発展を遂げた国々における公共部門の規模の国際的な多様性は，特に目新しい論点ではない．本書で強調したいのは，それを説明する論理が大きく分けて二つ考えられるということである．第一は，公共部門の拡大を求める社会からの圧力の強弱に従って公務員数の多い国と少ない国が生じたという説明である．第二は，公共部門の拡大が止まったタイミングの早さに従って公務員数の多い国と少ない国が生じたという説明である．この二つの説明は相互に矛盾するものではないが，公務員数の多様性を生み出す主体は大きく異なる．前者の場合には公共部門の拡大を求める社会集団の圧力の強さが最も重要な変数であるのに対して，後者の場合にはそうした圧力に晒された政治エリートの意思決定が分析の焦点となる．

　先進諸国の福祉国家研究において，公共部門の規模を規定する最も重要な要因は，公共サービスや財政支出の拡大によって便益を受ける社会集団の要求の強さであった．行政国家化が進み，福祉政策，農業政策，医療政策などの政策分野が形成されると，それらの政策に利害関心を持つ社会集団が支出の拡大を要求するようになる．そうした多元的な圧力活動の帰結として，国全体の予算規模や公務員数が拡大する．産業社会論の立場に従えば，経済発展に伴う生活

水準の向上と人口の高齢化によって年金制度や社会福祉サービスに対する需要が増える（Wilensky 1975, 2002; Myles 1984; Williamson and Pampel 1993）．さらに，脱工業化が進めば，失業のリスクに直面する農業や製造業などの伝統的な産業部門の労働者が社会保障制度の充実と国家による雇用の創出を求める（Iversen and Cusack 2000; Iversen 2005）．

こうした資本主義社会における福祉国家の一般的な拡大傾向を予測する収斂理論に対抗する形で提起されたのが，福祉国家の姿は各国における社会集団の力関係とその背後にある社会構造によって規定されると考える理論である．例えば，権力資源論の立場に従えば，労働市場のリスクからの保護を求める労働者の組織化に成功した国では，労働者の階級利益が政策に反映されやすくなり，福祉政策が充実する（Stephens 1979; Korpi 1983; Esping-Andersen 1990; Huber and Stephens 2001）．これと密接に関わる議論として，人口規模が小さく，貿易依存度や投資への開放性の高い国では，企業や労働者が国際的な価格変動に晒され易く，それが国家による保護や損失の補償を求める圧力を生むという考え方も広く受け入れられている（Cameron 1978; Katzenstein 1985; Rodrik 2000; Busemeyer, Goerres, and Weschle 2009; Walter 2010）．

以上のような社会集団の力関係を踏まえた上で，それが政策にどのように反映されるかを規定する要因として，政治制度や経済制度の働きを強調する議論もある．ここには，福祉国家の拡大と経済パフォーマンスを両立させるようなコーポラティズム型の賃金交渉制度の利点を強調する立場もあれば（Cameron 1984; Garrett 1998; Mares 2006），内閣に権力を集中する議会制度や，比例代表型の選挙制度など，社会集団による再分配要求や補償要求を政策決定に反映しやすくする政治制度の効果を重視する立場もある（Immergut 1992; Lijphart 1999; Persson and Tabellini 2003; Iversen and Soskice 2006）．

このような観点から見れば，公務員数の国際的な多様性を説明するのは，社会の生み出す「下からの圧力」の強さの違いである．下からの圧力の強い国では，公共部門が経済発展に伴って急速に拡大し，そうした圧力の弱い国では，公共部門の拡大速度は遅くなる．こうした学説が持つ説明力については，第7章でより詳しく検討を行うが，下からの圧力に基づいて公共部門の多様性を説明する立場に従えば，日本の公務員数が他国よりも少ないのは，何らかの原因

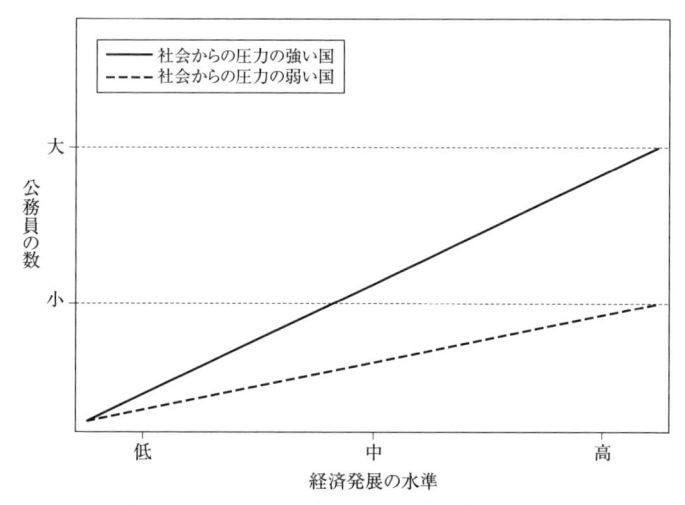

図2.6 下からの圧力による公務員数の多様化

で公共部門の拡大圧力が弱かったためだということになる．各国の社会構造や政治制度の特徴は短期的に大きく変動するものではない以上，そうした構造が一度作られると，それは長期に渡って下からの圧力の強さを規定する．従って，この角度から公務員数を説明するのであれば，最も重要な出来事は，公共部門の拡大が始まったばかりの，経済発展の水準が低い段階で生じる．すなわち，この時に作られたパターンが，経済発展が進んだ段階でも維持されるのである（図2.6）．福祉国家の多様性の歴史的な起源を探る上で，19世紀の産業革命期における自由主義勢力と保守主義勢力の競争や，20世紀前半の社会民主主義勢力の参入に伴って生じた激しい階級対立の影響が重視されるのは，こうした理論的な立場から見れば決して偶然ではない（Esping-Andersen 1990, 29-32）．

しかし，公務員数を左右するメカニズムは，これだけではない．特に1980年代以降の先進諸国における行政改革の研究においては，公共部門の縮小を目的とした政治エリートによる権力行使に大きな注目が集まってきた．政治指導者や財務官僚が主導権を握れば，社会集団による圧力活動は後景に退く．そこでは，一部の政治エリートが，公務員数を削減するための行政改革のプログラムを掲げて権力を掌握し，社会集団の反対を押し切る形で改革を実行に移す．この力学を反映してか，先進諸国で行われた主要な改革は，「サッチャー改革」

「レーガノミクス」「中曽根行革」「ロジャーノミクス」といった例に見られるように,特定の政治指導者の名前を冠してきた(Feigenbaum, Henig, and Hamnett 1998; Suleiman 2003).

こうした下からの圧力に対する政治エリートの自律性は,指導者の個人的な力量から生じるとは限らない.むしろ,エリートたちは国際的な制約を反映して行動している場合も多い.「逆第二イメージ」という言葉を想起するまでもなく,経済政策は国内の社会集団の要求を反映する一方で,国際的な景気動向や他国の政治的要求からも強い影響を受けるからである(Gourevitch 1978).特に,国際経済の変動に晒された国では,政治エリートが国内においては政治的に難しい経済政策を実行することをしばしば迫られる.従って,公務員数の増加を止めるような改革が生じる理由を説明するには,それを実行した政治エリートたちの政治思想を読み解くだけでなく,そのような改革を促すような条件を生み出した国際的条件にも注意しなければならない.こうして実行される政治エリート主導の行政改革を,ここでは「上からの改革」と呼ぶ[11].

上からの改革を下からの圧力と分けて論じる必要があるのは,前者が後者よりも遅れて登場するからである.一般的に,産業化以前の社会では警察と防衛以外に国家の果たす役割は小さいことを踏まえると,下からの圧力は経済発展の早い段階において生じるのに対して,上からの改革は経済発展が進んだ後に初めて行われる.その理由は,前者が資本主義経済に内在する社会問題への対応を求めるものであるのに対して,後者は公共部門の拡大によって生じる新たな問題の解決を目指すものだからである.こうした違いを反映するように,公共部門の拡大要因に関する主要な研究は第一次世界大戦から世界大恐慌にかけ

---

11) ここでの「下からの圧力」や「上からの改革」という言葉遣いは,公共部門に対する圧力を行使する主体の社会経済的な地位を示すものではない.マルクス主義の流れを汲む研究においては,しばしば労働者や農民による「下からの革命」と,それを阻止するための封建領主や資本家による「上からの改革」が対置されてきた.これに対して,本書では貧困層であろうと,富裕層であろうと,社会からの要求は下からの圧力として分類する.上からの改革は,そうした社会からの圧力とは独立に生じる圧力に基づいて行われる点に大きな特徴がある.他国の政治的要求や国際経済の変動に伴う政策変更への圧力は,その最たるものである.その意味で,国際システムの影響下にある国家は,社会からは自律した存在なのである(Skocpol 1985, 9).

ての戦間期や，1950年代以降の高度経済成長の時代を対象とした分析を行う一方で，行政改革や福祉国家改革の研究は，例外なく1980年代以降を対象としてきた．

しかし，従来の研究において，このように経済発展が進んだ段階で行われる改革は，公共部門の規模の国際的な多様性を規定する要因としては重視されて来なかった[12]．その大きな理由は，こうした改革によって公共部門の規模の拡大を止めることはできても，それを縮小することは難しいと考えられたことにある．例えば，1990年代以降の福祉国家研究は，福祉水準の大幅な削減を伴う改革への抵抗が生じるメカニズムに大きな関心を払ってきた．その理論的な核は，福祉政策のフィードバック効果である（Pierson 1994, 39-46）．政府の提供する社会福祉サービスや年金制度は，それが導入される以前には政策に賛成していなかった市民の間に新たな支持者を作り出す（Derthick 1979; Skocpol 1992）．つまり，下からの圧力は自らを強化し続けるのであり，福祉国家を縮減しようという試みは抵抗に直面して挫折する．福祉政策へのアクセスが開かれているほどその受益者の政治参加が促進されることを明らかにした近年の世論調査研究も，こうしたメカニズムの存在を裏付けている（Soss 2002; Campbell 2003; Mettler 2005）．この福祉国家改革の論理を行政改革に当てはめれば，最初の理由が何であれ，公務員数が一度増えてしまった国では，行政改革を実施したとしても，その数を大きく削減することは難しい．公務員として採用されなければ特に国家による雇用の創出を求めなかった市民も，公務員として採用されると，公共部門の雇用の削減に反対するためである．つまり，行政改革や福祉国家改革の試みは，各国の政治経済体制の差異を維持する結果に終わるだけであり，そこから新たな差異が生み出されるわけではないということになる．

こうした従来の研究で見落とされてきたと思われるのは，上述のような限界

[12) むしろ，国家の自律性を強調する研究の多くは，政治エリートが主導する形で公共部門が拡大したことを強調する．例えば，近隣諸国との地政学的競争に巻き込まれるタイミングが早かった国では，行政機構の近代化が進んだと言われている（Anderson 1974; Tilly 1992; Ertman 1997）．さらに，官僚のイニシアティブによって，福祉国家の拡大を促す力がより強く働いたという考え方もある（Heclo 1974）．

を踏まえたとしても，行政改革を通じて各国の公共部門の規模が多様化するメカニズムが存在するということである．そのメカニズムを理解する上での鍵となるのは，各国で行政改革が本格的に開始されるタイミングが大きく異なることである．欧米諸国を対象とする従来の研究は，1980年代の行政改革の契機を，1970年代以降の経済成長率の鈍化やグローバル化といった国際的な経済環境の変化に求めてきた．しかし，そうした経験は全ての国によって同時に共有されたわけではない．国によっては公共部門の膨張が遅くまで続いたのに対して，経済発展のかなり早い段階で行政改革に乗り出す国も存在した．

　従来，このタイミングという概念は，特に福祉国家研究において，公共部門の拡大が始まる局面を記述するために用いられてきた（Pierson 2004, 54-78）．例えば，イギリスのように経済発展の早い段階で労働者の要求に応じて公的医療保険制度を作ることができなかったアメリカでは，民間中心の医療保険制度が発達したため，経済発展が進んだ段階で国民皆保険制度の導入が妨げられた（Hacker 1998, 80-84）．あるいは，第二次世界大戦後の高度成長期に付加価値税を導入しなかった国では，それを早くから導入した国と比べて，1980年代以後の財政危機の時代に福祉支出を維持することが困難になった（Kato 2003, 22-28）．また，高齢化が進行する前に女性の社会進出が進んだ国では，それまで女性が負担を強いられていた育児や介護を政府が支援することを求める声が政策に反映されやすく，そうでない国では高齢者の要求に応じて年金制度を維持することが優先された（Bonoli 2007, 511-517）．これらは，下からの圧力の作用するタイミングの違いが，公共部門の規模に影響を及ぼすと考える議論である．

　ここでは，こうした発想を公務員数の増加が停止する局面に応用する．すなわち，上からの改革のタイミングの違いに従って，公共部門の規模が多様化すると考えるのである．経済発展の初期段階では，どの国も公共部門が長期的に拡大を続ける可能性がある．しかし，歴史の分岐点において，ある国では他の国よりも早く行政改革が開始される．早い段階で行政改革を選択した国では，小さな公共部門を維持するための条件が整う．逆に，遅い時期まで公共部門が拡大を続けた国では，後にその規模を改革のタイミングの早かった国と同じ水準まで縮小することが難しくなる（図2.7）．

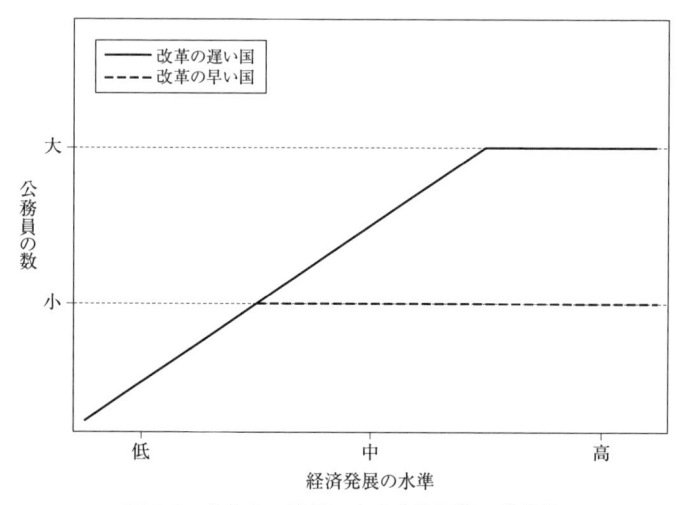

図 2.7 上からの改革による公務員数の多様化

　以上を整理すると，現在の公務員数を規定するのは，経済発展の早い段階における公共部門の拡大圧力の強さと，その拡大が停止したタイミングである．ある国で公務員数が他の国よりも少ない理由は，公共部門の拡大圧力が弱かったことかもしれないし，早い段階で公共部門の拡大が止まったことかもしれない．後者の見方に従えば，政治エリートが公共部門の改革を経済発展の早い段階で開始した国では，そうした改革の時代が遅く到来した国に比べて，公務員数が少なくなるのである．

　それでは，日本の公務員数はどのような経緯で他の国々よりも少なくなったのだろうか．次の課題は，その契機となる歴史的な分岐点を特定し，その分岐が生じた理由を明らかにすることである．

第3節　公務員数の少ない国への変化

　日本では，他の国よりも下からの圧力が弱かったのか，あるいは上からの改革が早かったのか．この問題に答えるには，歴史的な事実を確認する他はない．本節では，日本と他の欧米先進国における公務員数の長期的な推移を記述する．第二次世界大戦後の公務員数の動向を見る限り，日本は公務員数を増加させる

第3節　公務員数の少ない国への変化

下からの圧力の弱かった国として特徴づけられるように見える．しかし，戦前に遡って公務員数の推移を観察すると，日本はむしろ経済発展の水準が低い割に公務員数の多かった国であり，今日の時点での公務員数が少ないのは，その増加のペースが第二次世界大戦後に急速に鈍化したからであることが明らかになる．歴史的に見れば，公務員数の少ない国としての日本の特徴が明確に表れるのは，高度成長期になってからに過ぎない．つまり，日本は公務員数の増加する速度が元々遅い国ではなく，経済発展の早い段階で公務員数の増加を止めた国として特徴付けた方が良いのである．日本が公務員数の少ない国になった理由を探るための次のステップは，高度成長期に公務員数の増加を封じた出来事を探ることであるということを示すのが，本節の目的である．

1. 戦後日本の公務員数

従来の多くの研究は，日本における本格的な行政改革の開始時点を1980年代に設定してきた．その焦点となったのは，第二臨調の改革提言と，それに基づく三公社民営化である（草野1989；飯尾1993；Vogel 1996; 毛1997；大嶽1997；Samuels 2003; 南2009）．この時期の改革が多くの注目を集める大きな理由は，その時点で公務員の絶対数の増加が止まり，減少に転じたことであろう．そのことを具体的な数字に即して示すため，ここでは国家公務員および政府関係機関職員の数については『日本統計年鑑』を，地方公務員数については自治省の「地方公務員給与実態調査」を用いて，戦後日本における公務員数の推移を確認してみたい．データの残っている1950年代以降について，国家公務員の予算定員と，そこに地方公務員や政府関係機関の職員を加えた公務員の総数を図示すると，図2.8の通りになる．国際比較の観点から言えば，この数字は一般政府職員に国営企業職員を加えたものに相当する．1963年以前の地方公務員数のデータには多少の揺らぎがあるものの，このグラフを素直に読めば，国家公務員数は1960年代半ばに横ばいになる一方で，公務員の総数は1950年代から一貫して増加した後，1980年代に入って横ばいになる．この時点で地方公務員数の増加に歯止めがかかり，中曽根政権の三公社民営化によって政府関係機関職員数が一気に削減されたというのが，多くの研究者の解釈であろう（久米1988, 32-33）．

第2章 小さな政府への道

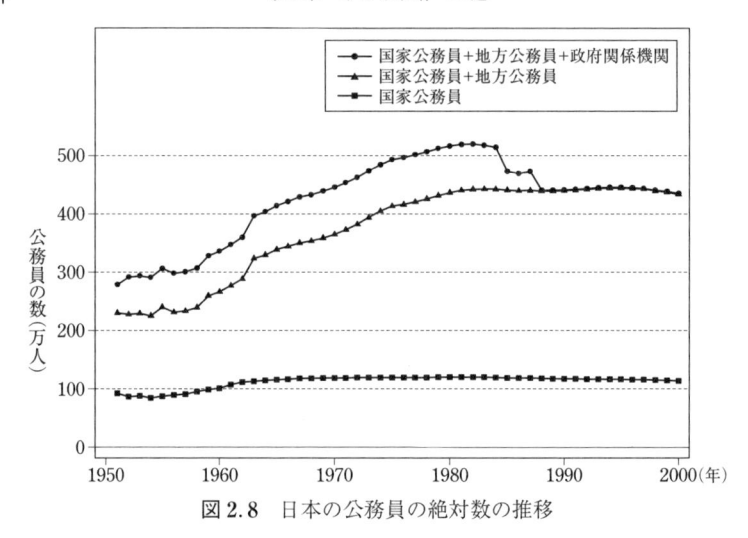

図2.8 日本の公務員の絶対数の推移

通説的な理解に従えば，このパターンは中央省庁と地方自治体の対照的な発展の結果である．すなわち，中央省庁では1960年代に総定員法が制定されるなど積極的な行政改革が行われる一方で，政府の業務自体は増大したため，そのギャップを埋めるべく地方自治体への機関委任事務制度による業務の委任が行われた結果，地方公務員数が増加し，1980年代に至ったというシナリオである．中央と地方の間の行政資源の配分という観点から見れば，確かにこの見方は妥当であろう（Pempel and Muramatsu 1995, 44; 曽我 2013, 346）．

しかし，縦軸に示されているのが公務員の絶対数だという点で，この図には国際比較を行う上で大きな欠点がある．日本の公務員数が他国よりも少ないのは，人口比においてであって，絶対数においてではない．国家が果たす役割という意味での公共部門の規模の拡大を示すためには，公務員数の人口比を示す必要がある．公務員の絶対数が増え続けていても，同じ速度で人口が増加していれば，人口に占める公務員数は変わらない以上，公務員の絶対数は本書の問いに応える上では意味のある指標ではないのである．

その欠点を修正するために公務員数を人口で割ったデータを示したのが，図2.9である．この図に表れているパターンは，先ほどの図とは大きく異なっている．その最大の違いは，少なくとも1960年代後半には公務員数の増加傾向

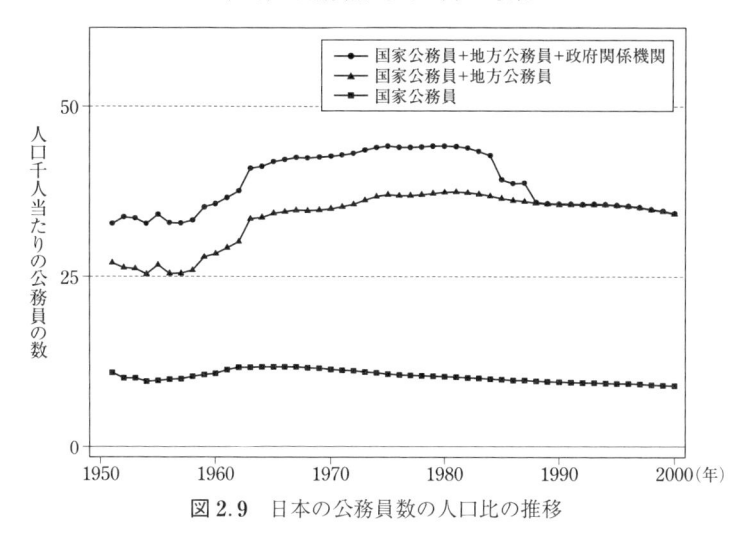

第3節　公務員数の少ない国への変化

図2.9　日本の公務員数の人口比の推移

がほとんど消滅し，グラフが横ばいになっていることである．このことは，絶対数で見た公務員が1980年代まで増え続けていたとしても，その水準は人口比で見るとほぼ一定だったということを示している．一方，国家公務員の人口に占める割合は，1960年代に横ばいになるどころか緩やかな減少傾向に入っている．従って，日本においてはこの時点で既に公務員数の増加が止まっていたのである．

地方自治体に対象を限定しても，似たような傾向が観察される．図2.10は，都道府県職員と市町村職員を合わせた地方公務員が人口に占める割合を都道府県別に図示したものである．ここでも，やはり1960年代後半には人口に占める公務員数の割合の増加傾向が多くの都道府県で鈍化しており，1970年代半ばには止まっている．少なくとも，公務員の絶対数を見た時に現れたような1980年代の明確な変化は，この図からは読み取れない．つまり，通説的な解釈とは異なり，高度成長期以降の日本の人口に占める公務員の数は，中央・地方を問わずほとんど増加しなかったのであり，中曽根政権期の行政改革の効果は三公社民営化に限られていたのである．

従来の研究は，このパターンを見逃してきたわけではない（斉藤2010, 61）．中でも，稲継裕昭は公務員の絶対数ではなく人口比に着目し，国際比較を踏ま

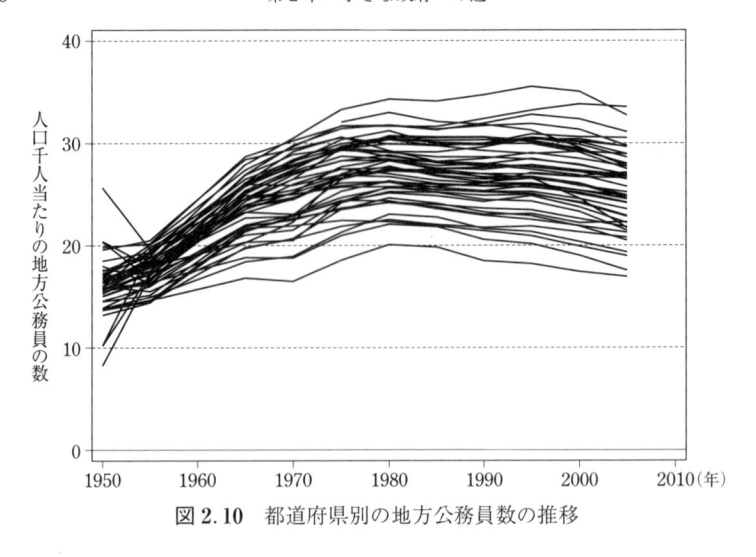

図 2.10 都道府県別の地方公務員数の推移

えながら日本の公務員数が過去数十年間に渡ってほとんど増加していないことを的確に指摘している．その上で稲継は，日本を歴史の早い時点から公務員数が少なく，かつ公務員数の増加の速度も遅かった国として特徴付ける．既に述べたように，日本の公務員の生産性が高いため，公共部門の拡大圧力が弱く，その結果として公務員数の増加のペースが遅かったというのがその解釈である（稲継 1996, 61）．

公共部門の拡大圧力の強弱に基づいて公務員数を説明する点で，この議論は下からの圧力に基づく公務員数の説明であるといえよう．その資料上の根拠は，リチャード・ローズらが実施した調査である．この調査には，イギリス，アメリカ，フランス，ドイツ，イタリア，スウェーデンの6カ国における，国営企業の職員まで含めた公共部門の雇用者数の人口に占める割合についてのデータが集められている．その中で稲継が参照しているのは，1950年頃から1980年頃までの各国の公務員数の増加率を示した数字である（Rose 1985, 12）．

ローズらのデータと照らし合わせると，確かに日本は最初から公務員数の増加するペースの遅い国であるように見える．1950年頃から1980年頃までの各国の公務員数を日本と比較した図2.11を見ると明らかな通り，第二次世界大戦後の各国において，公務員数は全体として増加傾向にあった[13]．特に，終戦

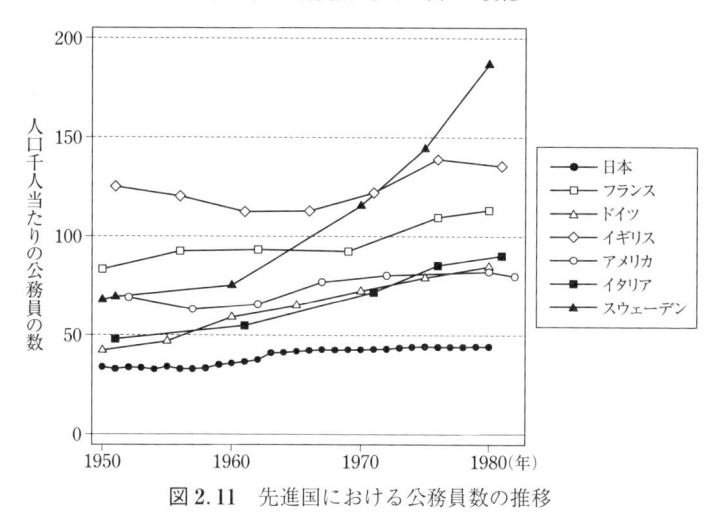

第3節　公務員数の少ない国への変化　　　　　　　　　　　　77

図 2.11　先進国における公務員数の推移

後の復興が終わり，経済成長が軌道に乗り始めた1960年代以降，どの国においても公務員数は増加している．イギリスのように終戦後に国有化された産業の部分的な民営化によって1950年代以降は国営企業の職員数が減少した国でも，教育や福祉を中心に一般政府職員の数は目覚ましい速度で増加した．その中で，日本の公務員数は常に低位で推移しており，特に1960年代半ば以降はほぼ一定のままで推移している．1960年代前半までの時期における公務員数の増加も，他の国々の動向と比較したときにはごく僅かの変化であるにすぎない．日本の公務員数は一貫して最低の水準にある以上，この図だけを見れば日本を下からの圧力が弱い国として特徴付けるのは，それほど不自然ではない．

しかし，実はこの図には二つの問題がある．第一は，横軸が1950年で途切れていることである．前節の理論的な検討に従えば，日本の公務員数が少ない理由を探るためには経済発展のかなり早い段階まで遡らなければならない．各国で近代国家が成立した時期のデータが表示されていない以上，1950年から1980年まで日本の公務員数があまり増加しなかった理由は下からの圧力が弱かったからなのか，それとも上からの改革のタイミングが早かったからなのか，

---

13)　ただし，ローズらは労働力人口に占める公務員数の増加率を測定している．ここでは，記述を一貫させるため，総人口に占める公務員の割合を示す．

この図からは判断できないのである．第二は，横軸に表示されているのが時間軸だということである．公共部門の拡大するメカニズムを考える上で重要なのは経済発展の水準との関係であり，時間軸との関係ではない．すなわち，この図からは，各国の経済発展の水準の違いが読み取れないのである．

2. 経済発展と公務員数の推移

　日本が一貫して他国よりも公務員数の少ない国であったという解釈は，一つの重要な事実を見落としている．それは，第二次世界大戦が終結して間もないころの日本が，欧米諸国に比べて経済的に大きく立ち遅れていたということである．既に見た通り，先進国は発展途上国に比べて公務員数が多い傾向にある．そうだとすると，現在の日本の公務員数が他の先進国よりも少ないこと自体は興味深い問題であるとしても，日本が未だ経済発展の途上にあった時期に公務員数が相対的に少なかったことは特に不思議ではない．つまり，同じ年の公務員数を比べるだけでは，戦後の早い時期における日本の公務員数が欧米先進国よりも少ないのが単に経済発展が遅れていたためなのか，それとも日本が経済発展の水準を考慮してなお公務員数が元から少ない国であったのかを知ることはできないのである．

　この問題に対応するため，ここでは非常に単純な方法を用いる．それは，各国の公務員数を同じ年について比較するのではなく，同じ経済発展の水準において比較することである．発展途上国としての日本と先進国としての欧米諸国を比較するのが不適切ならば，それらの国々が発展途上国だった時期の公務員数を日本と比較すれば良い．幸い，ローズらの調査には19世紀後半にまで遡るデータが収録されており，日本の公務員数の変遷については，『日本統計年鑑』と『日本帝国統計年鑑』を用いて1890年代まで遡ることができる[14]．そ

---

14) 『日本統計年鑑』が「公務員・選挙」と題する章に国家公務員数と地方公務員数を包括的に収録しているのに対して，『日本帝国統計年鑑』では「官吏公吏及恩給」と題する章に国家公務員に当たる勅任・奏任・判任・雇の人数と，地方公務員にあたる府県・郡の有給吏員と市町村の有給吏員の人数が収録されている他に，そこには含まれないもののRose (1985) の基準では公共部門の職員数と見なすべきデータが複数の章に跨って記載されている．具体的には，「警察」における警部・警部補・巡査などの警察職員，「教育」における官公立学校職員，「交通」における日本国有鉄道（国鉄）職員，「通信及郵便為替貯

第3節 公務員数の少ない国への変化

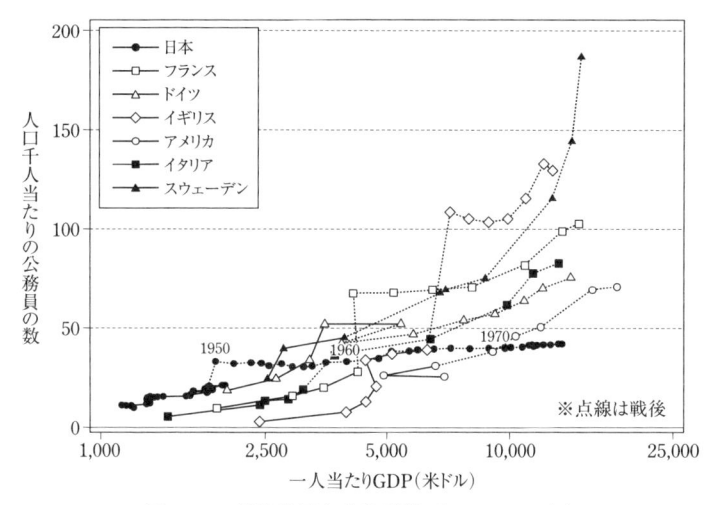

図2.12 経済発展と公務員数（1890-1980年）

の上で，第一次・第二次世界大戦における各国の軍事動員の影響を分析から取り除くため，ここでは軍人を除いた公務員数のデータを示す．経済発展の水準の歴史的な比較には，アンガス・マディソンによる各国の一人当たり GDP の推計値を用いる（Maddison 2001）．

これらのデータを用いて，経済発展の水準に基づく各国の公務員数を比較すると，先ほどの図とは全く違う傾向が現れる（図2.12）．まず，既に述べた通り，欧米諸国も日本も公務員数がゼロに近い状態から出発し，経済発展が進むと共に公共部門を拡大してきたことが分かる．さらに興味深いことに，公務員数が少ないという現在の日本の特徴は，経済発展の早い段階にある第二次世界大戦前においては全く見出せない．経済発展の水準を鑑みれば，むしろ日本は公務員数の多い国だったのである．

公務員数が少ない国としての日本の特徴は，第二次世界大戦後に初めて表れる．欧米諸国では，戦時中に急増した公務員数が，終戦直後は一時的に横ばいになるものの，その後は再び増加基調を回復している．これに対して，日本で

金事業」における郵便電信電話職員などである．そうした職員の概数として，ここでは警察官の合計人数，公立学校教員の内の大半を占める小学校教員，国鉄職員と郵便局の傭人をそれぞれ公務員数に含めた．

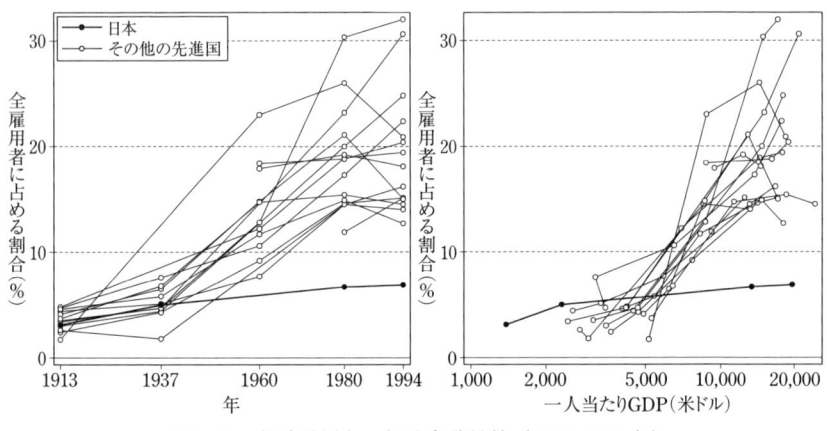

図 2.13 経済発展と一般政府職員数（1913-1994 年）

は終戦直後に公務員数が横ばいになり，その後も経済発展と公務員数の間にほとんど相関関係が見られない．その結果，日本は第二次世界大戦の終結から高度成長期にかけて，経済発展の水準の割に公務員数の少ない国へと変貌を遂げたのである．グラフを見れば分かる通り，1950 年には未だ経済発展の水準の割に公務員数の多い国だった日本は，1970 年には明確に公務員の少ない国へと位置づけを変えている．こうした戦前と戦後の違いを鑑みると，日本の特徴は公務員数の増加する速度が最初から遅かったことではなく，公務員数の増加が止まるタイミングが早かったことにあるのが分かる．

こうした日本の特異性は，比較対象を先進国全体に広げても観察される．ここでは，ヴィト・タンジとルドガー・シュークネヒトが様々な統計資料から収集した現在の先進国 18 カ国についてのデータを用いる（Tanzi and Schuknecht 2000, 26）．このデータは，ローズらのような一貫した基準に従って収集されていないため，ややデータの質が落ちるものの，数多くの先進諸国の戦前の政府職員数が収録されている点に長所がある．経済発展と公務員数の関係を見るため，先ほどと同じ手順で 1913 年から 1994 年までの一般政府職員数のデータを示すと，図 2.13 の通りになる．時系列のデータが乏しいため，先ほどのような形での比較はできないものの，1937 年までの期間における日本の一般政府職員の数は，経済発展の水準から見ればかなり多かったことが分かる．

さらに，他の国々は経済発展に合わせて公務員数が急速に拡大したのに対して，日本はその傾向から逸脱した明確な例外であることが見て取れる．

3. 変化の理由

以上の検討に従えば，公務員数が少ない国としての日本の特徴は，第二次世界大戦後に生じたものであることが分かる．本書では，この変化を上からの改革としての行政改革の結果であると解釈し，その説明を試みる．経済発展の早い段階で，日本の公務員数の増加する速度は他国に比べて急速に鈍化した．その変化こそが，本書の説明すべき出来事なのである．次の課題は，日本が公務員の少ない国となることが決定的になった分岐点を特定することである．その時点をどこに設定するか次第で，我々が次に観察するべき出来事の内容が決まる．ここでは，大きく分けて二つの選択肢がある．

日本における戦前と戦後の違いに注目するならば，第二次世界大戦の終結直後に生じた出来事が日本の公務員数の増加を止めたと考えるのが最も理にかなっているようにも思える．例えば，1949年のドッジ・ラインと，それに続く行政整理によって小さな政府への道が設定され，その路線が高度成長期を通じて維持された結果，日本の公務員数が低い水準に抑えられたと説明するのも一つの道である（曽我 2013, 343-345）．しかし，他国との比較を行うのであれば，終戦直後に公共部門の拡大が一時的に止まったのは日本に限られた現象ではない点に注意しなければならない．図2.11を見れば分かるように，第二次世界大戦の交戦国の多くは総力戦で膨張した組織を整理しており，1950年代における公務員の増加率は一様に低い．しかも，経済発展の水準から見た場合，戦後改革の時代の日本は決して小さな政府ではなかった．そうである以上，今日の日本の公務員数が少ない理由を説明するために一足飛びに終戦直後まで遡ることはできないのである．

むしろ，他国との比較を行う上で最初に注目すべきなのは，1950年代後半に始まる高度成長期に生じた出来事であろう．この時期，日本は急激な経済成長を遂げ，国民の生活水準は欧米先進国に追い付いた．他の国々では，こうした経済発展に伴う社会変動こそが，公務員数の増加を促した原動力であった．ところが，日本では公務員数の増加する速度は鈍く，1960年代後半には人口

に占める公務員の割合がほぼ一定になっている（図2.9）．こうした国際比較を念頭に置くと，日本の政府が政策的に公務員数の増加を封じ込めていたのではないか，つまり上からの改革を行っていたのではないかという推測が働く．従来の研究でも，この時期の第一臨調の試みを初めとする持続的な行政改革が長期的に日本の公務員数を低い水準に抑えたという指摘は行われている（Pempel and Muramatsu 1995, 43）．

　従って，次に行う必要のある作業は，日本の高度成長期に遡り，その時代における行政改革の背景を探ることである．経済発展の水準から見た公務員数が他国と比べて決定的に少なくなったのもこの時代である以上，当時の政府がどのような理由で公共部門の拡大を抑制しようとしていたのかを明らかにすることで，日本が公務員数の少ない国となった理由に一歩接近できると考えられる．

　このように日本が公務員数の少ない国へと変化したことを，下からの圧力に基づいて説明するのは難しい．何よりも，第二次世界大戦の終結に伴う民主化は，公共部門の拡大に適した条件を提供したはずであった．一般に，民主化はそれまで政治過程から閉め出されていた低所得層の再分配要求を政策決定に反映する効果を持つ．そうである以上，労働運動が自由化され，利益集団の組織化が進み，日本社会党や日本共産党などの左派勢力が政党システムに参入したことは，それ以前に比べて公共部門における雇用の拡大圧力を強化したと考えられる[15]．敗戦によって官僚制が正統性を失い，国民が公共部門の拡大を望まなくなったという議論もありうるが，それを支持する明確な証拠はない．

　しかし，上からの改革に基づく説明も簡単に構築できるわけではない．第一に，自民党のイデオロギーによって行政改革のタイミングの早さを説明するのは難しい．仮に，右派政党は左派政党に比べて公共部門の拡大に消極的であり，行政改革に積極的であるという見解を信じる場合には，確かに国際的に見た日本における左派政党の権力基盤の弱さは注目に値する．しかし，そもそも戦前日本の政党システムの中心を占めていたのは立憲政友会と立憲民政党という保守的な二大政党であり，社会民主主義政党はほとんど議席を獲得することができなかった．この条件が緩和され，日本社会党が議会に大きな勢力を占めた戦

---

15) 貧困層の政治参加の財政的影響は，Meltzer and Richard（1981）によって理論化され，Boix（2003, 171-203）を初めとする統計分析による経験的な知見も蓄積されている．

後は，政党システムの重心が左に寄り，公共部門の拡大圧力が以前よりも強くなっていたはずである．

より根本的な問題として，右派政党は必ず右派的な経済政策を実行するわけではないということが挙げられる．特に，日本政治論の通説的な解釈に従えば，自民党政権は右派政権であるにもかかわらず再分配志向が強く，経済政策では社会党などの左派政党と明確に対立するものではなかった（大嶽 1999, 20；蒲島 2004, 20）．実際，比較政党マニフェスト・プロジェクト（Comparative Manifestos Project）のデータに従うと，自民党の選挙公約は一般的な保守政党と社会民主主義政党の中間にあり，議会全体の政策位置も他国に比べて大きく左に寄っている[16]．自民党政権が公務員数の抑制を志向したことは確かだったとしても，それは説明されるべき結果であって，原因ではない．第7章で検討する通り，先進諸国全体を見渡しても，各国は1970年代以降，政権の党派性に関係なく行政改革を開始している．

第二に，他国の模倣に基づく政策波及によって公務員数の増加が抑制されたという説明も成り立たない．一般的に言えば，後発工業国は，より経済発展の進んだ国の事例を参照することを通じて，早い段階で行政改革に乗り出すことができる．例えば，イギリスやアメリカのように新公共管理論（NPM）が流行し，公共部門の改革が緒についた国の事例は，改革の先駆的事例としてOECDなどの国際機関を通じて発展途上国に参照されてきた．その結果，今日の後発工業国では経済発展の早い段階で公共部門の拡大が抑止されている[17]．しかし，日本の場合にはこうした考え方は適用できない．公共部門の拡大が止まったタイミングは，経済発展の水準から見た場合だけでなく，時期で比較し

---

[16] 例えば，民主化の遅れたスペイン・ポルトガル・ギリシャ・メキシコ・トルコの5カ国を除く1950年から1980年までのOECD諸国をサンプルに，主要政党の左右の政策位置（right-left position, 変数名 rile）の平均値を取ると，自民党の位置（−8.03）は保守政党（11.91）と社会民主主義政党（−20.28）の中間にあった（Budge et al. 2001）．同じ時期に関して，政党の議席率を加重平均した議会重心（legislative center of gravity）では，日本（−15.44）は先進国の平均（−5.81）よりも左派的であり，スウェーデン（−14.87）やノルウェー（−18.93）と並んで最も左派的な国となっている．

[17] 例えば，韓国では1990年代に英米圏における行政改革の試みが参照され，民間委託を通じた公務員数の抑制が試みられるようになった（Lee and Strang 2006）．

た場合にも，かなり早いからである．欧米諸国における行政改革のカレンダーにおいて歴史の転換点とされている 1980 年代よりも前に，日本の公務員数の増加は停止していた．そうである以上，日本の公務員数の増加が止まった理由を説明するには，先進国の模倣とは異なるメカニズムを考えなければならないのである．

小　括

　以上，本章では，現在の日本の公務員数を説明するためには，単に他の国々との比較から見た日本の特徴を探すだけでなく，現在に至る公共部門の歴史的な拡大過程を辿る必要があるということを主張した．日本の公務員数は，初めから欧米諸国よりも少なくなる運命にあったわけではない．むしろ，戦前日本の公共部門は他の国々と同じように，経済発展と共に拡大していた．従って，現在までに欧米先進国との間で公務員数に大きな差が生じるようになったのは，公務員数の増加が止まった時期がそれらの国々よりも早かったためだと考えられるのである．こうした本章の知見は，1960 年代の行政改革を初めとして，早い時期から意図的に公務員数の増加を抑制したことに国際比較から見た日本の公共部門の特徴を見出してきた外国の観察者と共通している（Naschold 1996, 39; Suleiman 2003, 158）．

　しかし，そのように早い時期に公務員数の増加に歯止めが設定された理由はまだ明らかではない．ここから先の課題は，その理由を探ることである．そのためには，実際に公務員数を抑制する試みが行われていた時代に起きていた出来事を観察することを通じて，上からの改革に至るメカニズムを解明しなければならない．そこで，次章では高度成長期の日本に舞台を移す．

第3章　上からの改革

　第二次世界大戦後の日本における高度経済成長が公務員数の大幅な増加という結果に至らなかったことは，他の先進諸国とは異なる政策選択が行われたことを示唆する．経済発展に伴って産業化と都市化が進展したことは，公務員数が増加しやすい条件を整えていたはずだからである．欧米の先進諸国では，戦後の経済的繁栄の中で福祉国家が成熟し，公共部門が拡大した後の1980年代になってから行政改革の時代が訪れ，サッチャーやレーガンがその名を歴史に残すことになった．これに対して，日本では田中角栄内閣の下で1973年が「福祉元年」と名付けられたように，福祉国家の拡大局面が他の先進国に大きく遅れて到来したにもかかわらず，公務員数の増加傾向はそれ以前に既にほぼ止まっていた．つまり，少なくとも行政組織の膨張を防いだという意味において，日本では福祉国家が完成する前に行政改革が開始されていたと考えられるのである．

　このように例外的に早い時期に開始された行政改革を説明するには，若干の方法的な工夫が必要となる．日本の公務員数全体の増加が止まる過程には，中央省庁と無数の地方自治体の意思決定が介在していると考えられる以上，そのメカニズムを一足飛びに明らかにするのは現実的な方法ではないからである．このような場合に有効なのは，説明の対象となる出来事を構成する様々な現象の中でも特に重要な部分を取り出し，それを説明する議論を先に組み立てる方法である．そのようにして導出されたメカニズムは，その後に改めて全体的な現象を説明するための手掛かりを提供する[1]．

　そこで，本章では1969年に制定された行政機関の職員の定員に関する法律（総定員法）の事例を取り上げる．この法律は，1960年代における中央省庁の行政改革の代表的な成果であり，国家公務員数の総量規制を行うことを通じて，

---

1)　この点は，理論構築を行うに当たって大きな問いを小さな問いに分割することを提唱するGeddes（2003, 37-40）に従う．

以後の中央省庁における定員管理政策を規定したことが知られている．この事例を通じて当時の政策決定者が直面していた制約の内容を明らかにするのが，本章の狙いである．

ここでの出発点となるのは，当時の政府が総定員法を公務員の給与水準の上昇への対応として説明していたことである．その背後には，人事院勧告を中心とする公務員の給与制度という日本特有の制約条件が作用していた．この制度の下では，政府は財政上の都合で一方的に公務員の給与を抑制することができない．そのため，ブレトン・ウッズ体制下の日本経済の国際化に伴って，国際収支問題への政策的な対応が難しくなると予想される状況の下，当時の日本では人件費の硬直性への対応が重要な政策課題となっていた．つまり，公務員の給与が制度的に保障されていたからこそ，政府は公務員数の増加を抑え込むという政策選択に踏み切ったのである．

以下，第1節では総定員法の事例を検討し，それが公務員の給与の上昇に対応するための政策選択としての性格を持っていたことを明らかにする．第2節では，こうした政策選択の背景にあった制度的な制約について，公務員の給与制度と国際通貨制度の両面から述べる．

第1節　公務員の給与と行政改革

前章で示したように，日本が他の国に比べて公務員数の少ない国となった理由は，戦後の高度成長期に公務員数が増加しなかったことにある．この結果が生じたメカニズムを解明する上で糸口となるのは，1960年代の中央省庁における行政改革である．特に，1969年に制定された総定員法は，日本の国家公務員数の増加を完全に停止させたものとして知られている．問題は，この法律が定められた理由である．本節では，総定員法の成立過程における与野党の論争を踏まえながら，その成立の背景を探る．総定員法は中央省庁の公務員数を設定するものであり，地方公務員も合わせた日本全体の公務員数を直接規制するものではない．しかし，この法案の成立過程において交わされた議論は，当時の日本政府が政策選択に際して考慮した制約条件を探る上で重要な手掛かりを提供してくれる．ここでは，総定員法が公務員の給与の上昇への対応として

位置付けられていたことを示す．

1. 総定員法の謎

　行政需要に応じた定員を配置し，組織の肥大化を防止する施策は，一般に「定員管理」と呼ばれ，その仕組みについてはこれまでも多くの解説が行われてきた．定員管理の手法の中でも，日本における公共部門の膨張を抑制する上で特に大きな役割を果たしてきたと言われているのが，佐藤栄作内閣の下で1969年4月に制定された総定員法に基づく国家公務員数の総量規制である（米倉 1975；大森 1980；早川 1997）．

　総定員法の注目すべき点は，それが本来であれば公共部門の拡大をもたらすような条件下で作られたことである．当時，日本は高度経済成長の途上にあり，それに伴って劇的な社会変動が生じていた[2]．1950年から1970年にかけて，日本人の生活水準の向上を反映するように，平均寿命は男性が58歳から69.3歳へ，女性が64.9歳から74.7歳へと上昇した．第一次産業就業者数は1748万人から1015万人へと減少する一方で，第二次産業就業者数は784万人から1790万人へ，第三次産業就業者数は1067万人から2451万人へと増加し，この産業構造の転換に合わせて高校進学率も42.5%から82.1%へと倍増すると共に，三大都市圏への人口の集中も進んだ．こうした高度成長期における変化は，全て公務員数の増加圧力を生んでいたはずである．

　この時期に総定員法が制定された理由について，従来の研究は大蔵省による財政再建策の影響を指摘している．特に言及されることが多いのは，1965年の不況に際して戦後初の赤字国債が発行されたことへの対応として，1968年度の予算編成過程において，公務員の人件費を含む義務的経費の膨張を抑制する目的で大蔵省主計局によって進められた財政硬直化打開運動との関係である．例えば，今村都南雄は中央省庁の組織と定員管理について紹介する中で，「財政硬直化の打開と行政体質の改善を図らなければならない事情を背景として」定員削減と新たな定員管理方式についての閣議決定が1967年12月に行われ，それに基づいて総定員法が立案されたと述べている（今村 1994, 61）．

---

2) この段落で引用した指標には，総務省統計局の『日本の長期統計系列』と「国勢調査」のデータを用いた．

しかし，大蔵省による財政硬直化打開運動に言及するだけでは，総定員法の成立を説明することはできない．というのも，従来の理解に従えば，1960年代後半とは，第二次世界大戦後の占領期から均衡財政を守り続けてきた大蔵省が自民党政権の「利益配分体系」の生み出す歳出圧力に屈し，財政赤字が一般化して行く時代だったからである（Campbell 1977, 235-251; 升味 1988, 347-351）．このため，財政硬直化打開運動についても，それが行政改革をもたらした側面よりは，財政支出の抑制に失敗した側面が強調されてきた（山口 1988, 243-279；真渕 1994, 212-239）．

従って，総定員法にまつわる最大の謎とは，それが赤字財政の始まりの時代に作られたことである．この謎を解くためには，支出抑制の失敗と行政改革の成功という財政硬直化打開運動の二つの帰結を整合的に説明しなければならない．そして，自民党と大蔵省の力関係に言及するだけでは，この対照的な政策結果を説明できない以上，大蔵省が均衡財政を目指し，自民党が支出拡大を図るという図式を一旦脇に置く必要がある．

経済発展に伴う行政需要の増大に抗して実行される行政改革を説明するメカニズムとして最も簡単に思い浮かぶのは，政策思想の変化であろう．特に，政治史研究においては政治指導者が自らの考えに従って政策選択を行い，抵抗勢力の反対を乗り越えて大きな改革を成し遂げた事例が数多く描かれてきた．また，少数の政治指導者に留まらず，政策形成に関わる官僚や専門家に共有された政策理念の変化に注目し，それに基づいて政策変化を説明しようと試みる研究の潮流も発達している．特に，1980年代の先進諸国における福祉国家改革や行政改革を説明する上では，数多くの研究がケインズ主義の衰退と新自由主義の台頭という経済思想の変化に言及してきた（Hall 1993; Blyth 2002）．

しかし，高度成長期の日本でそのような分析を行う余地はない．池田勇人内閣の「所得倍増」にせよ，佐藤内閣の「社会開発」にせよ，公務員数の抑制を必要とする要素は特になく，それらは国際的に見ても目立った特徴を持つスローガンではなかったからである．総定員法が制定された頃の日本社会を見渡しても，行政改革に多くの国民が熱中した形跡はない．1968年の参議院選挙は日米安全保障条約の改定問題と沖縄返還問題を主な争点として戦われ，敗れた社会党では執行部が退陣した．大学紛争は激化し，東京大学では全学共闘会議

(全共闘)が安田講堂を占拠した．国際情勢に関して言えば，多くの関心は泥沼化したベトナム戦争に集中していた．1980年代の中心的な政治争点となる財政赤字や行政改革は，この時期には未だ目立たない政策争点だったのである．

　財政赤字が拡大する中で公務員数だけが削減のターゲットになった理由については，自民党政権における利益代表の偏りに原因を求める道もあろう．よく知られているように，自民党の支持基盤は結党当初から農村部にあり，農家の利害が他の社会集団に比べて政策に反映されやすい構造を有していた．一票の格差によって農村部の議席数が多くなり，農村部選出の議員が自民党に集中し，当選を重ねることで昇進するというのが，そのメカニズムである（菅原 2004）．これに対して，官公労組の支持する社会党は，その支持基盤である日本労働組合総評議会（総評）の左派路線の影響を強く受けて抵抗政党化が進んでおり，公務員は利益配分の体系から排除されていた（新川 1999, 50-83）．こうした農村バイアスが政策に反映されれば，農業補助金や公共事業に多くの予算が配分され，その財源を捻出するために公務員数は削減されることになる．

　しかし，この説明にはそれほど説得力がない．というのも，自民党政権は自らの支持基盤にのみ利益を配分する政権ではなかったからである．むしろ，従来の研究が強調してきたのは，選挙に勝つためならば農村に限らず利益を配分し，支持者の拡大を図る自民党の姿であった（広瀬 1981；Calder 1988）．特に，1970年代以降の社会保障費の増加は公共事業費の増加とは正反対のメカニズムによって説明されている．例えば，日本を保守支配体制として特徴づける新川敏光は，1973年の「福祉元年」における年金給付額の引き上げや高齢者の医療費の無料化を，公害問題や革新自治体の広がりに危機感を抱いた田中内閣による懐柔策であると解釈している（新川 1993, 90）．

　このように考えると，自民党政権の支持基盤に着目しても総定員法の制定は説明できない．自民党が自らの支持者には選挙での投票の見返りに便益を提供し，野党の支持者にも懐柔策として便益を提供するのであれば，公務員が自民党の支持基盤でなかったことは公務員数の抑制が図られた理由にはならないからである．我々が考えなければならないのは，1960年代の日本で公共事業費や社会保障費が増加に向かう中，公務員数だけが抑制された理由なのである．

2. 総定員法案の審議風景

　この謎の答えを探るための第一歩として，ここでは1969年における総定員法案の審議過程を観察してみよう．注目すべきなのは，衆議院の内閣委員会で総定員法案の概要説明が行われた3月20日の審議である．総定員法案は，既に前年の通常国会と12月の臨時国会で廃案になっており，その年の通常国会に再び提出されていた．行政管理庁長官の荒木萬壽夫は，この法案が，公務員数を抑制するために，自衛官を除いた国家公務員の総定員を法律で設定し，各省の定員は政令で定めるものであることを述べ，それまでの各省設置法によって定員を定める方式を改めるべく，法案に賛成することを各委員に求めた．この日の最初の質問に立ったのは，社会党の大出俊である．大出は全逓信従業員組合（のち全逓信労働組合，全逓）の幹部を経て総評の副議長を務めた労働運動家として知られていた．質問を始めた大出は，目の前にある総定員法案の内容ではなく，その前年の国会審議における木村俊夫内閣官房長官とのやりとりを取り上げ，新たに官房長官に就任していた保利茂に回答を求めた．

　　私は，人事院勧告というものは，その代償機関的性格から言いまして，完全実施をすることが当たり前だと考えているのでありますけれども，木村さんが答弁をされております何回かの御発言は，一貫して，公務員の給与を考える場合にそのうらはらの関係として，どうしても政府は行政機構の改善なり定員なりということを考えざるを得ないのだということを，……再三強調され続けてきているわけです．この筋はいまでも変わっていないと私は思うのでありますが，保利官房長官からひとつ……，そこのところをどうお考えか，伺っておきたいわけです[3]．

　当時の状況についての説明を受けずに，この大出の質問だけを見せられた人が，彼の言いたいことを理解するのは非常に困難であろう．総定員法案の審議の最初に，なぜか人事院勧告の話が持ち出されたのである．この法案に対して

---

3)　衆議院内閣委員会1969年3月20日.

社会党が何か質問するとすれば，職員の労働条件の悪化や組合員の強制的な配置転換，あるいは人員整理の可能性について政府を追及するという方が分かりやすい（今村 1994, 62）．もちろん，社会党は官公労組を支持基盤としている以上，人事院勧告の完全実施（人事院勧告が勧告された通りの期日に実施されること）を求めるのも不自然ではないが，それと総定員法の間の論理的な関係は必ずしも明らかではないだろう．実際，大出の質問に対する保利の答弁は，人事院勧告は総定員法と関係なく尊重するというものであった．

大出の議論を要約すれば，第一に社会党は人事院勧告の完全実施の後でなければ総定員法案の審議に応じるつもりはなく，第二に政府はこの点について立場を明らかにすべきであるということであった．これに対して，答弁に立った保利は，総定員法を導入するのは，行政の効率を上げるためであって，それ自体として行うべきであると述べ，また人事院勧告は総定員法の成立とは関係なく，政府としても可能な限り尊重するつもりであると述べたのである．

一見すると，ここで社会党は非常に筋違いの質問を行っているように映る．しかし，この日の内閣委員会に集まった議員たちは，人事院勧告が議論の中心となることを完全に理解していた．前年の12月の臨時国会で，社会党は人事院勧告の完全実施（5月実施）を求めて政府と激しく対立し，総定員法を通常国会で成立させるのに協力するという条件と引き換えに，人事院勧告の実施時期を8月から7月に繰り上げるよう給与法を修正するという取引を行ったばかりだった（『読売新聞』1968. 12. 18）．この日の質問は，年末の与野党対決の延長戦だったのである．

この短いエピソードこそ，日本の公務員数が他の国よりも少なくなった理由を明らかにするための最初の手掛かりである．次の手掛かりを探すとすれば，大出が言及している木村俊夫の答弁であろう．その答弁が行われたのは，1968年8月22日の衆議院内閣委員会である．この日の委員会では，まず佐藤達夫人事院総裁がその一週間前に出された人事院勧告の内容について説明を行い，それに続いて大出が木村に対して質問を行った．その質問の内容は，政府が人事院の勧告を尊重し，その完全実施に向けて努力をする意思を確認するものであった．木村は，政府全体としては人事院勧告をできる限り尊重する意向であると述べた後に，次のように発言した．

ただ，私どもで考えたいのは，この公務員の給与財源と申しましても，結局これは一般納税者の負担でありますので，いま世論が要望しております通り，このうらはらになりますことは没却できないと思います．すなわち，できるだけ行政機構を簡素化いたしまして，能率化する．そのための行政改革と，これはうらはらで必要になる．その点もひとつ御了承願います[4]．

これは，人事院勧告を尊重するのであれば，それと引き換えに行政改革を実施しなければならないという論理である．人事院勧告は公務員の労働基本権の制約に対する代償措置であるという理解に立てば，それを尊重するかどうかは行政改革の実施とは関係がない．しかし，木村は明示的に人事院勧告と行政改革のトレードオフを持ち出している．その言葉は，政府が総定員法の制定に乗り出した重要な動機が，人事院勧告による公務員の給与の引き上げへの対応だったということを示唆するものである．それでは，なぜ1960年代後半の日本で，公務員の給与水準の上昇が，行政改革によって取り組むべき課題として認識されたのか．この問いに答えるのが次節の課題である．

第2節　制度による制約

経済政策上の公務員の給与の重要性は言を俟たない．公務員の給与水準の上昇は財政支出を増加させ，それが民間部門の賃金相場に波及するとインフレの要因になるからである．では，それが特に高度成長期の日本において行政改革による対応を促すほどの問題となった理由は何か．本節では，大きく分けて二つの課題に取り組む．第一に，日本の公務員の給与を上昇させたメカニズムの特徴を，その給与制度に即して検討する．第二に，公務員の給与の上昇が行政改革を促したメカニズムとして，国際経済の制約の重要性を示す．

1. 給与制度と財政

総定員法の背景にある大蔵省の財政硬直化打開運動を含め，高度成長期の財

[4) 衆議院内閣委員会1968年8月22日．

政政策の決定過程に関する従来の研究において，公務員の給与への言及はあまり行われて来なかった．その大きな原因であると思われるのは，人件費の膨張するメカニズムの特殊性である[5]．陳情のために上京する圧力団体，省庁間の縄張り争いに明け暮れる官僚，自民党政務調査会の各部会に根を張る族議員など，自民党政治にお馴染みの登場人物たちはそこには登場しない．それが，他の種類の財政支出と比較した公務員の人件費の特徴であった．重要なのは，そのメカニズムが国際比較から見ても特徴的だったことである．

日本における公務員の人件費の特徴を考える上で決定的に重要なのは，公務員の労働基本権の制限と，その代償としての人事院勧告の存在である．第二次世界大戦後に作られた日本の公務員制度の下では，公務員の団結権は認められているものの，争議権は認められておらず，非現業職員の協約締結権も認められていない．その上で，公務員の給与は団体交渉ではなく人事院という独立性の高い人事行政機関の勧告に基づいて設定される．国家公務員法第64条第2項は，「俸給表は，生計費，民間における賃金その他人事院の決定する適当な事情を考慮して定められ，かつ，等級ごとに明確な俸給額の幅を定めていなければならない」と定めており，公共部門と民間部門の賃金格差は人事院勧告によって平準化されている．具体的には，例年4月に行われる国家公務員給与等実態調査と5月に行われる職種別民間給与実態調査の結果に基づき，4月現在の官民の給与水準が比較され，8月に人事院勧告が行われる．

さらに，人事院勧告によって設定された国家公務員の給与は，地方公務員に波及する．地方公務員法第24条第3項は，「職員の給与は，生計費並びに国及び他の地方公共団体の職員並びに民間事業の従事者の給与その他の事情を考慮して定められなければならない」としており，都道府県と政令指定都市では人事委員会が人事院勧告の内容を参照して給与勧告を行う一方，それ以外の市町村では国や都道府県の動向に準じて給与改定方針が決定される．

また，総定員法が制定された時代，国鉄や日本専売公社などの公共企業体の職員の給与は，団体交渉の対象とはなっていたものの，そこでは決着せず，公共企業体等労働委員会（公労委）の裁定によって給与が事実上決定されており，

---

[5] この点に言及した数少ない研究として，Koshiro (1987, 147) を参照．

その基準も民間部門の相場に準拠していた（神代 1973, 229）．従って，民間部門で賃金上昇が加速すると，国家公務員の給与上昇分の人件費は補正予算に計上され，地方公務員の給与を支払う地方自治体の支出の増加は，地方交付税交付金を通じて国の財政に跳ね返る．この仕組みについては，西村（1999）や稲継（2005）などの優れた先行研究に付け足すべきことはない．

　こうした公務員の人件費の増加圧力は，他の種類の財政支出と異なり，与党政治家を介した利益集団の圧力活動ではなく，主として民間部門の賃金上昇によって生じることになった．総定員法の成立した頃であれば，2月から3月にかけて行われる春闘で民間部門の各業界の組合が一斉に経営者と団体交渉に入り，賃金引き上げを獲得すると，それが国鉄などの公共企業体の賃金相場に波及する．その相場に近い形で8月には人事院が給与勧告を行い，中央省庁の公務員の給与が決まる．その給与の実施時期が10月に閣議決定され，給与法が秋の臨時国会に提出される．ここで発生する新たな支出は補正予算に計上されるか，あるいは予備費で賄われる．この過程では官公労組が勧告の上積みを求めて人事院や政府に対して働きかけを行うものの，基本的には人事院勧告の水準で給与が決定される．従って，民間部門の賃金が急速に上昇し，それが人事院勧告に反映され始めた1960年以降，財政当局は夏の人事院勧告の時期が来るたびに給与をどのように支払うかを判断することを迫られたのである．

　この追加負担は，決して無視しうるものではなかった．人事院が大幅な給与の改定勧告を行った1960年から，大蔵省はその日のうちに，勧告を実施した場合に生じる追加経費の試算を行い，その数字を翌日の新聞は広く報じるようになった．その重要性を確認するため，ここでは一般職国家公務員に加えて，自衛官などの特別職国家公務員への昇給分も含む一般会計予算への追加負担を見てみよう．この数字の比較対象とするのは，毎年度の当初予算における一般会計予算の増加額である．当時の国家予算の膨張する速度を，人事院勧告がどの程度押し上げる可能性があったのかを確認するのがここでの目的である[6]．

---

[6] 補正予算に計上された額ではなく勧告を完全に実施した場合の数字を用いるのは，人事院勧告によって生じた直接的な財政支出の拡大圧力の強さを表すためである．補正予算に計上される人件費は，実施日の繰り下げによって勧告額を切り下げたものであるため，特に1960年代前半の人事院勧告のインパクトを過小評価してしまう．大蔵省の試算は，各

第2節 制度による制約

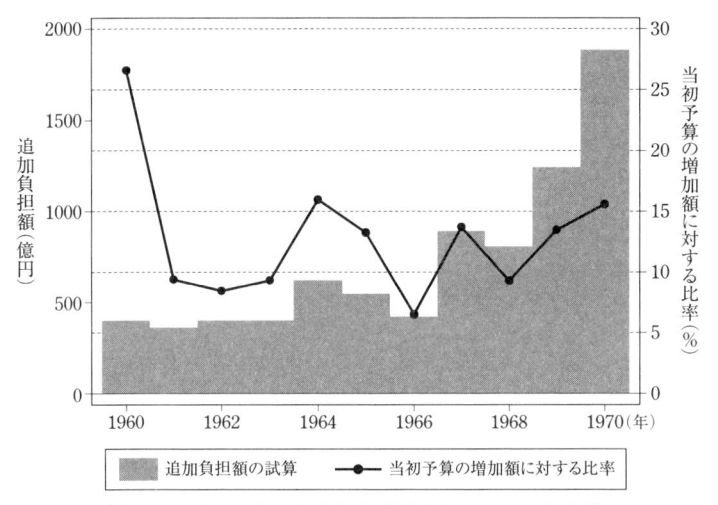

図3.1 国家予算の拡大と人事院勧告による追加負担

この時期の当初予算の規模は，1960年度には1兆5000億円程度だったのが，1970年度には8兆円まで大きく拡大した．一方，人事院勧告による追加負担額の試算は，1960年代の初めには400億円前後だったのが，1970年には1800億円となっている．1960年代を平均的に見れば，人事院勧告を完全に実施した場合，前年度からの予算の増加額の1割以上の追加負担が生じる状況だったのである（図3.1）．

人事院が大幅な改定勧告を出すようになると，初め政府は勧告の実施時期を数カ月遅らせることによって，この追加負担額を減らそうと試みた．例えば，1960年の場合，人事院勧告が官民の4月の給与を比較した上で新給与の実施日を5月1日としたのに対して，池田内閣は実施を10月1日に繰り下げている．しかし，それまで人事院勧告に基づく俸給表の改訂は翌年度の4月に行われていた以上，実はこの政府の決定は従来に比べて6カ月の繰り上げを意味していた（人事院1968, 271）．さらに，実施日は1964年以降徐々に繰り上げられたため，1970年の人事院勧告の完全実施が近づくにつれて給与の追加負担はそのまま予算に跳ね返ることになった．この追加負担の処理が常に政治問題

年度の人事院勧告の翌日の『朝日新聞』朝刊を参照した．

表3.1 人事院勧告とその実施時期

年度	改定率	実施時期（勧告）	実施時期（国会）
1960	12.4%	5月	10月
1961	7.3%	5月	10月
1962	9.3%	5月	10月
1963	7.5%	5月	10月
1964	8.5%	5月	9月
1965	7.2%	5月	9月
1966	6.9%	5月	9月
1967	7.9%	5月	8月
1968	8.0%	5月	7月
1969	10.2%	5月	6月
1970	12.7%	5月	5月

となったことは言うまでもない．民間部門における「所得倍増」は，同時に公務員の給与水準の倍増を意味したのである．

ここで注意を要するのは，政府が人事院勧告の実施日を遅らせたことが，公務員の賃金凍結を意味しなかったことである．民間部門の相場に比べて公務員の賃金上昇を低く抑えるには，政府は人事院勧告を無視するか，前年に比べて実施時期を遅らせなければならない．しかし，勧告の実施日は1964年以降少しずつ繰り上げられ続け，その実施日には人事院勧告の水準で給与改定が行われた．1960年に5カ月遅れで民間部門に平準化された公務員の給与が，1970年には勧告通りに改定されたということは，政府が実際に直面していた給与の上昇ペースは人事院勧告によって設定されたものよりも速かったのである（表3.1）．

こうした給与制度は，国際的に見ても例外的なものであった．公務員の給与が政府と官公労組の交渉によって決まる他の先進諸国との比較で見た日本の公務員制度の特徴は，団体交渉権や争議権といった公務員の労働基本権が制約される代わりに，独立の「代償機関」である人事院がその給与を決定することであった．その決定は，政府と官公労組の交渉ではなく，民間部門の労使交渉の結果に従って行われる以上，政府が政策的に給与を抑制することは難しい．

そのため，日本の政府は他国の持つマクロ経済政策の手段を欠くことになった．その手段とは，所得政策である．所得政策とは，賃金水準の上昇を全国規模で抑制することを通じて，インフレの防止を図る政策全般を指す．その方法

としては，政府が立法措置を用いて賃金の凍結を強制する場合もあれば，労働組合と経営者団体に賃金水準の目安となるガイドラインを示す場合もある．その際，政府による公務員の給与のコントロールは，所得政策の重要な手段となる．政府が官公労組との交渉を通じて給与水準の上昇を抑制すれば，物価の上昇を直接防ぐだけでなく，それを参照点として民間部門の労使交渉にも影響を与えることが可能となるからである．その意味で，公務員の給与政策は経済政策の手段として大きな重要性を持つと考えられてきた（Garrett and Way 1999）．例えば，1983年にIMFが発表した世界各国の公務員数と給与に関する国際比較調査の報告書には，次のような記述が見られる．

　　政府の規模を分析する最大の動機は，政府の雇用・賃金政策が経済全体における賃金を規定すると考えられることにある．政府が雇用に占める割合が大きいほど，公共部門だけでなく民間部門にも強い影響を与えることができる．従って，政府は大きな「梃子」を持つことになる（Heller and Tait 1983, 6）．

　こうした認識は，日本ではまず表明されることはなかった．財政当局から見れば，公務員の給与とは人事院勧告によって外生的に設定されるものであり，人事院勧告は民間部門の賃金交渉の結果を反映するものだったからである．その意味で，日本の場合，公共部門の雇用は政府に「梃子」を与えるどころか，給与の上昇を通じて政府の経済政策の余地を狭めるものだったのである．
　日本の経済政策に関する従来の国際比較研究において，この点への言及はそれほど多くなかったように思われる[7]．高度成長期はもちろん，1970年代のインフレ局面において日本が諸外国のような所得政策を採用しなかった理由を説明する上で重視されてきたのは，民間部門の賃金交渉制度の特徴であった．一

---

7) この点に関して，1960年代に書かれた楠田・丸尾（1967, 254-255）には「公的部門は，雇用者に関するかぎり，政府にたいして非協力的な傾向をもっているので，公的部門の雇用者の賃金規制を所得政策の手段として用いることにも困難がある」という記述がある．重要なのは，人事院勧告に基づく日本の給与制度が，そもそも公共部門における労使協調に基づく賃金抑制を予定しない設計になっていたことである．

般に，スウェーデンやノルウェーのように，労働者が全国的な頂上団体の下に組織化されるコーポラティズム型の賃金交渉制度を持ち，社会民主主義政党が政権を握る国々では，政府が福祉・雇用政策を充実させるのと引き換えに，労働組合は官民を問わず賃上げ要求を自制するという合意が成立しやすいと言われてきた（Cameron 1984, 173-174; Garrett 1998, 26-50）．逆に，労働者が企業別組合を中心に組織された日本ではこうした条件が欠けていたため，石油危機後のインフレ対応も，民間部門の自主的な「所得政策的調整」という形を取ることになったとされている（樋渡 1991, 20；内山 1998, 249-256）．

　しかし，こうした考え方は公共部門の賃金交渉の果たす役割を過小評価している．第6章で紹介するイギリスの事例に見られるように，労働組合の全国規模での集権化が進まなかった国でも，ある時期までは官公労組が賃金抑制に合意することを通じて，政府が財政的な引き締めを行うと同時に民間部門の賃金水準に影響を与えてインフレを減速させる手法を採用していた．その観点から見れば，日本の政府が公務員の給与を抑制する手段を持たなかったことは，所得政策が行われなかったことと決して無縁ではないのである．

　以上の検討に従えば，日本における公務員の人件費の特徴は，その財政的な統制の難しさにあった．公務員は，身分が保障されているだけでなく，給与も財政当局との交渉とは独立に決まる．それは，自民党政権の「利益配分体系」の外から働く支出拡大の圧力であり，景気と連動するものではあっても，必ずしも長期的に政府の財政規模を拡大させ続けるわけではない．しかし，公務員の給与が民間部門に合わせて設定されるということは，政府が人件費を有効にコントロールできないことを意味していた．こうした性質ゆえに，公務員の人件費は1967年9月に始まる財政硬直化打開運動の標的になったのである．

2. 国際経済の制約

　財政硬直化打開運動は，予算編成過程の改革を通じて，抑制の行いにくい義務的経費の節減を目指す大蔵省のキャンペーンであった．公務員の人件費は，そうした経費の代表的なものである．それでは，なぜ大蔵省の官僚たちは財政硬直化を打開する必要があると考えたのだろうか．この問題に答えることで，総定員法の制定に至るメカニズムをさらにもう一歩遡ることが可能となる．

第2節 制度による制約

　ここで見逃してはならないのは，この財政硬直化打開運動の目的が財政の「硬直化」に取り組むことであって，財政規模を「縮小」することではなかったということである．山口二郎の指摘によれば，財政硬直化打開運動を進めた大蔵省の狙いは，国際収支問題に対応するための財政支出の柔軟性を確保することであった．実際，高度成長期の財政政策に対する最大の制約は，国際収支問題であった．強力な輸出に支えられた大幅な貿易黒字が1970年代に国際問題化したのとは対照的に，1960年代後半までの日本では景気の循環に合わせて周期的に国際収支が赤字に陥り，為替相場を守るために緊縮的な予算が組まれていたのである（山口1988, 126）．

　こうした国際収支の制約は，大蔵官僚の思い込みではなく，第二次世界大戦後の国際通貨制度であるブレトン・ウッズ体制下で，特に輸出に不利で輸入に有利な高い水準の為替相場を採用した国々に作用した制約であった．アメリカと日本の間でドルと円の交換比率が1ドル＝360円に定められたように，先進各国は米ドルと自国通貨を固定相場によってリンクさせ，一定の幅での切り上げと切り下げを容認しながら，それに基づいて国際的な貿易と投資の管理を行っていた．こうした固定相場制の下，赤字財政を続ける国では為替相場を維持することが難しくなる[8]．拡張的な財政・金融政策によって景気を拡大させれば，外国製品に対する需要が増大し，国際収支が赤字となり，外貨準備高が減少し，やがては為替相場の切り下げに追い込まれる．こうした状況で為替相場の切り下げの見込みが強まると，その国の通貨に対する売りが一層強まり，最終的には通貨危機の引き金となる（Krugman 1979; Eichengreen, Rose, and Wyplosz 1995）．こうした理由から，ブレトン・ウッズ体制下において拡張的な財政政策を行った多くの国は，為替相場が割高に設定されていた場合，遠からず国際収支の赤字に対応するために景気の引き締めを余儀なくされることと

8）　こうした現象が生じるのは，固定相場制の下では財政政策が有効になるためである．いわゆる「マンデル＝フレミングの定理」に従えば，固定相場制の下で資本移動を自由化すると，金融政策による金利のコントロールが失われる反面，財政出動の効果が金利の上昇によって減殺されることもなくなるため，財政政策は自律性を持つ（Frieden 1991, 431-432）．為替相場を維持する必要性という意味での財政政策への制約が存在するのは，ブレトン・ウッズ体制が通貨統合を目指すものではなく，一定の範囲で切り下げの可能な固定相場制を採っていたことに由来する．

なり，結果として財政赤字に対する制約が働くことになった[9]．

　この時期の日本の予算編成において国際収支の制約が果たしていた役割の大きさは，政府の文書に表れている．標準的な予算編成過程を例に取れば，8月末までに各省庁が次年度予算の概算要求を大蔵省に提出し，主計局が予算査定を行い，12月には税制調査会の答申や自民党による予算編成方針がまとめられ，年末から年明けにかけて「経済見通しと経済運営の基本的態度」，予算編成方針，および大蔵省原案が閣議決定される．この予算案が国会において審議されることを通じて予算が成立する．ここでは，財政当局の経済状況に対する認識を確認するため，各年度の予算編成方針の前文の文言に注目してみよう．通常，ここには予算編成に際しての課題となる社会経済的な条件が挙げられている．1952年の占領終結後，1954年度から先は予算編成方針の本文が残っているが，重要なのは，1960年代までの前文の書き方がそれ以後の時期とは全く異なることである．例えば，1954年度の予算編成方針に当たる「昭和29年度予算大綱」は次のような書き出しで始まる．

　　国際収支の著しい逆超，インフレ傾向の濃化の趨勢に鑑み，通貨価値の安定を図るとともに，更に積極的な物価の引下げ，国際収支の均衡を期するため，この際国民生活の刷新，企業合理化の推進と相俟って，財政経済の運営の面において，思い切った引緊め重点化の方針をとり，国，地方を通じて財政規模を強力に圧縮し，財政収支の総合均衡を厳に確保することとし，これによって独立にふさわしい経済の自立と自衛力充実の基盤を確立するものとする[10]．

---

9) 逆に，変動相場制の下では，為替相場がインフレに対する歯止めとならない代わりに，為替相場を維持するために財政政策を発動する余地が制約される事態は生じない．とはいえ，通貨制度の財政的な効果は，政策決定者が固定相場制の下で将来的に生じる相場切り下げのコストと，変動相場制の下で即座に生じるインフレのコストのどちらを重視するかに依存する．後者のコストを重視する政策決定者の場合，変動相場制の方が財政赤字に対する強い制約を加えるという説もある (Tornell and Velasco 2000)．

10) 1954年1月5日閣議決定（有沢・稲葉 1966, 176）．なお，独立回復後の最初の予算編成の行われた1953年度については，向井忠晴蔵相が与党自由党の予算編成方針に従って直接大蔵省原案を作成することを指示したため，予算編成方針が閣議決定されることなく編成作業が行われた（『金融財政事情』1953. 2. 2, 8）．

ここからは，日本の国際収支が赤字に陥ると同時にインフレが進行していることが読み取れる．この二つの問題は，財政政策によって解決するべき問題であり，その解決策とは財政支出を圧縮し，収支を均衡させることである．それが「経済の自立」につながるのは，国内の需要を抑制すれば国際収支が改善され，円相場を防衛するために財政および金融の急激な引き締め策を採用する必要がなくなるためである．

これに対して，既に日本が先進国の仲間入りを果たし，アメリカにおいて日本脅威論が唱えられるようになった1980年代の予算編成方針は，1989年度の予算を例に取れば，次のような書き方となっている．

> 我が国の財政事情は，昭和62年度末の公債残高が150兆円を超え，国債の利払債が歳出予算の約2割を占めるなど引き続き極めて厳しい状況が続いており，今後急速に進展する人口の高齢化や国際社会における我が国の責任の増大など今後の社会経済情勢の変化に財政が弾力的に対応していくためには，財政改革を強力に推進して財政の対応力を1日も早く回復することが引き続き重要な課題である[11]．

ここで示されているのは，日本を取り巻く終戦直後と全く異なる状況である．まず，財政再建を行うのはインフレや国際収支問題など現にそこにある問題に対応するためではなく，将来起きるかもしれない問題に対する対応力を確保するためであるとされる．その問題とは，日本人の平均寿命が伸び，高齢化が他の先進国に比べて急速に進行することと，日本が経済大国として認められ，国際的な不況の際に対応を求められるということである．

それでは，こうした変化はいかにして生じたのだろうか．1954年から1990年代半ばまでの予算編成方針の文言を比較すると，全体的な傾向が明らかとなる[12]．まず，図3.2に示されている通り，1960年代末までは国際収支問題と物価の安定が予算編成方針の中で非常に大きなウェイトを占めていた．そのう

---

[11] 1988年12月22日閣議決定．
[12] 具体的には，閣議決定の前文に含まれる表現を検討した．1954年度から1965年度までは有沢・稲葉（1966）を，それ以降は大蔵省『国の予算』各年度版を参照した．

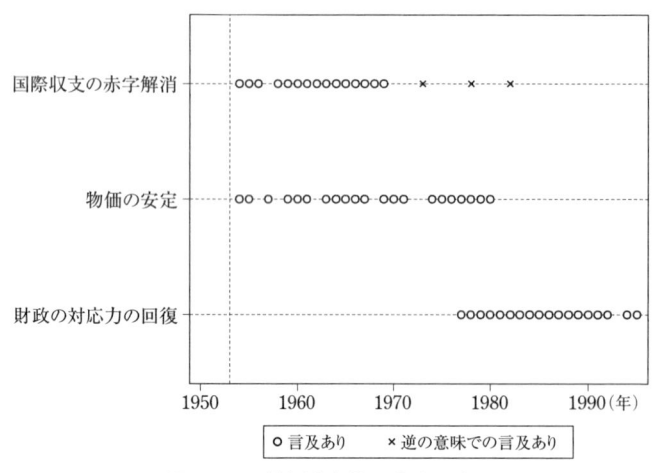

図3.2 予算編成方針の内容の変遷

ち，国際収支問題が最初に消えることとなった．1969年までは，国際収支の均衡を回復して「自力で経済発展を図る」ことが経済政策の最重要課題として述べられていたものの，その後こうした表現は全く登場しなくなる．

逆に，1970年代になると国際収支の持つ意味が完全に逆転する．例えば，地価と物価が大幅に上昇して物価抑制が大きな政治課題となっていた1973年度の予算編成方針の前文では，経済の「国内均衡と対外均衡の調和を図りつつ，長期的視野のもとに国民福祉の充実に努めることが必要である」と記されている[13]．もし日本経済が1960年代以前のように絶えず国際収支の赤字に直面する状態にあれば，財政の引き締めによって景気の過熱を防ぎ，「国内均衡」を実現することは，輸入の減少を通じて国際収支の赤字を食い止め，「対外均衡」を実現することに繋がった．しかし，この時期の日本経済は逆に大幅な貿易黒字を計上しており，アメリカを初めとする諸外国からの批判を招く状況になっていた．従って，ここでは国際収支の赤字ではなく，黒字を減らすという意味において「対外均衡」という言葉が用いられている．財政当局から見れば，これはジレンマを孕んでいた．というのも，対外均衡を図り，内需拡大を通じて

---

13) 1973年1月6日閣議決定．

第2節　制度による制約

国際収支の不均衡を是正するために大型の予算を組めば，財政状況が悪化するだけでなく，インフレを招き，物価問題をますます悪化させてしまうからである．

一方，二度の石油危機を経て国内のインフレが鎮静化すると，全く別の論理が中心となる．それは，財政の「対応力」である．財政が大量の国債収入に依存するようになると，政策課題に対応する力が落ちてしまう．この「対応力」の論理は，1960年代後半に大蔵省の財政硬直化打開運動において唱えられ始め，1980年代の予算編成の方針においては，財政支出を抑制するほぼ唯一の理由となっていた．時代を下ると，財政がその対応力を発揮すべき課題として「高齢化」や「国際社会における日本の役割の増大」などの表現が登場し，その後バブルの崩壊した1990年代まで全く同じ言葉遣いが用いられている．1994年の著作において，真渕勝が日本の財政赤字の最大の弊害として財政硬直化による対応力の低下を挙げるのは，実はこうした時代背景を反映しているのである（真渕1994, 13）．

国際収支の制約が1960年代の財政政策に与えていた影響を別の角度から見るには，外貨準備高と財政状況の関係を見ると良い．「国際収支の天井」の高さを測る一つの目安として当時用いられていたのが，外貨準備高の水準である[14]．ここでは，日本が独立を回復した翌年の1953年から，変動相場制を採用した1973年までの各年末の外貨準備高の推移と，戦後初の赤字国債が発行された1965年以降の各年度の国債発行額を示した（図3.3）．1960年代半ばまで，外貨準備は「国際収支2000億円の天井」に沿って推移し，1968年以降は急速に上昇している．これは，日本の輸出が伸びた結果，国際収支が常に黒字となったことを示している．注目すべきなのは，外貨準備高が急速に伸長した時期と，日本の国債発行額が急速に伸び始めた時期が，ほぼ完全に一致しているということである．通常，財政赤字は国内景気の好転による輸入の増大を通じて外貨準備高の減少をもたらすはずである以上，こうした外貨準備の蓄積が，日本の財政状況の変化の帰結だとは考えられない．むしろ，輸出部門が強化さ

---

14)　外貨準備高は総務省統計局『日本の長期統計系列』，国債発行額は財務省「国債発行額の推移（実績ベース）」https://www.mof.go.jp/jgbs/reference/appendix/hakkou01.pdf（2014年7月31日アクセス）

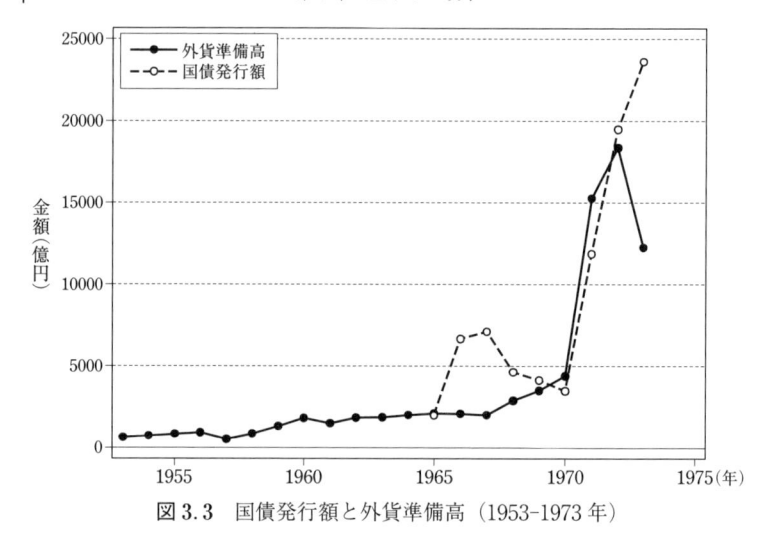

図 3.3 国債発行額と外貨準備高（1953-1973 年）

れたことによって，財政赤字が外貨準備高の払底へと直結しなくなったことが，日本の財政赤字の拡大を可能にしたのだといえよう．逆に言えば，それ以前の日本では財政赤字の余地が外貨準備高によって制約されていたのである．

　国際収支問題を背景に，大蔵省による財政硬直化への懸念を一層強める契機となったのは，開放経済体制への移行である．貿易については，1955 年の関税および貿易に関する一般協定（GATT）加盟後に自由化への流れが強まった．終戦直後の国際収支問題に対応するために採用され，輸入代金の決済に必要な外貨資金の配分を通産省の許可制とした外貨割当制が，岸信介内閣から池田内閣にかけて外貨予算の範囲内で自動的に資金の配分される自動承認制へと大幅に転換された結果，外貨予算の中での自動承認制の予算枠の比率を示す自由化率は，1959 年 8 月の 26% から 4 年後の 1963 年 8 月には 92% に達した．さらに，1964 年の IMF 8 条国への移行に伴って国際収支の赤字を理由とする為替制限が禁止された結果，外貨予算は廃止され，同年の OECD 加盟によって資本自由化が迫られることになった（香西 1981, 146-148, 179-184）．

　国際化の帰結は，ケインズ主義的財政政策の開始であった．外国企業との競争に不安を抱える経済界においては，合併による大型化が進むと共に，減税による景気の下支えを求める圧力が生じ，それが 1965 年の不況に際しての国債

発行の引き金となった．このことは，世界経済の変動に晒された日本が，今後は機動的な財政政策を必要とすることを予感させるものであり，それが大蔵省においては財政支出の柔軟性を確保するという志向を生み出した結果，財政硬直化打開運動が開始されたのである（山口 1988, 137-144; Hadley 1993, 305）．

以上の検討に基づいて全体の構図を俯瞰すると，大蔵省による財政硬直化打開運動とその帰結としての総定員法は，自民党政権下の歳出圧力への対抗という側面とは別に，国際経済の変動のもたらす歳出圧力への対応としての側面を持っていたと言えよう（Cameron 1978; Katzenstein 1985）．この時期の通産省が，こうした国際化に伴う海外の企業との競争の激化への対応として，1963年に産業界に対する規制権限を強化するための特定産業振興臨時措置法（特振法）の制定を試み，挫折したことは広く知られている（Johnson 1982, 255-256）．大蔵省の財政硬直化打開運動の場合，国際化のより間接的な影響に対応するためであったにせよ，国際収支の制約の下で財政政策を有効に運営するべく，硬直性の高い支出項目の増加を抑制するというのが，その戦略だったのである．

周期的な国際収支問題の発生，財政硬直化打開運動の開始，そして総定員法の制定という三つの出来事を結ぶメカニズムは，当時の政策決定者の認識に明確に表れている．1967年9月以降，財政硬直化打開運動は各方面で展開されたが，予算編成に直接関係する議論が行われたのは，大蔵省の財政制度審議会である．そこでの検討を踏まえて12月25日に提出された報告書は，以下のような書き出しで始まる．

> わが国の経済は，公債政策の本格的導入を契機として深刻な不況から立ち直り，順調な回復を遂げたが，本年度に入って設備投資の増勢を中心にむしろ加熱の様相を呈し，国際収支は急速に悪化の方向をたどってきた．このため秋以降，公共事業の繰り延べをはじめ，財政金融両面から景気調整策がとられるにいたったが，先般来の英ポンド切り下げを契機に国際環境は一段と厳しさを加えており，今後の経済運営にはとくに慎重な配慮が要請されている．
>
> のみならず，［昭和］43年度の財政は，多年にわたり硬直化した財政体

質の改善に積極的に取り組むべき課題を担っている．もとより，これについては現行制度の根本的再検討を要する点も多いので，急速にその全面的な実現をはかることは困難であろうが，当面できるものから，以下に示す方針に従って果断に実行に移すことを要望する[15]．

この文章の解釈は特に難しくない．第一段落では，好況期に生じる国際収支問題に対応するために緊縮財政を行う必要があることが述べられ，第二段落では財政硬直化が柔軟な政策対応を妨げていることが指摘されている．最後の文の「以下に示す方針」の内容が，特に支出面に関して具体的に述べられているのは，それに続く「歳出の内容」と題する節である．興味深いことに，その最初の項目として掲げられているのは「給与額」であり，「給与については人事院勧告をまって措置する必要があるので予備費の形で計上しておくことが考えられよう」として，人事院勧告に伴う給与水準の上昇を与件として受け入れた上で，補正予算ではなく予備費によって当初予算で対応すべきことが述べられている．その一方で，ここでは「行政コストを節減し行政能率を高めるため，既定経費を全面的に再検討し，経費の節約を行うべきである」として，行政改革を通じて人件費を削減する方針も示されている．それに続いて，地方財政費，食糧管理特別会計への繰り入れ，その他の経費の順で検討が行われた後，それを受ける形で設けられた「定員の縮減と行政機構の簡素化」と題する節では，国家公務員の定員を縮減し，機構の増設を行わず，地方自治体においても国に準じた措置を取るべきことが述べられている．

この報告書を素直に読めば，国際収支問題を理由として財政硬直化問題が政策課題として浮上し，その中でも優先順位の高い公務員の人件費を抑制する手段として公務員数を削減する方針が選択されたという論理が一本の糸で繋がっている．だからこそ，総定員法は「硬直化した財政体質の改善に積極的に取り組むべき課題」への回答となったのである．

---

15) 財政制度審議会「財政制度審議会報告」1967 年 12 月 25 日．

3. 行政需要に対応するための行政改革

　今日，行政改革は 1980 年代以降の新自由主義的改革の延長として語られることが多い．その見方に従えば，公務員数を減らすことは，公共サービスの供給の民間委託や民営化を進めることであり，国家の役割を縮小し，市場の役割を拡大することである．同時に，それはケインズ主義的な発想によって景気拡大のための財政赤字を生むものではなく，人件費の削減によって財政を均衡させることを意味する．

　しかし，しばしば見落とされがちであるが，1960 年代の行政改革は，政府の役割の拡大基調を前提とするものであった．総定員法案を立案した行政管理庁が，この法案の必要性を説くために関係者に配布した文書の書き出しには，「行政は社会，経済の進展に即して，これに柔軟に対応して行かねばならない．行政の硬直化をときほぐし，体質をやわらかくして社会，経済情勢への適応能力を高めるように制度を改善することが何より大切である」として，政府が社会問題の解決に積極的な役割を果たすべきことが述べられていたという（『官界通信』1968. 5. 20）．総定員法は，そうした「適応能力」を高めるための手段だったのである．

　この時期の他の行政改革の事例を見ても，「小さな政府」を実現するという目標は前面には掲げられていない．例えば，第一臨調が 1964 年に発表した「行政改革に関する意見」は，行政改革の課題として総合調整機能の強化，行政の民主化，行政の膨張の抑制と中央集中の排除，行政における合理化の四点を挙げた後，次のように続ける．

　　しかしながら，角度をかえて，今日の行政改革が考慮すべきもう一つの側面として，現在，緊急に解決を迫られている一連の諸問題があることを見落としてはならない．これらはいずれも現在の経済的，社会的変動に伴って生じた国民的要請とみることができるものであり，組織および運営の改善は，このような事態を十分に頭に入れた上で考えなければならないものといえる（行政管理庁 1973, 758）．

政府の対応するべき新たな行政需要として挙げられているのは，首都圏行政，青少年行政，消費者行政，科学技術行政，貿易関係行政，公害行政の六つの分野に関する諸問題である．これらが，いずれも高度成長期における産業化と都市化という社会変動に対応した課題であることは言うまでもない．

こうした，行政需要への対応能力の向上という目標は，この時期の他の先進国における行政改革の思想と共通している．そこでは，市場に対する国家の役割が増大するということは所与とされており，重要なのはその業務を科学的に洗練させることであった．例えば，アメリカで第二次世界大戦後に設置されたフーヴァー委員会による行政組織の評価や，連邦予算におけるプログラム予算（PPBS）の実施などは，科学的合理性に基づいて政策の有効性を高めるための行政改革の試みであって，政府の役割を縮小する試みではなかった（Peters 1996, 115-121）．そうだとすると，総定員法の背景にあった政策的な思想は，他国における行政改革の発想と大きく異なるものではなかったのである．

従って，行政改革の手段として公務員数の抑制を行うためには，行政需要は増えているにもかかわらず公務員は減らす必要があるという，やや無理のある論理を組み立てざるを得ない．総定員法が成立した後の行政管理庁の年次報告書では，定員削減を行うのであれば，まず必要のない業務の存在を示すのが筋だということを認めた上で，以下のように述べる．

> しかし，一方において出血人員整理を行わないという大前提と，他方において行政の体質的欠陥，すなわち，行政需要の消長に応じて事務を整理する契機の乏しさということを考慮するときに，この考え方は実際的であるとはいえない．むしろ，定員面から取り組んで，欠員を留保してこれに見合う定員を再配分するという方式を採用しつつ，行政の中に事務および機構の簡素能率化の圧力を作り出して行く方式の方が実践的である（行政管理庁 1971, 68）．

実際，行政改革の取り組むべき課題を財政の「硬直化」として設定し，財政規模それ自体を中心的な問題にしなかったのは，当時の政策決定者たちが以後の経済運営において財政政策が大きな役割を果たすという認識を共有していた

からに他ならない（橋口 1977, 49-55）．1960 年代の行政改革は，給与面からのコントロールの効かない公務員の数を低く抑えることによって，財政政策の柔軟性を確保することを目指すという性格を有していたのである．大蔵省による財政硬直化打開運動にしても，その目的は政府の役割を縮小することではなく，開放経済体制の下でその経済政策をより有効なものにすることであった．その意味において，日本の財政規模が 1970 年代以降急速に拡大したことと，1960 年代に公務員数を抑制するための改革が開始されたことは，論理的には一貫しているのである（加藤・林・河野 1982, 39；五十畑 1983, 26-27）．

　そうである以上，こうした理由で開始された行政改革の結果として公務員の数が他国よりも少なくなったのは，意図せざる結果にすぎない．そもそも，この時代の政治指導者たちにとって，行政改革は中心的な政策目標ではなかった．選挙に勝つことを目指す政権党にとって，高速道路や新産業都市の建設のような目に見える政策に比べて，公務員の増加を止めることは，有権者には見えにくい政策であり，政権のスローガンとして掲げるような中心的な目標とはなりにくかった．また，実際に行政改革に携わった官僚たちも，日本が先進国の仲間入りを果たした後，長期的に他国よりも小規模な公共部門を維持することになるとは予想していなかった[16]．財政支出が増加する局面で公務員数を抑制したことは，公務員以外の主体が公共サービスの供給を担うことを確かに意味したが，それは市場競争によって公共サービスの供給が効率化するという，後の NPM のような発想に基づく改革ではない．当時の政策決定者たちにとって，行政改革によって公務員数の増加を抑制することの狙いは，国家の代わりに市場の役割を拡大することではなかったのである．

小　括

　本章の検討に従えば，高度成長期の日本において，公務員数の増加圧力が働く中で，その規模の抑制が他の先進国よりも早い段階で行われた重要な理由は，

---

16) 大蔵省主計局から行政管理庁行政管理局に出向して総定員法の立案に携わった山口光秀は，総定員法の持続可能性について「歴史上どこの国もやったことのないことを行うわけですから，何年持つかなぁ，という不安はありました」と述べている（山口 2001, 163）．

日本の政府が公務員の給与を抑制する手段を欠いていたことであった．自民党政権の利益政治を中心に見た 1960 年代が「財政の政治化」の時代であったとすれば（真渕 1994），公務員給与政策の歴史における 1960 年代は人事院勧告の完全実施への道が開かれた時代であった（西村 1999）．その観点から見れば，公務員の人件費が急速に膨張した時代に，行政改革による公務員数の抑制が図られたことは，決して偶然ではないのである．

公務員の給与制度による制約が行政改革を促したのは，それがブレトン・ウッズ体制下の国際経済の変動への対応に必要とされる柔軟な財政政策を妨げると認識されたためである．高度成長期の日本では国際収支が度々赤字に陥っており，その状況下で為替相場を維持するために景気の引き締めが行われた．さらに，経済の国際化に伴って，国際収支の変動に対応するためには硬直的な財政運営を避ける必要があった．その際，他国では公務員の給与を抑制して財政支出と賃金上昇をコントロールする方法が存在したのに対して，日本の政府はこうした手段を欠いていた．このため，人事院が公務員の給与を引き上げ始めると，政府はそれに対応して公務員数の抑制に乗り出すことになった．日本が経済発展を遂げ，福祉国家化する前に公共部門の拡大に歯止めが設定されたのは，そのことの帰結だと考えられるのである．

しかし，これだけでは日本と他国の違いを十分に説明したことにはならない．本章で描いたのは 1960 年代の中央省庁における行政改革の一コマであり，その射程は時間的にも空間的にも限定されている．そもそも，政府が国際収支問題に対応することを妨げるような公務員の給与制度が作られた当初の理由は何だったのか．また，この給与制度はどのような過程を通じて日本全体の公務員数の増加を抑制することになったのか．次の二つの章では，これらの疑問に順に答えていく．

第4章　戦後改革と制度の選択

　制度の起源を探るという課題に取り組む必要があるのは，その答え次第で制度の持つ重要性が大きく変わるからである．例えば，仮に人事院勧告制度が作られたのが，自らの給与を守りたい公務員による組織的な圧力活動の結果だったとしよう．そうであれば，日本と他国の公務員数の差異は，最終的には公務員の利害関心の違いによって説明されることになる．日本の公務員が，自分たちの給与を守ることを重視した結果，人員の増加を抑制することを受け入れたのだとすれば，そのための手段として制度が使われたとしても，その影響は副次的なものにすぎない．

　その意味で，まず押さえておく必要があるのは，人事院を中心とする現在の給与制度が公務員の組織的な利害に反して設計されたということである．その直接の契機は，初め労働運動に寛容だったGHQが，公共部門の労使紛争が激化する中で占領政策を転換したことであった．1948年7月のマッカーサー書簡によって，終戦直後から続いてきた団体交渉が停止され，ストライキが禁じられると共に，同年12月には労働基本権を制限する形で前年に作られたばかりの国家公務員法が改正され，団体交渉制度に代わる仕組みとして人事院勧告に基づく給与制度が採用されるのである．

　問題となるのは，こうした制度選択が行われた理由である．従来の多くの研究は，この過程を米ソ冷戦に伴う「逆コース」の帰結として説明してきた．しかし，既に前章で見たように，人事院勧告によって公務員の給与水準を設定する日本の給与制度は，国際収支問題によって財政的な制約の加わる通貨制度である固定相場制との相性が悪い．実のところ，その通貨制度こそが，アメリカの冷戦戦略の直接の産物であった．人事院が発足した直後の1949年4月，日本を国際経済に復帰させることを目的に，アメリカ本国の主導で1ドル=360円の相場が設定された．それに先立ち，国際収支を均衡させるために「ドッジ・ライン」と呼ばれる強烈な緊縮財政がGHQの抵抗を押し切って実施され

た．その結果，人事院勧告の影響力は大きく限定されることになるのである．

こうした事情を鑑みれば，日本の特異な給与制度が作られた理由は，アメリカの冷戦戦略とは異なる要因に求めなければならない．その要因として，本章では日本の置かれた歴史的条件に注目する．その条件とは，戦前の日本が第一次世界大戦後のヨーロッパのような労働運動の高揚を経験しなかったことである．そのことが，逆に戦後の労働運動を当初から急進化させ，GHQ の介入を招いたのだと考えられる．そのように労使対立が激化しやすい条件を抱えていた以上，占領改革によって導入された給与制度や通貨制度が占領終結後も定着したのは，それらが保守的な戦前の体制と親和的だったからではなく，その導入過程で反対派が弱体化したことにあるというのが本章の結論である．

以下，第 1 節では公務員の給与制度の起源を探るため，1948 年の国家公務員法改正に至る過程を記述する．第 2 節では，アメリカの冷戦戦略に基づく占領政策の転換から為替相場の設定に至る経緯を示す．第 3 節では，国際比較を通じて給与制度が形成されたメカニズムを改めて考察し，給与制度と通貨制度が占領終結後も定着した理由を提示する．

第 1 節　公務員の給与制度の形成

日本の公務員制度においては，人事院勧告が国家公務員の給与水準を規定し，それが地方公務員の給与水準へと波及する．このような他国と違う給与制度が日本で選択された理由を説明するには，人事院勧告の根拠である国家公務員法が形作られたメカニズムを示す必要がある．既に数多くの歴史研究が明らかにする通り，人事院勧告を中心とする日本の公務員の給与制度は，日本政府が自発的に選び取ったものではなく，GHQ によって作られたものであった．国内の社会集団による「下からの圧力」を反映したものではないという点において，この制度は「上から」導入されたと言えよう．重要なのは，終戦直後に最初に採用されたのは，ヨーロッパで広く見られるような団体交渉に基づく給与制度だったということである．人事院勧告という新しい仕組みは，団体交渉制度が行き詰まった結果として導入された．問題は，その理由である．

1. 団体交渉制度の導入と崩壊

戦前の日本では，団体交渉が制度化されておらず，公務員の給与決定を政府が主導していた．中央省庁では，官吏の給与は高等官官等俸給令と判任官俸給令によって勅令で規定され，それを大蔵省が所管する一方で，雇員や傭人の給与は各省庁の決定に委ねられていた．こうした事情は，都道府県や市町村でも同様であった．大正デモクラシー期には現業部門の一部で団体交渉が試みられたものの，そうした動きもやがては治安維持法の施行と第二次世界大戦への突入に伴って弾圧された（大蔵省財政史室 1980, 595-602；西村 1999, 9-11）．

この制度を終焉させたのは，第二次世界大戦の終結に伴う連合国軍の進駐である．その司令部であるGHQの目的は，日本の非軍事化と民主化であった．占領の開始に当たって間接統治の方針が採用されたため，日本側にも内閣や議会が残り，改革の実務的な作業が委ねられたものの，その政策の方向性を決めるのはGHQであった．たとえ法律事項であっても，司令官ダグラス・マッカーサー元帥の要求があれば，それに基づく政令や省令（いわゆるポツダム命令）が定められ，その要求が実行された．占領目的に反する行動は，マッカーサーの命令によって超法規的に覆すことができる仕組みだったのである．

戦前の体制は労働運動の抑圧の上に成り立っていたため，GHQは即座に労働運動の自由化に動き出した[1]．1945年10月，「人権指令」によって治安維持法等の弾圧法規が撤廃され，「五大改革指令」によって労働組合の育成方針が提示された．12月には労働組合法が制定され，労働基本権が制度化された．さらに，労働組合法の施行された翌1946年の3月には労使紛争を調停する合議制機関として中央労働委員会（中労委）が設置され，9月には労働争議の調整手続を定めた労働関係調整法が公布された[2]．

---

1) 煩雑さを避けるため，本章では特に必要がない限りGHQの部局名は省略する．労働政策を担当したのは，経済科学局（ESS）労働課である．後述するように，労働課はマッカーサー書簡発出の過程で民政局（GS）公務員制度課と対立する．また，政治史的事実については升味（1988），福永（1997），中北（1998），村井（2008）に適宜依拠した．

2) この法律が非現業公務員の争議権を認めず，公益事業における争議行為を制約した点で，GHQが占領開始当初から一貫して反共主義路線を採用していたという見方が示されることもある（塩田・中林・田沼 1970, 47）．しかし，アメリカ側の資料に基づく研究によれば，

この間，労働運動は，戦前の流れを汲む穏健派と，数的な優位に立つ急進派に分かれて組織化された．前者の中心は，社会民主主義者である．旧日本労働総同盟（総同盟）の松岡駒吉や西尾末広ら右派は，日本社会党を結成する一方で，戦前は対立関係にあった日本労働組合全国評議会（全評）の加藤勘十や高野実ら左派の協力も得ながら，経営者との協調による上からの労働運動の組織化と，それを通じた総同盟の再建を目指した．後者の中心は，共産主義者である．人権指令によって徳田球一や志賀義雄らの指導者が獄中から釈放されると，共産党は第一次読売争議を皮切りに各地で生産管理闘争を指導し，下からの労働運動の組織化を進め，その影響下で 1946 年 2 月には全日本産業別労働組合会議（産別会議）準備会が開催された[3]．

　公共部門においても，主導権を握ったのは急進派であった．現業部門では，1946 年春までに国鉄労働組合総連合会（国鉄総連合）と全逓が結成され，それらは産別会議準備会にも参加した．教員は当初は戦線を統一できず，急進派の全日本教育労働組合（日教労）とそれに対抗する教員組合全国同盟（教全連）に分かれて組織された．官公庁職員は，農林省職員会の呼びかけを通じて，1946 年 1 月に各省の組合を集めた官庁民主化職員大会を開催した．そして 3 月には，全逓・国鉄総連合との協力を通じて全国官公職員労働組合連絡協議会（全官公労協）の結成大会が開催された．

　後に共産党を弾圧する GHQ は，当初，二つの理由から労働運動の急進化を黙認したと言われる．第一に，GHQ は労働組合を民主化勢力として見なしており，戦前からの指導者が中心を占める総同盟よりも，新たに登場した産別会議に多くを期待しており，そこに共産党が浸透していることを当初は把握していなかった（コーエン 1983a, 315-319）．第二に，GHQ にはアメリカの産業別組合会議（CIO）の活動家が多く配属されていた．彼らは，総同盟を CIO とライバル関係にあるアメリカ労働総同盟（AFL）に見立て，それに対抗する勢力として産別会議を支援したのである（竹前 1987, 270）．

　　GHQ はあくまで自由な団体交渉の制度化を目指しており，争議行為の制限は緩やかなものに留められていた（遠藤 1989, 135）．
　3）両陣営を統一する試みはその年の 3 月頃まで続いたが，共産党側が総同盟の指導者たちを批判したことで，失敗に終わった．

第1節 公務員の給与制度の形成

　労働運動の自由化に伴って団体交渉が開始されると，公務員の給与には強い上昇圧力が働いた．初め，大蔵省は物価の上昇に合わせて臨時物価手当を設定し，家族手当を増やすなど，GHQ の許可を得ながら毎月のように給与水準を少しずつ引き上げていた．しかし，各省で別々に団体交渉が行われると，組合の強い省庁では大幅な賃金の上昇が勝ち取られ，それが他省庁の交渉結果に影響を及ぼすことで，全体としての賃金相場が上昇する展開となった．賃金の引き上げが認められるたびに，大蔵省は給与を修正し，その承認を全て GHQ に求めていたため，その手続きが煩雑を極めると共に，給与の遅配が相次いだ．この結果，1946 年 2 月に省電労働組合と旧運輸省の賃金交渉が決裂した結果として発生した「省電安全運転事件」と呼ばれる山手線の抜き打ちストを初め，各省で労働争議が激化した（労働省 1946, 18-23；阪田・慶徳 1952, 5；労働争議調査会 1959, 69-75；大蔵省財政史室 1980, 609-612）．

　こうした終戦に伴う変化に対応するため，主として大蔵省以外の各省と GHQ の要請から生まれたのが，大蔵省に賃金交渉を一元化する構想であった[4]．5 月，全官公労協が物価上昇に対応するため，本人および家族一人当たり 100 円の支給を要求したのに対して，政府は事務次官会議に団体交渉を委ねたが，そのための窓口を一本化する必要に迫られた（大蔵省財政史室 1980, 607）．一方，省電事件によって大幅な賃上げが認められたのを見ていた GHQ も，分権的な賃金交渉を放置することはできないと判断し，日本政府に対して給与を一元的に取り扱う部局の設置を求めた．6 月 25 日，大蔵省給与局が設置され，600 円ベースの「七月号俸」が 7 月 9 日に発表された．この成果により，組合側も一旦は矛を収めた（今井 1951, 12；阪田・慶徳 1952, 9）．

　しかし，こうした大蔵省給与局の試みは，労使紛争の激化によって掘り崩された．1946 年 5 月に成立した日本自由党の第一次吉田茂内閣の下では，石橋湛山蔵相の積極的な財政政策（石橋財政）によってインフレが進行する中で，8 月には産別会議と総同盟が労働運動の二つのナショナル・センターとして発足した．労使協調による経済復興を掲げる総同盟に対して，産別会議は賃金の獲得を優先し，電力部門の「十月闘争」において，中労委の裁定による大幅な

---

[4] 厚生省から労働省を切り離すに際して，労働省に給与を一元的に扱う部局を設けるという構想も存在した（今井 1983, 111）．

賃金上昇を勝ち取った．こうした民間部門の賃金上昇に取り残された公共部門では，各省や現業部門の組合が結集して11月に全官公庁共同闘争委員会（共闘）を結成し，260万人の勢力を擁して，政府に待遇改善要求を突き付けた．吉田首相が翌1947年の年頭の辞で組合を「不逞の輩」と呼んで対決姿勢を強める中，組合側は産別会議と総同盟の傘下の民間部門の組合も巻き込んで全国労働組合共同闘争委員会（全闘）を結成し，2月1日にゼネストを行うことを予告するに至った．吉田は，いざとなればGHQが介入すると信じる一方，組合側を主導する共産党は，GHQは介入しないと予想し，両者は互いに譲らなかった．読みが正しかったのは吉田である．1月31日，GHQが中止命令を出し，二・一ゼネストは幻に終わった．

　二・一ゼネストの中止により，労使対立は一時的に緩和された．その後の一連の変化としては，第一に，事件を収拾する方策として，マッカーサーが吉田首相に総選挙の実施を命じた．新憲法の施行に合わせて行われた4月25日の総選挙では，日本社会党が第一党となり，委員長の片山哲を首班として，民主党と国民協同党との中道連立内閣が結成された．第二に，ゼネストの失敗を受けて，それまでは各地の組合の連合体であった国鉄総連合の単一化による国鉄労働組合（国労）の結成や，教員労組の戦線統一による日本教職員組合（日教組）の結成など，労働運動の組織再編が進む一方で，共産党とその指導下にある産別会議に対する批判が始まった．産別会議の内部でも，5月には事務局次長の細谷松太の主導で自己批判が行われ，後に産別民主化運動の引き金となった．第三に，それまで労働運動の急進化を黙認してきたGHQでも人事異動が行われた．労働政策を所管するESS労働課では，セオドア・コーエン課長が更迭され，代わりにAFL出身のジェームズ・キレンが起用された．キレンは，組合内の反共派への支援に乗り出し，労使協調を推奨した（中北2008, 19-29）．こうした勢力図の変化は，公共部門の賃金交渉にも反映された．二・一ゼネスト中止の直後，組合側は政府の提示した1,200円ベースの暫定給与案を受け入れた．2月末からは官吏待遇改善委員会が首相官邸で開催され，政府側と組合側の25名ずつの委員による交渉が行われた．5月上旬，中労委の調停の下で，両者は1,600円ベースで暫定的に妥結した（稲継2005, 54-55）．

　しかし，片山内閣の経済政策が，再び労使対立を招いた．その契機は，7月

第1節 公務員の給与制度の形成

5日の新物価体系で物価を戦前の65倍とする方針が示されると共に，賃金を戦前の28倍とする1,800円ベース賃金が設定されたことである．全逓は，他の主要な官公労組に呼びかけて全官公庁労働組合連絡協議会（全官公）を8月に結成し，片山内閣に生活補給金と最低賃金の確立を要求する一方，共産党の方針に従い，末端組織の自主的なストライキによる地域人民闘争の方針を採択した．これに対し，国労では1,800円ベースを受け入れる方針が選択され，共産党の指導に反対する組合員の手で国鉄反共連盟が結成された．11月，中労委は全逓と国労に対して，新給与を翌年1月から実施すると共に，生活補給金を2.8カ月分支給する調停案を示した．反共派が主導権を取った国労はこの案を受け入れたのに対して，全逓等の残りの組合では依然として共産党の影響力が強く，12月には交渉から離脱した．その一方で，生活補給金を巡っては，12月に2カ月分を支給し，残りの0.8カ月分を公共料金の引き上げによって支出するという案を大蔵省が唱えると，それに反対する社会党左派が反旗を翻した．1948年2月，片山内閣は総辞職し，三党連立の枠組みを維持しながら，民主党の芦田均内閣が成立した（宝樹2003, 27-30；稲継2005, 66-69）．

　こうして，再びストライキの波が押し寄せた．中労委の調停案によって1月末に設置された臨時給与委員会には国労のみが組合代表として参加し，2月21日に政府から2,920円ベースの新給与が提示された．この給与案には，3月15日の回答期限が設定されていたが，国労を除く官公労組は，この政府案を拒否し，全逓では大阪中央郵便局を先頭に各地の組合が地域人民闘争方針に従ってストライキに突入した．この全官公の「三月闘争」に対してGHQが再び介入してストライキの中止を命令し，ようやく新給与の実施に漕ぎ着けた．6月にはインフレの進行によって公定価格が改定され，政府は2,920円ベースを3,791円ベースに改めたものの，それは組合側の納得する金額ではなかった．この頃には，春先まで政府に協力的だった国労でも共産党が指導力を回復しており，全官公は5,200円ベースを政府に要求して攻勢を強め，中労委に調停を申請した（安藤1966, 216-217；稲継2005, 69-74, 84-87）．

　ここで，決定的な転機が訪れた．7月22日，マッカーサーが芦田首相に書簡を送り，公務員のストライキを禁ずると共に，前年に制定されたばかりの国家公務員法を改正することを命じたのである．占領下の日本においてマッカー

サーの命令は絶対である以上，芦田内閣は中労委において続けられていた調停を即座に打ち切ると共に，7月31日に政令201号を発令した．この政令により，公務員は終戦によって獲得した団体交渉権と争議権を2年も経たないうちに失うことになる．

　マッカーサー書簡に基づく国家公務員法の改正によって，公務員の労働基本権は制約され，その代償として人事院が給与水準を政府に勧告するという仕組みが成立する．この突然の展開は，民主化改革の流れとは別に，戦後の公務員給与制度を決める上での伏線として張られていたもう一つの流れが表面化したことを意味していた．その流れとは，GS公務員制度課長のブレイン・フーヴァーを中心とする独立人事行政機関の構想である．

2. 人事院の設立

　人事院の起源を探ると，終戦直後の大蔵省の労働組合対策に辿り着く．1946年春，給与の上昇圧力に直面した大蔵省では，労働組合の賃金要求に対して，財源不足以外の反対の論拠を提示できず，苦戦していた．そこで俄かに関心を呼んだのが，アメリカの職階制の給与制度である．職階制を導入すれば，職務の科学的な分類に基づいて給与体系を正当化し，労働運動に対して優位に立てる．それが大蔵省の狙いであった．1946年5月，渋沢敬三蔵相はGHQに職階制の専門家の派遣を要請した（阪田・慶徳1952, 13-14）．

　この大蔵省の要請は，GHQにおける公務員制度改革の動きと呼応するものであった．既に，公務員制度を担当するGSでは，日本の官僚制を民主化するための検討が進められていたが，アメリカ本国からは官僚制の改革に関する指令がなく手詰まりになっていたところ，大蔵省の要請は渡りに船であった．GHQの依頼に応じて，アメリカ国務省はブレイン・フーヴァーを団長とする顧問団を11月に結成し，日本に派遣した（コーエン 1983b, 241-243）．

　来日したフーヴァーは，職階制に関する助言という当初の派遣目的を大きく超えて，新しい国家公務員法の草案を作成し，1947年6月に片山内閣にそれを提示した[5]．この文書は，アメリカ法の書式に基づいており，新たに内閣か

---

5) フーヴァーが国家公務員法の制定による公務員制度全体の改革が必要だと考えるようになったのは，吉田首相との面会を契機とするという説がある．二・一ゼネストを凌いだば

ら独立した「中央人事院」を設置して人事行政を一元化するという内容を含んでいた．その制度の下では給与決定における団体交渉の役割が消え，公務員によるストライキも禁止される．すなわち，人事院による給与決定と労働基本権の制約という制度の組み合わせが，ここで初めて姿を現したのである．草案を受け取った日本側が狼狽したことは言うまでもない．労働組合を支持基盤とする社会党政権である片山内閣にとって，公務員の労働基本権を制限する法案を通すのは自殺行為だったからである．それにもかかわらず，フーヴァーは，この草案を日本法の形式に整えるために必要な最小限度の修正を加えた上で法案を作成するように日本政府側に伝達した．さらに，フーヴァーは公務員制度改革を監督する部局としてGSに公務員制度課を新設し，そのメンバーを選定するため，7月上旬に一時帰国した．

フーヴァーの構想は，GHQによる他の多くの改革構想と同じように，アメリカの制度に多くを拠っていた．例えば，人事院に当たるのは，1883年のペンドルトン法によって創設されたアメリカ連邦人事委員会である．また，公務員の団体交渉権と争議権に対する制限も，アメリカの連邦公務員制度に倣っている[6]．特徴的なのは，フーヴァーがアメリカという連邦国家の制度を日本という単一国家に当てはめたことである．連邦政府と各州で異なる制度が採用される連邦国家と違い，単一国家では中央政府の制度が地方政府の制度を大きく規定する．その意味で，アメリカ連邦人事委員会に比べて，人事院の影響力の及ぶ範囲は遥かに広くなりうるものであった．

しかし，立法作業を委ねられた片山内閣は，この草案を骨抜きにすることに成功した．8月末に国家公務員法案が国会に提出されるまでの段階でストライキを禁止する条項は削除され，人事院の権限も縮小された．さらに，国会で法案が修正された結果，人事院は総理府の外局としての人事委員会に格下げされた．この一連の修正作業には，GHQがお墨付きを与えている．フーヴァーに

かりの吉田は，その席で官公労組対策をフーヴァーに求めたという（岡田1994, 68-78）．なお，国家公務員法の制定によって導入された職階制は，人事院による職種の分類に対する各省の批判に直面し，結局は実施されることなく終わった（川手2005, 37-79）．

[6] アメリカ連邦人事委員会と人事院の比較については，Kim (1970, 410-414) を参照．争議権に関しては，連邦公務員のストライキを明示的に禁止した1947年のタフト・ハートレー法を参照したのではないかという指摘もある（岡部1955, 214-215）．

公務員制度の設計を依頼したとはいえ,中道政権による民主化を目指すGSにとって,この法案で片山内閣の政権基盤が揺らぐのは好ましくなかったからである.また,ESS労働課は労働運動にシンパシーを持っており,公務員制度改革という名目でフーヴァーが労働政策に介入することを快く思っていなかった.10月21日,国家公務員法が公布され,半年後の施行に備えて11月1日には臨時人事委員会が発足した(辻 1953;佐藤 1962;竹前 1982, 216-224).

こうした展開がフーヴァーの怒りを買ったことは言うまでもない.10月中旬に東京に一度戻ったフーヴァーは,国家公務員法の改正の準備作業を指示した上で,12月には多数のスタッフを連れて再来日し,GS公務員制度課の課長に就任した.再び出し抜かれるのを防ぐため,フーヴァーは慎重に事を進めた.それまでのようにGHQで作成した草案の立法作業を日本側に委ねるのではなく,臨時人事委員会の協力の下,草案を初めから日本法の形式に従って作成したのである(五十嵐 1986, 36-41).

同時に,フーヴァーはGHQ内での公務員制度改革の主導権を握るべく,ESS労働課の排除に乗り出した.1948年の春は,全官公の三月闘争に見られるように,再び公共部門の労使紛争が熱を帯びた時期だった.フーヴァーは,それを念頭に置きながら,団体交渉を重視する労働課の労働政策が,逆に公務員のストライキを助長しているとして,国家公務員法の改正案を提示し,全面的な論争を挑んだのである.アメリカ型の制度を導入しようとするフーヴァーに対して,労働課は団体交渉の利点を説いて反論した.すなわち,団体交渉を禁じれば労働組合は急進化するだけであるというのが,その論拠であった.労働課が依拠したモデルは,第一次世界大戦を機に公共部門の団体交渉を制度化したイギリスの「ホイットレー協議会」方式であった(竹前 1982, 223-230).

このGHQ内部の対立を制したのは,フーヴァーである.7月6日,マッカーサーの面前で,GSとESSの関係者を交えて,フーヴァーとキレンの間で討論が行われた.マッカーサーの結論は,公務員の労働基本権の制約はフーヴァーの草案通りに残す一方で,キレンの主張に従って国鉄や専売などの現業労働者を非現業労働者から区別し,国家公務員法を後者にのみ適用した上で,現業労働者には団体交渉権を残すというものであった.外面的には,これは両者の妥協案であったが,ストライキの禁止が最重要の論点だったという点で,軍配

はフーヴァーに上がっていた．7月22日，この案に基づいて芦田首相にマッカーサー書簡が送られた（竹前 1982, 230-232；遠藤 1989, 195-210）．

この時点で，公務員の労働基本権に対する制約と人事院勧告による給与設定を組み合わせるという形で国家公務員法の改正が行われることが確定した．マッカーサー書簡は政令 201 号として国内法令化され，7月31日に公布・施行された．政令 201 号が発表された直後，臨時人事委員会が第1回の給与勧告を行うための作業を開始した．専門職員の不足のため，作業は GS 公務員制度課の主導で行われた．公務員制度課は，臨時人事委員会の実施した民間給与調査と最低生活費調査等に基づいて作成した給与改定の勧告案を10月22日に臨時人事委員会に提示し，それを受けた臨時人事委員会は11月9日に6,307円ベースの給与改定案を内閣に勧告した（稲継 2005, 90-94）．

12月，国家公務員法改正によって人事院が正式に発足した．このことは，それまでの団体交渉の試みが失敗に終わったことを意味する．新たな制度の下では，給与水準が民間部門に準拠するように人事院勧告が行われることになった．現業職員については団体交渉権だけが認められ，労使紛争の調停・仲裁の仕組みを定めた公共企業体労働関係法（公労法）が制定されることになった．さらに，1950年に成立した地方公務員法によって，地方公務員の給与も国家公務員の給与に連動する原則が定められた（西村 1999, 32-34）．

3. アメリカの冷戦戦略と人事院勧告

戦後日本において，人事院を中心とする国際的に見て特殊な公務員の給与制度が選択された理由は何か．最終的に出来上がった制度の中身が他国には見られないものである理由を説明するのが目的であれば，最も重要な転機はフーヴァーの来日であろう．様々な制度構想の選択肢の中から人事院を中心とする制度を選択したのは，フーヴァーであった．また，GHQ 内の反対派を論駁して，国家公務員法を改正するべくマッカーサーを説得することに成功したのも，フーヴァーであった．このように考えるのであれば，歴史を動かしたのはフーヴァーの強烈な個性と指導力である．

しかし，フーヴァーが歴史を動かしたのは間違いないにせよ，それに論理的に先行する段階があったことを忘れてはならない．それは，フーヴァーを呼び

寄せたのが日本側だったということである．終戦直後に団体交渉制度が導入された結果，日本の給与制度はヨーロッパ諸国に見られる姿に一時的に接近していた．その制度の下で身動きの取れなくなった大蔵省が GHQ に支援を要請したことこそ，フーヴァーが来日した直接の契機だった．この一連の出来事がなければ，フーヴァーの構想が世に出ることはなかったと考えられる．そうである以上，日本の公務員給与制度の国際的な特殊性を説明するには，団体交渉制度が維持できなかった理由を説明することから始めなければならない．

その理由として本節の記述から浮かんでくるのは，国内における労使対立の激化である．すなわち，1947 年の二・一ゼネスト未遂事件や 1948 年の全官公による三月闘争が，占領行政の不安定化を嫌う GHQ の介入を招いたというメカニズムが想定される．このように労使対立が激化した理由を示すことが，日本における団体交渉制度の崩壊の理由を説明するための入り口となる．

この点に関して，従来の研究の多くは，マッカーサー書簡の発出に至る労使対立の背後に，より根本的な要因の存在を指摘してきた．その要因とは，国際的な軍事対立，すなわち米ソ冷戦である．ヨーロッパで始まった冷戦が日本に波及し，GHQ が日本の共産党を敵視するようになった結果，労働運動の弾圧に動き，1948 年の国家公務員法改正へと至ったというわけである（山本 1977, 79-82；井出 1982, 215；西村 1999, 20）．こうした考え方は，広く受け入れられている．例えば，日本における標準的な行政法の教科書は，人事院の設立の背景について，「日本国憲法の精神を踏まえて，1947（昭和 22）年に国家公務員法が制定されたが，米ソ冷戦という国際情勢を背景に，1948（昭和 23）年 12 月に国家公務員の労働基本権を制限する重要な国家公務員法改正が行われた」と記している（宇賀 2008, 283-284）．このような見方に疑問を呈し，労働基本権の制限がむしろ「官僚制度改革という瓢箪から出た駒」であったと論じる竹前栄治ですら，最後にマッカーサー書簡の発出を促した国際情勢上の要因として，「冷戦政策への転換」を挙げている（竹前 1982, 210, 243）．

実際，占領政策が当初の方向性から転換したという側面を重視すれば，米ソ冷戦に着目するのは不自然なことではない．冷戦の本格化によって，当初「民主化」を目的にスタートした占領政策が転換し，共産党や労働運動が弾圧され，保守支配の構造が成立した．これが，教科書的な戦後史の語られ方である．

1948年の国家公務員法の改正は，こうした米ソ冷戦による「逆コース」の初期の例として位置付けられる（升味 1988, 149-155；中村 1990, 1994）．例えば，五十嵐武士の議論に従えば，国家公務員法の改正は，公共部門における労使紛争の激化という「国内冷戦」に直面したGHQが，官公労組に浸透する共産主義勢力の影響を封じ込めるために採用した戦略である．国内冷戦は，「国際冷戦の東西対立の当事国およびそれとイデオロギー的，あるいは政治的に提携する勢力が，相互に日本国内で惹き起こす対立」（五十嵐 1986, iii）として定義される．従って，国内冷戦は国際冷戦の帰結であり，公務員の給与制度の変化もその延長線上にあるということになる．

問題は，こうした占領政策の転換を一般的に説明する要因を，給与制度の形成という個別の事例に当てはめるのが妥当かどうかである．実は，国家公務員法の事例に関する限り，制度選択における他国との違いはもちろんのこと，日本における政策転換を説明する上でも，米ソ冷戦の役割は明確なものではなかった．従来の研究は，1947年にヨーロッパで冷戦が開始され，その翌年に日本で労働運動が弾圧されたという二つの出来事の前後関係から，両者の間に直接的な因果関係があったと推測する．しかし，GHQやアメリカ本国において，労働運動の弾圧の帰結である国家公務員法の改正が冷戦戦略の一環として位置付けられていたことを明確に示す証拠はない[7]．

それどころか，人事院勧告制度は，アメリカの冷戦戦略の一環として作られた他の制度との整合性を欠いていた．前章で見たように，人事院が財政当局とは独立に公務員の給与水準を設定する給与制度は，国際収支の動向に応じた柔軟な財政運営が求められる固定相場制との相性が悪いからである．

実は，この通貨制度こそ，アメリカ本国の冷戦戦略に基づく政策転換を象徴するものであった．その意味で，人事院勧告に基づく給与制度は，アメリカの

---

7) むしろ，1948年10月7日にNSC 13/2（後述）を採択して冷戦戦略に基づく占領政策に舵を切ったアメリカ本国では，労働省がマッカーサー書簡と政令201号に批判的な立場を取っただけでなく，極東委員会の友好国の多くもGHQの方針を懸念したため，国家公務員法改正案における労働基本権の制限の緩和をGHQに要請している（五十嵐 1986, 50-54）．最終的にはGHQの主張をアメリカ本国が受け入れた点を捉えて，升味準之輔は「国内対立の果実は，国際冷戦の中で容認されたのである」と述べる（升味 1983, 284）．この記述を素直に解釈すれば，国内冷戦が国際冷戦に先行していたことになるはずである．

冷戦戦略と相反していたのである．このことが端的に示されたのは，為替相場が設定され，それに対応するために「ドッジ・ライン」と呼ばれる強烈な緊縮財政が実行されたことである．次節で示すように，アメリカ本国の冷戦戦略によって，GHQの方針に反する形で行われた政策転換は，短期的には人事院の影響力を削ぎ落とすものだったのである．

第2節　為替相場と緊縮財政

　1949年4月，1ドル＝360円に設定された為替相場は，その成立過程で「ドッジ・ライン」をもたらしただけでなく，高度成長期に至るまでの日本の財政政策を強力に拘束した．強調しておくべきは，この政策転換はアメリカ本国が主導したものであり，むしろGHQはその方針に反対だったことである．国家公務員法の事例との違いは，人事院を作ったブレイン・フーヴァーがGHQに招聘されたのに対して，為替相場を設定したジョセフ・ドッジはGHQの要請とは関係なくワシントンから一方的に派遣されたことに表れている．給与制度がGHQによって上から導入されたとすれば，為替相場はさらに上から導入され，人事院の給与政策を妨げた．本節では，この経緯を記述する．ここで重視するのは，アメリカの冷戦戦略が日本の国際収支問題の起源となったことと共に，その直接的な影響として人事院の給与勧告が宙に浮き，同時に大規模な行政整理が行われたことである．こうした制度的な制約が人事院勧告の定着によって強化された時，高度成長期における行政改革が準備されるのである．

1.　終戦直後の貿易管理

　第二次世界大戦の終結に伴い，日本は国際経済から切り離され，為替相場を失った．1945年9月22日の「初期の対日方針」は，日本経済を国内に封じ込めるべく，占領下の貿易と国際金融取引を全面的にGHQの管理下に置くことを示していた．ただし，生活必需品を輸入することは必要だったため，貿易を一元的に管理する組織として貿易庁が設置された（経済企画庁 1962, 20）．この時期の貿易の仕組みは，まず貿易庁が国内の業者から輸出品を円で買い付けてGHQに引き渡し，その輸出品をGHQが外国市場においてドルで売却した

上で，その代金の範囲内で食料や肥料など輸入品を買い付け，それを受け取った貿易庁が輸入品を日本国内に払い下げて円を受け取るというものであった．

その頃，日本国内のインフレの進行に伴い，円の実質的な価値は急速に下落していた．その推移は，米軍が日本国内での経済活動のために兵士に円を支給する際に用いた為替相場（軍用レート）によって確認することができる．1945年9月，戦前の相場を参考に1ドル＝15円に設定された軍用レートは，インフレの進行と共に妥当性を失い，1947年3月には1ドル＝50円に改められた（大蔵省財政史室 1976b, 366-367）．

こうした状況の下，GHQは極めて統制色の強い経済政策を進めた．占領開始当初，GHQは財閥解体や経済パージなど徹底した民主化を進め，インフレが深刻化した1946年夏になってから経済復興に着手した．その際，数多くのニューディーラーを擁するGHQが採用したのは，市場競争ではなく，物価と賃金の統制を通じて生産力を回復する戦略であった（中村 1979）．その指示の下，各省庁の経済政策を統括する組織として経済安定本部が設置され，その権限は片山内閣の下で大きく拡充された．中道政権の下で労使協調を達成し，石炭と鉄鋼に資源を集中的に投入する傾斜生産方式によって生産力を回復し，物資の不足による価格の高騰を解消することを通じてインフレを克服するというのが，GHQの描いた青写真である．1947年6月に発表された緊急経済対策と，その翌月の新物価体系は，こうした戦略を体現するものであった．

日本側では，経済安定本部において，為替相場を再設定するための検討作業が1946年後半に開始された．その理由は，経済復興のために対外貿易の正常化が期待されただけでなく，貿易庁の貿易資金特別会計が赤字だったことにある．GHQによる統制の下，貿易庁が国内に払い下げる輸入品の公定価格は低く，業者から買い付ける輸出品の価格は高く設定されており，さらに流通経費も政府負担だった．その結果，1948年末までに貿易資金特別会計には3619億円に上る赤字が蓄積したのである（大蔵省財政史室 1976b, 357-358）．

こうした仕組みは，政府が国際価格と国内価格の差額分の補助金を輸出入業者に支給するという意味で，インフレ圧力を内在していたが，GHQは為替相場の設定を急がなかった．インフレが進む中でドルに固定した為替相場を設定するには，相場を安定させるために強力な財政と金融の引き締めを行わねばな

らず，それが景気を減速させれば，失業と倒産の増加を通じて，経済復興の核となる中道政権を不安定化させる恐れがあったためである．1947年8月，民間貿易の部分的な解禁を受けてGHQ内でも為替相場の設定に関する議論が進められた結果，1ドル＝150円の相場設定を提案する報告書が作成され，1948年1月に発表された．しかし，マッカーサーはこの提案を採用せず，その直後に片山内閣が崩壊し，この議論は棚上げになった．

片山内閣の退陣を受けて芦田内閣が成立した頃，日本政府の経済政策の方針となっていたのは，生産力の回復を為替相場の設定に優先させる「中間安定論」と呼ばれる立場である．1948年3月に経済安定本部が発表した「中間安定計画と経済情勢」では，アメリカの対日援助によって外資を導入し，それによる経済復興を通じてインフレを収束させた後に為替相場を設定するという構想が示されている．経済論壇では，通貨改革を含む強力な措置によってインフレを先に抑制する「一挙安定論」が唱えられていたものの，その意見は政府内では少数派であった．外資導入による生産復興は，インフレの一挙収束に比べて政治的な痛みも少なかった（大蔵省財政史室1980, 391-401）．

中間安定論の背景には，アメリカ本国も政策を転換して日本の経済復興に力を入れ始めることに対する期待があった．1948年1月，ケネス・ロイヤル陸軍長官がサンフランシスコで演説を行い，日本を極東における「全体主義戦争の脅威」に対する防波堤とするべく，対日政策の重点を非軍事化から経済復興に移すと共に，その障害となる賠償，集中排除，経済パージなどの民主化政策を緩和する方針を示した．こうした方向性は，3月に陸軍次官ウィリアム・ドレイパーと共に来日したジョンストン使節団の報告書が賠償の緩和を提言したことによって，一層明確になった．さらに，この報告書は為替相場を早期に設定する必要は認めつつも，そのための条件である経済の安定が達成されていないというGHQの主張を容れて，その課題を先送りにした（大蔵省財政史室1976a, 353-355）．この間に，為替相場の複数レート化が進行した．1948年4月，ESSから貿易庁に「商品別円ドル比率の設定に関する覚書」が伝達され，円ドル換算比率をGHQと貿易庁の協議によって輸出品目ごとに取りきめる価格比率制度（PRS）が提案された（大蔵省財政史室1976a, 359-360）．

しかし，アメリカ本国の政策は，GHQや日本政府の想定を超えて大きく転

換しようとしていた．1948年の夏以降，為替相場の設定に向けて事態は急転する．その理由を説明するには，日本が米ソ冷戦に巻き込まれた経緯から説明を始めなければならない．

2. 冷戦と占領政策の転換

　アジアの冷戦は，ヨーロッパに遅れてやってきた．1947年3月のトルーマン・ドクトリンと6月のマーシャル・プランの発表を契機に米ソ冷戦が本格化した当初，その主戦場はギリシャとトルコであった．国務省政策企画室長のジョージ・ケナンを中心に，日本をソ連に対抗するためのアジア経済復興の核とする構想が生まれたのは，その年の秋以降である．1948年1月のロイヤル陸軍長官の演説はソ連に言及しなかったものの，国務省でも日本の経済的自立を促す方向性が固まり，その方針を確定するための情報を集めるべく，3月にケナンを日本に派遣してマッカーサーとの協議を行うことが決まった．

　こうしたアメリカ本国の動きは，それまでのGHQの方針に反して，日本を米ソ冷戦の前線に位置づけるものであった．来日したケナンに面会したマッカーサーは，日本の占領統治は順調に進行しており，共産化の恐れはないと主張したものの，ケナンはGHQの占領政策が民主化に偏るあまり，共産主義勢力の浸透を招いていると考えた．月末に帰国した直後に国務省に提出した報告書において，ケナンは従来の占領政策の目的を非軍事化から経済復興へと転換することを主張した．日本が経済復興を遂げるには，日本の国家予算の3分の1に上る占領費を削減してインフレを抑止し，為替相場を設定して国内物価と国際価格を結びつけ，貿易の正常化を果たす必要があるというのが，ケナンの考えであった（五十嵐 1986, 102-117）．

　こうした議論を支えたもう一つの動きは，対日援助に関するアメリカ国内のGHQ批判である．マーシャル・プランの開始以来，対外援助案件は国家諮問委員会（NAC）の議決が必要になっていたが，4月初めのNACの新会計年度の対外援助予算審議において，財務省と連邦準備制度理事会（FRB）が陸軍省の提案する1949年の対日援助割り当てに反対したのである．その理由は，日本においてインフレが一向に収束せず，アメリカの納税者の援助資金が無駄遣いされているということであった．この批判への対応として，ドレイパー陸

軍次官はインフレ抑制のための調査・勧告を行う使節団の派遣を提案し，両機関はそれに同意した．その後，FRB のラルフ・ヤングを団長とする「円レート政策に関する使節団」が 1948 年 5 月 20 日に来日し，6 月 12 日に報告書を提出した（コーエン 1983b, 298-299；五十嵐 1986, 128-129）．

ヤング使節団の報告書は，為替相場の設定による輸出入補助金の削減と市場メカニズムの導入をインフレ抑制の手段として明確に提示した点で，それまで日本政府の中間安定論に基づく統制経済による経済復興を支援してきた GHQ の路線に大きな修正を迫るものだった．その内容は，軍用レートを 7 月 1 日までに 1 ドル＝270 円に改定することと，10 月 1 日までに 1 ドル＝270 円から 330 円の間で単一の為替相場を設定することであった．さらに，報告書は統一された円相場を維持するために財政・金融政策の厳しい安定化策を導入するという一挙安定論的な政策を求めていた（大蔵省財政史室 1976b, 380）．

この報告書に対して GHQ が反発したのは言うまでもない．6 月 14 日，マッカーサーはワシントンに対して，早急な単一為替相場の設定は逆に輸出品の価格競争力を損なうことを通じて日本の産業に大きな打撃を与え，失業などの社会不安を醸成する恐れがある以上，少なくとも生産力が戦前の水準に回復するまでは為替相場の採用を待つべきであり，軍用レートのみを先に変更すべきだとする見解を伝えた．ヤング使節団の報告に関する審議が行われた 6 月 28 日の NAC では，ヤング勧告を支持する財務省・国務省がマッカーサーの見解を批判する一方，陸軍省はマッカーサーへの配慮から為替相場の設定時期を遅らせることを提案した結果，ヤング勧告の実施時期を「行政的に可能なかぎり早期に」実施することとして決定が先送りされた．

その後，一時的には現状が維持された．9 月，昭電疑獄事件によって芦田内閣が倒れ，民主自由党（民自党，1948 年 3 月結成）の吉田茂が政権に返り咲いたものの，GHQ は従来の生産復興路線を継続した．11 月に発表された GHQ の「日本経済自立五カ年計画」は，14 億ドルの国際収支赤字をアメリカからの援助で埋め合わせるものだった（大蔵省財政史室 1976b, 395）．日本側も，軍用レートの 1 ドル＝270 円への改定（7 月 16 日）を通じて，為替相場に関して何らかの動きがあるということは察知していたものの，依然として中間安定論に沿った戦略を立てていた[8]．

しかし,アメリカ本国での政策転換は一方的に進んでいた.10月7日,国家安全保障会議(NSC)は3月にケナンが国務省に提出した報告書に基づいて作成されたアメリカの対日政策に関する勧告文書 NSC 13/2 を採択した.この文書には,対日講和のタイミング,経済復興,そして日本政府への権限委譲まで幅広い分野での提言が行われていた.これに対して,ヤング勧告の時点で既に本国の方針に反発していたマッカーサーは,NSC 13/2 の執行を拒否し,ドレイパー陸軍次官の説得にも応じない姿勢を見せたため,再び財務省が対日援助予算の支出を拒絶するに至った.このため,ドレイパーは説得から命令に方針を切り替えて「経済安定九原則」を準備し,12月11日に NSC とハリー・S.トルーマン大統領の承認を受け,極東委員会の中間指令としてマッカーサーに伝達した(大蔵省財政史室 1976b, 399-409;五十嵐 1986, 133-138).

ワシントンの方針の受け入れを対日援助の継続の交換条件とすることを渋々受け入れたマッカーサーは,経済安定九原則を12月18日に発表した.その内容は,単一為替相場の設定のための緊縮財政の実施と,それに対応するための経済統制の強化という二つの部分から構成されていたものの,力点は明確に前者の方に置かれていた.何よりも決定的だったのは,3カ月以内に為替相場を設定すべきことが明記されていたことであった.これにより,中間安定によって為替相場の設定を目指してきた GHQ の路線は終わりを告げたのである(浅井 2001, 174-175).

経済安定九原則の実施を監督するため,ワシントンからは経済顧問としてデトロイト銀行頭取のジョセフ・ドッジが派遣され,容赦のない緊縮財政を実行した.GHQ の抵抗を予見したドッジは,顧問就任の条件として自らに強力な権限を与えるという約束をトルーマン大統領から取り付け,1949年2月に東京に到着するとすぐに予算案の策定に取り掛かった.ドッジは,公共事業費を中心に大幅な歳出削減を行わせる一方で,所得税減税を中止させ,選挙で勝ったばかりの民自党の選挙公約をほぼ完全に塗り替えるような予算を編成した.急激な緊縮財政に対する GHQ の不満がマッカーサーの承認の下で封じ込めら

---

8) 例えば,この時期に経済安定本部で行われた為替相場設定の影響についてのシミュレーション(通称「K作業」)では,1ドル=200円から620円まで様々な相場に関する試算が行われたものの,基本的には低めの相場が想定されていたという(伊木 1973).

れた結果，3月22日に示された予算案は，一般会計と特別会計を合わせた総合予算で黒字となり，ドッジの構想にほぼ沿うものとなっていた（大蔵省財政史室 1976b, 409-420）．

為替相場に関しては，ドッジは直接には関与せず，GHQ に検討を委ねた上で，最後に相場を一本化した．GHQ では，セオドア・コーエンを委員長とする為替相場特別委員会が 1948 年 12 月に発足し，翌年 2 月までに 1 ドル = 330 円という相場に一本化する意見をまとめた[9]．ドッジは，GHQ の検討結果を受けても，態度をすぐには明らかにせず，1949 年 3 月 23 日頃に 1 ドル = 330 円の為替相場の採用の方針を決め，本国へ伝達した．その後，NAC はそれよりもやや円安の相場の方が日本経済を安定させるという観点から 1 ドル = 360 円の相場を推奨し[10]，それを受けて最終的に 4 月 23 日に GHQ が新相場の実施を発表した（御厨・中村 2005, 108）．

日本側の受け止め方は，相場が予想外に円安だったというものであった．当時，アメリカの対日援助物資を国内で売却した資金は貿易資金特別会計に繰り入れられていたが，新年度からはドッジの指示で新設された対日援助見返資金特別会計に積み立てられて公債の償還などに充てられることになっていた．その際，関係者は GHQ から日本側に提示された 1949 年度予算における対日援助見返資金が 1 ドル = 330 円を計算の基礎としていたことに基づいて，アメリカの出方をある程度予想していたと言われる（吉野 1975, 205）．4 月 1 日をもって軍用レートが 330 円に設定されたことも，こうした見通しが正しかったことを示唆するかに見えた．それにもかかわらず，為替相場が実際には 360 円になったことが，日本の関係者の間で円相場が安く設定されたという印象を与え

---

[9] 日本側では，1948 年末に内閣単一為替設定対策審議会が設置され，12 月 30 日から翌年 1 月 29 日までのあいだに 7 回の会合を開催して，為替相場の一本化への対策を協議した．ここでは，各省庁及び経済団体から意見が出されており，経済団体が 400 円の相場を希望するなど，いずれもヤング勧告よりも低い為替相場を希望した．それを反映してか，この審議会の結論は 1949 年 3 月末に 1 ドル = 350 円程度の為替相場を設定するという線に落ち着いた（日本銀行 1986, 247-252；伊藤 2009, 86-96）．

[10] 当時の池田勇人蔵相とドッジの交渉に同席していた渡辺武の回想によれば，相場が設定された翌日にドッジに呼び出され，「根拠を計数的に簡単に示すことはできない」と告げられたとのことである（渡辺 1999, 249）．

第2節　為替相場と緊縮財政

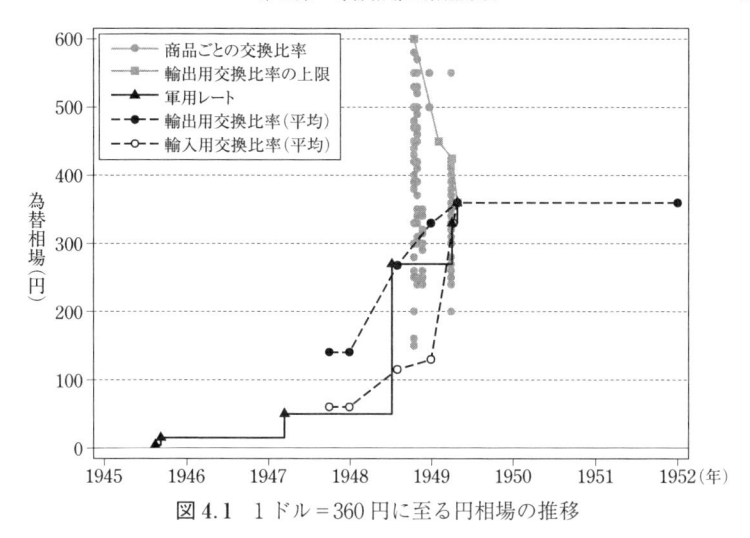

図 4.1　1 ドル ＝ 360 円に至る円相場の推移

ることになったのである[11]．

しかし，当時の為替相場の動きを見ると，360 円という相場が安定する保証はなく，それを維持するには財政の均衡を守って国内のインフレ傾向を抑制することが不可欠であった．ここでは単一相場の設定に至るまでの過程で実際に起きていた相場の変動を視覚的に確認するため，1 ドル ＝ 360 円に至るまでの軍用レートと商品種類別の交換比率の推移を図 4.1 に示した[12]．この図で注目すべきなのは，為替相場が統一される前は，輸入用為替相場・輸出用為替相場ともに円安へと向かう傾向が存在していたということである．1949 年 4 月に相場が固定されたことは，こうした傾向を止めるべく強力な介入が必要となることを意味したのである．

---

11) 篠原（1974）は，360 円という相場が設定当初から割安であったために日本の経済成長を支えたという見方を示している．この見解に対しては，藤野（1988）によって強力な批判が行われた．今日では，少なくとも 1949 年当時において相場が割高であったというのが通説的な見解になっている．
12) 個別商品の輸出交換比率については，大蔵省財政史室（1976a, 362-364）を参照．

3. 為替相場の設定の帰結

　以上で述べたように，為替相場が1ドル＝360円に設定されるに至る過程では，アメリカ本国の冷戦戦略が反映されたという意味で，GHQが主導した国家公務員法改正の事例とは全く異なるメカニズムで政策転換が起きた．その結果，それまでGHQが進めてきた政策との衝突が生じたのである．

　まず，本書の観点から見て重要なのは，アメリカの占領政策の転換の直接的な影響として，人事院勧告の影響力が大きく減殺されたことである．もともと，フーヴァー率いるGS公務員制度課の指導の下に作成された1948年11月の臨時人事委員会による6,307円ベースの給与勧告は，ESSの承認を受けていた大蔵省による5,330円ベースの予算案と衝突し，実質的には大蔵省の案に従って給与の支払いが行われたという経緯があった（渡辺1999, 211-218）．人事院発足後，ドッジ・ラインの実施に基づく緊縮財政下に行われた1949年の7,877円ベースの第2回勧告から，人事院はGHQに頼ることなく給与勧告を作成したものの，政府が財政的な制約を理由に勧告を無視あるいは修正する年が続き，占領終結後の1954年には経済状況を理由に勧告そのものが行われなかった．その後も，勧告による給与のベースアップを見送り，手当の改正や新設に留まる年が続いた結果，再度のベースアップ勧告は1960年を待たねばならなかった（西村1999, 20-27）．こうした事態は，少なくとも人事院を生み出したフーヴァーは想定していなかったに違いない．1948年の春，国家公務員法の改正を巡ってGHQ内で議論が戦わされていた頃，その主な論点は公務員の労働基本権を制約すべきかどうかであり，人事院勧告と財政政策の整合性は大きな論点となっていなかった．ところが，国家公務員法の改正と同時にGHQの経済政策が外生的に転換されたことで，この前提が崩れたのである．

　さらに，強烈な緊縮財政の帰結として，公共部門の大幅な人員削減，すなわち行政整理が実行された．行政整理の試みは終戦直後から存在していたものの，実際の人員削減は行われなかった．経済安定九原則は，戦後日本の財政に制度的な制約を課すことで，結果として公務員数の削減を促したのである．

　終戦直後の行政整理は，予算定員を削減することに主眼があり，実員の削減に手がつくことはなかった．戦時中の各省庁における人員の膨張と植民地に派

第 2 節　為替相場と緊縮財政

遣されていた官吏の引き揚げの結果として，公務員数は戦前の約 3 倍に増えていた．1945 年 10 月には，幣原喜重郎内閣が中央省庁の予算定員を満州事変の起きる 1931 年以前に戻すことを閣議決定したものの，1946 年には予算定員は再び増加に転じた．その後に成立した日本自由党の第一次吉田内閣は，国鉄の人員整理に乗り出したものの，9 月の国鉄総連合の「首切りスト」で方針の撤回に追い込まれた．片山内閣でも，1947 年 10 月に 10% の支出削減による政府職員の増加の凍結が決定されたものの，行政整理に積極的な民主党と消極的な社会党の間で意見が割れ，最終的には実行されることなく終わった．芦田内閣では，民主・社会・国民協同の三党の政策合意において「行政機構の民主的改革能率化及び吏道刷新」が盛り込まれただけで，予算定員の削減率は削除され，代わりに一般会計予算の人件費の 15% を節約するという形に改められた．この処置が実員を削減するものではなかったことは言うまでもない．官公庁の労働運動の攻勢が続いていたこの時期に政府が人員整理に乗り出すことは，政治的に困難だったのである（行政管理庁 1973, 77-78；岡田 1994, 209-281）．

こうした試みに比べて，1948 年 10 月に成立した民自党の第二次吉田内閣は，定員だけでなく実員の削減を含む行政整理を打ち出した点で，それまでの中道政権よりも一歩踏み込んでいたと言える．その具体的な内容として，12 月 7 日の衆議院本会議において，岩本信行国務大臣は，一般会計の予算定員の 3 割削減の他に，企業特別会計所属職員の 2 割削減を含む実員の削減を行うと明言した（岡田 1994, 282-286）．

吉田内閣の強硬な行政整理の実施が可能になったのは，経済安定九原則が発表されたからである．為替相場の設定と緊縮財政が至上命題となると，吉田内閣は年明けに 7 名の民間委員から成る行政刷新審議会を設置し，経済安定九原則に対応するための行政機構の改革案を諮問した．この審議会の答申を受けた 1949 年 2 月 25 日の閣議では，岩本試案通りに予算定員の 3 割削減，企業特別会計においては 2 割，合計で約 23 万人の減員が決定した．5 月 31 日，行政機関職員定員法が公布，翌日施行された（岡田 1994, 289-307）．

言うまでもなく，この人員整理に対しては急進派の共産党や産別会議だけでなく，穏健派の社会党と総同盟も含めた激しい反対運動が行われたが，その流れを止めることはできなかった．国鉄で大量の人員整理が発表されると，これ

に反発した労働組合は政府との対決姿勢を強化したものの,列車事故による多数の死傷者を出した三鷹事件や松川事件で容疑者として国鉄組合員が逮捕される中で,急速に抵抗力を失った(中北1998, 233-240).

　行政整理は,その後も吉田内閣の下で断続的に続いた.1951年5月のリッジウェイ声明によって,対日講和に備えて日本政府に占領下の諸法令の再検討を行うことが認められると,首相の私的諮問機関として政令諮問委員会が設置され,6月から追放解除,労働法規改正を審議した後,7月には行政機構改革の問題を取り上げ,8月の答申では国家公務員18.7万人,地方公務員19.6万人という大幅な行政整理を提言した.政府はこの答申に基づく形で国家公務員の人員削減を検討し,各府省の一般職職員約9万人の整理を含む行政機関職員定員法改正案を国会に提出した.この法案は与党の勢力が過半数に満たない参議院で大幅に修正されたものの,結局約6万人の整理が行われ,それに加えて国鉄や専売公社の職員約3万人も整理の対象となった.さらに,1953年10月に第一次行政審議会が人員整理の方針を答申したことに応じて,1954年3月の行政機関職員定員法改正で,国家公務員と地方公務員が約6万人ずつ削減された(行政管理庁1973, 99-106, 109-112, 124-133).

　このように,アメリカの冷戦戦略に基づく占領政策の転換は,為替相場の設定を通じて緊縮財政をもたらした.その結果,人事院勧告は政府によって無視され,行政整理が行われることになった.つまり,占領期における国際収支問題に伴う財政的な制約は,公務員数を抑制する圧力を生む一方で,人事院勧告とも対立するものだったのである.このように,アメリカの冷戦戦略はむしろ人事院による給与決定を介在させることなくストレートに財政緊縮と公務員の人件費の圧縮を目指すものであった以上,それは人事院の設立を説明する要因としては適切ではない.我々が探さなければならないのは,米ソ冷戦に先行して日本の公共部門における労使対立を悪化させたメカニズムなのである.

第3節　制度の選択と定着

　戦後日本では,米ソ冷戦の開始を待つことなく終戦直後から労使対立が激化した.この歴史の展開は,第二次世界大戦の終結から冷戦の開始まで一時的に

は労使対立が穏健化したヨーロッパとは異なっている．こうした違いを説明するべく，まず本節では国際比較に基づいて戦後日本の歴史的条件を検討する．比較対象は，ヨーロッパの敗戦国であるドイツとイタリアである．ここでは，戦前の抑圧的な体制に至る道筋の違いが戦後の労働運動の戦略に与えた影響を重視する．その上で，日本の公務員給与制度と為替相場が共に占領終結後も定着した理由を検討し，二つの制度を利害関係者が受け入れたことではなく，それらに反対する勢力が弱体化したことを強調する．

1. 戦後日本の歴史的条件

団体交渉制度を崩壊させ，人事院勧告制度を招き入れた労使対立の原因の一端が，敗者である労働運動の側にあるのは間違いない．1948 年の全官公の三月闘争の当時，全逓の中央執行委員を務めていた宝樹文彦は，キレンと共にフーヴァーの介入に最後まで反対していた ESS 労働課員の J. R. ハロルドと後に再会した際，こう告げられたという．「あのときに全逓がストライキをやらなければ，途中で打ち切るかなんかして我慢していれば，政令 201 号も出なかったし，公労法もなかった」．それを聞いた宝樹は，公務員が労働基本権を失った責任は自分にあると感じたという（宝樹 2003, 36）．

こうした考え方には確かに一理あるものの，そもそも説明を要するのは，GHQ の弾圧を招くような急進的な指導者たちが終戦直後の日本における労働運動の掌握に成功した理由である．この点で，極めて明確なメカニズムを提示しているのが，日本の労働運動の「戦闘的伝統」を，戦前の軍国主義体制下の労働運動に対する過酷な弾圧に求める議論である．それに従えば，終戦直後の労働運動に共産主義勢力が急速に浸透したのは，戦前に共産党が繰り返し弾圧され，総同盟を初めとする反共主義的な社会民主主義者が戦争に協力したことに対する反動の結果だったということになる（塩田・中林・田沼 1970, 26-27）．

しかし，共産党の主導による労働運動の急進化を戦前の体制による弾圧の遺産として説明することは，国際比較の観点からは問題が残る．というのは，ヨーロッパにおける第二次世界大戦の敗戦国であるドイツやイタリアのファシズム体制も，その反共主義については日本と共通していたからである．しかし，これらの国では日本のように終戦直後から共産党が労働運動を掌握して政府と

対決するという事態は生じなかった．その理由を解明するため，以下では戦前から戦後にかけての 2 カ国の労働運動の動向を簡単に検討する．

議論の前提として注意しなければならないのは，ヨーロッパにおけるファシズム体制の成立過程が日本における軍国主義体制の成立過程とは大きく異なっていたことである．日本では，大正デモクラシー期に成立した政党内閣が，五・一五事件や二・二六事件のような軍人の介入によって打倒され，軍国主義体制に至った．一方，ヨーロッパでは第一次世界大戦を契機に各国で労働運動が高揚し，それに伴う政党システムの両極分解が特に進んだ国において，その膠着状態の打破を目標に掲げるファシズム勢力が出現して権力を掌握した．日本では軍国主義体制の出現に全く役割を果たさなかった労働運動の攻勢が，ヨーロッパではファシズム体制の成立の重要な原因となったのである．

第一次世界大戦後のドイツに成立したヴァイマル共和国では，労働運動の拡大によって急速に体制が不安定化した．1919 年，戦後最初の議会選挙でドイツ社会民主党（SPD）が 421 議席中 163 議席を獲得して第一党となる一方，SPD 系の全ドイツ労働総同盟（ADGB）傘下の組合員は 500 万人を超える規模にまで拡大し，1921 年には 900 万人でピークに達した．一方，1920 年の選挙で国政に進出したドイツ共産党（KPD）は，1924 年には 62 議席にまで勢力を拡大して議会の一角を占めた．世界大恐慌の影響でドイツ経済が失速する中，こうした左派勢力の進出に対する反動として急速に台頭したのが，アドルフ・ヒトラーの率いる国家社会主義ドイツ労働者党（ナチ党）である．ナチ党が SPD に代わって議会第一党となった後の 1933 年 1 月，パウル・フォン・ヒンデンブルク大統領が議会運営の行き詰まりを打破するためにヒトラーを首相に任命すると，ヒトラーは直ちに KPD の弾圧に動き，3 月の総選挙後には全権委任法によって議会の権限を消滅させた．この間，ADGB は SPD との関係を断絶してナチスとの妥協を模索したが，5 月には全国各地の支部がナチスの親衛隊と突撃隊の襲撃を受けて壊滅した．SPD もその直後に制圧され，残された労働者はナチスの組織するドイツ労働戦線（DAF）に統合された（Evans 2003, 328-361）．

第二次世界大戦後，連合国の占領が始まると，労働運動の分裂がナチスの台頭を許したという反省から，指導者たちは政治信条の違いを超えて，産業別組

合による戦線統一を模索した．東側のソ連管理地域では速やかにドイツ社会主義統一党（SED）の支配が確立し，同党の主導で自由ドイツ労働総同盟（FDGB）が成立したのに対して，西側占領地域では労働運動の統一の動きが地域別に進んだ．1947年4月，イギリス占領地域で新たにドイツ労働総同盟（DGB）が結成され，1949年に西側占領地域が統合されて西ドイツが成立すると，DGBの組織も全国化した．日本と異なり，西ドイツでは共産主義者が労働運動を主導することはなく，冷戦が本格化した後もDGBは労働運動の中心であり続けた．その組合員数は1950年代には600万人に達し，SPDの強固な支持基盤となった（花見1965, 269-340；Kendall 1975, 89-115）．

イタリアにおいても，労働運動の起爆剤となったのは第一次世界大戦である．1906年に設立された労働組合会議（CGdL）の構成員は1911年の38万人から1920年の200万人へと急増し，1919年の総選挙ではイタリア社会党（PSI）が156議席を獲得して議会第一党となった．その一方で，ロシア革命の影響から，1921年には急進的なPSI左派が分裂してイタリア共産党（PCI）が結成され，その年の選挙で議会に進出した．政党システムが両極分解し，いくつもの政権が続けざまに倒れる中，ファシズム運動が急速に支持を拡大した．その指導者のベニト・ムッソリーニは，1922年10月のローマ進軍によって政権を掌握すると，独裁的な権力を確立して国家ファシスト党（PNF）の一党支配を開始し，労働組合を解散させた（Bosworth 2007, 46-47, 101-106, 225-226）．

終戦後のイタリアでは，北部のレジスタンス運動で大きな役割を果たしたPCIが議会に大きな勢力を確保したものの，二つの理由から労働運動の攻勢が見られず，むしろ全国的な賃金抑制への合意が成立するなど，事態は経営側に有利に展開した．第一の理由は，PCIがキリスト教民主主義（DC）との協調路線を継続したことである．占領下で革命を目指すことは現実的ではなかったし，パルミーロ・トリアッティを初めとするPCI指導部はDCが進歩的な改革に賛成すると考えていたとも言われる．こうした事情もあり，主要政党の合意の下に結成されたイタリア労働総同盟（CGIL）は，ストライキを中心とする闘争戦略を選択しなかった．第二の理由は，労働者の間にも革命的な機運が盛り上がっていなかったことにある．第一次世界大戦後のPSIやPCIの急進主義が特に結果を残すことができず，逆にそれを脅威に感じた保守派の支持の

上にファシズムの台頭を招いたことに対する反省は，労働者が即座に急進化することを防いだ（Ginsborg 2003, 79-88）．

しかし，この状況は，米ソ冷戦によって大きく変わった．1947 年 6 月，DC のアルチーデ・デ・ガスペリ首相は PSI と PCI を内閣から追放した．閣外協力を続けようとした PCI は，同年 9 月のコミンフォルムでソ連共産党から叱責を受け，CGIL に対して大規模なストライキを指令した．しかし，1948 年 4 月の選挙では DC が議席の過半数を獲得して第一党となり，以後のイタリア政界を支配する礎を築いた．決定的な転機となったのは同年 7 月のトリアッティ暗殺未遂事件である．事件に対する抗議として全国でストライキが繰り返されると共に，労働運動内部では DC 系と PCI 系の対立が深まった．数年間の混乱が続き，DC 系のイタリア労働者組合総同盟（CISL）が成立する一方で，CGIL は PCI の影響下に入り，穏健派はイタリア労働総連合（UIL）に結集した．公共部門では CISL が強い勢力を保持し続け，国営企業の雇用は DC の利益誘導の道具として活用されることになった．

以上の 2 カ国の例に限らず，ヨーロッパにおける第二次世界大戦の終結は，労働運動の急進化の原動力ではなかった．1947 年のトルーマン・ドクトリンとマーシャル・プランによって冷戦が本格化するまでは，一時的な労使対立の緩和が見られたのである．これは，第一次世界大戦の終結直後，各国で労使関係が急激に悪化したのとは対照的であった．その大きな理由は，資本主義体制の転覆を目指す戦間期の革命運動が既に失敗に終わっていたことである（Maier 1987, 153-185）．

日本の労働運動は，こうした歴史的経験を欠いていた．1912 年に友愛会が設立され，1919 年に大日本労働総同盟友愛会，1921 年に日本労働総同盟へと発展するなど，労働組合の組織化が試みられたものの，それは戦前の権威主義体制を揺るがすほどの勢力を獲得するには至らなかった．戦前の労働運動のピークとなった 1936 年の時点で，組織労働者の人数は僅か 42 万人であった（大河内 1970, 215）．社会主義運動の内部では，ロシア革命の影響によって無政府主義者と共産主義者の間でアナ・ボル論争が行われたりもしたが，共産党は一貫して非合法であり，治安維持法によって完全に弾圧された．軍国主義体制は，共産主義者とファシストの対決ではなく，政党政治に対する軍部の介入を通じ

て成立したのである．従って，そこから共産党が資本家との対決を自制するべきだという教訓を得ることもなかった[13]．

こうした観点から見ると，ヨーロッパとの比較から見た日本の特徴は，第一次世界大戦ではなく第二次世界大戦が初めての労働者の大規模な動員を伴う総力戦だったということである[14]．二度の総力戦を経て戦後に至るのではなく，一度の総力戦を経て第二次世界大戦後の世界に到達したのが，日本の経験であった[15]．その結果，戦後日本の労働運動は，米ソ冷戦を機に左右対立の激化した欧米諸国と異なり，終戦直後から急進化することになった．占領軍によって導入された団体交渉制度が維持できず，人事院勧告に基づく給与制度が導入されたことは，こうした特殊な道の一つの帰結だと考えられるのである．

2. 人事院勧告の定着

第1節で見たように，日本国内では米ソ冷戦が始まる前から労使対立が激化し，GHQ の介入によって人事院を中心とする給与制度が成立した．ここで問題となるのは，それが占領終結後も定着した理由である．人事院は，その設立当初から政府と労働組合の両方から批判に晒され続けた．人事院勧告が財政政策を拘束する仕組みである以上，占領終結後の保守政権は人事院の廃止をたびたび試みた．人事院は，自動的に給与を引き上げてしまう厄介な存在だったためである[16]．その結果，辻清明の言葉を借りれば，占領終結と共に人事院は

---

[13] 戦前の労働運動の弱さを強調する点で，本書の立場は西ドイツと日本の占領改革を比較した西成田 (1994, 134) に近い．しかし，西成田はむしろ両国の終戦直後の労働運動の共通性を強調している．

[14] この点で，本書の解釈はヨーロッパと日本の発展史の類似性を強調する升味 (1990) よりも，第二次世界大戦後の日本の体制選択を第一次世界大戦後のヨーロッパ諸国の経験に基づいて説明する樋渡 (1991) の考え方に近い．ただし，本書は樋渡のように制度選択が政治指導者の行動に依存するとは考えない．Luebbert (1991) と同様，本書では政治指導者の背後にある社会集団の対立と協力によって制度が作られる側面を重視する．

[15] なお，第二次世界大戦の終結による左派勢力の攻勢は東南アジア諸国における体制選択にも大きな影響を与えた．ただし，この地域では民主主義が成立することはなく，共産主義の攻勢に対する反動として権威主義体制が成立することになった (Slater 2010)．

[16] この点については，第三次吉田内閣で蔵相を務めた池田勇人の「人事院が『科学的研究』の名のもとに，国の財政状態と無関係に，何円ベースというものを勧告するので，われわれは始終困っていた」という回想がある (池田 1999, 250)．ただし，この回想が収録

表 4.1　人事院改組の提言

年月	提言主体	提言	内容
1951 年 8 月	政令諮問委員会	廃止	人事院を廃止，総理府に国家人事委員会を設置
1953 年 9 月	行政審議会	廃止	総理府の人事局を設置，外局として人事委員会を設置
1955 年 11 月	公務員制度調査会	分割	総理府に人事局を設置
1956 年 2 月	行政審議会	廃止	総理府に人事局を設置，外局として人事委員会を設置
1959 年 1 月	行政審議会	分割	総理府に人事局を設置
1959 年 2 月	労働問題懇談会	分割	ILO 第 87 号条約の批准に伴い，総理府に人事局を設置
1964 年 9 月	第一臨調	分割	内閣に人事局を設置，人事院の独立性は強化

「受難の時期」に入った（辻 1991, 288）．表 4.1 に示すように，占領下の政策の見直しを認めた 1951 年のリッジウェイ声明を契機とする政令諮問委員会の答申を皮切りに，1960 年代にかけて数回に渡り人事院は廃止か分割の危機に直面した（人事院 1978, 16-20；1998, 79, 184-187；西村 1999, 26）．一方，官公労組は労働基本権の制約に対する不満を持つだけでなく，人事院勧告の代償機能にも懐疑的な姿勢を示していた．人事院勧告は民間の賃金交渉が低調な時期には公務員の給与を低く抑えつける働きを持つ制度だと考えていたからである（西尾 1988, 153）．こうした経緯もあり，人事院が制度として定着したと評価されるまでには時間を要した．辻は，ILO 第 87 号条約の批准に絡む制度改正の一環として 1965 年 1 月に提出された国家公務員法改正案で，人事院の権限をほぼ現行通りに存続させる決定が行われたことにより，ようやく人事院に「定着の時期」が訪れたと述べている（辻 1991, 290）．

つまり，GHQ によって一方的に導入され，政府にも労働組合にも評判の悪い制度が，なぜか生き残ったのである．その理由として，従来の研究はこの制度が最終的に政府・与党に受容された側面を強調してきた．例えば，井出嘉憲は，保守政権が人事院を廃止しなかった理由として，労働基本権の制約が好都合だったことに加えて，官僚制の民主的統制を重視しないフーヴァーの制度設

された池田の著作は実際には大蔵官僚の分担執筆によるものであり，池田の回想部分はその秘書官だった宮澤喜一が担当したとも言われる（牧原 2003, 101）．また，臨時人事委員会委員長であった浅井清が 1948 年 11 月 9 日に第 1 回の給与勧告を吉田首相に手渡した際，政府・与党から勧告の延期を要望され，3 人の人事委員による 2 対 1 の表決を経て勧告を発表した．そのことを内閣官房長官室に報告した山下興家人事委員は，その場に集まっていた大蔵省の各局長たちから非難されたという（人事院 1978, 42）．

第 3 節　制度の選択と定着

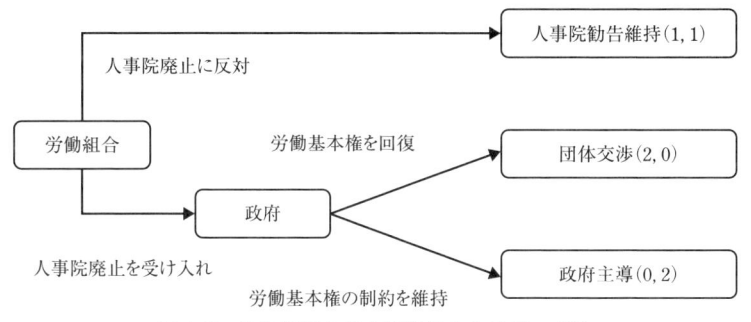

```
労働組合 ──人事院廃止に反対──→ 人事院勧告維持(1,1)
      └─人事院廃止を受け入れ─→ 政府 ──労働基本権を回復──→ 団体交渉(2,0)
                                  └─労働基本権の制約を維持─→ 政府主導(0,2)
```

図 4.2　給与制度を巡る労働組合と政府の交渉

計が，戦前の日本で総力戦体制構築の一環として議論された中央人事行政機関の設立構想と共通していたために，戦前の官吏制度の温存を志向する勢力にも受け入れやすかったことを指摘している（井出 1982, 230-231）．

　しかし，こうした説明は人事院の生き残ったメカニズムとしては十分ではない．というのも，人事院を改組してその独立性を弱めようと試み続けたのは常に政府・与党側であり，本来人事院の設立に反対していた労働組合を支持基盤とする野党はそれを食い止める側だったからである（辻 1991, 289）．人事院の改組が失敗するパターンは，政府が公務員の労働基本権を制約したまま人事院の独立性を弱めることを提案し，それに対して労働組合を支持基盤とする野党が労働基本権と団体交渉を復活することを求めて反対するというものであった．しかし，政府側は労働基本権を回復した場合に労働運動の攻勢が強まることに対する懸念から，そうした要求に応じることはなかった．その結果，与野党どちらも現行の人事院勧告制度には不満であるにもかかわらず，現状を変更する提案については合意することができなかったのである．

　この論理は，ゲーム理論を用いて整理すると分かりやすい．ここでは，政府と労働組合が給与制度を巡って交渉するゲームを考えてみよう（図 4.2）．このゲームでは，まず労働組合が人事院を廃止するという政府の提案を受け入れるかどうかを決める．労働組合が人事院の廃止に反対した場合，人事院勧告が維持される．この結果に対する労働組合と政府の利得はどちらも 1 とする．労働組合が人事院の廃止を受け入れた場合，政府は労働基本権を回復するかどうかを選択する．労働基本権の回復が選択された場合，団体交渉へと制度が移行

する．この結果に対する労働組合の利得は 2，政府の利得は 0 とする．最後に，政府が労働基本権の制約を維持することを選択すれば，政府主導型の給与制度となる．この結果に対する労働組合の利得を 0，政府の利得を 2 とする．このゲームの均衡は，人事院勧告が維持されるというものとなる．その理由は，労働組合が人事院廃止を受け入れる場合には後手の政府がより利得の大きい政府主導の給与制度を選択することが予想されるので，労働組合が先手で政府主導の給与制度よりも利得の大きい人事院勧告制度の維持を選択することにある．

このように考えれば，人事院勧告が給与制度として定着するに際して，利害関係者の積極的な支持は必要ではなかったということが分かる．このゲームでは，どちらのプレーヤーにとっても人事院勧告は次善の選択肢に過ぎない．その意味で，人事院はどちらのプレーヤーの批判にも晒される．しかし，どちらのプレーヤーにとっても現状に比べて望ましくなる形で制度改革を行うことはできないため，妥協として人事院勧告が維持されるのである．1960 年代半ば以降，人事院改革論議が生じなくなるのは，政府が人事院勧告制度を受け入れたというよりも，このゲームの構造を理解した政府が制度改革を放棄したためだと考えられる．

その一方で，人事院が設立された時点で制度が定着していたかと言えば，そうとは考えにくい．終戦直後の日本では，二・一ゼネスト未遂事件に見られるように，政府が単独で労働組合の攻勢を抑える力を持っておらず，団体交渉制度の廃止を可能にしたのも 1948 年 7 月のマッカーサー書簡による GHQ の強制的な介入であった．従って，人事院勧告と対になる形で導入された労働基本権の制約を支えていたのも，制度の規範的な拘束力ではなく，その背後にある GHQ の強制力であった．その強制力が消失すれば，労働組合の攻勢によって労働基本権が回復され，人事院が早い段階で改組・廃止された上で，団体交渉が再び制度として選択されるシナリオもあり得たはずである．逆に言えば，政府が労働基本権の回復を拒否し，労働組合が人事院の改組に反対するというパターンは，そのシナリオが消滅した結果であろう．つまり，労働組合に対する政府の交渉力が強化され，労働基本権の制約を維持できるだけの力を政府が蓄えたことで，逆に労働組合が人事院の擁護に回り，結果として現状が維持されたと見るべきなのである．

第3節 制度の選択と定着

こうした政府と労働組合の力関係の変化を説明する上で注目すべきなのは，給与制度の変化それ自体が労働組合に与えた影響である．その影響とは，労働基本権を制約する政令201号に対して官公労組による統一的な反対運動が湧き起こるどころか，むしろ穏健派と急進派の対立が加速したということである．既に述べた通り，産別会議では二・一ゼネストが不発に終わった後，事務局長の細谷松太が共産党の方針に反して自己批判を行っていた．この結果，細谷は共産党を脱党し，1948年2月には産別民主化運動を開始した．細谷の率いる産別民主化同盟（産別民同）は支持を拡大し，マッカーサー書簡の発出に際して共産党を批判する声明を出した．11月の産別会議の定期大会では左派が反撃し，産別民同の解散を決議した結果，民同派は産別会議からの離脱と新産別の結成に動き出すことになる．国労では，国鉄反共連盟（のち国鉄民主化同盟，国鉄民同）が1947年11月に結成されて中央委員会を掌握していた．1948年の三月闘争後には左派に主導権が戻ったものの，政令201号が公布されると，再び民同派が左派に対する批判を強め，9月の臨時大会で執行部を奪い返し，マッカーサー書簡を尊重する方針を打ち出した．ドッジ・ライン後の行政整理の中で1949年7月に国鉄当局が国労の共産系活動家たちのグループである革新同志会（革同派）のメンバー17名を一斉に解雇すると，その機会を捉えて国労委員長の加藤閲男が「指令ゼロ号」を発して革同派を排除し，民同派の支配権を確立した．全逓では，三月闘争の頃から民同運動が始まり，マッカーサー書簡と政令201号の発令によって危機感を覚えた宝樹文彦らを中心に，1949年2月には全逓再建同盟（再同）が結成された．8月，行政整理による大量解雇が通告される中，全逓の左派系活動家29名が解雇され，全逓の内部対立が一層深まった．9月に開催された中央委員会で再同派が退場し，それに続いて10月に正統派全逓の結成大会が開催され，急速に組合員を増やして多数派を占めるに至った（ものがたり戦後労働運動史刊行委員会 1997, 165-168, 232-239）．従って，組合ごとにタイミングは異なるものの，マッカーサー書簡の発出を契機に，相対的に穏健な民同派による急進派に対する批判が強まったのである．

こうした労働運動の勢力図の変化は，同時に反共を旗印にした民同派による労働戦線の再結集へと向かう流れを生み出した．産別民同の細谷は，産別左派

と総同盟右派の影響力を排除することによる労働戦線の再編成を唱えていたが，その頃，総同盟においても権力の交代が起きていた．政令201号に加えて昭電疑獄事件で西尾末広が逮捕されたことは松岡駒吉ら右派に対する組合内の批判を強め，1948年10月の大会で左派の高野実が総主事に選出されたのである．細谷と高野は互いに連絡を取り合い，そこに国鉄民同の星加要も加わり，1949年2月に全国労働組合会議準備会が結成された．

ただし，高野を初めとする戦前派の活動家によるこうした試みは，戦後派の活動家の間では幅広い支持を得ることができなかった（高野1958, 95）．労働運動の再編を後押ししたのは，冷戦対立の悪化に伴う占領戦略の転換である．特に，ドッジ・ラインとそれに伴う行政整理が労働組合の勢力結集の新たな契機となった．緊縮財政の中で公務員の給与水準が1949年を通じて6,307円ベースに固定されるなど，官公労組の直面する困難を打開するため，10月には臨時国会に先立って国会闘争共同委員会（国会共闘）が結成された．この動きを主導したのは全逓であり，そこには国労を初めとする官公庁の主力組合と，日本電気産業労働組合（電産）や日本私鉄労働組合総連合会（私鉄総連）など多くの公益事業者の組合も含まれていた（宝樹2003, 87）．12月4日，人事院が7,877円ベースの第2回勧告を出すと，翌5日には国労や全逓などの組合が政令201号以来機能停止に陥っていた全官公に代わる共同闘争組織として日本官公庁労働組合協議会（官公労）を結成し，ハンガー・ストライキを実行した．ここに加わったのが，GHQの支援である．1949年1月，各国の労働組合運動を束ねる世界労働組合連盟（世界労連）はマーシャル・プランの受け入れを巡って分裂し，アメリカやイギリスを中心に12月に国際自由労働組合総連盟（国際自由労連）を結成する構想が持ち上がった．GHQは，7月頃から国際自由労連に加盟する新労働団体の結成を準備し始め，主要な労働組合の幹部をオブザーバーとして送り込むと共に，各組合に働きかけて労働戦線の結集を促していた．その一方で，GHQは総同盟の松岡駒吉の渡米を拒否し，幹部の世代交代を促した（竹前1982, 306-340）．こうした後押しを背景に，11月には私鉄総連の提唱による戦線統一懇談会が開催され，そこに全国労働組合会議準備会も合流した．ここに参加した組合を母体に，翌1950年7月，総評が結成された．

以上のように，1948年7月に始まる人事院勧告制度の導入過程は，官公労組の急進派の勢力が削がれる過程でもあった．人事院勧告制度は，労働運動の攻勢による給与の引き上げを封じ込めただけでなく，その副産物として労働運動内の対立を深めることを通じて，自らを定着させたのである．

3. 為替相場の定着

　最後に，為替相場の定着過程を簡単に検討したい．固定相場制の採用はブレトン・ウッズ体制下の典型的な制度選択であったとはいえ，その相場が設定される過程ではアメリカによる強引な介入が行われた．それにもかかわらず，事後的に見ると日本の為替相場は他国に比べて長く維持されている．1ドル＝360円の相場は，その最初の試練である1949年9月のポンド切り下げにも持ちこたえ，日本がIMFに加入した1953年にも国際的に追認された．1953年以降，政府は為替相場を守りながらマクロ経済運営を行うことを基本路線とした．ヨーロッパ各国が1950年代から軒並み為替相場の切り下げを実施したのに比べれば，日本は終戦直後に設定された相場をブレトン・ウッズ体制の終了する1971年まで一貫して維持した点において，特筆すべき政策の持続性を発揮したのである．

　ただし，それは相場が低かったために維持しやすかったことを意味するわけではない．貿易収支は少しずつ改善されていたものの，経常収支の動向を見ると分かるように，日本の国際収支は数年おきに大幅な赤字へと落ち込んだ（図4.3）．そして，国際収支の赤字が問題となるたびに，日本政府は緊縮的な経済政策で対応した．1954年度には「1兆円予算」が編成され，1958年度にも緊縮的な予算が編成された．その際には財政投融資の繰り延べが行われると共に，日本銀行でも公定歩合の引き上げや窓口指導による市中銀行の貸し出し制限などの対応が行われた．1ドル＝360円の為替相場を維持するためには，こうした財政・金融両面からの政策対応が必要とされたのである．

　それでは，何が円相場を支えたのか．社会集団の力関係という観点から見れば，固定相場の持続性を左右する国内要因には二つの種類がある．第一は，相場を維持するための緊縮財政に反対する勢力の強さである．具体的には失業のリスクに直面する労働者を支持基盤とする左派政党の影響力が焦点となる．世

図 4.3　戦後日本の国際収支

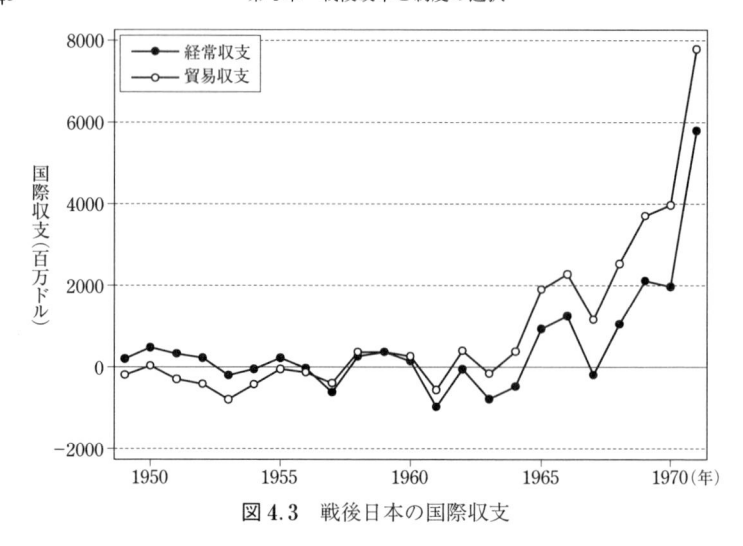

界大恐慌下の金本位制の研究によれば，左派政権ほど積極的な景気刺激策を採用し，それに伴うインフレを嫌う通貨市場の信認を失い，最終的に為替相場の切り下げに追い込まれる傾向にあった（Simmons 1994, 106-139）．第二は，高い相場によって競争条件の悪化する貿易財の生産者による反対の強さである．一般に，農産物や工業製品などの貿易財の生産者は，海外市場で競争する輸出産業と，国内市場で海外からの輸入品と競争する国内産業とを問わず，低い為替相場を求める．これに対して，金融資産を運用する投資家や，国際競争に晒されない非貿易財の生産者は，高い為替相場を求める（Frieden 1991）．

　第一の要因である緊縮財政に反対する左派勢力の強さの観点からの議論としては，主にフランスとの対比において日本の特徴を論じる古城佳子の研究がある．その議論によれば，フランスが 1957 年と 1958 年の 2 回にわたってフラン相場の切り下げに追い込まれた理由は，共産党への支持が強く，緊縮的な経済政策を実行するのが難しかったことにある．これに対して，日本では製造業の大部分を占める中小企業が公的融資や予算措置によって手厚く保護されていたために，緊縮財政に伴う痛みが緩和されやすかったことが，国際収支問題に対応するための景気の引き締めへの抵抗が生じなかったことの重要な要因だったとされる（古城 1996, 136-137）[17]．

第3節 制度の選択と定着

　為替相場の動向を説明する上で社会集団の利害が重要であることには，筆者も異論はない．しかし，古城が十分に考慮していないと思われるのは，為替相場の設定された経緯の違いである．自発的に相場を設定し，後にそれを切り下げたイギリスやフランスとは異なり，日本では為替相場の設定がアメリカの影響下で行われた．指摘しておく必要があるのは，そのこと自体が為替相場の維持を容易にする環境を整えたということである．日本における1ドル＝360円の為替相場は，インフレの沈静化を狙うアメリカの意向を反映して，割高に設定されていた．高い為替相場は，輸出品を割高にする一方で輸入品の価格を引き下げることを通じて競争力の弱い企業の市場からの退出を促し，企業の合理化の過程では労働組合が弱体化する．すなわち，高い為替相場を外から強制的に設定することが，国内の政治勢力の再編を促すと考えられるのである[18]．

　この観点から見ると，為替相場の設定に伴ってドッジ・ラインが実施された日本では，労働組合が大幅に弱体化したために，緊縮財政に反対する左派勢力の連合が形成されることもなければ，貿易財の生産者が労使の垣根を越えて相場の切り下げを求めて結集することもなく，経営者の優位という結果が生じた．1949年6月の労働組合法改正に合わせて経営者側は日本経営者団体連盟（日経連）を中心に労働組合に対して攻勢をかけ，それまで拡大してきた経営協議会を廃止するなど経営権の奪回を進めると共に，平等主義的な賃金決定に反対し，経済合理性に基づいた定期昇給方式と職務給の導入を試みた（兵藤1997, 77-94；久米1998, 79-87）．日本の民間部門における労使関係の特徴であるとされる企業別組合に立脚した協調的な労使関係は，この過程で戦闘的な労働組合が淘汰されることを通じて実現されることになった．国内の社会集団の利害に基づいて為替相場が内生的に設定された国々と異なり，為替相場が外生的に高い水準に設定された日本では，新たな相場への対応が，経営者の力を強めることを通じて，相場の切り下げを生む圧力を緩和したのである．

---

17)　ブレトン・ウッズ体制下の日本における国際収支問題への対応に関しては，他に1949年のポンド切り下げへの対応について浅井（2011），1953年と1957年の国際収支問題への対応について牧原（2003），1961年の国際収支問題への対応について福元（2001）に詳しい記述がある．

18)　このような政策のフィードバック効果に関して，貿易自由化の持つ効果について同様の説明を行うものとして，Hathaway（1998）を参照．

小　括

　人事院勧告を中心とする日本の公務員の給与制度は，マッカーサー書簡と政令201号に基づく官公労組の弾圧を通じて作られた．本章で考察したのは，このような制度選択が行われた理由である．それに関して，従来の研究では給与制度の選択を規定した要因として米ソ冷戦に伴う「逆コース」の影響が強調されてきた．しかし，本章で述べてきたように，人事院勧告に基づく給与政策は，実際のところ，米ソ冷戦の要請とは相反するものだった．アメリカの冷戦戦略は，固定相場制に対応して財政を均衡させることを求めており，人事院勧告によって公務員の人件費が外生的に設定されることは，その妨げになるものだったからである．つまり，仮にアジア地域における米ソ冷戦の展開が給与制度に何らかの影響を及ぼしていたとすれば，それは人事院を設置する方向には働いていなかったのである．そこで本章では，米ソ冷戦とは独立に人事院勧告の導入を説明するメカニズムの必要性を主張した．団体交渉に基づく給与制度が維持できなかった理由が公共部門の労使対立の悪化にあるのは確かだとしても，そうした対立の背景として，そもそも日本が労使対立の生じやすい歴史的条件の下に置かれていたことも無視できないというのがその結論である．

　しかし，この章では日本の給与制度が選択された理由を説明したにすぎない．戦後改革の時点では，公共部門の人件費の削減圧力を生んだのは国際収支問題による財政的制約であって，人事院勧告ではなかった．人事院勧告がやがて行政改革をもたらした理由を説明するには，給与水準が上昇して財政的な制約が生じるメカニズムを示さなければならない．それが次章の課題である．

第 5 章　給与と定員

　本章では，占領期の制度選択と高度成長期の行政改革を結ぶメカニズムを示す．その中心となるのは，民間部門の賃金交渉制度の再編を契機とする，公務員の給与制度の機能の変容である．1955年に春闘が始まり，1960年代に民間部門で急速な賃金上昇が生じると，その効果は人事院勧告を通じて公共部門に波及した．官公労組の賃金攻勢を封じる仕組みだったはずの給与制度が，逆に民間部門に合わせて公務員の給与を上昇させる仕組みに変化したのである．

　従来の研究が見逃してきたのは，こうした公務員の給与制度の性格の変化が，同時に行政改革による公務員数の抑制を促したことである．この点を明らかにすべく，まず本章では高度成長期の行政改革が開始された経緯を検討する．ここで強調するのは，第一臨調の設置や欠員不補充の実施といった中央省庁における行政改革の試みが，総定員法も含めて，基本的には全て人事院勧告への対応だったということである．国際収支問題のもたらす財政的な制約の下で，政府は給与と定員のトレードオフを迫られたのである．

　その上で，本章ではこうした中央省庁の行政改革の帰結について述べる．従来の研究では，高度成長期における中央省庁の行政改革の結果として，逆に地方公務員数は増加したと考えられてきた．本章では，中央省庁の行政改革と並行して地方自治体における公務員数の抑制も試みられていたことを明らかにする．さらに注目すべきなのは，公務員数の抑制に伴い，公務員による直接供給ではない形で公共サービスを供給する政策手段が発達したことである．ここでは，行政改革によって民間委託が進むのと同時に，公益法人への業務の委託が行われ，国家と市場の間に位置する様々な組織が膨張したことを示す．

　以下，第1節では保守政権の経済政策が積極財政へと転換する一方で，賃金交渉制度としての春闘が確立し，民間部門に合わせて公共部門の賃金水準が設定されるようになった経緯を辿る．第2節では，1960年以降の人事院勧告による給与改定への対応として第一臨調が設置され，欠員不補充や定員削減など

を伴う行政改革が開始されたことを明らかにする．第3節では，こうした1960年代の中央省庁における行政改革の帰結を検討する．

第1節　高度成長期の文脈

前章で検討した占領期には，公務員が労働基本権を制約され，中道政権が崩壊し，ドッジ・ラインによって行政整理が行われた．本章で最初に取り組むべき問題は，高度成長期の行政改革をこの延長線上で理解するべきかどうかである．結論から言えば，占領期の延長に高度成長期を位置づけることはできない．占領期の行政整理を促した条件は，高度成長期には失われていたからである．

1. 保守政権の経済政策の変化

見方によっては，高度成長期以後の日本の行政改革は占領期の行政整理の延長にすぎない．前章で述べた通り，1949年のドッジ・ラインの実施から数年に渡って，緊縮財政下での公共部門の人員削減が繰り返された．この第三次吉田内閣で着手された行政整理と，それ以後の行政改革の間に連続性が感じられる理由があるとすれば，民自党政権以後，民自党への民主党連立派の合流による自由党の結成（1950年3月）から，保守合同による自民党政権の成立（1955年11月）を経て，日本では保守政党が現在までほぼ一貫して政権を握り続けてきたことである．保守政党は社会民主主義政党に比べて小さな政府を志向すると仮定すれば，占領期の行政整理がその後の自民党政権の行政改革に引き継がれ，現在まで公務員数を低く抑え続けてきたという解釈も不自然ではない（Pempel and Muramatsu 1995, 42-43）．さらに，この説明には，簡潔であるという利点もある．というのは，この論理を用いれば，保守政権の成立を説明するだけで，それ以後の出来事に言及することなく自民党政権下で行政改革が持続的に行われた理由を説明できるからである．こうした見方は，冷戦を契機とする占領政策の転換によって戦後日本の辿った歴史の道筋を説明する標準的な「逆コース」史観とも整合的であろう．

しかし，この説明には大きな弱点がある．それは，通説的な日本政治史の解釈に従う限り，ドッジ・ライン後の行政整理を実行した民自党・自由党政権と，

第1節　高度成長期の文脈

保守合同を経て一党支配を確立した自民党政権の政策志向が大きく異なっていたことである．この政策志向の違いは，1949年2月に成立した第三次吉田内閣で一年生議員として蔵相に抜擢され，緊縮財政の実施過程で「中小企業の倒産や経営者の自殺もやむを得ない」と発言して野党からの集中砲火を浴びた池田勇人が，その約10年後の1960年に自民党の総裁として首相の座に就くと，「国民所得倍増計画」を発表して減税，公共投資の増額，社会福祉の拡充などを含む積極的な財政政策に乗り出したことに端的に表れている．

　この点に関して興味深い論点を提起するのは，こうした占領期から高度成長期にかけての保守政権の政策志向の変化も，米ソ冷戦の展開から影響を受けていたという大嶽秀夫の議論である．大嶽によれば，一つの重要な転機は1950年6月の朝鮮戦争の勃発によってアメリカが日本の再軍備を要求し，警察予備隊が設立されたことであった（大嶽1988, 127-145）．それまで政党間の主な対立軸であった経済政策に代わって，安全保障問題が中心的な争点として浮上したことに伴い，「それまで社会党と連立を組んでいた民主党［1950年4月から国民民主党］は，修正資本主義の経済的スローガンを背後に退け，社会党とは対極にある積極的な再軍備論を掲げて，吉田内閣に右側から批判を開始することになる」（大嶽1999, 7）．それによって片山・芦田内閣期のような中道左派連立を再現することが不可能となり，吉田の引退後には社会党の勢力拡大に対抗するための保守合同による自民党結党に至る道が開かれる一方で，経済政策においては終戦直後のような対立軸が消滅し，高度成長期以後は与野党が福祉の充実や環境保護など同じような政策目標を掲げるようになったというのである（大嶽1999, 17-20）．

　この議論は，アメリカの冷戦戦略を起点とする複数のメカニズムが，相互に矛盾する政策的な影響を日本に及ぼした可能性を示唆する．というのも，日本を経済的に自立させるためのドッジ・ラインが緊縮財政をもたらした一方で，日本を軍事的に自立させるための再軍備が経済政策の対立軸の重要性を低下させ，それを通じて高度成長期の積極財政への道を開いたと考えられるからである．そうであれば，ドッジ・ライン後の緊縮財政によって戦後日本の政策選択が規定されたという議論の射程は論理的に大きく制約されるだろう．

　とはいえ，大嶽の議論には不完全な部分がある．安全保障問題が争点として

有力になったことで民主党と社会党の連立が困難になったという主張については，他の論者も指摘するところであり，それほど論争的ではない（宮崎 1988, 155-160；1995, 219-223）．しかし，安全保障の争点化を契機に民主党＝国民民主党の修正資本主義が後退したのだとすれば，保守陣営の経済政策は吉田首相の率いる自由党の経済的自由主義に統合され，社会党との政策的な距離はむしろ開くはずではないのか．そのようなシナリオは，高度成長期における自民党が自ら社会党に近い経済政策を採用したという主張と整合的ではない．

　この曖昧さを解消するには，大嶽の議論の中に政党システムの対立軸が一次元化するメカニズムが二通り混在していることに注意する必要がある．第一は，それぞれの対立軸における各党の政策位置は変わらず，しかしある対立軸が別の対立軸に比べて重要性を増す場合である．朝鮮戦争を機に安全保障問題の争点としての比重が経済政策よりも重くなったという議論は，それが民主党＝国民民主党の経済政策の変更を伴わなかったのであれば，この場合に当たる．第二は，それぞれの対立軸の重要性は変わらないものの，ある争点に関する各党の政策目標が一致することを通じて対立が消滅する場合である．高度成長期に与野党の経済政策が収斂したという議論は，この場合に当たる[1]．

　この整理に従えば，朝鮮戦争は第一のメカニズムを作動させるものであって，第二のメカニズムとは直接の関係がない．つまり，高度成長期の自民党政権が野党の主張に接近する形で積極的な財政政策を掲げた理由は，安全保障問題の争点としての重要性が高まった理由とは別に説明されなければならないのである．また，保守政権の経済政策が革新陣営へと接近したのであって，その逆ではない以上，もともと社会党と近い修正資本主義を掲げていた民主党＝国民民主党ではなく，それと対立する経済的自由主義を掲げていた自由党の変化を説明するメカニズムを考えなければならない．

　その意味で重要であると思われるのは，民主党＝国民民主党だけでなく自由党もアメリカの冷戦戦略から大きく影響を受けていたことである．その影響とは，公職追放の解除によって自由党内に反吉田派が台頭したことである．1951

---

1) 理論的に言えば，第一のメカニズムは新たな争点の登場による対立軸の再編を（Schattschneider 1960），第二のメカニズムは政党間競争による政策位置の収斂（Downs 1957）を指す．

年 5 月のリッジウェイ声明を契機に，占領政策の是正の一環として公職追放の解除が行われると，1952 年 2 月には旧立憲民政党系の政治家の一部が国民民主党に合流して改進党が結成される一方，自由党では追放解除によって鳩山一郎が復帰し，再軍備，憲法改正，積極財政など吉田と反対の方針を掲げて党内の掌握に乗り出した（後藤・内田・石川 1982, 81）．その後の複雑な過程は省略するが，最終的には鳩山の率いる自由党内の反吉田派が改進党と合流して日本民主党を結成し，さらに日本民主党が吉田を退陣に追い込んだ上で自由党との保守合同を通じて，1955 年 11 月に自民党が結成された[2]．この時点で，日本は朝鮮戦争特需の終息に伴う国際収支問題のために積極財政を行う余地は小さかったが，少なくとも自民党は経済的自由主義を旗印に結集していたわけではなかったのである．

　こうした経緯により，自民党は安全保障問題については社会党と厳しく対立する一方で，経済政策についてはドッジ・ライン以来の緊縮財政路線を継承するのではなく，有権者の支持を調達するために積極財政路線へと転じて行く．鳩山内閣が国際収支の均衡のための「1 兆円予算」を自由党政権から引き継いだのに対して，石橋内閣の下で編成された 1957 年度予算は蔵相に就任した池田勇人の打ち出した 1000 億円の減税と 1000 億円の新政策を含んでおり，「新長期経済計画」が策定されるなど，岸内閣にかけて積極財政路線への転換が進められた（空井 1993, 116-134）．日米安保条約の改定に対する抗議運動の広がりによって岸首相が退陣した後，総裁選を制して 1960 年 7 月に新たに首相に就任した池田勇人は，「寛容と忍耐」と「低姿勢」を打ち出し，11 月の総選挙後，岸内閣時代から政府・与党内で検討されていた「国民所得倍増計画」を発表した．経済計画による成長路線は本来革新陣営の目標であった以上，この方針には野党も基本的には同意せざるを得ず，似たような目標を掲げて追随することになった（伊藤 1985, 112）．池田の後に首相の座に就いた佐藤栄作は，都

---

[2] 注意すべきなのは，冷戦対立の悪化が保守勢力の結集を促す一方で，社会党をサンフランシスコ講和条約に賛成する右派と反対する左派に分裂させたことである．保守合同が成ったのは，むしろ朝鮮戦争後に米ソの緊張が緩和したことが，従来は西側諸国との協調を目指していた右派社会党に中ソとの関係改善へと転じる契機を与えたことを通じて左派社会党との再統合を促し，それに対抗する形で自由党と日本民主党が合流したためである（中北 2002, 173-192）．

市の経済発展を重視する池田の路線を批判して「社会開発」を唱えたものの，積極的な財政政策を唱えた点では共通していた．

しかも，こうした積極財政路線は，均衡財政を目指す大蔵省に対して自民党が優位に立つ過程として単純に割り切れるものではない．牧原出によれば，所得倍増計画のアイデアを生み出したのは，岸内閣時代に池田派の「木曜会」に参加していた大蔵省大臣官房財務調査官の下村治を支える大蔵官僚たちであった．池田内閣の発足後の計画の策定過程では，それに対応する財政計画を進めていた大蔵省主計局も協力的であったという（牧原 2003, 226-247）．

従って，本章で解くべき謎は，占領期に均衡財政を維持する必要から行政整理という形で表れた公務員数を抑制する路線が，保守政権の積極財政志向への変化にもかかわらず，高度成長期に再び選択されたことである．政治指導者が財政支出の拡大を目指す中で，それとは逆の方向性を持つ行政改革という政策課題が浮上した理由を説明するには，自民党政権に人件費の抑制を強いた外生的な制約要因を探らねばならない．ここで手がかりを提供するのが，民間部門における賃金交渉制度の再編と，それに基づく公務員の給与水準の上昇である．

2.　春闘の成立

占領期における公共部門の労働運動に対する弾圧と人事院勧告制度の形成は，民間部門における賃金交渉の結果によって公共部門の賃金が決まることを即座に意味したわけではなかった．政府が当初は財政的な理由から人事院勧告を無視することもあったという理由とは別に，民間部門においても賃金交渉の形式は定まっていなかったからである．1950年代前半まで，民間部門の賃金交渉は各企業の組合が特に歩調を合わせることなく行われていた．

こうした賃金交渉の仕組みに代わって登場したのが，春闘である．春闘が登場した直接的な要因は，総評の左派路線に対する組合内部の反発であった．前章で触れたように，1950年，労働運動への共産党の過剰な関与を批判する動きの中から総評が結成された．その総評は，1951年の第2回大会において「平和四原則」の採択，および国際自由労連一括加盟案の否決を行った．この大会で，総評は高野実の事務局長就任によって「ニワトリからアヒルへ」と左傾化し，政治闘争を強化したのである．合成化学産業労働組合連合（合化労

連)の太田薫は,もともと「反共」によって成立したはずの総評が「反米」にシフトして共産圏に肩入れするのを批判する論陣を張った．高野と太田の路線対立の背景にあったのは，政治的な立場の違いだけではなく，深刻な経済情勢に対する優先順位の違いであった．高野に対する太田の批判は,高野が「地域ぐるみ」「家族ぐるみ」の政治闘争を重視するあまり，経済的な利益の確保を犠牲にしているというものだった．特に，朝鮮戦争の終結と共に特需景気が終焉した後の日本経済は1954年に入ると深刻な不況に陥り，人事院勧告が留保され，公共企業体の賃金に関する公労委の仲裁裁定においてゼロ回答が行われるなど，公共部門の賃金の上昇は完全にストップしていた．太田は，こうした状況を改善することを重視したのである．1954年7月の総評の定期大会では，高野に対抗して太田が事務局長に立候補し，僅差で敗れたものの，太田の路線への賛同者が多いことも明らかになった(小島1975, 17-22).

太田の提示した賃金交渉戦略は，多くの産業部門で，時期を定めて一斉に賃金交渉を行う「産業別統一闘争」であった．すなわち，戦闘的な組合が先に賃金交渉に入って高めの成果を勝ち取り，それを他の交渉力の弱い組合の賃上げの目安とするものである．この統一的な賃金交渉は，年明けにスケジュールが決定されて春先にかけて行われることから，春闘と呼ばれることになった．その最初の試みは，1955年，日本炭鉱労働組合(炭労)や私鉄総連など八つの産業別労働組合によって開始された．これらの部門で1月から3月にかけて集中的に賃金要求が行われた結果，平均で5%の賃上げが行われ，前年に比べると賃上げ率は2%低かったものの，厳しい経済情勢を鑑みてまずまずの成果を収めた．さらに，1955年7月，総評の第6回定期大会で国労の岩井章が高野を破って事務局長に就任し，「太田＝岩井ライン」へと指導部が交代したことで，総評は「ぐるみ闘争」から春闘へと軸足を移すことになった(上妻1976, 7-24).

この間，公共部門では，現業部門と非現業部門の間で明暗が分かれていた．国鉄など現業部門の公共企業体の組合は，争議権を持たないながらも，調停と仲裁を活用して賃金交渉を進めていた．国鉄と専売公社の賃金設定は，1948年の公労法によって争議行為が禁止された後，公労委による仲裁によって行われる仕組みへと変わったが，実際には1951年を除いて政府が裁定の完全実施

を留保した（兵藤 1997, 132）．公共企業体の労働運動の集約が進められたのは，こうした状況を打開するためであった．1953 年 7 月 15 日，国鉄の中央調停委員会が職員の賃金として 15,370 円を提示したのに対して，政府がそれを拒否したことから，組合側は公労委に仲裁裁定を申請し，それを受けて 10 月 13 日には仲裁委員会が改めて 15,370 円を提示すると共に，8 月に遡及して裁定を実施するものとした．他の公共企業体の組合における仲裁も，概ね似たような結果となった．この仲裁裁定の完全実施と年末手当の獲得のための統一行動を強化する目的で，10 月 28 日には三公社五現業の九組合が公共企業体等労働関係法適用労働組合協議会（公労協）を結成した．公労協は，1956 年から春闘に参加して中心的な役割を担うことになる．翌 1957 年には，炭労と共に国労が春闘の先頭に立ち，3 月 9 日に公労委が示した 1,200 円賃上げの調停案を政府が拒否すると，職場大会などの形で事実上のストライキを行った結果，国鉄のダイヤは大きく乱れることになった．ここで，3 月 16 日には岸信介首相と社会党の鈴木茂三郎委員長の間で会談が行われ（岸・鈴木会談），政府が仲裁裁定を尊重することを約束した（小島 1975, 61-83）．

　こうした公労協の運動とは対照的に，非現業部門の国家公務員と地方公務員の運動は停滞の時期を迎えていた．公労委の調停案を政府が拒否した場合にはさらに仲裁裁定に持ち込んで政府との交渉を続けることのできる公共企業体とは違い，団体交渉権を制約されている公務員は人事院勧告が出て初めて政府に勧告の実施を求めるための要求を起こすことができるにすぎず，それ以外には政府と賃金に関して交渉する手段を欠いていた．このため，1954 年から人事院がベースアップ勧告を行わない年が続くようになると，こうした「人事院依存」の賃金交渉は成果を挙げることができなくなった．こうした状況に対応するべく，それまで官公労の内部で国公部会に属していた官公労働者の組合は，1956 年 2 月，日本国家公務員労働組合共闘会議（国公共闘）を結成した．しかし，同時期に積極的な賃金闘争を通じて成果を勝ち取っていた公労協から見ると，非現業公務員は運動の足を引っ張る存在であり，官公労内の国公部会，公労協，地公部会の連携は不十分なものであった．また，総評内部に官公労という別の組織が存在することは，総評が統一的な賃金闘争を組織する上での障害となっていた．その結果，官公労は「発展的解消」と称して 1958 年 8 月に

解散し，それぞれが別個に総評に加入することになった．官公労の解散後，その機能は総評が引き取った（国公労連年史編纂委員会 1998, 206）．

3. 民間部門から公共部門への賃金上昇の波及

春闘の目的が最初に高い賃金を獲得した組合の成果を梃子として他の組合の賃金交渉を有利に進めることである以上，総評は春闘相場を形成する「トップ・バッター」の組合を選ぶために試行錯誤することになった．初期は戦闘性が高いという理由で炭労が，また不況期には景気変動の影響を受けにくい私鉄総連や公労協が春闘構想の中心に据えられた．公労協を先頭に配置する戦略の試金石として，1961年春闘では公共企業体の当局側が公労委に調停申請を行う構えを見せると，公労協は3月31日に半日ストを準備した．本来争議権のない公労協がストライキを宣言したことに対して，石田博英労相は調停段階に至る前に職権で仲裁を請求し，公労委の提示した10％（2,100円〜2,800円）の賃上げ裁定によってストライキが回避された．このことは，公労協を先頭に立てる戦略の有効性を示すものであるかに見えたが，不況下の1963年春闘では，2月15日に公労協による1時間の統一実力行使が行われ，調停を拒否した上での早期の仲裁への移行を目標とするストライキが3月15日に準備されたものの，政府側が妥協しなかったため，不発に終わった（空井 2001, 687-708）．

このように争議権のない公労協の限界が明らかになる中で，それに代わって相場設定の役割を果たすことが期待されたのは，日本が開放経済体制に移行しつつある中で輸出産業として重要な位置を占める鉄鋼部門であった．日本鉄鋼産業労働組合連合会（鉄鋼労連）は1959年に初めて参加した春闘で経営者側の「一発回答」に屈し，さらに主役として期待された1962年も同様に大きな成果を挙げなかったにもかかわらず，総評は不況の1963年には従来通り私鉄総連を先頭に立てつつ，1964年には再び鉄鋼をトップ・バッターに据えた．これを境に春闘相場を設定する役割が民間部門に移行し，公労協はその後に賃金交渉を開始するようになった（表5.1）．

春闘が広がりを見せる一方で，総評は社会党一党支持を打ち出し，政治闘争を継続していたが，その路線もやがては曲がり角を迎えた．1952年の電産・

表 5.1 春闘の「トップ・バッター」[3]

年度	公共部門	民間部門
1955		（私鉄）
1956		（私鉄）
1957	公労協	
1958		私鉄
1959		（私鉄，鉄鋼）
1960	（公労協）	（鉄鋼，私鉄）
1961	公労協	
1962		鉄鋼
1963		私鉄
1964		鉄鋼
1965		（鉄鋼）私鉄

炭労ストにおける総評の指導方針に対する批判（いわゆる「四単産批判」）を行って総評を離脱した民間労組と，高野と対立して総評への合流を拒否した総同盟右派の間で 1954 年に発足した全日本労働組合会議（全労会議）は，労使協調を掲げながら徐々に勢力を伸ばした．1959 年の西尾末広の除名に端を発する社会党の再分裂と翌年の民主社会党（民社党）の結成は，全労会議が民社党と連携する中で，総評傘下の組合を組織的に動揺させた．安保闘争と三井三池闘争が共に敗北に終わると，総評は路線転換を迫られ，政治闘争の抑制と，春闘における産業別統一闘争による大幅賃上げを目指す経済闘争の重視を掲げた（兵藤 1997, 229-236）．

さらに，1960 年代の労働運動の再編により，春闘は民間部門の主導する賃金交渉のメカニズムとして確立する．1962 年 4 月，全労会議直結の単産と総同盟の間の組織的な競合を解決するため，総同盟，全労会議，および全労会議系の官公労組による全日本官公職労協議会（全官公，1959 年結成）が合流し，1964 年 11 月には新たなナショナル・センターとして全日本労働総同盟（同盟）が結成された．同盟が傘下の組合の賃金交渉を春季に行う方針を示したことで，春闘は日本の労働市場の相場設定全体を担う制度として定着した．その一方で，総評と同盟という二つのナショナル・センターを横断する組織体として，国際金属労連（IMF）への加盟を旗印とする国際金属労連日本協議会

---

[3] ここでは，神代（1973, 90-91）に従った．カッコ内は必ずしもトップ・バッターの役割が明確でなかったもの．

(IMF-JC)の結成を目指す動きが始まった．1964年5月，鉄鋼労連の宮田義二は全日本電機機器労働組合連合会（電機労連）の竹花勇吉や全国造船機械労働組合総連合（造船総連）の古賀専と共にIMF-JCを発足させた．当初，宮田は鉄鋼労連の加盟を促進するために，IMF-JCは窓口に過ぎず，運動体ではないという名目を唱えていたものの，IMF-JCへの参加は実質的には総評からの離反を意味した．IMF-JCは，やがて労使協調路線を採る輸出部門の労働組合の産業別組織として春闘相場を設定する役割を果たすことになる（宮田・瀬戸 1985；和田 1985；兵藤 1997, 236-240）．労使協調に基づく賃金交渉が広がる中，高度成長期の労働力不足によって急激に賃金が上昇する一方で，産業分野間の賃金の平準化が進んだ（久米 1998, 120-121）．

こうした動向は，賃金交渉における民間部門の主導権の確立を意味するものであったが，公共部門の賃金が民間部門に劣後することを意味したわけではない．1964年の春闘で，公労協は4月17日に半日ストを行うことを予告した．その直前の4月8日には，当局の弾圧を懸念した共産党がスト中止を求める声明（四・八声明）を出したものの，ストライキは回避できないかに見えた．ここで，池田首相が総評事務局長の太田薫と会談し，公共企業体等と民間との賃金格差は公労委の考慮すべき法律上の義務であること，公労委の決定を尊重することについて政府側が文書で確認するのと引き換えに，ストライキは直前で中止された．この池田・太田会談の結果，公労委の仲裁裁定が民間に準拠することとなった（上妻 1976, 92-101）．

さらに，官公労の解散によって公共企業体に見捨てられた形となった国家公務員と地方公務員の間でも，逆に団結への足がかりが作られた．1954年に人事院勧告が留保されて以来，ベースアップの見送りが続いていたものの，1959年9月には，春闘に続く対人事院交渉を経て，総評に国公地公共闘会議が設置された．さらに，安保闘争・三井三池闘争によって労働運動が高揚した翌1960年の2月にはその名称が日本公務員労働組合共闘会議（公務員共闘）と改められ，統一賃金闘争が開始された．その基本的な立場は，人事院への依存の克服，政府との団体交渉による賃金決定，そして要求実現のための実力行使であった．次節で述べるように，1960年から人事院がベースアップ勧告を出すようになると，公務員共闘の運動目標は人事院勧告体制の打破から人事院勧

告の完全実施の実現へと転換した（槙枝 1968, 129-136）．

　以上のような経緯で，1960 年代前半までに戦後日本における賃金交渉制度の大枠が形成された．その典型的な波及ルートは，トップ・バッターの形成する春闘相場に従って民間部門の賃金が上昇すると，それが公労委の仲裁を通じて公共企業体の賃金相場を形成し，さらに人事院勧告を通じて国家公務員と地方公務員の給与水準に反映されるというものであった．つまり，民間部門の賃金が平準化されると共に，民間部門と公共部門の賃金を平準化する圧力が働いたのである．その政策的な帰結については，節を改めて述べることにしよう．

第 2 節　人事院勧告と行政改革

　自民党政権は高度成長の生み出す富を分配して政権の足場を固め，労働者は賃金上昇という形でその果実を受け取った．ここまでの経緯を辿る限りでは，行政改革の気配はない．それにもかかわらず，1960 年代に入ると中央省庁の公務員数の抑制が持続的に行われることになる．本節では，この時期の行政改革の過程をやや詳細に検討し，1960 年代の中央省庁における行政改革の試みが，基本的に全て人事院勧告への対応であったことを示す．

1．所得倍増計画と第一臨調

　これまでの日本の行政改革の研究において，1970 年代以前の影は薄い．第二臨調や三公社民営化については数多くの研究が存在するのに対して，第一臨調はその前後も含めて，体系的に取り上げた研究はほとんど存在しない．その大きな理由は，第一臨調の提案が目に見える形では直ちに実行されなかったことにある．例えば，内閣府の新設や内閣補佐官の新設といった具体的な提案は，行政改革本部における議論や行政監理委員会の設置にもかかわらず，各省庁の抵抗を受けて進捗しなかったものとされている．すなわち，価値ある提言を残しながらも，その大部分は実施されなかった，というのが第一臨調期の行政改革に対する現在の研究者の通説的な評価であると言えよう（村松 2001, 77；真渕 2009, 141）．

　そもそも，行政改革によって実現されるべき課題として，公務員数の抑制は

同時代的にも重視されていなかった．例えば，1966年の『年報行政研究』に掲載された「行政改革の論理と契機」と題する論文の中で，赤木須留喜は日本で明治以来続いてきた「官僚制支配の統治構造」の打破を第一臨調の取り組むべき課題とした上で，答申が中央－地方関係における機関委任事務の推進を打ち出したことを取り上げ，伝統的な「支配の型」の拡大再生産に臨調が手を貸したという評価を下している（赤木1966, 42-43）．同じ号に「臨調と官僚」という論文を寄稿した佐藤竺は，臨調の課題が「行政需要の質的変化と量的拡大」への弾力的な対応力の回復にあり，「臨時行政調査会の主目標を，多くの人々が機構縮小と人員整理にありと誤解したことが，さまざまの矛盾をひきおこすこととなった」と述べている（佐藤1966, 51）．

　実際，1961年の第一臨調設置に先立つ1950年代の自民党政権下において，公務員の定員削減が行政改革上の大きな争点となった形跡はない．第二次行政審議会（1955年9月～12月），第三次行政審議会（1955年12月～1956年12月），第四次行政審議会（1958年10月～1959年9月）のいずれも，行政管理庁による諮問の段階で人員削減を議題としない方向で検討を行うことが決められていた．1954年以降人事院がベースアップ勧告を行わなくなったことは，給与水準の上昇による人件費の膨張を抑制することを通じて，政府がさらなる人員整理に乗り出すのを防いだのである．

　むしろ，この時期には行政整理によって発生した定員外職員の定員化が進められた．行政整理による人員削減が行われる一方で，行政事務は減少しなかったため，各省庁は何らかの形で要員を確保する必要があったことから，1952年に約2.8万人であった定員外の常勤労務者は1957年度に約6万人，さらに常勤的非常勤職員は約3.3万人に達していた．これらの職員と正規職員の待遇格差が注目され，1955年以降毎年のように官公労組から定員化の要望が行われた結果，1958年度に2.7万人が定員化された．定員外職員問題は，1961年頃までに一応決着し，これに合わせて行政機関職員定員法が廃止され，各省設置法によって別個に職員の定員を決める方式が導入された（行政管理庁1973, 160-166）．

　従って，池田内閣が発足した時点では，政府が公務員数の抑制を伴う行政改革に乗り出す必然性はなかった．北岡伸一の言葉を借りれば，池田内閣によっ

て成立したのは「六〇年体制」であり，有権者の支持を獲得するために政治的な理念とは関係なく利益を配分する包括政党としての自民党であった（北岡 1990, 149-166）．ところが，池田はやがて中央省庁の行政改革に乗り出していく．その理由を説明するには，池田の思想とは別の場所にその原因を求めなければならない．

　従来，1960年代における行政改革の起源を語る際には，1960年12月の第五次行政審議会の答申と，それを受けて設置された第一臨調から説き起こすのが通例であった（西尾 2001, 374）．行政管理庁の正史も，戦後日本における高度経済成長や開放経済体制への移行に伴い，行政の体質の根本的改善が不可欠とされるに至ったため，「米国における政府行政部機構委員会（フーバー委員会）の例にみるような，超党派的な極めて権威の高い，……行政の体質改善のための強力な臨時診断機関の設置」を求める行政審議会の答申が行われたと述べている（行政管理庁 1973, 168）．

　しかし，社会経済の複雑化に対応して専門家が行政改革の必要性を察知し，その結果として改革が開始されたという解釈は事実の一面を捉えているにしても，それらの専門家の埋め込まれた政治的な文脈を明らかにしているとは言えない．論理的には，社会経済が複雑化すれば，それに対応するために公務員数をさらに増やすという選択肢もあり得たはずだからである．第五次行政審議会の答申が，それ以前の行政審議会の答申とは異なり，政府によって取り上げられ，第一臨調の設置に結びついたという結果は，決して自明ではないのである．

　そもそも，第五次行政審議会は発足当初から第一臨調の設置のための審議を行っていたのではなかった．1959年12月，三井銀行社長の佐藤喜一郎を会長として設置された第五次行政審議会は，「行政運営の改善をはかり，わが国の実情にふさわしい行政機構の確立を期するため，現行の行政制度について検討されたい」という諮問を受け，翌1960年の年頭から科学技術関係行政の現状を検討した後，4月から6月にかけての3回の総会で防災関係行政の改善についてのヒアリングを行った．ここでは特に狩野川，伊勢湾両台風の被害を念頭に災害対策の整備のための具体的措置を講じる必要があるという指摘が行われ，災害関係小委員会を設けて防災に関する行政機構および運営に関する大綱について検討することとなった．小委員会は9月までに4回に渡って関係各省から

ヒアリングを行い，9月の総会に意見を報告した後に答申案の立案に取り組んだ（行政管理庁 1973, 167）．これらの議題は，第一臨調設置への動きを予感させるものではない[4]．

上述の流れで第五次行政審議会の議論が行われている間に岸内閣が退陣し，所得倍増を掲げる池田内閣が発足した．日米安保条約の改定に伴う混乱の中で組閣した池田は，首相就任当日の7月19日の記者会見で与野党の融和や労使協調の推進など「低姿勢」を示し，可能な限り早く所得倍増を達成するという意気込みを語った．さらに，7月22日の閣議において，池田は所得倍増計画を実行に移すため各省に「新政策」の検討を1カ月以内に行うように指示した．その柱となったのは，減税，社会福祉，公共事業であり，その財源として見込まれたのは経済成長による自然増収であった．

この計画を策定する上で特に考慮すべき重要な要素とされたのは，8月上旬に予定されていた人事院勧告であった．予算を司る大蔵省は，勧告が出るのを待ってから具体的な減税規模や支出計画を練る予定を立てていたからである．1960年は好況であり，それを反映して民間部門の賃金も大幅に上昇していたことから，人事院が7年ぶりのベースアップ勧告を行うという観測も事前に流れていた．最大で10％程度の給与改定が行われることになるだろうというのが，大蔵省の予想であった（『朝日新聞』1960.8.9）．

ところがここで，政府に衝撃を与える出来事が起きた．8月8日，人事院が池田内閣の予想を裏切り，12.4％という大幅な給与の引き上げを勧告したのである．さらに，この勧告には実施時期も明示されており，従来のように翌年度の4月から新給与を実施するのではなく，5月1日に遡って公務員の給与を引き上げることを求めていた．人事院は，勧告をそのまま実施した場合に必要な財源を約186億円としていたが，これは一般職国家公務員の給与改定に必要な費用であり，そこに自衛官などの特別職国家公務員や国が給与の半額を負担する小・中学校教員の人件費を含めると一般会計だけで約400億円，地方公務

---

[4] ここでの推論を裏付けるものとしては，第五次行政審議会における臨調構想の発案者が経済同友会の郷司浩平委員だったという犬丸実行政管理庁事務次官の証言がある（行政管理庁史編集委員会 1984, 64）．郷司が1960年9月に行政審議会に任命されたばかりの委員であったことは，第一臨調設置への動きがその年の秋に突然生じたことを示している．

員の給与改定が人事院勧告に連動することに伴って生じる地方財政への波及効果も含めると約 1000 億円の財源が必要になるものと予想された（『朝日新聞』1960. 8. 8）．

　これは，池田内閣が新政策の一部として予定していた減税を丸ごと相殺する額であり，政府はその対応に苦慮することになった[5]．勧告に実施日が 5 月 1 日と書き込まれていたことは，それまで実施日が明記されていなかったことを楯に財政難を理由として勧告の実施を先送りしてきた政府の口実を奪うものであった（西村 1999, 61）．勧告への政府の対応が決まる 10 月の閣議に向けて，官公労組は政府に対して勧告を完全実施するように働きかける一方，給与改定と引き換えに行政整理による人員削減を実施するのかを明らかにすることを求めた．10 月 1 日，首相官邸で組合側の代表者と面会した高橋衛給与担当相は，事務能率向上のための配置転換は考えているものの行政整理は考えていないと述べて，組合側の懸念を和らげることに努めた（『朝日新聞』1960. 10. 2）．

　10 月 14 日の閣議において，人事院勧告への政府の対応が決まると共に，第一臨調設置への第一歩が踏み出された．その日に閣議決定された「公務員の給与改定に関する取扱い等について」は，新たな給与を従来から 6 カ月繰り上げて 10 月から実施すると共に，行政運営の簡素能率化のために新規増員を極力抑えるという方針を打ち出し，同時に行政運営改善の推進機関を設けることを明示した[6]．この閣議決定を受けて，行政審議会は 10 月 26 日に第 10 回総会を開き，行政事務の簡素能率化の具体案についての検討を開始した．そして，12 月 7 日の第 12 回総会において，「行政の体質改善のための強力な臨時診断機関の設置」を要望する答申が行われた（行政管理庁 1961, 2）．

---

[5] この人事院勧告が池田内閣の予想を超えるものだったことに関連して，第一臨調事務局次長を務めた井原敏之は「たまたま空前の約 13 パーセントの人事院勧告がなされ，さなきだに悪評高いお役所仕事の折とて政府としても思案顔であった」ことを第一臨調設置の契機として回想している（行政管理庁史編集委員会 1984, 858）．

[6] ここでいう「推進機関」は，行政審議会の答申で述べられた「診断機関」ではなく，各省内で行政運営の改善を推進する責任者を指す．具体的には，文書課長またはそれに相当する課の長がそれに当たるものとされた．同時に，各省間の協力を推進するために，全省庁の参加する事務連絡会議が設けられた（「行政運営改善の推進について」1961 年 4 月 27 日事務次官等会議申し合わせ）．

第2節　人事院勧告と行政改革

この答申を受けて動いたのが，行政管理庁である．かねてからアメリカにおける行政改革の諮問機関として知られていたフーヴァー委員会の動向を調べていた行政管理庁は，予算編成も進んでいた年末にもかかわらず，この機を逃すまいと大蔵省に臨調の設置を要求し，最後は大臣折衝によって予算を獲得した（行政管理庁史編集委員会 1984, 64）．年が明けて 1961 年 1 月 30 日の国会での施政方針演説を，池田首相は次の言葉で締めくくった．

> 政府は，昨秋来，公務員の給与改定と同時に，努めて行政運営の簡素化と能率化をはかって参りました．今回，さらに広く国民の立場に立って行政の画期的な体質改善を行ない，国民へのサービスの向上に寄与すべく，各界各層の知能を結集して，権威の高い行政診断機関を設けることとし，近く関係法案を提出して御審議をわずらわすことにしております[7]．

3 月 31 日に国会に提出された臨時行政調査会設置法案をめぐる与野党の最大の争点は，人員整理の有無にあった．吉田内閣における行政整理の経験から，社会党は池田内閣が臨時行政調査会を使って人員削減を行うのではないかと警戒していた．このため，川島正次郎行政管理庁長官は再三に渡って，この法案が人員整理を狙いとするものではないということを強調し，配置転換によって対応するという方針を明らかにした．それでも社会党は納得せず，最終的には法案に人員整理を行わないという付帯決議を付けることで賛成を表明した．結局この法案は審議未了に終わったものの，新たな法案が秋の臨時国会に再度提出され，10 月末に成立した．11 月 9 日，総理府に第一臨調が設置された．

こうした経緯を見れば明らかな通り，第一臨調の設置は人事院勧告に伴う公務員の給与の引き上げと密接な関係がある．第一臨調の設置が第五次行政審議会の答申を受けて行われた点で，従来の見方に誤りはないものの，その答申が行われたのは池田内閣が行政の簡素化・効率化を閣議決定したからであり，その閣議決定が行われたのは人事院が公務員の給与の大幅な引き上げを勧告したからだった．それによって動き出したのは，第一臨調だけでなく，1960 年代

---

[7]　衆議院本会議 1961 年 1 月 30 日．

における中央省庁を対象とする一連の公務員数の抑制策，そして1969年の総定員法に至るメカニズムだったのである．

ただし，第一臨調が公務員数の抑制を中心的な議題とする道は，早い段階で封じられた．1962年2月に任命された7名の調査会委員には，総評の太田薫も含む超党派的なメンバーが任命されていた．第1回の会議で佐藤喜一郎会長が人員整理も辞さないと述べたのに対して太田が反発し，社会党が衆議院でその方針を追及したため，川島行政管理庁長官はそれが公務員の「首切り」を意味するわけではないと釈明し，また佐藤会長も自らの意図が配置転換を行うことにあったということを第2回の会議で述べた．結局，社会党の追及に対しては，前年の国会の付帯決議を尊重することで決着した．

こうして人員整理が第一臨調のアジェンダから外れた一方で，人事院は1962年夏に再び高水準の給与勧告を出した．これに対応して，池田内閣が公務員数の増加を抑制するための対策として実施したのが，欠員不補充である．10月12日の閣議決定「欠員の不補充等について」は，公務員の給与改定に対応して，「当分の間」は定員の1%に満たない欠員は補充せず，当面の業務に支障が出る省庁は行政管理庁長官と協議した上で人員を補充することができるものとした（行政管理庁1973, 216）．

より強力な欠員不補充策が打ち出されたのは1964年である．この年，政府は例年にも増して強く人事院勧告の尊重を迫られていた．そのきっかけとなったのは，ILOの批判を受けたことである．1957年の春闘で国鉄当局が国労の役員の解雇を含む大量処分に踏み切ったことを契機に，労使団体の自主運営と相互不干渉を定めたILO第87号条約の批准が政治争点として浮上しており，1958年には，公務員の労働基本権の制約が結社の自由を侵害するとして，総評がILOへの提訴を行った．ILOは，この件に関する審査を結社の自由委員会において進めると共に，1964年5月にはエリック・ドライヤーを長とする委員会を設置し，その秋に調査団の派遣を計画していた（行政管理庁1967, 62；人事院1978, 489-490）[8]．

こうした背景から，池田首相は人事院が7.9%のベースアップを勧告した直

---

8) このドライヤー調査団が来日したのは，翌1965年1月である．

後の8月14日の閣議で勧告に言及し,「公務員の定員増を抑制するため,とりあえず欠員を補充せず,配置転換によって合理的運営を図るべきである」と指示した(『読売新聞』1964.9.4). この指示に基づき,その年の9月から1966年3月末まで,国家公務員の欠員は原則として補充せず,五現業,国立病院の医師,看護師,国立学校の教員,技術職員などを例外とするその他職員については行政管理庁と協議した上でなければ増員を認めないことになった. それと共に,新卒者の採用についても「最小限度にとどめる」ものとし,地方自治体についても,国の措置に準ずることが要請された. この措置と引き換えに,人事院勧告の実施日は10月から9月へと繰り上げられたのである.

以上のように,1960年代前半における公務員数の抑制策は,人事院勧告に連動して,行政管理庁による欠員不補充という定員管理の手法を中心に展開した. そして1960年代後半,大蔵省が参入することで新たな展開が生じた. 1967年9月,財政硬直化打開運動が開始され,その手段として国家公務員の定員削減が議題に上るのである. それにより,定員管理の手法は欠員不補充から一歩進み,総定員法による総量規制方式へと移行することになる.

2. 財政硬直化打開運動から総定員法へ

大蔵省が公務員の定員管理に突如として介入した背景には,1965年の不況に伴う財政状況の悪化と,その結果としての戦後初の長期国債の発行という問題が存在していた. 既に第3章で述べた通り,1960年代半ばまでの大蔵省の均衡財政主義の源は国際収支問題に対する警戒感にあり,国債発行を通じた赤字財政による景気の過熱は大蔵省の最も恐れるものであった.

経済成長の鈍化に伴って税収が伸び悩む一方で,佐藤内閣の掲げる「社会開発」に基づく自民党の歳出要求が強まる中で,1968年度予算編成に向けて大蔵省主計局は財政硬直化打開運動を開始した. 財政硬直化打開運動とは,1967年9月14日に大蔵省の谷村裕事務次官と村上孝太郎主計局長が佐藤首相を訪問して財政の硬直化を打開することを訴えたことに始まる,約半年間の大蔵省のキャンペーンである. 財政の「硬直化」とは,当然増経費・計画増経費の増大によって財政の配分が固定化し,新たな行政需要に対応するのが難しくなると共に,景気調節を行うことも困難になるという意味で用いられた言葉である.

大蔵省の主張は，予算編成の方式を改革することを通じて，財政の伸縮性を回復することであった．その手段は，見込まれる支出をあらかじめ予備費として本予算に計上し，補正予算の編成を封じる，総合予算主義であった．

　従来の研究は，大蔵省が財政硬直化打開運動に乗り出した理由として，社会保障費と公共事業費の増加を強調してきた．山口二郎は，財政制度審議会に大蔵省が提出した資料を検討し，国債費や地方交付税交付金など「義務的経費の当然増によって予算の身動きがとれなくなることが最大の問題とされていた」としながらも，個別の検討項目では「米価，社会保障，公共事業，国鉄などそれ以外の費目のほうが主要な標的として取り上げられている」と述べる（山口 1988, 249）．真渕勝は，財政硬直化打開運動の背景として，景気の先行きに関する大蔵省の悲観的な見通しと共に，「狭義の当然増とは区別された計画増」としての公共事業費の増加圧力と，その背後にある自民党の影響力の拡大を挙げている（真渕 1994, 212-216）．そして，結局は補正予算が編成されたことを挙げて，財政硬直化打開運動が失敗に終わったと結論付けるのである．

　しかし，これらの研究が十分に強調していないのは，この財政硬直化をもたらした当然増経費の一つが公務員の人件費だったことである．例えば，大蔵省が財政硬直化打開運動を始めるにあたり，谷村事務次官は財政硬直化の要因として国債費，地方公共団体への交付金，食糧管理会計の拡大，社会保障費の増大の他に，公務員の給与水準の上昇による人件費の増大を挙げ，そのコントロールに高い優先順位を与えている（谷村・近藤・福良 1967, 17）．また，村上主計局長も，財政硬直化の要因の中でも，「財政への安易な依存ムード」に基づく政治的な圧力とは別に，「経済状況の反射を受ける部分」として，人事院勧告による公務員給与の引き上げに言及し，それが民間部門に波及した結果として生じる賃金相場の上昇によってインフレを引き起こすという賃金と物価の循環を懸念事項に挙げ，そのような経済構造を刷新することに財政硬直化打開運動の目的があると述べた（村上 1967, 38）．

　この点については，当時の資料を読み直すのが良い．大蔵省が公務員の人件費を重視していたことは，財政硬直化の要因として提示された「当然増経費」の内訳に見ることができる．村上主計局長が9月28日の財政制度審議会総会に提出した「財政の硬直化傾向について」と題するメモでは，次のような分析

第2節　人事院勧告と行政改革

表5.2　大蔵省による財政の硬直化要因の分析

項目	支出増による予算規模への影響
今後の予算規模の伸び（A）	12–13%
義務的経費合計（B）	約10%
地方交付税交付金	3.1%
人件費	**2.2%**
国債費	0.9%
医療費等社会保障費	1.7%
ガソリン税等道路特定財源見合歳出	1.0%
その他	1.0%
義務的経費を差し引いた残余（A−B）	2–3%
公共事業費・防衛費（C）	1.7%
政策増に回す余裕（A−B−C）	約1%

が行われている．それによると，今後の日本の予算において税収の伸びと国債発行額から見る歳出規模の伸びは12～13%であるのに対して，「義務的経費の累増」が予算規模を毎年10%ずつ拡大させている．従って，余裕経費は2～3%しかない中で，公共事業費や防衛費の伸びを差し引くと，新たな政策に回すことのできる経費が予算規模の1%分しか残らない．従来はこれが4～5%あったのに比べて，現在では財政の硬直化が進んでおり，その資源配分機能を十分に果たせないだけでなく，景気調整の手段としても機能することが難しい．この大蔵省の分析を見る上で重要なのは，人件費がかなり重要な位置を占めているということである．特に，社会保障費や公共事業費などよりも公務員の給与増・定員増に伴う人件費の増大の方が支出増の中で大きな割合を占めると分析されていたことは，同時にそれに対応することが大蔵省にとって重要な課題となっていたことを意味する（表5.2）．

　この審議会で，村上は公務員の給与費について次のような説明を行っている．

　　［一般会計で負担する人件費である］1兆円というのは，大体この予算で2割のシェアを占めておりますけれども，この人件費が今年は人事院の勧告によって7.9%ベースアップするわけでございますが，そうしますと，それだけで1.6%に近い膨張圧力となって働くわけでございます．さらに，定期昇給の原資をそれに積まねばなりませんので，そうした関係から，概

ね給与費の関係は，今後の増員を抑制しうるとしましても，今のような給与の引き上げというものが続く限りにおいては，毎年予算を2%ぐらいずつ拡大する膨張圧力となって働くわけでございます[9]．

この論理に従えば，人事院勧告によるベースアップは所与であり，それを抑制する方策は「今後の増員を抑制」することなのである．

興味深いことに，公務員の人件費への対応策として最初に世間に注目されたのは，公務員の定員の削減ではなく給与の抑制であった．それが，宮澤喜一経済企画庁長官による，「宮澤構想」である．1967年10月11日，宮澤は，自民党の基本政策懇談会で，物価と翌年度の予算編成について説明した際，財政硬直化と物価上昇への対策について述べた．その内容とは，米価と公共料金を据え置くのと引き換えに，その年に予定されていた減税を見送り，また公務員給与と米価の引き上げ分を補正予算ではなく当初予算に盛り込むなど，予算編成の方法を根本的に再検討することを通じて，人事院勧告に先んじて人件費の総額を決定し，緊縮型の予算を編成すると共に物価の上昇に歯止めをかけることを目指すものであった[10]．当然ながら，財政硬直化打開運動の真っ只中にあった大蔵省は，この構想に基本的に賛成であった．しかし，この構想に所得政策を導入する意図を嗅ぎ取った野党と労働組合は即座に批判を開始し，宮澤も数日後にその意図を打ち消す発言を行った結果，この論争は終息に向かった（真渕 1986, 52）．

最終的に，大蔵省が人件費の抑制手段として選択したのは，公務員数の削減である．その具体的な方策の検討を依頼された行政管理庁は，戦後日本の主な改革事例を検討し，3年間で5%の定員削減が可能だという分析結果を提示した[11]．その手段として示されたのは，国家公務員の定員の総量規制である[12]．

---

9) 昭和42年度財政制度審議会第2回総会議事録．なお，村上のメモはこの会議の配布資料である．

10) この席では，高橋衛元経済企画庁長官も公務員給与の抑制のための「高橋試案」を提示している．宮澤構想が前年の消費者物価指数に基づいて人件費を計上するのに対して，高橋試案は過去の経済成長率を目安に人件費を当初予算に計上する方式を提案するものであった（『官界通信』1967.10.23；「政調の動き（9月中旬より10月中旬まで）」『自由民主党政策月報』1967.11）．

10月11日の閣議では，この検討結果に基づく形で，今後の定員管理のあり方として「現行の各省庁ごとの設置法による定員規制を改め，各省庁を通じた総定員のみを法定し，その範囲内で各省庁ごとの定員を政令で定めることとする」という口頭了解が行われた（『行管広報』1967.11.1）．ここで初めて閣議レベルで国家公務員の定員の総量規制が合意されたのを受けて，人事院勧告への対応を決める10月20日の閣議では，人事院勧告の尊重を明示しつつも，給与の実施を3カ月繰り下げて8月に実施する一方，この給与改定に関連して「現行の行政運営の簡素化，能率化を進めることによって欠員の補充を最小限度にとどめ，また今後の行政事務の省庁に対しては，配置転換を強力に行い，もって総定員を計画的に縮減する」とする閣議決定が行われている[13]．

この頃から，大蔵省の改革目標が一般に知られるようになった．10月25日に開催された財政制度審議会の「財政硬直化に関する研究懇談会」において，大蔵省は税・保険料の徴収事務の統合や国立大学の事務職員の合理化によって

---

11) この作業は，行政管理局の定員担当の山口光秀管理官を中心に行われた．当時，山口の下で作業を担当した古谷光司によれば，3年で5％という数字は行政整理，待命制度，定員外職員の定員化，欠員不補充といった占領期からの定員削減・増員措置を分析した結果だったという（行政管理庁史編集委員会 1984, 254）．なお，山口は大蔵省主計局から出向していたという経緯がある（山口 2001, 158）．つまり，大蔵省は出向人事を通じて定員管理に影響を与えていたということであろう．この点については，伊藤正次氏から示唆を受けた．

12) 興味深いことに，総定員によって定員管理を行うという発想の起源は内閣法制局にあった．当時行政管理局長として総定員法案の作成を担当した大国彰の回想によれば，総定員を法律で定めるという発想は，大蔵省による定員削減の要望を受けて局内で検討を行っていた際に，1963年9月13日閣議決定「内閣提出法律案の整理について」における「国家公務員の総数は法律で規定し，その各省への配布は政令で規定することとする等の改正を早急に検討すること」という記述を発見し，それを参考にしたものだという（大国 1978, 49：行政管理庁史編集委員会 1984, 250）．この閣議決定は，内閣法制局が内閣提出法案を審査するかどうかを決める際の基準であり，審査対象の法案数を減らすことを通じて業務を円滑化する工夫であった．公務員の定員についても，各省設置法をそれぞれ改正するのではなく，一本の法律で定員を設定すれば，法案審査は簡略化される（内閣法制局百年史編集委員会 1985, 229-230）．つまり，総定員法は行政管理庁が長年温めていた構想ではなく，本来は公務員数の削減と関係のないアイデアが大蔵省の求めに応じて偶然に転用されたものなのである．

13) この閣議決定を掲載した行政管理庁の広報誌には，「（注）本件は大蔵省から閣議請議されたものである」という記載がある（『行管広報』1967.12.3）．

公務員数を削減し，財政負担を見直すことを提言した．具体的な数字は懇談会の席上では示されなかったものの，この時3年間で5%の定員削減を目標とする方針が新聞に報じられている（『朝日新聞』1967.10.26）．

　この目標は，特に与党内からの異論もなく，そのまま政府の行政改革の目標として採用された．11月10日の閣議で，佐藤首相は「一省一局削減」によって行政機構の簡素化を行うことを指示すると共に，11月22日には木村俊夫内閣官房長官が3年で国家公務員の定員を5%削減するという方針を政府の正式な目標として明言した．同じ日には，大蔵省が公務員の定員削減の実施案をまとめ，各省と折衝を開始した（『読売新聞』1967.11.23）．そして12月15日に一省一局削減などの行政改革案件と共に行われた閣議決定「今後における定員管理について」では，自衛官を除く国家公務員の定員を3年間で5%を目途に削減すると共に，欠員不補充措置を取りやめ，五現業にもそれに準ずる措置を講じると共に，各省設置法による定員規制を改めて，総定員のみを法律で定めることが示された．

　この削減計画を実行に移すための手段として，政府は総定員法案を1968年の通常国会に提出した．政府の目標は，各省庁の定員の削減幅を5月末までに決定し，同時に総定員法案を通過させ，1969年度の予算編成に間に合わせることであった．

3. 総定員法の成立

　こうした佐藤内閣の狙いにもかかわらず，総定員法案に対する野党の抵抗は強く，結局，1968年6月に国会審議が終了すると，法案は審議未了で廃案となった．政府は，参議院選後に仕切り直しを行う方針を発表し，12月の臨時国会に法案を再度提出した．総定員法の成立過程で政治家が活躍したのは，この局面である．

　この頃，この年の公務員の給与の実施日をめぐる攻防が大詰めを迎えていた．政府は，人事院勧告を3カ月繰り下げた8月実施を予定して給与法案を国会に提出していたのに対して，野党と労働組合は人事院勧告の5月実施，すなわち完全実施を求めて強く反発し，公務員共闘は12月18日に統一ストを予告した．その前日，給与法案の付託されていた衆議院内閣委員会はついに開催されず，

第2節　人事院勧告と行政改革

夜中まで自民党と野党の国会対策委員長の間で協議が続けられた．その結果，通常国会で年度内に総定員法を成立させるのと引き換えに政府が人事院勧告の実施日を7月に繰り上げる方向で合意が成立し，ストライキは回避された．ただし，既に10月の段階で人事院勧告の8月実施は閣議決定されていた以上，政府との調整は自民党側に委ねられることになった（『読売新聞』1968.12.18）．

残ったのは，仮に政府が約束通りに給与を引き上げたとして，総定員法の成立に野党が協力するかどうかという問題であった．政府側は，野党に給与引き上げを食い逃げされることを警戒し，文書による与野党合意を求めた．その一方で，社会党の大勢は総定員法に反対する立場を崩しておらず，国対委員長会談の基本線とは距離があった．また，政府の側でも佐藤首相や福田赳夫蔵相は人事院勧告の7月実施について田中角栄自民党幹事長から説明を受けておらず，田中に釈明を要求する一幕もあった（『読売新聞』1968.12.19）．最終的に，12月20日の内閣委員会で政府原案を7月実施へと繰り上げる共同修正が行われ，衆参両院の本会議で給与法案は可決，成立した．一方，野党側は総定員法に賛成することを文書で約束することには難色を示し，この件はあくまで政党間の信義に従う形で決着した（『読売新聞』1968.12.20）．

年が明けて1969年になると，社会党は約束を守らず，総定員法案の審議を遅らせる作戦に出た．内閣委員会での審議を始める条件として野党が示したのは，人事院勧告についての質問を行うことであった．政府が野党による給与の食い逃げを警戒したのと同じように，野党も政府が人事院勧告の完全実施への道筋を示さないまま定員削減に乗り出すのを認めるわけには行かなかったのである．審議の開始は，3月20日に設定された．これが，第3章第1節で紹介したエピソードの日である．ここで，保利茂内閣官房長官は人事院勧告の将来的な完全実施に向けて努力することを表明し，それによって総定員法案への賛成を求めた（『読売新聞』1969.3.20）．

内閣委員会での総定員法案の審議がずれ込む中で，最後は与党が野党の反対を押し切った．4月4日の理事懇談会で与野党が法案審議の方針を巡って決裂すると，自民党は強行採決の方針を固めた．4月8日，内閣委員会に出席した佐藤首相は，野党の質問に答えて，総定員法が公務員の人員整理をもたらすものではなく，また配置転換も本人の意思に反しては行われないことを改めて表

明した．午前10時半に始まった委員会が野党の質問によって長引く中，午後7時を過ぎたところで自民党が動いた．社会党議員の質問の途中，自民党議員が質疑打ち切りの動議を行い，その動議を賛成多数で可決した後，委員長が法案を採決したのである．野党の非難が渦巻く中，総定員法案は内閣委員会を通過した（『朝日新聞』1969. 4. 9）．この結果，総定員法案は4月10日の衆議院本会議で可決され，4月15日に参議院内閣委員会で審議入りした．ここに至って野党も折れ，与党が強行採決をせず，公聴会の開催を考慮するという条件で審議に応じ，総定員法案は5月15日に参議院の内閣委員会で付帯決議と共に可決された．付帯決議には，人員整理や強制的な配置転換を避けることと共に，将来的な人事院勧告の完全実施を期することが含まれていた（『読売新聞』1969. 5. 16）．翌日，総定員法は参議院で成立し，直ちに公布された．

　この総定員法の成立過程の最終局面だけを見た人は，政府が人事院勧告とは関係なく行政改革を実施する強い意志を持っていたと考えるかもしれない．というのも，総定員法を成立させるために人事院勧告の実施日が繰り上げられたのであって，その逆ではなかったからである．この因果関係は，一見すると人事院勧告への対応として行政改革を説明する本書の議論に反している．

　しかし，この見方には最低でも二つの留保を付さねばならない．第一に，佐藤内閣は公務員を減らすためならば公務員の給与を引き上げてもよいという立場だったわけではない．佐藤首相が田中幹事長の独断専行を叱ったことからも分かるように，政府は給与の引き上げの回避を目指していた．第二に，行政改革は佐藤内閣の中心的な政策課題ではなかった．佐藤首相は，一省一局削減という改革案を提示したことでは知られているものの，基本的に総定員法の成立へのイニシアティブを発揮しておらず，それほど強い関心を持っていた形跡もない[14]．

---

14) 例えば，佐藤首相の日記には，田中幹事長が総定員法への協力と引き換えに人事院勧告の7月実施を約束した1968年12月18日に「国会で給与法を取引の材料に使ふので，田中幹事長をしかる」，衆議院内閣委員会で総定員法案の強行採決が行われた1969年4月8日に「十時半から内閣委員会に出席して大出俊君，小沢貞孝君，鈴切康雄君と約二時間に亘り質問をうける」，衆議院本会議で採決の行われた4月10日に「藤田〔義光〕委員長解任決議案を一蹴したのち，総定員法を記名採決」とあり，それ以後は関連する記述はない（佐藤1998）．首相秘書官の楠田實の日記には，1969年4月8日に「午前，衆院内閣委員

第2節　人事院勧告と行政改革

　それでは，なぜ政府は人事院勧告の実施日を繰り上げてまで総定員法の成立に拘ったのか．この問題への答えを考える上で重要なのは，1968年12月に結ばれた与野党合意の内容が，総定員法の「年度内」成立だったことである．つまり，「近いうちに」でもなければ，「次期国会において」でもなく，1969年3月末までに総定員法が成立していなければならなかったのである．その理由は，その年の通常国会で総定員法案が廃案になった際，学生の増加に応じて増員が予定されていた国立学校の教職員などの一部の公務員の身分が宙に浮いていたことである．政府には従来通り各省設置法を改正する手段もあったが，改革の頓挫を避けるために改めて総定員法の成立を目指し，必要な省庁には政令により年度内に限って増員を認める方法が選択されたという経緯があった．これらの公務員の身分が失効し，給与の支払いができなくなる状況を避けるため，政府は何としても総定員法の年度内の通過を図りたかったのである．だからこそ，自民党が総定員法案を衆議院内閣委員会で強行採決する際，質問打ち切り動議と法案採決の間に，総定員法を1969年4月1日に遡って施行するという修正動議を提出し，可決したのであった（『朝日新聞』1969. 4. 9）．つまり，総定員法案が一度廃案になった時点で，政府は後戻りができなくなっていたのである．人事院勧告の7月実施への繰り上げは，そのことの副産物であったといえよう．

　以上のように，佐藤政権が総定員法の制定に乗り出す直接的な契機となったのは，1960年代の初めから中央省庁の公務員数の抑制を図ってきた行政管理庁の試みに，大蔵省による財政硬直化打開運動が合流したことである．財政硬直化打開運動は，その失敗がクローズアップされがちではあるものの，行政改革を促したという点においては成果を挙げた．その原因は，人事院勧告による公務員の給与水準の上昇が財政支出の増加圧力を強めたことだったのである．

会に総理出席．国鉄運賃値上げ法案［ママ］採決の布石．このあと，午後七時半過ぎ強行採決」，総定員法案が参議院で可決・成立した5月16日に「総定員法が成立した」とだけ記されている（楠田 2001）．いずれも，当時の新聞報道や国会の議事録から知りうる以上の情報は記されていない．

第3節　行政改革の影響

　総定員法を含めた1960年代の中央省庁における行政改革の影響は大きく分けて二つある．第一は，それが地方自治体にも波及したことである．ここでは，従来の見方とは異なり，政府が地方公務員数の増加にブレーキをかけることを試みていたことを明らかにする．第二は，他の手段によるサービスの供給が制度化されたことである．具体的には，現存する中央省庁や地方自治体の外郭団体の多くが，公務員数の抑制が開始された後の時期に集中的に設立されたことを明らかにする．

1．地方公務員数の抑制

　これまで，1960年代に中央省庁で行われた定員削減に注目する論者であっても，地方自治体においては公務員数の増加が続いたと考えてきた．人口比で公務員数を考えた場合，こうした見方に問題があることについては，第2章で指摘した通りである．ここで取り組むのは，本章で検討してきた中央省庁の行政改革が地方自治体に与えた影響を明らかにすることである．

　従来の研究は地方公務員数が増加したことを強調してきたため，地方自治体が中央省庁の事務を肩代わりしたというメカニズムを想定してきた．問題は，その論理が適切であるかどうかである．村松岐夫は，日本の全雇用者に占める公務員の割合が他国よりも少ないことを示すOECDの統計資料を提示した後，次のように続ける．

　　　かくして日本の行政は，少ないリソースを補うべく，特別の工夫をすることになる．すなわち第一に，地方政府の活用の伝統がある．そのために中央政府は小規模であり続けることができる．中央は自らの出先機構を作るよりも，地方に仕事を委任する．地方はそのために公務員数が増えるが，政府全体としては安くすむ（村松 1994, 28）．

　一文目で村松の言及する「少ないリソース」の根拠として参照されている

第3節　行政改革の影響

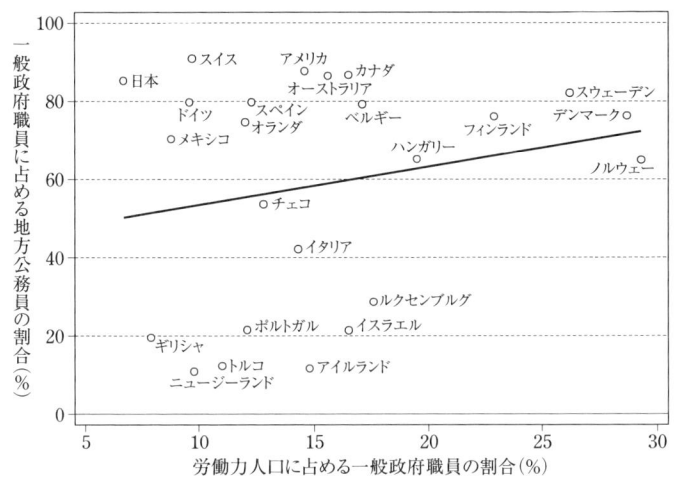

[図: 散布図。横軸「労働力人口に占める一般政府職員の割合(%)」、縦軸「一般政府職員に占める地方公務員の割合(%)」。各国のプロット: 日本、スイス、アメリカ、カナダ、オーストラリア、スウェーデン、ドイツ、スペイン、オランダ、ベルギー、フィンランド、デンマーク、メキシコ、ハンガリー、ノルウェー、チェコ、イタリア、ルクセンブルグ、ポルトガル、イスラエル、ギリシャ、トルコ、アイルランド、ニュージーランド]

図5.1　先進諸国の公務員数と地方公務員の割合

OECDの数字が公務員数全体を指しているのに対して，三文目では「中央政府」の規模が小さいと述べられている点に注意しなければならないが，メッセージを把握するのに支障はない．この論理に従えば，公務員数が少ない国では地方公務員に多くの業務が委任され，公務員全体に占める地方公務員の割合が増えるということになる．確かに，日本一国だけの事例を見ればそうした解釈も可能かもしれない．

しかし，国際的に見ると公務員数が低い水準に抑制された国で地方公務員の割合が多くなるという傾向はない．公務員数が少ないことを公共部門のコストが低いことの証として捉える点で村松と共通するOECD (2011, 104) は，公務員全体に占める地方公務員の割合を政府の分権化の度合いを示す指標として用いている．そのデータに基づいて2005年の労働力人口に占める公務員の割合と公務員全体に占める地方公務員数の割合の関係を図示すると，図5.1のようになる．この図を見ると，公務員数が少ない国には，日本のように地方公務員の割合の大きい国もあれば，ニュージーランドのように地方公務員の割合が小さい国もある．注目すべきことに，公務員数の多い北欧諸国は，基本的に地方公務員の割合も大きい．つまり，公務員数が少ないことと，その中に占める地方公務員の割合が大きいことは，経験的には結び付かないのである．

従って，日本の地方公務員が国家公務員に比べて圧倒的に多いのは確かだとしても，全体としての地方公務員の人数そのものが，日本では他国よりも少ないというのがここでの重要なポイントなのである．問題は，その理由である．地方自治体が独自の判断で公務員数の増加を抑制したのか，それとも政府がそれを促したのか．

この点に関して，1960 年代の日本の地方自治体では，国に連動して自治省の指導による定員抑制の試みが開始されていた（藤田 1978, 234-243；吉岡 1987, 187-192）．1964 年 8 月の人事院勧告に対応するために欠員不補充が行われた際に，地方公務員の給与改定の財源についても不足が生じ，結局は地方交付税交付金の増額に加えて，交付税特別会計から 150 億円を借り入れることで決着したため，自治省は地方公務員についても欠員不補充などの措置が必要になるという見通しを示していた（『自治の動き』1964. 11, 1）．1965 年度以降，自治省は通達により，類似団体別財政指数表に基づいて，各自治体に人員整理と人件費の圧縮を求めた．その手段は，職員の欠員不補充と若返りである．1966 年以降，自治省が他省庁に対して国庫負担金制度の合理化についての協力を要請した際には，「地方公務員数の増加抑制」が目標の第一に掲げられ，国が法令の改正や補助金の交付を通じて教員，警察官，消防職員，清掃職員など一般職以外の地方公務員の絶対数の増加を強制することのないように求めている（『自治の動き』1966. 9, 8）．1967 年 12 月 15 日に国家公務員を 3 年間で 5% 削減することが閣議決定された際には，地方自治体も国の措置に準じて定員管理を行うものとされた．そこで，自治省は 12 月 27 日に各自治体に事務次官通達を発し，出先機関の改革，外郭団体の統廃合，零細補助金の整理，事務の民間委託，広域的事務の共同処理などを行うことを求めた．こうした通達は，それまでも自治体で行われてきた定員の抑制策を後押しするものであった．自治省が都道府県を対象に 1968 年に実施した調査によれば，通達が開始される以前から多くの自治体で組織改革や出先機関の統廃合が実施され，事務の機械化や民間委託による定員削減も幅広く行われていた（山口 1968）．1970 年 8 月の中央省庁の定員削減計画に際しても，閣議決定において地方自治体に国の措置に準じて定員管理を行うように求めると共に，国からも支援を行うことが定められている．1971 年 8 月には，自治省でも指導を強めるべく，モデル自治

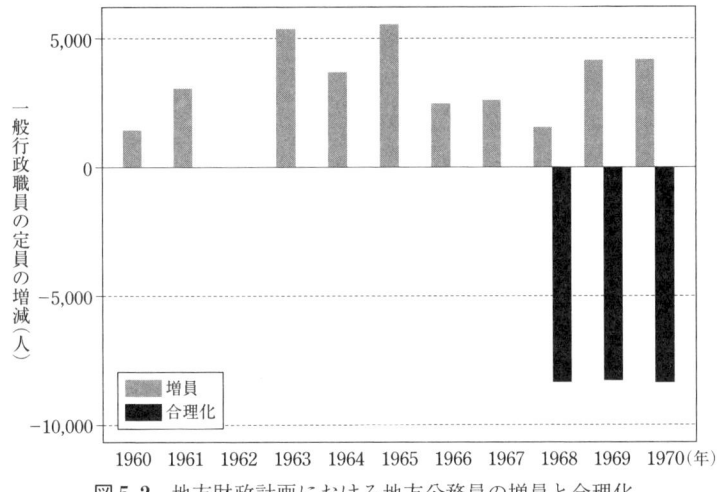

図5.2 地方財政計画における地方公務員の増員と合理化

体を設けて事務量の分析などを行い，それに基づいて指導を強化する方針を打ち出した（『朝日新聞』1971. 8. 22）．

さらに，地方財政計画に地方公務員の定員削減が織り込まれることを通じて，地方公務員数の増加に対する財政的な制約が加えられた．地方財政計画における地方自治体の歳出は目的別に分けられており，その中でも人件費は地方公務員の計画定員を通じて算出される．地方公務員数を抑制するという目的は，この地方財政計画における計画定員の削減として表れることになった．定員削減の対象となったのは，義務教育関係職員や警察・消防職員を除く，一般行政職員の定員である．1968年度に1％の定員削減が行われたのを皮切りに，以後毎年のように定員増の傍らでの定員削減が行われるようになった（図5.2）．もちろん，こうした措置は地方公務員の絶対数の増加を止めたわけではない．特に，「地方公務員給与実態調査」における実員と定員の差が生じた場合には，定員を大幅に増やす措置が取られたため，定員削減の部分は簡単に打ち消されることになった[15]．しかし，絶対数で見ても1960年代後半は公務員数の増加に大きなブレーキがかかった時代であった．1960年から1965年までに地方公

[15) 「地方公務員給与実態調査」は1955年に第1回が行われ，第3回の1963年以降は5年おきに調査が行われている．

務員数は約 23 万人増加したのに対して，1965 年から 1970 年までの増加は約 11 万人に留まっている．

こうした地方自治体の行政改革は，当然のことながら労働組合の反発を招くことになった．その初期の例としては，1962 年に始まる自治労の都市清掃改善闘争を挙げることができる．この当時，政府は人口 10 万人の都市で清掃作業を行う人員を，事務官 31 名と臨時作業員 17 名として計画していたのに対して，六大都市では人口 10 万人当たり 120～140 名が清掃作業に従事していた．自治労は，それでも人手不足が生じているとして，三鷹市における調査に基づいて，ゴミを 3 日に 1 回，糞尿を月 2 回収集し，1 日の作業時間を 8 時間とした場合には，243 名の人員が必要であると主張した．従って，自治労は従来のような賃金闘争に加えて，労働環境の改善のための人員増と，清掃法の改正による事業の直営化を，社会党を通じて政府に要求した．しかし，人員増は部分的に政府に受け入れられた一方で，清掃事業の直営化に対しては民間の業者の反対もあり[16]，1965 年 5 月に国会で清掃法が一部改正された時には，逆に民間委託を促進する内容となっていた（自治労運動史編集委員会 1974, 768-809）．

地方公務員数の抑制に関連して，この時期に行われたもう一つの試みは，定年制の導入である．1950 年に制定された地方公務員法は，公務員の定年制を自治体が条例で導入することを認めておらず，それまで定年制を設けていた自治体ではそれが廃止された．このため，全国市長会を中心とする地方団体は定年制の早期法制化を要望する決議を行って政府に対応を求めた．自治庁で定年制の導入が本格的に検討され始めたのは，朝鮮戦争後の不況によって地方自治体の財政赤字が大幅に拡大していた 1954 年頃からである．1956 年には定年制の導入を可能とする地方公務員法改正案が国会に提出されたものの，社会党の反対によって翌年 5 月に審議未了で廃案となった．こうした定年制の試みが再び動き出したのは，1964 年の夏以降である．この時期に自治省が定年制の検討を開始した理由は，各地方団体から地方自治体の財政難を背景に定年制導入の要望が行われていたことに加えて，同年 9 月の第一臨調の答申に定年制の実

---

16) 1964 年 4 月 22 日には，汲み取り業者の業界団体である全国清掃協議会が，清掃法の制定 10 周年に，社会党の清掃事業直営化論に反対する集会を開いた（『朝日新聞』1964. 4. 22）．

施が盛り込まれたことにあった（自治省 1971, 60-61）．さらに，1965 年の人事院勧告を受けた給与法の実施日を巡る交渉で自治労が半日ストを構え，政府が勧告の実施を 9 月に前倒しすると共に，政府がそれに伴う地方公務員の給与水準の引き上げに必要な財源の補填を約束したことも，自治省に財政的な見地からの定年制の検討を促した（『自治労新聞』1965. 11. 21）．1966 年春に予定されていた定年制法案の上程は，その年は実現せずに終わったものの，自治省は定年制への反対を和らげるために再雇用制を取り入れた定年制法案を再度準備し，1968 年 3 月には法案が閣議決定された．ただし，ここでも社会党を初めとする野党の抵抗は強く，国会に提出された法案は翌年に廃案となった（自治労運動史編集委員会 1979, 300-324）．最終的に，地方公務員の定年制は 1985 年に国家公務員の定年制と同時に実施されることになる．

以上から分かる通り，1960 年代には中央省庁の行政改革と連動して地方公務員数の増加を食い止める試みが始まっていた．日本の人口が増え続けていた以上，それが公務員数の絶対数の増加を食い止められなかったのは間違いない．しかし，それ以後は人口に占める地方公務員の割合の増加するペースが鈍化することを考えれば，従来の研究に見られたような，中央省庁の定員削減と引き換えに地方自治体の公務員数を増加させたという分析は，必ずしも適切とは言えないのである．

2. 政府外の組織の膨張

地方公務員の増加とは別に，村松岐夫は「官僚制は自らの組織拡大によってではなく，同時に『手足』を拡張することによって仕事量をこなしてきた」（村松 1994, 30）と述べる．1960 年代から 1970 年代にかけては多くの政策分野で公共サービスが拡充された時代であり，政府の財政支出もそれに合わせて増加した．その時代に公務員数が劇的に増加したわけではない以上，公共サービスの供給のあり方も政府による直接供給ではなく，より間接的な形態を取ることになったと考えられる．

従来，官僚制の外で政府の代わりに財やサービスを供給する組織としては，公社・公団・事業団などの特殊法人が注目されることが多く（Johnson 1978），その歴史的経緯を探る作業も進められてきた（魚住 2009）．ただし，特殊法人

に対しては既に第一臨調の答申でもその整理が求められるなど早い段階から批判が高まっており，佐藤内閣でも一省一局削減や総定員法と並んで特殊法人改革が行政改革の重要課題とされていた．このため，特殊法人の数は，終戦直後から急速に増加し続けた後，1960年代半ばに横ばいになり，1980年代以降は大幅に減少している．

　これに対して，1960年代の行政改革の一つの帰結だと考えられるのは，公益法人への業務の委託が幅広く行われるようになり，多数の法人が設立されたことである．日本で初めて公益法人についての体系的な調査を行った林知己夫と入山映は，政府が設立時の基金と運営費を提供し，自治体の退職者がその職員の多くを占める「行政業務代行型」の公益法人には，1970年代以降に設立された法人が多いことを発見した（林・入山 1997, 124）．こうした傾向は，いわゆる「補助金依存型公益法人」の設立傾向にも表れている．そのことを示すため，ここでは内閣府『平成23年度特例民法法人に関する年次報告』のデータを利用する[17]．公益法人23,708団体の中で，補助金・委託費が収入の3分の2以上を占める団体は全部で1,144団体存在した．設立年次を見ると，公益法人全体では第二次世界大戦の終結した1945年以前に設立された団体はほとんどなく，1980年代をピークとして緩やかな山型に分布しているのに対して，補助金依存型公益法人の場合には法人の設立年度が1970年以降に極端に偏っていることが分かる（図5.3）．

　こうした，行政組織の拡大が制約される状況の下での行政需要の増大への対応として公益法人への業務の委託が行われたメカニズムを示すための格好の材料としては，オリンピックの誘致に成功した東京都における清掃事業の事例がある．1959年5月，国際オリンピック委員会総会で1964年の東京オリンピック開催が決定すると，東京都清掃局は急ピッチで清掃事業を改善する必要に迫られた．当時の東京は下水道も完全には整備されておらず，家庭から排出されるゴミの量も急増していた．この状況に対して，「オリンピックの開催のために」が錦の御旗とされ，「蚊とハエをなくす運動」「首都美化運動」を初めとする環境改善への努力が加速したのである（上山 2009, 67-72）．オリンピック開

---

17) データは公益法人 information のウェブサイトから入手できる．https://www.koeki-info.go.jp/pictis_portal/other/wpdl/dload_h22.html（2014年3月31日アクセス）

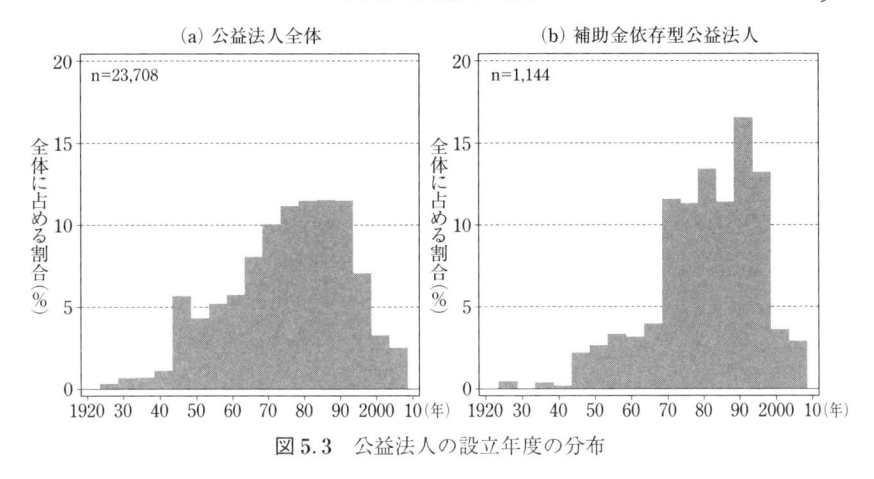

図5.3 公益法人の設立年度の分布

催は東京都清掃局の意思とは関係なく決定された以上，それに伴って生じる行政需要は，清掃局が組織の拡大を図って掘り起こしたものではなく，完全に外生的なものであった．東京都では都内23区内のゴミ収集・屎尿汲み取りを36カ所の直営の清掃事業所における3,000名の職員と，60社の清掃業者への委託を組み合わせて実施していたが，対応が追い付かなかったため，1961年2月には東京都清掃局がゴミ収集に特化した組織の設置と，それに伴う予算の計上を試みた．その提案の内容とは，「東京都環境衛生公社」を設置した上で，大口事業所のゴミ収集，水洗化されていない便所の屎尿集め，繁華街の深夜・早朝のゴミ収集などを委託し，公社の職員・作業員は現職の都職員か元職員とするものであった（『朝日新聞』1961.2.18）．この清掃局の提案は，民間の業者と都の労働組合の反対を受けて挫折したものの，翌1962年2月にはゴミ収集の対象を1日50 kg以上のゴミを排出する大口事業者に限定して，200名の職員からなる「環境整備事業協会」を設立する方向で再度提案が行われた．清掃局の立場からすれば，公益法人は「民間」であり，都の職員に道路の混雑する昼間を避けて早朝・深夜の作業を行わせる場合には昼間だけでなく深夜・早朝の人件費も負担しなければならないのに対して，民間に業務を委託することで深夜・早朝に業務を集中し，能率の悪い昼間のゴミ収集を最小化することが可能となるという利点があった（『読売新聞』1962.2.16）．この動きに対して，東京清掃労働組合は協会の設立が人員整理につながるとして3月中旬にストラ

イキ突入の構えを見せ，清掃局長との団体交渉が行われた結果，協会を設立しても都職員の身分は保障することが確約された（『読売新聞』1962.3.22）．こうして，5月には財団法人東京都環境整備事業協会が設立された（東京都清掃局 1977, 73）．

　高度成長期の行政改革による政府外の組織の膨張がもたらした一つの帰結は，天下りに対する批判が強まったことである．興味深いことに，公益法人への天下りは1970年頃から急に政治問題化している．それ以前，公益法人に対する批判は，それらの法人の中に日本相撲協会のような営利事業を行っている法人が存在し，あるいは休眠法人を用いた詐欺行為が行われているということにあった．そのため，1960年代の行政改革において公益法人の整理方針が示されたものの，その主眼は天下りの規制ではなく休眠法人の整理に置かれていた．1967年9月に発表された公益法人の活動状況の調査では，354法人が休眠状態にあることが明らかにされ，次々と解散手続きが取られた（『読売新聞』1967.9.21）．これに対して，公益法人への官僚の天下りの規制が政策課題として登場するのは，1971年5月18日の佐藤首相による指示を契機としている．その年は，日本海事財団による水先案内人のピンハネ問題や黒住忠行議員の選挙違反問題など中央省庁からの天下りを公益法人と結びつける事件が相次ぎ，佐藤首相の指示はこうした事件への対応としての性格を持っていた（『朝日新聞』1971.7.23）．

　従って，次に確認すべきなのは，こうした政府外の組織の設立に伴う公共部門からの人員の流れである．公共サービスの受け皿になった組織としては，公益法人への言及が行われることが多いが，公共部門と民間部門の間に位置する組織としては，第三セクターも重要である．第三セクターという言葉は，1973年の「経済社会基本計画」で官民協調による社会資本整備を推進する主体を指す用語として初めて登場し，1980年代にかけて鉄道経営や社会福祉サービスの供給など様々な分野において役割を担う企業を指す概念として用いられるようになった（今村 1993, 16-32）．また，土地開発公社，地方住宅供給公社，地方道路公社の地方三公社も見逃すことはできない．ここでは，総務省の「第三セクター等の概況に関する調査」の2010年度のデータを用いて，自治体と関係の深い公益法人，第三セクター，地方公社に関する事実関係を確認する[18]．

第3節　行政改革の影響

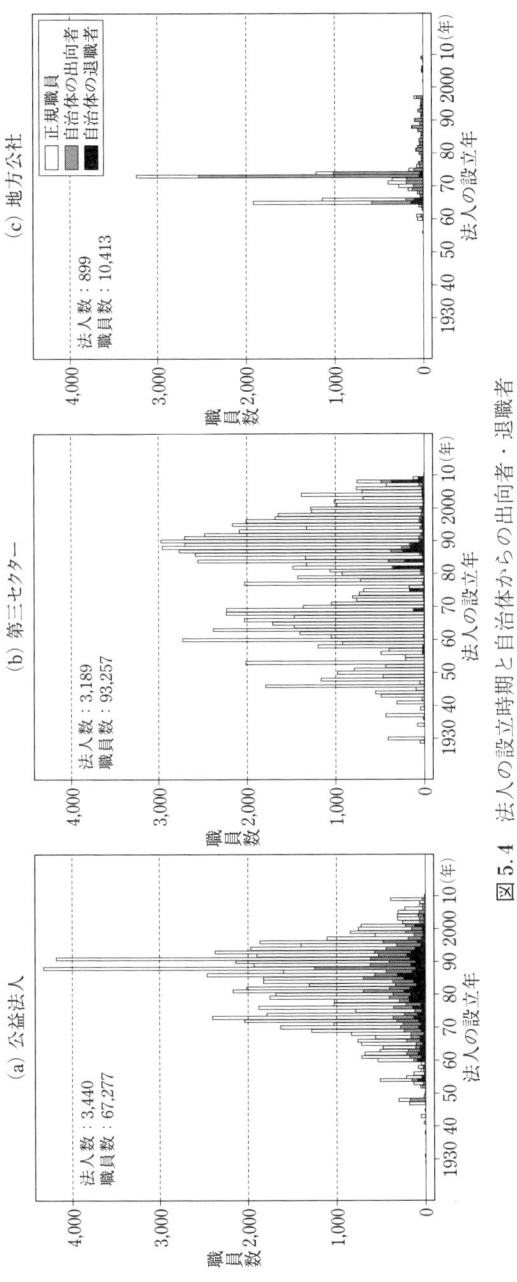

図 5.4　法人の設立時期と自治体からの出向者・退職者

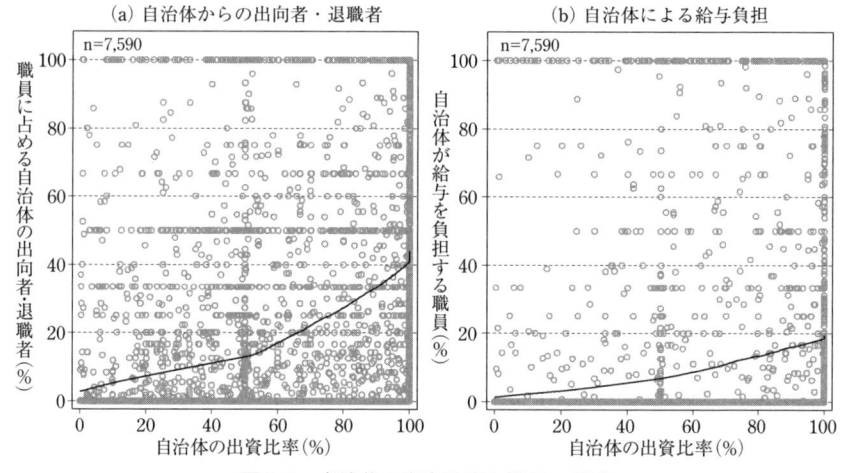

図 5.5　自治体の出資比率と職員の構成

　図 5.4 には，2010 年現在で存続している（a）公益法人，(b) 第三セクター，(c) 地方公社それぞれの正規職員の人数を，法人の設立年度別に示した．さらに，この図には地方自治体からの出向者と退職者の人数も示されている．自治体の出資比率の高い公益法人は，1960 年代から 1990 年代にかけて多く設立され，かなりの出向者を受け入れるだけでなく，多くの退職者の再就職先になっている．これに対して，第三セクターは 1960 年代と 1980 年代後半から 1990 年代前半に設立が集中する一方で，自治体からの出向者は少なく，退職者の受け入れは 1980 年代以降に設立された法人に集中している．地方公社は，地方住宅供給公社の設立時期が 1960 年代半ば，土地開発公社と地方道路公社の設立時期が 1970 年代前半に集中しており，職員の多くは自治体からの出向者である．

　こうした組織の人事は，地方自治体との財政的な結び付きを通じて行われていると考えられる．図 5.5 では，各法人における自治体の出資比率を横軸に，(a) に自治体から出向・退職した職員の割合を，(b) に各法人の職員の中で

---

18)　総務省はこのデータをウェブサイト上で公開していないものの，市民オンブズマン全国連絡会議ウェブサイトから入手できる．http://www.ombudsman.jp/3rd-sector/index.html（2014 年 3 月 31 日アクセス）

自治体が給与の全額または一部を負担する職員の割合をそれぞれ縦軸で示した上で，各法人のデータを表す散布図の上に，それぞれ自治体の出資比率を独立変数とする局所重み付き回帰分析による曲線を引いた．サンプルの大半は縦軸の従属変数の値が0%または100%であるため，曲線が示しているのは，自治体の出資比率から予測される各法人の自治体関係者職員の割合というよりは，自治体関係職員のみからなる法人の割合であると考えた方がよい．ここに見出されるパターンは，自治体の出資比率と，自治体からの職員の受け入れや自治体による給与の負担の割合の間に強い相関関係が存在することを示している．このデータには解散した法人は含まれていないため，法人の設立数の時系列的な変化を完全に示すものではないものの，少なくとも今日において，自治体が出資した法人に多くの職員が送り込まれているという事実が確認できる[19]．

以上の分析から分かるのは，現存する外郭団体の多くが，1960年代の行政改革の後に出現したということである．その順序が何らかの因果関係を示すものであるとすれば，外郭団体が多いが故に公務員を増やす必要がなかったのではなく，行政改革によって公務員数の抑制が開始されたことの副作用として，こうした政府外の組織が増え始めたのである．こうした現象は，かつて大森彌が述べたような，定員管理の仕組みによって抑制された組織の膨張圧力が「他の方向へ流出する傾向」を示す一例であると思われる（大森1994, 35）．ただし，既に第1章で示した通り，こうした団体の職員数は公務員に比べて非常に少ない以上，それらが肩代わりできたのは，増大する政府の業務のごく一部にすぎない．高度成長期以後の日本における政府外の組織の増加を示すデータは，行政組織の膨張圧力の強さよりも，それに対する制約の強さを物語ると見るべきなのである．

3. 行政改革の持続

最後に説明しなければならないのは，1960年代に開始された公務員数の抑

---

19) 現存する法人の設立年度分布が，法人の設立数の歴史的な推移を反映していることを示す可能性は高い．「第三セクター等の概況に関する調査」を見れば，第三セクター等の整理が進む現在でも，年間に廃止される法人数は200件に満たない．そうである以上，それぞれの年に設立された法人の多くは今日まで残っていると考えられるからである．

制がその後も維持された理由である．特に重要なのは，国際収支問題が解消された後の行政改革である．1970 年代に入り，日本の国際収支は持続的に黒字となり，変動相場制を採用すると共に国際収支問題も解消された．しかし，その後も給与の引き上げのたびに公務員数の抑制が試みられるという構図が揺らぐことはなかった．

　第一次石油危機によってインフレが進み，各国で所得政策が試みられた局面でも，人事院勧告は尊重された．三木武夫政権下の 1975 年春闘における「日本型所得政策」の場合も，政府の関与は公共料金の凍結による物価の抑制と，民間部門の労使に対する自発的な賃金抑制の呼びかけに留まっており（新川 1984, 191-199），むしろ「スト権スト」へと至る公共部門の労使関係の悪化の中で，人事院勧告を尊重する方針が採用された．1979 年からは財政難に対処するという名目で指定職職員の給与改定が 10 月実施となるなど人事院勧告の完全実施が崩され，1982 年には行政改革の一環として人事院勧告が一時凍結されたものの，第二臨調で勧告制度の見直し案が浮上した際には野党だけでなく政府自民党も給与勧告の凍結を一時的措置として人事院勧告の維持を主張し，1985 年には給与勧告の凍結が解除された（西村 1999, 125-134, 156-177）．

　こうして人事院勧告に続く形で，定員削減が相次いで実施された．1970 年 8 月 25 日，人事院勧告の初の完全実施が決定された際，それと対になるように定員削減計画の更新が発表され，「公務員の給与改定に関する取り扱いおよび行政の効率化の推進について」が閣議決定された．これを受けて，1 年後の 1971 年 8 月 10 日には第二次定員削減計画が閣議決定され，各省庁が 1972 年度からの 3 年間で約 2.6 万人を削減する目標が示された．1974 年 7 月には，第三次定員削減計画が行政管理庁によって取りまとめられ，1975 年度から 1977 年度までの間に，4% の定員を削減すると共に，地方自治体にも同様の施策を行うように協力を求める方針が示された．既に二度に渡る定員削減を実施したにもかかわらず新たな定員削減が必要な理由として挙げられたのは，その年の人事院勧告であった．石油危機に伴うインフレの余波で，公務員の給与の大幅な上昇が見込まれていたのである．従って，それに対処して行政コストを圧縮するためにも，引き続き公務員数の削減を行う必要があるというのが政府の立場であった（『読売新聞』1974. 7. 11）．

つまり，この時期にも給与と定員のトレードオフは引き続き存在していたものの，公務員数の増加を制約する力学は国際収支問題とは別のところから働くようになっていたのである．そのメカニズムは二つある．第一は，石油危機を契機とする1970年代の世界的な不況に伴う財政状況の悪化である．つまり，国際収支問題が解消された一方で，不況対策として巨額の財政出動が行われた結果，公務員の人件費の増加に伴う財政の硬直化を避ける必要があるという状況は変わらなかったのである．1979年，大平正芳内閣の下で第五次定員削減計画が発表される頃には，財政状況は一層悪化しており，定員削減の目的は人事院勧告への対応ではなく，財政再建のためとして明示的に位置付けられるようになっていた（『行政と管理』1979. 12）．

第二は，早いタイミングで行政改革が開始されたこと自体の影響である．すなわち，行政需要の拡大に対して，民間企業や公益法人に業務を委託するなどの間接的な手段による公共サービスの供給を行う仕組みを確立したことが，日本が先進国となった段階においても，引き続き公務員数を低い水準で維持することを可能にしたというメカニズムである．この場合，行政需要を満たす仕組みが公共部門における雇用の拡大とは別の形で存在していたため，経済状況の変化に関係なく公務員数が少ない状態が維持されたと考えられるのである．

この二つのメカニズムはいずれも公務員数の増加を抑制する要因であるが，それらの含意は大きく異なる．財政危機に基づくメカニズムは，財政状況が好転すれば解消される．これに対して，間接的なサービス供給の制度化に基づくメカニズムは，一度開始されればサービスを供給する主体が生み出され，それらがサービスの直営化に反対するため，その仕組みを維持しやすくなる．つまり，後者のメカニズムが働く限り，行政改革の成果は持続しやすくなるのである．

小 括

本章で明らかにしたのは，占領期における公務員の給与制度の設計から，高度成長期の行政改革に至る過程で，制度の働きが大きく変化したということである．労働基本権の制約を通じて官公労組の賃金攻勢を封じるはずの制度は，

日本の経済成長と民間部門の賃金交渉制度の再編によって，むしろ人事院勧告を通じて公務員の給与を引き上げる役割を果たすことになった．さらに，給与水準を引き上げるという意味で公務員の利益を守る役割を果たした人事院勧告は，同時に人件費の硬直化に対する財政当局の懸念を引き起こすことを通じて官公労組の組織拡大を封じることになった．以上の結果，日本における公務員の給与制度は，設計当初の利害関係者の意図とは全く異なる形で政策決定者の選択を拘束し，日本の公務員数を低い水準に抑制することになったのである．

　以上で日本の事例の検討を終える．ここまでの記述は，戦後日本に導入された公務員の給与制度が機能したことが，経済発展の早い段階で行政改革を開始する契機になったことを示している．しかし，日本が異なる公務員の給与制度を採用していた場合に生じたであろう帰結を推測するには，他国の事例との比較を行わなければならない．それが，次の二つの章で行う作業である．

第6章　イギリスの転換

　本章では，第二次世界大戦の終結から1970年代末に至るイギリスの事例を検討の対象とする．ここでは，日本よりも厳しい国際収支の制約に直面したイギリスが，公共部門の人員削減に乗り出すのではなく，官公労組との団体交渉を通じて公務員の給与を抑制する道を選択したことを示す．最終的に，イギリスにおける公共部門の膨張を止める契機となったのは，政府が公務員の給与水準の上昇を食い止められなくなったことであった．特に強調したいのは，公務員数の増加が止まったのが保守党のサッチャー政権下ではなく労働党のキャラハン政権下だったということである[1]．

　従来の研究において，1980年代以降のイギリスは，日本に比べて大幅な行政改革を進めた事例として位置付けられてきた以上，そこに至る長い「イギリス病」の時代を検討の対象とする理由については説明が必要であろう[2]．その理由は，大きく分けて二つある．第一は，日本における公務員の給与制度を設計する過程で，イギリスの制度が選択肢の一つとして検討されていたことである．公務員の労働基本権を制約したマッカーサー書簡に至る過程で，ブレイン・フーヴァーの提示したアメリカ型の人事院勧告制度に最後まで抵抗したGHQのESSは，自らの制度構想をイギリスの経験に基礎付けていた（竹前1982, 223-230）．第二は，イギリスが先進国の中でも特に厳しい国際収支問題

---

1) 本章における検討の対象は小野塚（1999）と大きく重なる．ただし，小野塚はサッチャー以前と以後の違いに力点を置いており，本書とは解釈がやや異なる．1976年のIMF危機を重要な転機と見る本書の視角は，Hall（1986, 94-95）やSwank（2002, 229-230）と近い．

2) サッチャー政権下の行政改革の背景となった政策思想については梅川（1998, 第4章）を参照．二大政党の政策対立を巡る学説の整理としては，小堀（2005, 第2章）を参照．Vogel（1996）は，1980年代以降の電気通信事業の民営化と金融規制緩和に関する日英比較研究である．イギリスの経済状況と政治変容を関連付けて論じる点では，小林（1989）によるウィルソン政権からサッチャー政権にかけての政治経済体制の転換の分析が本書の視点と近い．

に直面していたことである．為替相場を維持するための財政運営を迫られたという点では日本と同様の条件に直面したにもかかわらず，イギリスでは1970年代まで公務員数の増加が続いた．その意味で，イギリスは緊縮財政が求められる状況下で行政改革が先送りされた理由を探るための格好の事例である．

以下，第1節では，戦後イギリスの経済政策に対する国際経済の制約とその背景について述べる．第2節では，国際収支問題への政策的対応として所得政策が行われる際，その手段として公務員の給与を抑制する方法が用いられたことを示す．第3節では，1970年代に公共部門の労使紛争が激化し，1976年のIMF危機の前後を境に公務員数の抑制への転換が生じたことを明らかにする．

第1節　国際経済の制約と戦後イギリスの経済政策

仮に「福祉国家の黄金時代」という表現が，経済成長に伴う好調な税収に支えられた政府による財政支出の何不自由ない拡大を連想させるとすれば，少なくとも戦後イギリスにそのような時代が訪れたことはなかった．というのも，その政策は常に国際収支問題によって制約されていたからである（Rhodes 2000, 27）．本節では，こうした戦後イギリスの経済政策の基本的なパターンを概観する．

1. 長期停滞の構図

第二次世界大戦の終結後，大陸ヨーロッパ諸国が軒並み経済的繁栄を謳歌する中で，イギリスは長きに渡る低迷を経験することになった．イギリスの1950年から1973年までの年平均GDP成長率は僅か2.3%であり，1960年には一人当たりGDPでスウェーデンやデンマークに追い越されただけでなく，フランスや西ドイツにも後れを取るようになっていた．他にもアイルランドやベルギーといった経済的に停滞する国は存在していたものの，イギリスの経済は明らかに立ち遅れが目立つようになっていた（Eichengreen 2007, 122-126）．

こうした長期的な低落傾向を招いた原因を，先行研究は経済政策の不安定性に帰している．戦後イギリスでは，保守党と労働党の二大政党がいずれも完全雇用を維持するという政策方針を掲げる一方で，ポンドの価値の維持を目標と

第 1 節　国際経済の制約と戦後イギリスの経済政策　　193

して設定した．この二つの目標は必ずしも両立するものではなく，1970 年代末に至るまでイギリス政府は外貨準備高の変動に応じて景気の拡張と引き締めを数年おきに交互に繰り返した．この「ストップ＆ゴー」と呼ばれる政策は，多くの場合に次のような形で展開した．まず，財政出動や金融緩和などの景気刺激策によって好景気が訪れると，雇用の拡大と賃金の上昇に伴って消費が刺激され，結果として輸入が輸出に比べて増加するため，国際収支は赤字に向かう．国際収支が赤字になると，外貨準備高が減少する．この状況下では，政府は外貨を使い果たす前にポンド相場を切り下げるか，あるいは財政と金融の引き締めによって景気を後退させるしかない．こうした局面で，イギリスの政府は多くの場合に為替相場の切り下げではなく国内景気の引き締めを選んだ．不況期に財政を拡張し，好況期に引き締めを行うというのがケインズ主義的な経済政策であるとすれば，戦後のイギリスにおいてそうしたパターンが見られたのは，単に政治エリートがジョン・メイナード・ケインズの経済思想を受け入れていたからだけでなく，国際市場の動向によって景気の引き締めを強制されていたからであった．サッチャーが登場する以前の時代，イギリスには幾度ものポンド危機が到来し，政府はそのたびに対策を迫られたのである．こうした政策の不安定性は民間部門における設備投資を阻害し，それが生産性の向上を妨げることを通じて低い経済成長率をもたらしたというのが多くの論者の見立てである（Hall 1986, 49-51; Scharpf 1991, 71）．

　このように，イギリスの経済政策の大きな特徴は，財政政策が国際収支によって制約される中で，ポンドの価値を維持するという目標にマクロ経済政策を従属させたことにある．終戦直後，ヨーロッパ各国はブレトン・ウッズ体制に組み込まれるに際してそれぞれ為替相場を設定した．日本が占領軍の政策目的に従って 1 ドル＝360 円という相場を採用し，その相場を一度も切り下げることなく 1971 年まで維持したことは既に第 4 章で述べた通りである．イギリスも，1949 年に 1 ポンド＝4.1 ドルから 2.8 ドルへと切り下げを行った後は，1967 年に再び切り下げを行うまで為替相場を維持した．このような方針は，フランスやイタリアのように 1950 年代に国際収支問題に直面して相場を切り下げた国々とは異なっている．そこで，イギリスが国際収支問題の生じやすい高い水準の為替相場を設定し，それを維持し続けた理由を検討する．

2. ポンドの制約

　第二次世界大戦におけるドイツの降伏直後の 1945 年 7 月に行われた総選挙で初めて過半数を獲得し，単独政権を樹立したクレメント・アトリーの労働党内閣は，直ちに国際経済の制約を受けることになった．党内左派のヒュー・ダルトン蔵相は，福祉国家の建設と産業国有化に基づく野心的な経済政策を構想していたものの，その前に大幅に悪化した国際収支を改善するという課題に直面した (Pimlott 1985, 423-440)．戦時下で大量の対外債務を積み上げたイギリスは，アメリカからの武器貸与法に基づく援助によって辛うじて対外収支を維持しており，アトリー内閣は日本との戦争がさらに 1 年以上続くことを前提に，経済を立て直して国際収支を回復させようと考えていた．従って，8 月上旬の広島と長崎への原爆投下によって戦争が突如として終結したことは，政権に大きな衝撃を与えたのである．

　8 月末，アメリカのトルーマン大統領が正式に武器貸与法による援助の打ち切りを宣言すると，労働党が総選挙で掲げた社会政策を即座に実行する可能性は失われ，当面はアメリカによる新たな融資を待つこととなった (Morgan 1985, 143-150)．9 月初め，アトリーはケインズをワシントンに派遣し，武器貸与法に代わる援助を引き出すべくアメリカ政府当局との折衝にあたらせた．しかし，ケインズが対英支援によって国際経済の平時への復帰を促進することを説いたのに対して，アメリカ側は国内世論を反映して支援策に消極的な姿勢を示した (Pimlott 1985, 430)．結局，アメリカは援助の継続に同意したものの，37 億 5000 万ドルの融資を年 2% の金利で 1951 年から返済を開始し，アメリカ議会を援助法案が通過してから 1 年以内にポンドの兌換性を回復するという厳しい条件が付与された．

　イギリス政府内でも戦後の国際経済体制への早期復帰は既定路線とされていたものの，アメリカの提案はそれを極めて急速に行うことを求めており，閣議では意見が分かれた．下院では，その後わずか一週間の審議を経て 1945 年 12 月 13 日に採決が行われ，融資案が 345 票対 98 票で通過したものの，多くの保守党議員による反対に加えて，後に首相となるジェームズ・キャラハンや，バーバラ・キャッスル，マイケル・フットなど 23 名の労働党左派の議員が造反

した．ウィンストン・チャーチルら保守党主流は，この投票を棄権した．

　イギリスにとって厳しかったのは，ポンドの兌換性を回復するという条件であった．とはいえ，カナダからの12億5000万ドルの融資を加えれば，次の3年間は国際収支の赤字を賄うことは可能だと考えられていた（Dow 1964, 17-18）．アニュエリン・ベヴァン保健相の下での国民保健サービス（NHS）の設立や社会保険の拡充などの労働党のマニフェストに沿った福祉国家の建設は，この援助の条件を受け入れることで初めて可能になったのであり，それと共に産業の国有化も開始された．1946年4月の予算では，戦時動員の解除に伴う失業の発生を防ぐために大規模な減税が実施され，金融緩和も行われた．7月には，アメリカの金融支援が開始された．輸出も好調で，イギリス経済は一時的な活況を呈した．

　しかし，懸念された外貨不足は翌年には早くも表面化することになった．後に「恐ろしい年（annus horrendus）」と形容される1947年，イギリス全土は数十年ぶりの寒波に見舞われ，石炭の需給は逼迫した．労働者の戦時動員の解除の遅れによって炭鉱の人手不足が深刻化し，石炭の供給が不足すると，燃料不足に陥る発電所が続出し，工業生産が急低下すると共に，輸出も減少した．この間，世界的な食料不足によってアメリカからの輸入品の価格が上昇すると，国際収支の赤字は拡大を続け，1946年7月からの1年間で約19億ドルが流出した（Morgan 1985, 330-350）．

　この状況で，1947年7月15日にポンドの兌換性回復が実施され，世界各地でポンドをドルに替える動きが加速した．イギリスの窮状に驚いたアメリカ当局が兌換性の停止に合意する8月下旬までに，毎週1億ドルを超えるペースでドルが流出した結果，融資を受けた50億ドルのうち累計46億ドルが引き出されることとなった．当初3年分として準備されていた融資は，わずか1年で使い果たされてしまったのである．ポンド危機がひとまず終息すると国内では財政緊縮策が実行に移され，11月に発表された予算では食料の輸入量が削減され，配給も制限されることになった．1947年の経済危機は，同時に政権の基盤を揺るがし，冬には大蔵大臣がダルトンからスタフォード・クリップスに交代した（Morgan 1985, 350-358）．

　こうした経済運営の努力は，1949年にアメリカが不況に突入したことで水

泡に帰した．イギリスの輸出部門は苦戦を強いられ，それと同時に国際収支が赤字に転じると，市場では為替相場切り下げの観測が強まり始めた．そのことが更なるポンド売りを誘発すると，相場には一層の圧力がかかり，切り下げは避けられない情勢になった．1949 年 9 月，1 ポンド＝2.8 ドルとする新相場が発表され，国内の物価上昇を防ぐための歳出抑制策が実行に移された (Pimlott 1985, 570).

この後，イギリスでは 1967 年に再度のポンド切り下げを行うまで為替相場の防衛を試み続けた．保守党政権下で起きたスエズ動乱の影響でポンド危機が二度に渡って発生した後の 1958 年，蔵相のデリック・ヒースコート＝エイモリーは，ポンドの価値を維持することは経済政策の第一目標であり，不況の時こそ注意深く財政政策を運営しなければならないと主張した (Brittan 1971, 193)．こうした政策対応は，国際収支問題に直面して 1950 年代末に為替相場を切り下げたフランスやイタリアと対照的であった．

イギリスが長期に渡って通貨価値の防衛を重視した理由については，その特有の事情が指摘されている．第一は，政治エリートに共有された価値観である．ポンドは旧植民地諸国において流通するだけでなく，諸外国においても外貨準備として用いられていた．そうした経緯から，政治家だけでなく大蔵官僚にも，通貨政策を策定する際には，国内経済の安定だけでなく，旧植民地諸国の福祉や国際経済の安定を考慮する習慣があった (Strange 1971, 320-325)．第二は，ポンドの価値に対する諸外国の利害である．ポンドはドルに次ぐ流通量を誇る通貨であり，従って諸外国は大量のポンドを保有し，その価値に敏感に反応した．特にこうした点を強く意識していたのは，ポンドが切り下げられることで自国の通貨価値の脆弱性が高まる恐れのあったアメリカである．最終的には，1967 年のポンド切り下げがドルへの信認を低下させ，ブレトン・ウッズ体制の維持を困難にしたが，それまでアメリカはポンドの価値が維持されることを望んでいた (Cairncross and Eichengreen 1983, 224).

このように，ポンド相場の維持という政策目標に他の政策目標が従属する中で，注目すべきは国際収支問題が深刻化した局面におけるイギリス政府の対応である．第 3 章で見た通り，日本においては，高度成長期における「国際収支の天井」への対策の一環として公務員数の抑制が開始された．しかし，イギリ

スでは，国際収支問題に対応するに当たって，日本にはない政策手段が用いられた．次節で見る通り，その政策対応の中心となったのは，公務員数の抑制ではなく，その給与の抑制による所得政策の試みであった．

第2節　国際収支問題と所得政策

　国際収支問題に伴う「ストップ＆ゴー」政策を解決する一つの方法としてイギリスで繰り返し実行されたのが，所得政策による賃金と物価の抑制である．好況期に賃金と物価の上昇を避けることができれば，国際収支の波を和らげることを通じて経済を安定化させ，成長軌道に乗せることができるというのがその論理であった．ただしイギリスの場合，賃金交渉が分権化していたため，政府が賃金の抑制を労働組合の頂上団体に求めても，それが組合レベルで実行されずに賃金が上昇し，結果としてインフレが加速するという現象が繰り返し生じた．本書の視点から見て重要なのは，その状況下でも公共部門においては政府による賃金の直接的な抑制が可能だったという点である．従って，イギリス政府が国際収支問題に対応して所得政策を実施するに際しては，公共部門の賃金の伸びを抑制し，それを梃子にして民間部門の賃金上昇を防ぎ，それを通じて危機を脱するという戦略が採用された．日本と異なり，公務員の賃金を抑制する方法で国際収支問題に対応することを可能としたのは，公務員の賃金が団体交渉に従って決定されるというイギリスの制度であった．

1. 賃金交渉の制度

　先発工業国であるイギリスにおける民間部門の労使交渉の歴史は古く，19世紀後半には団体交渉による賃金決定が広く行われるようになっていた．その一方で，大陸諸国や北欧諸国のような労使の頂上団体によるコーポラティズム型の集権的な賃金交渉制度は定着せず，イギリスの労使交渉はその分権性によって特徴づけられることになった．1950年に40％だった労働組合の組織率は，ピーク時の1970年代末には50％近くまで上昇し，その頂上団体である労働組合会議（TUC）には組織労働者の80％以上が加入していた．その一方で，TUCの加盟団体数は1960年の時点で180を超えており，カナダやアメリカと

並んで労働組合運動が細分化されていた（Golden, Wallerstein, and Lange 1999, 210）．この点で，頂上団体の加盟組織が 16 団体に集約されているドイツの DGB やオーストリア労働総同盟（ÖGB）と対比して，傘下の組合に対する TUC の統制力は弱かった．特に 1960 年代以降は組合幹部の力が弱まり，職場レベルで組合活動を担うショップ・スチュワード（職場委員）が賃金交渉において強い影響力を行使するようになったことで，組合の指導部が下部組織に賃金要求を自制させることが難しくなり，分権的な賃金交渉制度の持つインフレ傾向が一層強まったとされている（Hall 1986, 253-254; Scharpf 1991, 194-198）．こうして生じた賃金上昇に伴う経済の長期停滞を，マンサー・オルソンは衰退する国家の典型的な道として描き（Olson 1982, 77-79），サミュエル・ビアは「多元主義的停滞」と呼んだ（Beer 1982, 48-62）．

民間部門における賃金交渉の分権性とは対照的に，公共部門では少数の組合が政府との間で団体交渉を行って賃金を決定してきた．1919 年に国家公務員の給与交渉のための「ホイットレー協議会」方式（後述）が開始されたのを契機に，1950 年代初めまでに，中央省庁だけでなく，地方自治体，NHS，国営企業の各部門に団体交渉が広がった．国家公務員の場合，賃金相場の基準として民間部門との「公平な比較」の原則が重視され，交渉がまとまらない場合には仲裁が行われてきた．

このイギリスにおける公務員の給与制度は，20 世紀初頭にその起源を持っている．1911 年，給与を司る大蔵省に対抗する必要から，政府職員の間に省庁の垣根を越えて同一の職種で団結する機運が高まり，郵便，電信，事務職員などの各労働組合からなる公務員連合（Civil Service Federation）が設立された．その要求に従う形で 1912 年に設立されたマクダネル王立委員会は，1914 年に報告書を提出し，職員の待遇を担当するための専門の部局の設置を勧告した．こうして，大蔵省内に職員待遇局（Establishment Department）が設置されると共に，職員待遇担当官が各省に配置され，政府の側でも職員の待遇改善のための交渉を一本化する窓口の整備が進んだ．

労使双方で団体交渉のための条件が整う中，大きな転換点となったのは第一次世界大戦である．戦時動員によって女性職員や非常勤職員が流入すると，賃金切り下げの懸念が生じ，同時に物資不足によって物価が上昇した結果，公務

員の不満は高まった．1916年になると，デヴィッド・ロイド・ジョージ内閣は民間部門の労使関係の改善に乗り出し，下院議員のジョン・ヘンリー・ホイットレーの下に労使関係を改善するための方策を検討する委員会を設置した．このホイットレー委員会は翌年3月に最初の報告書を発表し，その中で各産業において使用者側と労働者側の対等な代表者同士による団体交渉を行うための組織（ホイットレー協議会）を設立する必要を指摘した．この報告を受けた官公労組は，自分たちにも同様の団体交渉が認められるようにとホイットレーに働きかけた（Loveridge 1971, 54）．

この動きに対して政府側は初め消極的に対応したが，最終的には組合側の要求に応じた．1919年3月，あくまで諮問機関としてという条件付きで，大蔵省がホイットレー協議会を設置する方針を示したのである．大蔵省の提案は，賃金決定への職員組合の対等な参加を認めるものではなく，組合側は要求を提示することはできても，実際の審議に加わることはできないとするものであった．公務員とは第一に議会の支配下にあるべきであって，大臣の権限を妨げるようなものであってはならないと主張したのである（White 1933, 3-8）．そこで，翌月改めてネヴィル・チェンバレン蔵相が取り持つ形で大蔵省と職員側で話し合いが行われ，職員側は改めてホイットレー協議会の設置を要求した．チェンバレンは準備会議の設置を認め，その席でホイットレー協議会における団体交渉で賃金の水準を決定するという方式が定められた．ここに，イギリスの公共部門における給与制度の基礎が築かれたのである（Parris 1973, 25-31）．

第二次世界大戦後の大きな制度改革としては，「プリーストリー方式」の導入を挙げることができる．これは，プリーストリー委員会の勧告によって1955年に設立された給与調査部（Pay Research Unit）が，民間部門における同等の職種の賃金水準に関する情報を提供する方式である．日本の人事院勧告との違いは，それがあくまで労使の合意の参照点となるものであって，団体交渉は別途行われるということである．言い換えれば，それは民間部門と公共部門の賃金水準を機械的に平準化するものではない（稲継 2005, 203-204）．

以上のように，イギリスの事例では，第一次世界大戦によって公共部門の団体交渉が成立し，そのまま崩壊することなく定着した．つまり，第二次世界大戦後の団体交渉制度が労使紛争の悪化によって外生的に覆された日本の事例と

は異なる制度選択が行われたわけである．問題は，こうして選択された制度の帰結である．イギリスにおける賃金交渉制度は，民間部門と公共部門でいずれも団体交渉を旨としているものの，民間部門においては極度の分権性を有することとなった．その結果，国際収支問題に対応した所得政策の実施局面において，政府は専ら公共部門における賃金抑制を中心に据える一方で，民間部門においては賃金抑制を行う力を欠くことになった．重要なのは，これが労働党政権と保守党政権とを問わずに作用した制度的な制約だったということである．一般的に，労働党は労働組合運動にその基盤を持っているため，党大会におけるTUCの圧倒的な組織票によって党指導部が労働組合の影響を受け易い政党であったのに対して，保守党は政治エリートの政治組織として誕生した経緯から，党指導部の自律性が強い政党であった（Beer 1965, 98-102）．しかし，実際にはどちらの政党も完全雇用の維持とポンド相場の維持という二つの目的を同時に果たそうとしたため，結局は所得政策の導入を試みることになるのである．この際，保守党はTUCの協力を得られずに公共部門を中心に賃金の抑制を行うことが多く，労働党はTUCの自主的な賃金抑制を期待して所得政策を導入するものの，結局は民間部門における自主的な賃金抑制の失敗によって強制的な所得政策を導入した．その過程で，労働党も公共部門の労働者との対立を深めていくのである．

2. 国際収支問題と労使交渉

戦後初期の労働党政権と保守党政権は，いずれも賃金抑制を図る際には自主的な団体交渉を尊重した．国際収支問題が深刻化し始めていた1948年2月，クリップス蔵相は白書『個人所得・コストおよび物価に関する声明』の中で，インフレを和らげるために生産性上昇の範囲内に賃金上昇を抑制する必要性を表明した．この措置の特徴は，民間部門の賃金決定に直接介入しないのはもちろん，公共部門の賃金交渉にも直接の介入を行わず，あくまで賃金水準を自主的な団体交渉に委ねたことであった．TUCは事前に政府からの申し入れがなかったことに不満を表明したものの，賃金抑制の方針については合意し，傘下の組合の協力を引き出すことに努めた．この「クリップスの実験」は，1949年のポンド切り下げ後も1950年頃までは有効に機能した．保守党へと政権が

交代した後の1956年には,アンソニー・イーデン首相がTUCに通貨危機を切り抜けるための賃金の凍結を要請したものの,TUCはその要請を拒否した.1958年にロンドン市営バスと国有鉄道で政府が賃金抑制に乗り出した際には,運輸一般労働組合(TGWU)の書記長フランク・カズンズが市営バスのストライキに打って出るなど,労使の対決が生じる場面もあったものの,それ以外には政府が賃金相場への介入を試みることはなかった(Crouch 1979, 36-39; Flanagan, Soskice, and Ulman 1983, 376-381).

所得政策を初めて本格的に導入したことで知られているのは,保守党のハロルド・マクミラン政権下のセルウィン・ロイド蔵相である.1961年3月にドイツがマルクの切り上げを発表すると,ポンドの切り下げを含む国際通貨体制の再編が近いのではないかという観測が投資家の間で強まり,前年までロンドンに流れ込んでいた資金は一気に流出してポンド売りが加速した.1961年4月に対外収支の大幅な赤字が明らかになると,所得税の増税を初めとする予算措置が取られたものの,外貨の流出は続いた.そこで,財政支出の削減と共に賃金に目がつけられた.7月25日,ロイド蔵相は下院で演説を行い,1960年から61年にかけて賃金が8%上昇する一方で,国民総生産(GNP)が3%しか上昇していないことを明らかにした上で,翌年2月に再検討を行うまで7カ月間の賃金凍結を行うことを宣言した.その内容は,教員の賃金の据え置きを初めとする公務員の給与の凍結によって財政支出を削減し,ドイツ防衛のための北大西洋条約機構(NATO)への支出を再点検し,対外援助を見直し,植民地の運営費を修正した上で,金利と間接税を引き上げ,IMFからの融資を受けることを提言するものであった.それに加えて,労使協調による経済政策の安定化を図るための新たな協議機関を設置することも発表された(Brittan 1971, 251-262).

当時のマクミランの日記には,賃金の抑制に踏み切る上で迫られたトレードオフが明確に書き記されている.「1925年以来続いてきた公務員の賃金交渉制度を尊重するべきか……それとも交渉は行われたとしても,何らかの手段を取るための権限は政府にあると宣言すべきか」,それがマクミランの迫られた選択であった(Macmillan 1972, 379).イギリスの置かれた経済状況を前提とすると,公務員の給与の抑制に取り組むことは重要な課題であった.なぜなら,

「5000万ポンドだろうが，1億5000万ポンドだろうが，いくら節約をしたところで，10億ポンドの給料を払うのであれば結果は同じ」だったからである．給与を引き上げれば，景気を引き締めることはできず，為替相場の切り下げは避けられない．従って，マクミラン政権は労働組合と対立するか，ポンドを切り下げるかという選択を迫られていた．ここで，マクミランが選んだのは，前者である．「ストライキの危険を冒しながら何とか公共サービスを維持する」というのが，その方針であった（Macmillan 1973, 37）．

　この1961年7月の「小規模予算」が発表されたことで，為替相場への圧力は一時的に和らいだものの，TUC はマクミラン政権の方針に反発した．その大きな理由は，この事実上の所得政策の導入について，ロイド蔵相が，同時に行うことを予定していた金利の引き上げを隠すため，事前に労働組合に申し入れを行わなかったことにあった（Lamb 1995, 76）．労使協調のための協議機関として，9月に国民経済発展審議会（NEDC）の構想が発表された際にも，TUC は参加を一時保留した．NEDC には，経営者団体であるイギリス産業連合（FBI，のち CBI），TUC，そして政府からほぼ均等に20名の委員が参加して，経済政策全般についての長期的な計画を立案することになっていたが，TUC は NEDC への参加によって民間部門を巻き込んだ賃金抑制を受け入れさせられることを警戒したのである．結局，11月に NEDC が賃金抑制に利用されることはないという政府の約束を取り付けて初めて TUC は参加を表明した．NEDC の最初の会合は1962年3月に行われ，成長率を4％まで上昇させることで「ストップ＆ゴー」の循環を止める狙いが示された．

　賃金凍結が実行されたことで，公務員の賃金の「公平な比較」は一時的に破られることになった．国家公務員の場合，ロイド蔵相の賃金凍結宣言に対して1961年8月1日には職員組合がホイットレー協議会委員長のノーマン・ブルックに，プリーストリー方式を守り民間部門との賃金のバランスを崩さないことを要請している．しかし，8月10日にはロイド蔵相が自ら組合側の代表と面会し，ホイットレー協議会と給与調査部は存続させるものの，賃金凍結が終わるまで一時的にその機能を停止させる方針を伝えた．これに対して職員側は不満を表明し，民間部門の賃金上昇に沿った形で5.5％の賃金引き上げを要求した．1962年1月初旬には郵便局員が順法闘争を開始し，事務職員組合も同

様の行動を起こすことを予告した．こうした職員の動きを受けて，大蔵省は1月16日に職員側と会談し，3月一杯で賃金凍結を終了することを伝えた．さらに，当局は3月に2％の賃金引き上げを提案したものの，職員側はそれを拒絶し，紛争仲裁が行われることになった．仲裁委員会において，職員側は従来通り5.5％の賃金引き上げを要求したのに対して，政府側はプリーストリー方式の重要性を認めつつも，経済状況をより重視すべきであるという立場を取った．最終的に，仲裁委員会は4％の賃上げを勧告した（Parris 1973, 98-99）．

マクミランは自身の所得政策の試みに満足していたものの，賃金抑制は基本的に公共部門に限定され，その効果も1962年3月までしか続かなかった．同年の夏ごろまでに，閣内では自発的な労使協調に代えて，強制力を持つ制度の導入に向けた検討が開始された．その根幹は，国民所得委員会（NIC）を設置して全部門の賃金についてガイドラインを示すという仕組みである．7月にロイドに代わってレジナルド・モードリングが蔵相に就任した後，10月にNICが設立された．しかし，閣僚やTUCの反対もあってNICには強制力が付与されず，政府の諮問を受けた事例についてのみ賃金の上昇幅を勧告できることとされた．結局，NICには3年間で5件の諮問が行われたに留まり，ほとんど何の成果も挙げないまま廃止された（Taylor 1993, 110-114）．

このように，保守党政権の所得政策がTUCの反対によって頓挫した一方で，ハロルド・ウィルソンの率いる労働党は組合との関係強化を進めていた．1963年の労働党大会で，ウィルソンは国際収支の制約の下で安定した経済成長を遂げるには所得政策を実施する必要があるという方針を打ち出す一方で，その際には労働組合の同意を確保すると約束し，1964年10月の総選挙を制した直後からTUCと所得政策のための交渉に入った．

ウィルソンが所得政策を即座に導入する必要に直面したのは，政権が発足した時点で国際収支が悪化を始めたためであった．もともと，1964年夏の保守党政権の最後の景気対策によって景気の波はピークに達していた．さらに，労働党政権が為替相場の切り下げを行うだろうという投資家の予想は，ポンドの投機的な売りを呼んでいた．これに対して，ウィルソンは為替相場の切り下げを行わないことを選択したため，11月には金利の引き上げが行われると共に，所得税・石油税の増税，輸入課徴金，諸外国や国際決済銀行（BIS）からの融

資などによって国際収支の悪化を止めることが試みられた．こうした対策の一環として所得政策についても議論が開始され，12月には政府とTUCの間で合意文書が取り交わされた．その合意の内容は，政府はTUCによる各組合の説得を通じた自主的な賃金抑制を認める一方で，組合側は政府が設立するインフレ対策のための新たな制度作りに協力するというものであった（Artis 1964, 268）．

　労働党政権は，賃金抑制のための好スタートを切ったかに見えたが，労働組合が賃金要求を自制するという方式は機能しなかった．1965年初頭に発表された白書『物価と所得政策』は，賃金上昇のガイドラインとして3〜3.5％という目標値を設定すると共に，労使の代表者の参加する物価・所得委員会（NBPI）において所得政策を協議する方針を示した．TUCは，保守党政権下に比べて政府に協力的な態度を取り，この政府の方針を4月の大会で承認した．しかし，国際収支はすぐに悪化に転じ，7月にはキャラハン蔵相が緊急経済対策として福祉支出の削減を含む予算案を発表すると共に，輸入の抑制が図られた．さらに，9月になると政府は賃金の引き上げを事前にNBPIで審査する事前通告方式の導入を提案し，最終的にはTUCが賃上げ条件の審査を代行する賃金審査制の導入に漕ぎ着け，引き続き賃金上昇幅を3％に抑える試みを続けたものの，結局その年の賃金上昇率は7％に達した（Flanagan, Soskice, and Ulman 1983, 387-390）．

　その結果，翌年にはウィルソン政権は法的な強制力のある所得政策を開始することになる．1966年4月の総選挙は労働党の勝利に終わったものの，賃金の上昇は続き，5月に全国海員組合がストライキを起こすと，国際収支の赤字基調は止まらなくなり，7月には通貨危機が発生した．この局面において，ウィルソンは為替相場の切り下げを行わず，財政緊縮策を取ると共に，8月には罰金規定を伴う物価・所得法（Price and Incomes Act）を1年間の時限立法として制定し，全産業部門における6カ月ないし12カ月の二段階の賃金凍結を実施した．この時点で，ウィルソン政権はTUCによる自主的な賃金抑制に頼る方針を転換したのである．TUCは1967年4月の大会で自由な団体交渉への復帰を目指す方針を打ち出したものの，労働党大会ではウィルソンが批判を封じることに成功した（Taylor 1993, 138-142）．

この間，イギリスの直面する国際収支問題はさらに悪化し，1967年を通してポンドは強い売り圧力に直面した．国内の物価上昇に加え，第三次中東戦争によって輸入品の価格が上昇する一方で，物価・所得法が更新された後の8月には港湾労働者が大規模なストライキに突入した．それにより輸出が一時的にストップしたことで，国際収支の赤字がさらに拡大した結果，11月にはポンド不安が深刻化し，もはや打つ手のなくなったウィルソン政権はポンド相場を2.8ドルから2.4ドルへと切り下げた．為替相場の切り下げ以後，ウィルソン政権は国際収支の黒字を維持することに努め，財政・金融の引き締めを行うと共に，1968年の4月には物価・所得法を再度更新し，賃金抑制を続けることを試みた．こうした労働党の政策に対して労働組合が反発を強めた結果，TUCは1968年の大会で所得政策を続けるウィルソン政権を全面的に批判し，さらに労働党大会においても組織票によって政府の所得政策を否決した．この段階で，ウィルソンはついに賃金抑制を続ける手段を失った．

　賃金抑制が十分な成果を挙げずに終わった一方で，労働党は労働組合の改革に乗り出していた．労使関係の改善の方法を検討するために1965年4月に設置されたドノヴァン委員会は，1968年10月に報告書を提出し，イギリスの労働組合の問題として，多数の組合の乱立，その帰結としての賃金交渉の分権性，労使紛争の法的規制の欠如，職場委員の権力の強さなどを取り上げ，改革の必要性を訴えた．ここでの提案からさらに踏み込む形で，バーバラ・キャッスル労相は1969年1月に白書『争いに代えて（*In Place of Strife*）』を発表し，個別の組合レベルでの紛争を仲裁するための仕組みを整備し，政府にストライキを一時的に禁止する権限を与え，労働組合にはストライキに先立ち組合員の投票を義務付ける労使関係法の制定を打ち出した．

　しかし，こうした提案をTUCが受け入れるはずもなかった．TGWUの書記長ジャック・ジョーンズは政府の提案を拒絶し，たとえ自らがそれに従ったとしても組合員の不満は収まらないだろうと述べたと言われる．労働組合の反対を受けて，労働党内部でも組合改革への消極的な姿勢が広がり，政府は法案の撤回に追い込まれた．こうして，1960年代末にかけて労働党と労働組合の関係は冷却化した（Flanagan, Soskice, and Ulman 1983, 392-394）．

3. 1960年代の行政改革

　国際収支問題に晒されたイギリスにおいて，公務員や国営企業職員はマクロ経済政策に協力するためにしばしば賃金の凍結を経験することになった．その一方で，行政機構の改革に全く手がつかなかったかと言えば，そうではない．以下で見るように，保守党と労働党はどちらも改革構想を持っていた．重要なのは，そうした改革が公務員数の増加を抑制することには直接的に結びつかなかったことである．

　労働党政権下の行政改革の試みとして最も良く知られているのは，フルトン報告によるイギリスの公務員制度に対する批判である．1966年に設置されたフルトン委員会が1968年に発表した報告書は公務員省の新設を除けば目立った成果に繋がらなかったものの，イギリスの公務員を「アマチュアの集団」と呼び，幹部職員が組織の効率的な管理よりも政策形成を重視していると批判したことで，大きな論争を巻き起こした．

　こうした批判は，保守党のマクミラン政権下の1961年に発表されたプラウデン財政支出委員会の報告書に既に表れている．その30ページほどの報告書の結論部では，「純粋な行政——雇用されたスタッフの数，物資の調達の方法，資産の維持管理——について，無用な支出や過度に費用のかかる働き方という意味での重要な非効率や無駄を見出すことはできなかった」と述べられている[3]．無駄な財政支出は，既に決められた目標を執行する「行政（administration）」よりも，具体的に目標を判断する「政策（policy）」において生じるという．具体的には，衰退産業を支援したり，目的を達成した後も補助金が継続されたり，短期的な社会変動に対応して大規模な支出が行われた場合，最も大きな無駄が生ずるというのである．こうした無駄を抑制するために，財政支出の具体的な内容について触れる代わりにプラウデン委員会が勧告したのは，予算管理の手法を改善することであった．その勧告が具体化された結果，財政支出監視委員会（PESC）が設立され，大蔵省と各省の間で単年度ではなく中期的な財政計画が立案されることになった．こうした財政支出の調整は，1970

---

3) "Control of Public Expenditure," Cmnd. 1432 (July 1961), p. 31.

年に保守党のエドワード・ヒース政権下において実施された政策分析評価（PAR）による政策の調整によって補完されることになった（Greenwood and Wilson 1989, 50; Drewry and Butcher 1991, 198）．

　フルトン委員会は，財政支出に対象を限らず，その検討の範囲をイギリスの行政機構全体の効率性へと広げた．その提言によれば，効率的な組織運営が行われるためには，行政機構のそれぞれの構成員やユニットに明確な権限が与えられ，それに沿って責任を負うような仕組みが必要であるとされた．従って，政策の有効性を定量的に評価できるような事業については，それに合わせてユニットを構成し，そのパフォーマンスを評価し，それが難しい部門については目標による管理（MBO）を実践し，目標を明確に定めた上でその達成を図る仕組みを導入するべきであると結論付けた．さらに，こうしたユニットを政府の外に分離（hive off）し，大臣や議会の日常的な統制からは自由に運営を行う一方で，政府が時に指示を与える権限を保持することについても，検討を行うことが勧告された（Drewry and Butcher 1991, 195）[4]．

　以上のような労働党政権下の行政改革の試みに対応するべく，保守党の側でも行政改革のための具体策が練られていた．1964年の総選挙での敗北後，新たに党首に就任したヒースは党内に多数の政策研究会を作り，次の総選挙のマニフェストにおいて労働党に対抗し得る選択肢を有権者に提示するための準備を進めていた．ヒースにとって，イギリスの行政組織の欠点は，政策の優先順位を付ける能力を奪われているということだった．彼の見るところ，内閣は優先順位を付けるどころか「均等な分け前」を配分することに終始しており，首相も閣僚も意思決定を行うのに必要なリソースを欠いていた．その解決策としては，省庁を統合して大臣の数を減らすと共に，各省の大臣を補佐する専門家を登用するか，あるいは大蔵省から他の官庁に人材を送り込む必要があるというのがヒースの考えだった．その一方で，ヒースは公務員数については特にそれを抑制するべきであるという立場を取らず，それどころか「現代社会におい

---

[4] フルトン委員会の提案は，ヒース政権の政策パンフレット『新たな統治のスタイル』においても取り上げられ，1970年の白書『中央省庁の再編』においても，「省庁の幹部の負担を軽減するべく，公務員の仕事はブロックごとにアカウンタビリティのあるユニットに委任される」と述べられることになった．

て十分なサービスを受けるには，それを実行するための人材が必要であり，きちんと賃金を支払わなければならない」と述べている（Fry 1995, 19-20）．

このように，ヒースが政府の意思決定を改善する「仕組み（Machinery）」を作ることを重視した一方で，公共部門の規模そのものについては特に削減の方向性を打ち出さなかったことは，その後の保守党内における政策の検討の仕方にも反映されている．1965年3月にエドワード・ボイルを座長として設立された政府機構政策研究会（Machinery of Government Policy Study Group）は，内閣制度の改革や省庁再編などのテーマについて検討を行った．その後，ボイルがフルトン委員会に参画する一方，1966年の総選挙で保守党が敗北したこともあって，この研究会は暫く休眠状態となったが，1968年5月にエヴリン・シャープを座長として再開された後は，1969年7月までに4本の報告書を提出した．その総論にあたる最初の報告書では，「各閣僚は自らの統制が及ぶ限りにおいて，広範囲で多様な分野についての責任を取るべきである」と述べられ，省庁の数を削減するだけでなく，大臣が判断を下さなければならない事柄の数を減らすことで意思決定における政治的な統制を強化することが推奨された．これらの検討結果は，ヒース政権期の行政改革の基調を作ることになった（Fry 1995, 23）．

以上のように，労働党・保守党とも，1960年代には歳出削減や公務員数の抑制を中心とする行政改革構想を本格的な形では持っていなかった．そのことは，両党が公共部門の拡大と所得政策を軸とするケインズ主義的福祉国家の行方に対して楽観的だったことを意味するわけではない．次節で見る通り，1970年の総選挙で勝利を収めたヒースは，労働組合改革を行うことで賃金を抑制し，それによって分権的な賃金交渉制度の影響を緩和することを試みる．結果的に，それは労使紛争のさらなる激化を招くことになるのである．

第3節　IMF危機と所得政策の崩壊

1970年代のイギリスのイメージは，労働組合が圧倒的な力を持ち，それによって経済の衰退を招いたというものであるが，本書の観点から見て重要なのは，労使紛争が特に公共部門で激化したという点である．炭鉱労働者を初めと

第3節　IMF危機と所得政策の崩壊

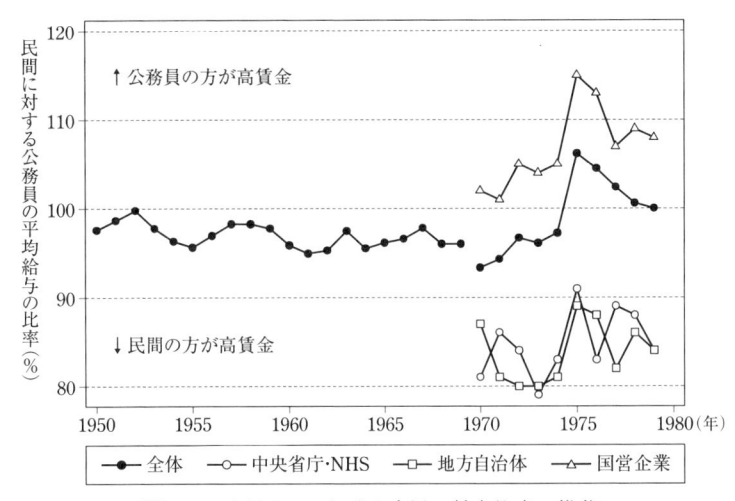

図6.1　イギリスにおける官民の賃金比率の推移

する国営企業職員や，地方公務員が，インフレ率の上昇と共に強硬な賃金要求を行うようになったことで，所得政策による国際収支問題への対応が困難になっていったのである（Edwards et al. 1992, 47-51）．

　こうした変化は，公共部門と民間部門における賃金の動向に端的に表れている．1960年代まで，政府は公務員の給与を抑制することで国際収支問題に対応していたものの，そうした方法は1970年代に入って労働組合の好戦化を招いた．その結果，1970年代には，賃金相場が全体的に上昇するだけでなく，公務員の賃金が民間部門に比べて相対的に上昇することになった．それを抑制するために，IMF危機の生じた1976年以降，一層強力に公務員の給与を抑え込んだことが，「不満の冬」と呼ばれる大規模な公務員のストライキを引き起こし，サッチャー政権の誕生へと至るのである．

　こうした傾向は，長期のデータが残っている公共部門の男性ブルーカラー職員の民間男性ブルーカラー労働者に対する賃金の比率に見ることができる．ここでは，産業部門や職種を区別することなく全体の平均を取っているので，公共部門と民間部門の賃金水準の単純な比較はできないが，1974年まで民間部門の賃金の方が高かったのに対して，1975年に公務員の賃金の方が一気に高騰し，それが1976年以降は逆に強力な所得政策によって抑え込まれているの

が分かる(図6.1)[5]. こうした揺り戻しは,「不満の冬」の直接的な背景となり, 公務員の賃金を抑制することで景気の波に対処するという伝統的な所得政策を終焉させるという結果をもたらすのである.

本節では, 1970年に成立した保守党のヒース政権と, それに続く労働党のウィルソン, キャラハン両政権における国際収支問題と所得政策の動向を検討し, 給与の抑制が困難になると共に, 公務員数の抑制を伴う行政改革が行われるようになったことを示す.

1. 労使紛争の激化とヒース政権による所得政策の挫折

1967年の通貨切り下げ以後, イギリスの国際収支は好調であった. この時期に国際問題となっていたのはドルの下落であり, 1971年12月のスミソニアン合意でポンド相場が2.6ドルに切り上げられた時には, ポンドはむしろ強い通貨となっていた. その年の国際収支は11億ポンドという記録的な黒字となり, 翌年に再び赤字に転落するまで国際収支は安定的に推移した. 1973年に変動相場制に移行した後も, 相場の変動は緩やかだった (Cairncross 1996, 129-133). 一方で, 公共部門の賃金交渉には変化の兆しが表れていた. 1960年代まで, 大規模なストライキを行うこともなく賃金の抑制に応じていた地方公務員や国営企業の職員が, この時期に急激に好戦化したのである. ヒースの首相秘書官を務めたダグラス・ハードによれば, ヒース政権は公務員の賃金を巡る紛争に最も多くの時間を割くことになったという (Kavanagh 1987, 226).

当初, ヒース政権は労働党のような所得政策に依存せずに経済運営を行うことを目指していた. その方法とは, 公共部門における賃金交渉を強気に進めることで, 民間部門の賃金交渉には立ち入らずに物価を抑制するというものであった. 具体的には,「Nマイナス1原則」と呼ばれる方式に従って, 前年度の給与の伸び率から1%だけ引き上げ率を下げることを目指したのである. こうした戦略に対して職員組合の反対は強く, 政権内部には強制的な所得政策の導

---

[5] 全体の賃金については Dean (1981), 各部門については Winchester (1987) を参照した. 1970年でデータ系列が途切れているのは, 賃金の集計の方法が変わったためである. なお, Parry (1985, 81) でも2年ごとの官民の賃金水準の比較が行われており, この二つの文献とほぼ同じ数字が示されている.

第3節　IMF危機と所得政策の崩壊

入を主張する意見もあったが，ヒースは所得政策の導入による反発の方を恐れた．1971年度は，郵便局員の賃金の引き上げ幅が財政当局の提案にほぼ沿う形で9%に抑えられた結果，看護師や地方自治体の行政職員も同様の水準で妥結し，まずまずの成果を挙げた．一方，電力部門では15%の賃上げが生じるなど，翌年に向けて不安の残るスタートとなった（Flanagan, Soskice, and Ulman 1983, 398-400）．

民間部門に対しては，ヒース政権は1971年8月に労使関係法を成立させ，労働組合の封じ込めを図った．この法律は，労働組合の幹部の権限を強め，職場委員の権限を弱めることで，賃金の自発的な抑制を狙うものだった．その一方で，この法律にはクローズド・ショップを禁止するなど労働組合の組織力を弱める条文が含まれており，その条件を満たした組合だけが登録を許され，法人格を付与された．TUCは，この新たな法律に反対の姿勢を示し，既に条件を満たしていた組合にも，登録を自ら取り下げない限りTUCから除名すると通告した．さらに港湾労働者の指導者が逮捕されると組合の反対は本格化し，経営側も労使紛争の激化を恐れて労使関係法の活用には慎重になった（Flanagan, Soskice, and Ulman 1983, 401-405; Taylor 1993, 186-196）．

こうしたヒース政権の姿勢は当然ながら労働組合と保守党の対立を深め，所得政策への回帰をもたらした．1972年2月に起きた全国炭鉱労働者組合（NUM）のストライキで電力が停止すると，政府はリチャード・ウィルバーフォースの下に審査委員会を開き，27%という大幅な賃金引き上げを決めた．この事件は，公共部門の賃金も民間部門と同じく抑制が効かないということを明るみに出すものであった．そこで，ヒースはTUCに自主的な賃金抑制を求めたが，交渉が不調に終わると，9月には賃金と物価を3カ月間凍結することを予告し，11月にそれを実施した．ここから，半年ごとに三段階に分けて所得政策が実施された．

この「Uターン」が行われた直後から，ヒース政権は再び労働組合の攻勢に晒されることになったが，ここで第一次石油危機が直撃した．アラブ諸国が原油価格を引き上げると，イギリスの国際収支は一気に悪化し，エネルギー需給も逼迫した結果，炭鉱労働者は一層の交渉力を獲得した．1973年10月，石炭産業を運営する石炭委員会（National Coal Board）は労働組合に13%の賃

金引き上げを提案したものの，組合側は即座にその提案を拒否し，残業を拒否して事実上のストライキに突入した．街灯やテレビ放送に回る電力は制限され，翌1974年1月には電力の不足に対応するために週三日制が導入された（Flanagan, Soskice, and Ulman 1983, 408-411; Taylor 1993, 196-214）．

この炭鉱部門の労使紛争は，ヒース政権を直接打倒することになった．ヒースは保守党の支持率がまだ高いうちに議会を解散して選挙に打って出るべきだと主張する閣僚の強硬論を抑え，労働組合との間で交渉が妥結することに望みをかけていた．しかし2月4日，NUMが組合員の圧倒的な支持によってストライキ突入を決定すると，ヒース政権と組合の妥協の可能性が失われ，解散総選挙以外の選択肢が消滅した．下院で重要法案が否決されたわけでもなく，任期満了が近いわけでもない時期に解散が行われたのは，そうしなければ事態が打開できないというヒースの判断に基づくものであった（Kavanagh 1996）．2月28日の総選挙に，ヒースは「イギリスを治めているのは誰か（Who Governs Britain?）」というスローガンを掲げ，インフレ抑制を目指す政府と強引に賃上げを求める労働組合を対比する戦略で臨んだものの，この稀に見る接戦となった選挙で勝利を収めたのは301議席を獲得した労働党であった．労働党の議席数が僅かに過半数に届かなかったことから，ヒースは自由党との連立による内閣の延命を図ったが，連立協議は不調に終わり，再び労働党のウィルソンが政権の座に就くことになった．

2. IMF危機と労働党政権による緊縮財政への転換

野党に転落している間，ウィルソンは自らが1960年代後半に労働組合改革に乗り出した過ちを認め，組合側との歩み寄りを図っていった．1972年には労働党にTUCとの連絡委員会が設けられ，ここで新たな労働党政権の採るべき政策についての協議が行われた．両者が合意した内容は，労働組合が賃金要求を自制するのと引き換えに，労働党政権は大胆な再分配政策を行い，労働組合の国家からの自律性を認めるというものである．1974年2月の労働党の選挙マニフェストは，この「社会契約（social contract）」に沿うものとなっていた（Taylor 1993, 222-227）．

炭鉱ストライキを受けて行われた総選挙でヒースを破ったウィルソンは，4

年ぶりに政権に復帰すると同時に,全面的に労働組合の賃金要求を受け入れた.所得政策は放棄され,労使関係法は廃止され,住宅手当や年金の支給額が上積みされた.拡張的な財政政策に石油危機後の輸入物価の上昇が加わると,インフレが猛烈に加速し始めたため,政府は労働組合に対して,賃金の抑制を実施し,社会契約を履行することを求めた.TUC の側でも,6月に「団体交渉と社会契約」と題する政策文書を発表し,賃金要求を自制することを各組合の交渉担当者に指示した.しかし,TUC は現場の反対に直面した.特に鉄道,郵便,医療などヒース政権下で賃金抑制を強いられてきた公共部門の組合を中心に賃金要求は強く,年金支給額の引き上げなどの懐柔策にもかかわらず賃金の上昇に歯止めがかからなかったのである.

結局のところ,ウィルソン政権における経済政策も,労働組合の自主的な協力による社会契約ではなく,法的な強制力を伴う所得政策に頼ることになった.1975 年 7 月,その第一段階が宣言され,TUC は週給 6 ポンド以上の賃上げを行わないことで合意した.この所得政策の成功により,1976 年初頭のイギリス経済は,国際収支も安定を保ちつつ拡大を続けた(Holmes 1985, 26-31; Taylor 1993, 226-237).

この頃,ポンド相場の下落が静かに始まっていた.3 月 4 日,イングランド銀行がポンドの売却を開始したことがその直接的な契機である.このオペレーションを推進した大蔵省の狙いは,1960 年代のような為替相場の切り下げによる経済状況の好転を再現することだったが,最初は計画的だった切り下げはすぐにコントロールが効かなくなり,僅か一週間でポンド相場は 2.1 ドルから 1.9 ドルまで急速に下落した.そして 3 月 16 日,この局面でウィルソンが辞意を表明した.辞任の理由としてウィルソンは自身が 60 歳を迎えたことを挙げたが,このタイミングでの発表は唐突なものとして受け止められた.労働党は直ちに党首選を開始し,4 月 5 日の 3 回目の投票でジェームズ・キャラハンを新党首に選出した.こうして労働党の党首選に関心が集中する中,政府関係者は為替相場の動きに大きな注意を払わなかったと言われる.例えば,キャラハン内閣の発足に合わせて 4 月 6 日にデニス・ヒーリー蔵相が発表した予算案には支出削減策は含まれておらず,むしろ労働組合の所得政策への協力と引き換えに所得税減税を実施するなど,積極財政の要素も含むものであり,市場関

係者を満足させるものではなかった．キャラハンは自ら TGWU のジョーンズ
との交渉に臨むなど，所得政策の続行に意欲を見せ，5月には政府と TUC の
間で 1977 年 8 月まで賃金の引き上げ幅を週 2.5 ポンドまたは 5% 以内とする
ことが妥結されたものの，ポンド相場は一向に下げ止まらず，1976 年 6 月初
旬には 1.7 ドルまで下落した（Holmes 1985, 79-86; Burk and Cairncross 1992,
20-35）．

　この段階で採用された選択肢は，緊縮財政の実施と引き換えに，諸外国に支
援を要請することであった．6 月 7 日には欧州諸国から 33 億ドル，アメリカ
から 20 億ドルの短期金融支援が合意された．アメリカ側から示された条件は，
援助の期間を 3 カ月に限り，1 回のみ更新ができるという厳しいものであった．
この条件に従うと，イギリスは 12 月には IMF への支援要請に追い込まれてし
まうが，当時の IMF では，財政問題に悩むアメリカの事情を反映して財政保
守派が勢いを増しており，融資を行うに当たって厳しい条件が付与されると考
えられていた（Burk and Cairncross 1992, 40）．アメリカ側の条件提示を受け
て，ヒーリー蔵相は 1977 年度に 10 億ポンドの歳出削減を実施することを 7 月
6 日の閣議に提案した．これに対して，労働党内左派のエネルギー相トニー・
ベンは，支出削減に反対し，輸入制限と産業政策の強化による「もう一つの経
済戦略（Alternative Economic Strategy）」を唱えたが，その提案は奏功せず，
7 月 22 日にはさらに 10 億ポンドの使用者側の年金拠出を加えた財政改革案が
議会に提出された（Holmes 1985, 88-91）．

　しかし，結局のところ，キャラハンは IMF に支援を要請せざるを得ない状
況に追い込まれた．9 月 9 日，1.77 ドルでポンド相場を買い支えていたイング
ランド銀行は，為替相場への介入を放棄し，ポンドの暴落を防ぐための公定歩
合の引き上げに踏み切った．ヒーリーは 12 月までに融資の払い戻しを終える
道を探っていたが，9 月末には IMF に 39 億ドルの融資を申し込むことを決定
した．融資の受け入れは，イギリスの財政政策が IMF の監視下に入ることを
意味していたが，それでもヒーリーは IMF からの長期の借り入れによって為
替相場が安定すると判断した．ここに来て，イギリスにおけるケインズ主義は
労働党の手で放棄されたのである（Burk and Cairncross 1992, 53-58）．11 月，
IMF のチームがロンドンに到着すると，強力な歳出削減計画が立案された．

12月に発表された財政緊縮策は，2年間で食糧手当，公共事業，住宅手当，地域雇用対策，防衛費合わせて30億ポンドの支出削減を含んでいた．IMFには報告書が定期的に提出され，融資の条件をキャラハン政権が順守しているか，定期的なチェックが行われることとなった（Coates 1980, 40-48）．

このIMF危機を境に，イギリスの経済状況は急速に好転した．1977年と1978年はポンド相場が安定し，インフレ率も低下した．こうした回復が可能だった理由は，所得政策が強力な効果を発揮したことにある．1976年7月に開始されていた所得政策の第二段階によって，労働者の実質賃金は低下し，1977年からの所得政策の第三段階を終えた後の1978年も，キャラハンは賃金の上昇率を5%以内に抑制することを目指した．このまま同様の政策をもう1年継続してインフレ率を5%程度まで抑制できれば，翌年秋に任期満了に伴って行われるはずの総選挙での勝利を確実にできるとキャラハンは踏んだのである．1978年7月，閣議で新たな賃金目標が決定され，TUCに伝達されると共に，『インフレとの戦いに勝つために』と題する政府白書が発表され，5%という数字は公式に政府の目標となった（Morgan 1997, 632-634）．

後世から見ると，イギリスの公共部門の発展の過程においては，このIMF危機前後の時期が非常に重要な転換点となっている．この時期のイギリスにおける各年度6月末の15歳から64歳までの生産年齢人口に占める公務員の割合の推移を示したのが，図6.2である[6]．この図を見ると，一般政府職員は，1961年から一貫して増加し続けた後，IMF危機の発生した1976年にその増加を止めている．国営企業職員は，周期的に上下した後，サッチャー政権の誕生する1979年頃から減少に転じている．つまり，サッチャー政権における政策転換とは，国営企業部門の縮小を意味するのであって，一般政府部門における公務員数の抑制は既にIMF危機に直面したキャラハン政権下で開始されていたのである．

---

[6] 一般政府職員数と国営企業職員数は，いずれもCentral Statistical Office（1987, 201）のデータを用いた．ここで労働力人口ではなく生産年齢人口を分母として用いるのは，それが短期的には政府の雇用政策の影響を受けにくい変数であり，労働参加率の変動の影響を受ける労働力人口を分母として用いる場合に比べて時系列的な公務員数の変化をより正確に読み取ることができるからである．この指標は，福祉国家の国際比較研究においても広く用いられており，次章で利用するデータと一致する（Huber et al. 2004）．

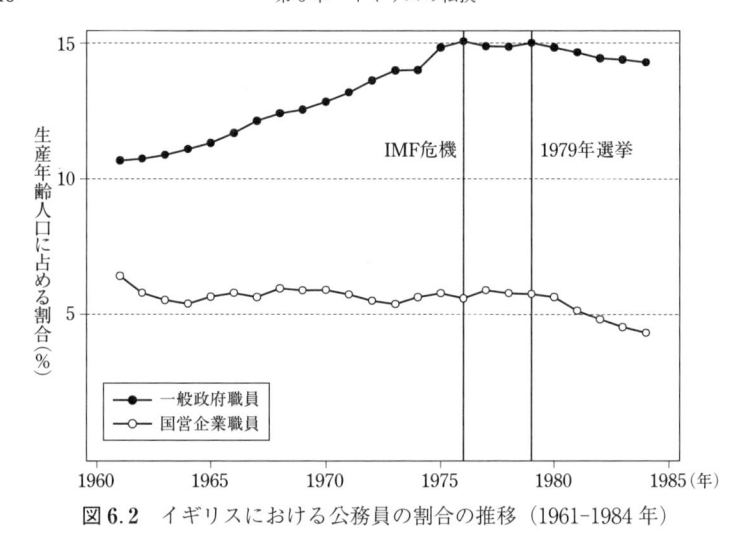

図 6.2 イギリスにおける公務員の割合の推移（1961-1984 年）

　この時期，緊縮財政を促進する予算制度として取り入れられたのが，キャッシュ・リミットである．この制度は，PESC の計画に基づく事業が，賃金と物価の上昇による追加費用を補塡する仕組みとなっていたものを，事業ごとに予め支出総額を設定する方式に改めたものであり，第一次石油危機後のインフレによる財政支出の膨張を防ぐため，1975 年 4 月から公共事業費に限って導入された経緯があった．1976 年 4 月の予算案では，既に述べたように具体的な歳出削減策は盛り込まれなかった一方で，キャッシュ・リミットが地方自治体への補助金と並んで公務員の人件費にも適用されることになり，全支出の75%，社会保障支出以外の多くの主要な支出項目をカバーすることになった（Hickson 2005, 84-85）．こうした予算制度改革によって給与と定員のトレードオフが発生する一方で，この時期には公務員数の削減も政策課題として浮上し，中央省庁では公務員省が定員削減に取り組んだ結果，国家公務員数は 1977 年の 74.6 万人をピークに，サッチャー政権誕生直前の 1979 年 1 月には 73.3 万人まで減少している（Theakston and Gouge 2004, 212）．

3.「不満の冬」とサッチャー政権の誕生

　このように，イギリスにおいて公務員数の増加が止まったメカニズムは，サ

ッチャーに言及することなく説明できる．しかし，もう一つ検討しなければならない問題が残されている．それは，キャラハン政権下で政策が転換したのであれば，なぜその後にサッチャー政権が誕生したのかという問題である．労働党政権の微温的な改革は大した成果を挙げず，より大胆な改革を求める世論の後押しを受けてサッチャー政権が誕生したというシナリオを描くこともできそうに見える．そこで，最後にサッチャー政権の誕生の経緯を示しておこう．

IMF 危機以降，キャラハン政権に対して労働組合の不満は高まっていた．TUC 傘下の主要組合は，所得政策の早期終結と団体交渉の再開を求めた．さらに，1978 年 3 月には，それまで政府に協力して所得政策を推進してきた TGWU 書記長のジョーンズが引退した．それに代わって書記長に就任したモス・エヴァンスは大幅な賃上げを要求し，政府のいかなる所得政策にも反対する姿勢を示した．

それにもかかわらず労働組合に不評な所得政策がこの段階では明示的に棄却されなかったのは，その秋に解散総選挙が行われると予想されていたためであった．1978 年，イギリスの GNP は 3% 前後の堅調な伸びを示す一方で，失業率は 6% のまま推移し，インフレ率は一桁まで下落していた．労働組合の不満を懸念し，所得政策の継続に慎重な閣僚たちも，この経済実績を背景に選挙に臨めば，インフレに敏感な一般の有権者の支持を固めることができるだけでなく，労働組合もサッチャーの保守党を退けるために政府の賃金目標を受け入れて協力すると予想した．その一方で，TUC の側では総選挙の結果次第で賃金政策は変わるという見込みから，判断を先送りしていた（Holmes 1985, 124-134; Donoughue 1987, 154-166）．

しかし，TGWU を初めとする各労働組合は，1978 年夏の定期大会で所得政策の延長への反対を次々に議決した．それを見たキャラハン政権は，組合対策として 10 月頃から TUC との協議を開始した．特に，所得政策の影響を強く受けた公務員の不満が強いことを知った政府側は，低賃金職員の待遇改善と，公務員の賃金の民間との比較の厳密化を受け入れるなど TUC の協力を勝ち取るべく妥協を重ね，11 月には合意文書が作られたものの，結局この合意は TUC の執行委員会で否決されてしまった．

ここで待っていたのは，「不満の冬」であった．フォード社の賃金交渉の決

裂に端を発したストライキが 11 月末に組合側の事実上の勝利に終わると，その勢いは他の産業部門や公共部門に広がった．特に好戦化したのは，数年来の賃金抑制に不満を持っていた公務員である．1979 年 1 月以降，地方公務員や看護師だけでなく国家公務員もストライキに突入し，その行動の日となった 1 月 22 日には合計 150 万人がストライキに参加したと言われている（Coates 1980, 77-85; Taylor 1993, 250-262）．この局面で，政権内にはインフレ抑制策の続行を求める強硬な意見もあったものの，キャラハンは TUC 指導部との妥協を模索した（Donoughue 1987, 170-178）．2 月 14 日，政府と TUC の間で「ヴァレンタイン・デー協約」が結ばれた．その内容は，TUC が各組合に対する指導を強化するのと引き換えに，3 年以内にインフレ率を 5% 以下まで引き下げるというものであった．言い換えれば，これは政府が賃金上昇率を 5% 以内に抑えるという目標に無理があったことを認め，当面は賃金抑制を諦めたことを意味していた（Morgan 1997, 671）．こうした政府の妥協もあり，「不満の冬」は 3 月中旬頃までに概ね終結した．

　この一連のストライキは，イギリス社会における労働組合の評判を大きく傷つけた．メディアの伝える「不満の冬」のイメージは，病院や学校が閉鎖される一方，街にはゴミの山が積み上がり，墓地に運ばれた遺体が埋葬されぬまま腐敗している光景であり，ストライキに対して有効な手を打つことのできないキャラハン政権は，その支持率に大きな打撃を被った．この間の有権者の態度の変化を，当時の世論調査データに基づいて示したのが，図 6.3 である[7]．(a) を見ると分かるように，1978 年 11 月までは労働党と保守党の支持率は拮抗していたものの，1979 年 2 月から総選挙が行われた 5 月までは完全に保守党が優勢となっている．また，(b) を見ると，1978 年 11 月までは物価に比べて優先順位の低かった労働組合問題が 1979 年に入ると最重要の争点となっており，インフレ抑制の実績を掲げて選挙を戦うのがキャラハンにとって難しく

---

7) データの出典は Ipsos MORI 社ウェブサイト．http://www.ipsos-mori.com/research specialisms/socialresearch/specareas/politics/trends.aspx（2014 年 3 月 31 日アクセス）政党支持は "Voting Intentions in Great Britain 1976-1987"，重要争点は "The Most Important Issues Facing Britain 1974-1987"，党首の業績は "Satisfaction with Government and Party Leaders 1977-1987" を参照．

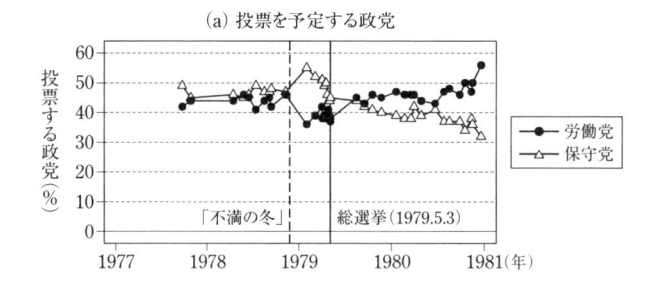

第3節　IMF危機と所得政策の崩壊

(a) 投票を予定する政党

(b) イギリスの重要な問題

(c) 首相／野党党首への満足度

図 6.3　「不満の冬」とサッチャー政権の誕生

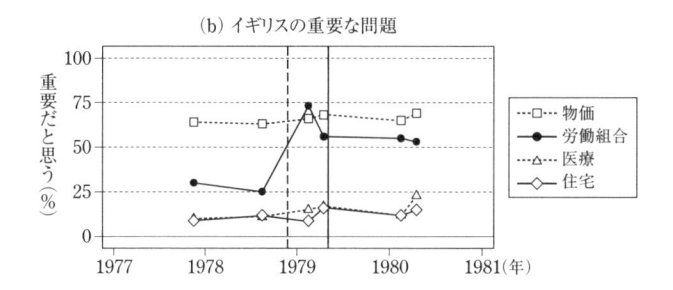

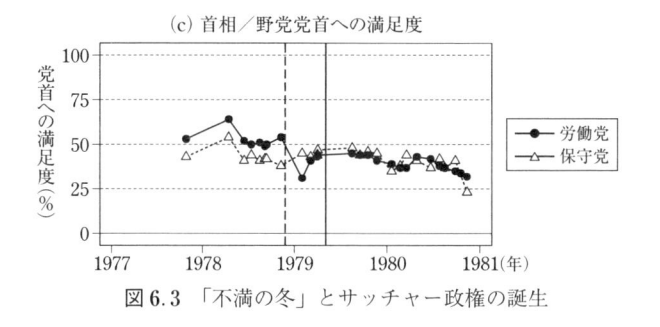

なったことが明らかである．さらに，(c) によれば，首相としてのキャラハンに対する満足度は，野党党首としてのサッチャーに対する満足度を 1978 年 11 月まで一貫して上回っており，1979 年になって初めて二人に対する評価が逆転している．つまり，イギリスの有権者の態度は「不満の冬」によってまさしく一変したのである．

止めの一撃を加えたのは，所得政策ともストライキとも関係のない問題であ

った．1979年3月，スコットランドへの権限委譲を巡ってスコットランド国民党が政権に対する支持を取り下げた結果，内閣不信任案が311対310の賛成多数で可決され，キャラハンは議会の解散に追い込まれたのである．結局，5月3日の投票日まで労働党に対する支持が回復することはなく，保守党が勝利を収めた結果，ここにサッチャー政権が誕生したのであった．

　この過程を振り返ると分かるのは，サッチャー政権が僅か数カ月間の世論の変動によって誕生したことである．有権者の重視する争点や党首に対する満足度の推移を見れば，公務員のストライキに対する有権者の批判が，そのまま労働党への批判につながり，投票行動に結びついたと考えるべきであろう．つまり，有権者の求める政策を掲げたサッチャーが勝ったのではなく，選挙直前の不運に見舞われたキャラハンが負けたのである．近年のアメリカの選挙研究では，有権者の多くは政権の業績を全体的に判断するのではなく，選挙の直前に起きた出来事に基づいて政権党に投票するかどうかを決めているという議論が行われている（Bartels 2008, 99-104）．1979年のイギリスの総選挙は，まさにそうした有権者の近視眼的投票によって大勢が決した事例であったといえよう．その選挙結果は，キャラハン政権下の3年間の経済政策に対する有権者の業績評価投票に基づくものではなかったのである．

小　括

　本章では，日本とは異なる公務員の給与決定の仕組みを採るイギリスにおいて，公務員数の増加に歯止めがかけられた経緯を検討した．1970年代後半以降のイギリスで，ケインズ主義的な政策が放棄されて財政均衡と金融引き締めに基づく経済政策が採用されるようになった重要な理由として，ここでは労働者の中でも特に公務員が給与の抑制を受け入れなくなったことを強調した．当初，政府はたとえ民間部門における賃金抑制が難しかったとしても，公共部門における賃金交渉をまとめることで国際収支問題を乗り切る構えを見せていた．そうした戦略は，ヒース政権が炭鉱労働者のストライキによって倒れ，キャラハン政権が公務員の大規模なストライキによって政権を失うに至って，サッチャー政権下で完全に放棄されることになった．

小 括

　このように，決して有効ではないと言われながらもイギリス政府が所得政策を試み続けた理由は，人事院勧告によって事実上給与水準が決まる日本とは異なり，公共部門だけは政府が賃金交渉の直接的な当事者になることができたためであった．国際収支問題が悪化するたびに，政府は TUC に対して賃金抑制を求める一方で，公共部門に対して一層の賃金抑制を受け入れさせることを通じて，民間部門への賃金上昇の波及を食い止めようと試みた．それが限界に達したことこそが，イギリスの改革をもたらしたのである．従って，イギリスの事例は二つの意味で日本の事例から得られた知見を裏付ける形になっている．第一に，公務員の給与が団体交渉によって決まる仕組みを採用していたことは，戦後の国際収支問題に対して公共部門の賃金抑制による対応を可能とした．その結果，日本において行政改革が開始された時期にイギリスの公務員数は増加を続けた．第二に，イギリスにおいても，団体交渉による公務員の給与の抑制が難しくなると共に国際収支問題が悪化すると，政府は財政緊縮へと方向転換し，公務員数の増加を抑制した．サッチャーが登場する頃には，既にイギリスの公務員数の増加は止まっていたのである．

　それでは，日本とイギリスの事例から導き出されたメカニズムは，他の国々における公務員数の動向を説明する上でも役立つのだろうか．次章では，先進国全体に視野を拡大して比較分析を行う．

第 7 章　福祉国家と行政改革

　欧米諸国において，公共部門における雇用は福祉国家の重要な構成要素であった．従って，1980 年代以降，各国が福祉国家改革に踏み切る中で，公共サービスの民営化や民間委託を伴う行政改革が積極的に進められることになった．本書で試みてきたのは，こうした欧米諸国における歴史的展開とは大きく異なる日本の経験を説明することである．日本では，福祉国家の成熟する以前から行政改革が持続的に行われてきた．その理由として本書が注目したのは，公務員の給与水準の上昇が公務員数の抑制を促すメカニズムであった．

　本章では，この知見が欧米の福祉国家の発展過程にも新たな光を当てることを示す．従来の福祉国家の理論は，年金や生活保護などの社会保障制度を説明する要因と，公共部門の雇用を説明する要因とを区別してこなかった．その大きな理由は，両者が共に再分配政策の手段として位置付けられてきたことにある．しかし，日本の事例に見られるように，行政改革は社会保障制度の改革とは独立に進むこともある．

　福祉国家改革一般とは区別して行政改革のメカニズムを考えることの重要性を示すため，まず本章では近年の二つの有力な福祉国家の理論を検討する[1]．第一は，サービス経済への移行の影響を重視する脱工業化論である．この考え方によれば，技術進歩によって伝統的な産業部門が衰退すると，失業と貧困のリスクに直面した労働者が国家による保護を求め，福祉国家が拡大する．第二は，社会階級の力関係を重視する権力資源論である．この考え方によれば，左派政党の強い国では労働者の階級利益が政策に反映され，福祉国家が拡大する．ここで強調したいのは，これらの理論が公務員数の増加を止めるメカニズムを十分な形で示していないことである．

---

[1]　ここで取り上げる学説は日本でも紹介が進んでいる．概説書として新川ほか（2004, 165-222），権力資源論については新川（2002）と宮本（2003），脱工業化論については安孫子（2010）を参照．

こうした理論と対比すると，本書で提示したメカニズムには，公務員の給与制度という公共部門の人件費に直結する変数を用いているという特徴がある．その考え方は，福祉国家の発展における賃金交渉制度の役割を重視するコーポラティズム論と密接に関係する．従来，労使の頂上団体に賃金交渉の権限を集約する制度を持つ国では，労働者が経営者に協力して自発的に賃金を抑制するため，経済パフォーマンスを損ねることなく福祉国家を拡大することが可能となると考えられてきた．しかし，本書の知見に従えば，公共部門の雇用が拡大を続けるかどうかは，その給与制度にも依存する．公務員の給与を抑制する権力を持つ政府は，福祉国家の危機の時代にも行政改革を先送りできるのである．

以下，第1節では，脱工業化の影響によって福祉国家の拡大を説明する議論を検討し，現在の先進国では脱工業化の進行にもかかわらず公務員数はほとんど変化していないことを示す．第2節では，政権の党派性によって福祉国家の拡大を説明する権力資源論を検討し，公務員数の増加が止まる時には政権の党派性は特に重要な役割を果たさないことを示す．第3節では，コーポラティズム型の賃金交渉制度に基づいて福祉国家の拡大を説明する議論と本書の議論の関係を示し，公務員の給与決定に際して政府の権限が強い国では公務員数の増加がより長期間に渡って続いたことを比較事例研究によって明らかにする．

第1節　脱工業化と福祉国家の拡大

福祉国家研究の出発点は，経済発展が進むと共に政府の役割が拡大するという産業社会論の考え方である．近年の福祉国家研究に大きな影響を与えた脱工業化論においても，第一次・第二次産業の雇用の縮小に対応して，公共部門の雇用と社会保障支出が同じように拡大するという議論が行われている．本節では，この議論の経験的な妥当性を批判的に検討し，現在の先進諸国では脱工業化の進行の程度に関係なく公務員数の増加が止まっていることを示す．

1. 福祉国家の発展過程

産業社会論の中心的な主張は，技術進歩による社会変動を通じて，最終的には全ての国が豊かな福祉国家へと収斂するというものである（Wilensky 1975,

第1節 脱工業化と福祉国家の拡大

2002).古典的な産業社会論に対する批判が一巡した現在も,産業構造の変容による福祉国家の収斂傾向を強調する見解は根強く残っている.そうした議論の一つとして,近年特に大きな影響を持つのは,脱工業化(deindustrialization)によって福祉国家の拡大を説明するトーベン・アイヴァーセンの一連の研究である.この脱工業化論に従えば,公共部門の拡大圧力を生むのは伝統的な産業部門の縮小に伴うサービス経済への移行である.技術の進歩は,肉体的技能の重視される農業や製造業から,対人的技能を要するサービス業へと雇用の中心を移行させる.このように第一次・第二次産業における雇用が縮小すると,サービス業に必要な技能を持たない農業・産業労働者は失業と貧困のリスクに直面するため,国家による社会保障制度の充実と雇用の創出を要求する.従って,戦後に脱工業化が最も大きく進展した北欧諸国では社会保障支出と公務員数が大幅に増加し,脱工業化が既に早い段階で終了していたアメリカでは小さな政府が持続したというのである(Iversen and Cusack 2000; Iversen 2001; 2005, 183-216).

このアイヴァーセンの議論は,産業社会論とよく似た収斂理論である.脱工業化はどの国でも進行する一般的な社会変動であり,日本も例外ではない.従って,日本の公務員数が少ない理由は,他の先進国に比べて脱工業化が進んでいないからにすぎないということになる.図7.1は,先進諸国の経済発展と脱工業化の水準を示したものである[2].この図から分かるのは,(a) 日本が1970年代に一人当たりGDPで他の先進諸国に追いつき,その後は基本的に先進国の平均に近いパフォーマンスを挙げているのに対して,(b) 第一次・第二次産業の従事者の割合は先進国で最も多いということである.そうである以上,日本では公務員数の増加する余地が他の国に比べて大きいと考えられるというのがアイヴァーセンの見立てある(Iversen 2001, 78).

この議論において,行政改革は特に重要な役割を果たさない.第二次世界大戦後の先進諸国において,脱工業化は一貫して進行してきたからである.1970年代の不況によって多くの先進国では財政赤字が拡大したものの,経済成長と脱工業化の流れは止まっていない.従って,政権交代や経済危機によって公共

---

[2] 一人当たりGDPはPenn World Table 7.1を,生産年齢人口(15-64歳)と第一次・第二次産業従事者人口はOECD統計(OECO. Stat)を用いた.

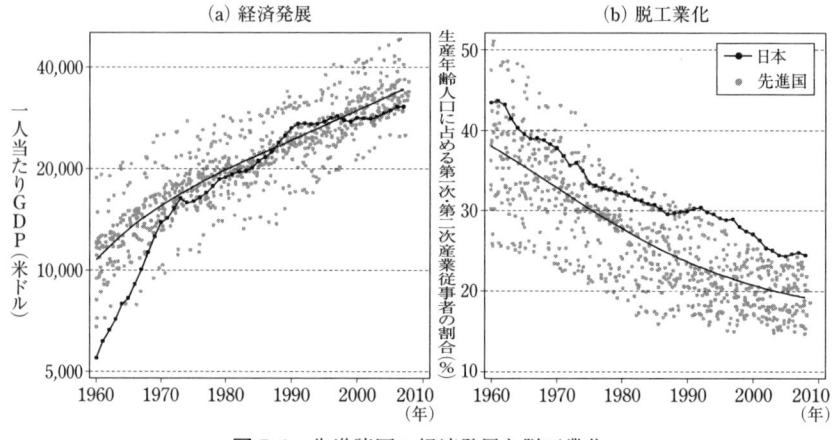

図7.1 先進諸国の経済発展と脱工業化

部門の拡大の速度が短期的に変動したとしても，福祉国家の拡大圧力は働き続けるというのである（Iversen 2005, 183）．

かなり論争的な議論に聞こえるものの，アイヴァーセンはその主張を裏付ける根拠を提示している．その中心は，先進15カ国の33年間のパネルデータの統計分析である．その分析結果は，サービス業に従事する人口と公共部門の規模の間に極めて強力な相関関係が存在することを示している．脱工業化は，社会保障支出と公務員数を共に増加させるというのが，その結論である．新たな理論を示し，それを支持する根拠を提示する手続きを踏んでいる点で，アイヴァーセンの政治経済学の完成度は高い．この議論の妥当性を検証するには，理論の反直観性を批判したり，例外を挙げたりするだけでは十分ではない．そこで，以下ではアイヴァーセンの統計分析の内容自体を批判的に検討する．

2. 脱工業化と公務員数

ここで取り上げるのは，アイヴァーセンとトマス・キューザックの共著による2000年の論文である（Iversen and Cusack 2000）．この論文は，広く引用されているだけでなく，分析に用いたデータが公開されているため，分析結果を容易に再現できる点で極めて優れている[3]．その主たる独立変数は，生産年齢人口に占める第一次・第二次産業従事者以外の人口の比率であり，従属変数は

政府の移転支出と消費支出が GDP にそれぞれ占める割合である．アイヴァーセンらによれば，移転支出は年金給付や失業保険給付を含み，金銭的な所得の再分配の程度を示す一方，政府消費支出は教育支出や医療支出を含み，政府の創出する雇用の規模を示す．分析の結果は，第一次・第二次産業人口の割合が減少すると共に，移転支出と政府消費支出がそれぞれ増加するというものである．従って，社会保障支出と公務員数は基本的に同じ力学に従って増大する．

この論文が脱工業化の効果を推定するために用いる統計モデルの方法的な妥当性には，ここでは触れない．むしろ問題として考える必要があるのは，その理論とデータがきちんと対応しているかどうかである．特に重要なのは，この論文が政府の創出する雇用の規模として公務員数ではなく政府消費支出を用いていることである．確かに，政府消費支出は行政サービスや社会福祉サービスの供給において国家が果たす役割を示す重要な指標であるのは間違いない．しかし，政府は公務員を雇用してサービスを直接供給することもできれば，そうしたサービスを民間委託することもできる．つまり，政府消費支出とは国家がサービスを供給するための費用を示すものであって，公務員数それ自体を示すものではないのである[4]．

この点に関して興味深いのは，アイヴァーセンが著作ごとに書き方を微妙に変えていることである．2000 年と 2001 年の論文では，政権の党派性は移転支出に影響を与えないのに対して，政府消費支出は左派政権の方が増加しやすいという議論が展開されている．それは，社会保険給付よりも，公共部門の雇用の方が高い再分配効果を持つため，特に左派政権の福祉政策の対象になりやすいからだという（Iversen and Cusack 2000, 329; Iversen 2001, 71）．ところが，

---

[3] アイヴァーセンのウェブサイト http://www.people.fas.harvard.edu/~iversen/data/ deindustrialization.htm（2014 年 3 月 31 日アクセス）を参照．なお，2005 年の著作では，分析対象となる期間が 1960 年から 1995 年まで拡張されている（Iversen 2005, 192）．しかし，アイヴァーセンが 2000 年の論文のために用いたデータセットでは，その結果を正確に再現することはできなかった．

[4] もう一つの問題は，アイヴァーセンが第一次産業と第二次産業を区別せずに変数として用いていることである．その分析において脱工業化の影響だとされているものは，工業部門ではなく農業部門の縮小によって生じた可能性もある（Manow, van Kersbergen, and Schumacher 2013）．

表 7.1 脱工業化の統計分析

従属変数	(1)	(2)	(3)	(4)
	Δ 政府消費支出		Δ 公務員数	
従属変数のラグ	-0.052**	-0.085**	-0.020*	-0.025*
	(0.014)	(0.022)	(0.009)	(0.010)
脱工業人口	0.031**	0.020	0.005	-0.003
	(0.010)	(0.011)	(0.006)	(0.003)
Δ 脱工業人口	0.091**	0.172**	-0.023	-0.020
	(0.022)	(0.039)	(0.017)	(0.019)
制御変数	あり	なし	あり	なし
観察数	495	495	492	492
決定係数	0.626	0.164	0.380	0.306
国の数	15	15	15	15

カッコ内は標準誤差. ** $p<0.01$, * $p<0.05$

　その分析を若干修正して収録した2005年の著作では，このように政府消費支出と公務員数を対応させる記述は姿を消し，移転支出と政府消費支出はどちらも財政支出の一部として位置付けられている（Iversen 2005, 192）. すなわち，2005年の著作では，よりデータに忠実な表現が用いられている一方で，社会保険と公共部門の雇用は区別されなくなっているのである．

　細かい表現の違いに見えるかもしれないが，ここで問うべきなのはその違いが分析結果に影響を及ぼすかどうかである．実は，アイヴァーセンは政府消費支出とは別に公務員数のデータも収集しており，そのデータセットには，「生産年齢人口に占める公務員数」という変数が含まれている[5]．つまり，政府消費支出の代わりに公務員数を従属変数として用いた場合に生じる結果は，アイヴァーセン自身の用意したデータによって確認が可能なのである．

　それでは，政府消費支出の代わりに公務員数を従属変数として使うと分析結果はどれほど変わるのだろうか．その結果を示したのが表7.1である．モデル(1)は，アイヴァーセンの分析を再現したものである．アイヴァーセンが脱工業化の影響力を主張する根拠は，政府消費支出の対前年度の変化を示す「Δ 政府消費支出」を従属変数として設定した場合，第一次・第二次産業に従事していない市民の割合を示す「脱工業人口」と，その変化を示す「Δ 脱工業人口」

---

[5]　その出典はキューザックがOECD統計に基づいて収集した一般政府職員数のデータ（変数名 pubewap）である（Cusack 1998; Cusack, Notermans, and Rein 1989）.

第 1 節　脱工業化と福祉国家の拡大

(a) 政府消費支出　　　　　(b) 公務員数

$y = 0.148 + 0.166 x$
$(0.029)\ (0.031)$

$y = 0.171 + 0.003 x$
$(0.017)\ (0.018)$

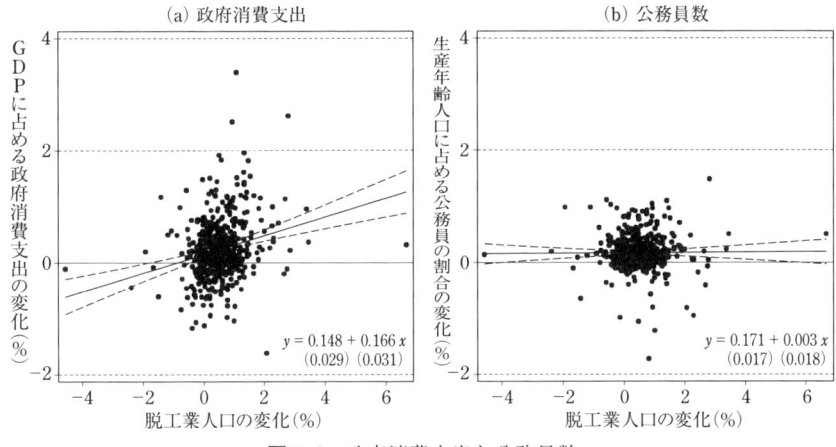

図 7.2　政府消費支出と公務員数

の回帰係数がいずれも統計的に有意だということである．前者は脱工業化の長期的効果を，後者はその短期的効果を表す（Iversen and Cusack 2000, 333）．モデル (2) は，独立変数が制御変数に影響を与えることによって生じる処理後バイアスの影響を考慮して，固定効果を制御するための国別ダミー変数以外の制御変数を除いたものである．(1) に比べて，「脱工業人口」の回帰係数は小さく，「Δ脱工業人口」の回帰係数は大きい．これに対して，モデル (3) と (4) は，従属変数として生産年齢人口に占める公務員の割合の変化を示す「Δ公務員数」を用いたものである．どちらのモデルに関しても，「脱工業人口」と「Δ脱工業人口」の回帰係数はゼロに近く，統計的に有意ではない．

つまり，同じ統計モデルを用いた上で，公務員数を従属変数として設定した場合，脱工業化の影響は検出できなくなってしまうのである．アイヴァーセンが公務員数のデータを集めながらそれを分析に含めなかった理由は定かではない．しかし，少なくとも政府消費支出を公共部門の雇用に読み替えるのはややミスリーディングだということがこの分析からは明らかである．

こうした分析結果の違いが生じる理由を視覚的に表すため，ここではアイヴァーセンの用いるやや複雑な統計モデルの代わりに，第一次・第二次産業人口の変化 (Δ脱工業人口) のみを独立変数とする単回帰分析を行ってみよう．その分析結果を示したのが，図 7.2 である．(a) の縦軸は GDP に占める政府消

費支出の割合の前年度からの変化率，(b) の縦軸は OECD 各国の生産年齢人口に占める一般政府職員の割合の変化率である．横軸は，第一次・第二次産業人口の変化率である．実線は，この二つの散布図に当てはめた回帰直線である．点線は，95％ 信頼区間に相当する．

　一見して明らかな通り，従属変数に政府消費支出を用いた場合と公務員数を用いた場合とでは，回帰直線の傾きが全く異なる．脱工業化が進み，第一次・第二次産業人口が減少した国では，同時に政府の消費支出が大きく増えている．しかし，こうした相関関係は，公務員数との間には見いだせない．点線で示した 95％ 信頼区間が (a) と (b) でほとんど重ならないことからも分かるように，二つの指標の間に存在する傾向の違いは偶然に生じたものではない可能性が高い．より複雑な統計モデルにおける分析結果の違いは，こうした変数の値の分布の違いをそのまま反映しているのである．

　この分析に従えば，たとえ脱工業化に伴う社会変動によって福祉国家の拡大を求める市民の声が強まったとしても，政府は公共部門における雇用の拡大によってそれに対応するとは限らない．何か別のメカニズムが作用した結果，公務員数を増加させる圧力が封じ込められているかもしれないのである．

3. 拡大の限界

　とはいえ，アイヴァーセンは社会保障支出や公務員数がいつまでも増加し続けると主張しているわけではない．その議論によれば，福祉国家の拡大が止まるのは脱工業化が終わる時である．従って，1980 年代以降の欧米諸国における福祉国家改革は，脱工業化の速度の鈍化を反映していることになり，その後で生じる出来事は，理論の射程外にある．つまり，拡大を終えた後の福祉国家の動向は，脱工業化論の妥当性には関係がないのである．

　この点について，アイヴァーセンは脱工業化の圧力が消えても，福祉国家は縮小しないと考える．その根拠は，ポール・ピアソンの「新たな福祉政治」の理論である．ピアソンによれば，福祉国家の縮減はその拡大に比べて遥かに難しい．サッチャーやレーガンのように明示的に新自由主義路線を掲げた指導者ですら，福祉国家改革を行うことに失敗した．その理由は，年金や失業保険などの福祉政策が，その伝統的な支持層であった労働者の他にも福祉国家の支持

勢力を生み出すことである．この「新たな福祉政治」の時代には，福祉国家の拡大局面とは全く異なる力学が作用し，その縮減を食い止める．当初は反対が強かったとしても，福祉国家を一度拡大してしまえば，その後は縮減しにくくなるという意味で，福祉国家は経路依存性を持つのである．1994 年の著作でアメリカとイギリスの事例を検討したピアソンは，1996 年の論文でドイツとスウェーデンにも観察対象を拡大し，それらの国でも特に社会保障支出や公務員数の削減は進んでいないことを指摘する（Pierson 1994, 1996）．

こうしたピアソンの議論を批判し，実際には福祉国家の縮減の時代が始まっていると論じるのが，ヨナス・ポントゥソンである．ポントゥソンは，ピアソンの依拠する OECD 統計の使い方を批判し，実際には多くの国で 1980 年代から社会保険給付の削減が開始されていたと主張する．さらに，1990 年代前半の OECD 各国では多くの国で公務員数が削減され，国営の医療・福祉サービスの民営化・民間委託が進行したというのがその指摘である．特に，ピアソンが取り上げた事例の中でも，スウェーデンとイギリスの 2 カ国では，1980 年代以降，こうした民間委託が大幅に進められたというのがポントゥソンの主張である（Clayton and Pontusson 1998, 81; Pontusson 2005, 189-191）．

この論争の興味深いところは，ポントゥソンがピアソンと同じ統計データから逆の結論を引き出しているところである．公務員数に関して言えば，ピアソンは 1974 年から 1990 年までの 4 カ国の就業者数に占める公務員数がほとんど変化していないという事実に基づいて福祉国家の持続性を強調しているのに対して（Pierson 1996, 158），ポントゥソンは OECD 18 カ国における 1980 年から 1994 年までの公務員の実数の変化を観察し，一部の国で大幅な公務員数の削減が行われたことを見出す（Clayton and Pontusson 1998, 82）．先進各国の公務員数が大きく変動しない時代に入っていると考える点で，本書の見方はピアソンに近い．逆に，ポントゥソンの見方が正しければ，本書の問題関心そのものの妥当性が問われよう．現在の日本の公務員数が他の国よりも少なかったとしても，やがて時代が下ればどの国でも公務員数の削減が進み，日本と同じような水準に収斂するかもしれないからである．

それでは，ポントゥソンの分析にはどの程度の妥当性があるのだろうか．公務員数の変化を示すにあたり，ポントゥソンは公務員数の実数に基づいて，

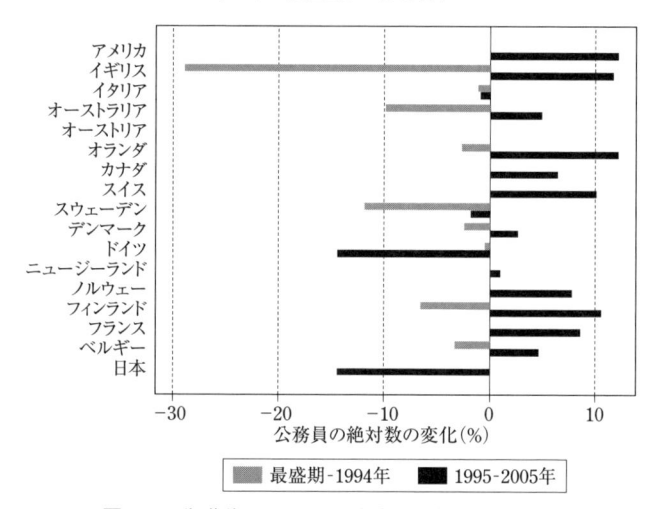

232   第7章 福祉国家と行政改革

図7.3 先進諸国における公務員の絶対数の変化

1980年以降最も公務員数の多かった年から1994年までの公務員数の減少率を計算している．ここでは，その数値を再掲した上で，ILO 統計（LABORSTA）を用いてポントゥソンが分析対象とした時期の後に生じた変化を示す．その結果が，図7.3である．灰色の棒は，ポントゥソンの示した公務員数の変化を表す．黒い棒は，ILOのデータに基づく1995年から2005年までの公務員数の変化である[6]．この図から分かることは二つある．第一は，ポントゥソンがデータを選択的に用いているということである．灰色の棒が一部の国にしか示されていないことから明らかなように，その分析期間に公務員数が増加していた国はサンプルから抜け落ちている．第二は，ポントゥソンが見出した傾向が，その後はほとんど消滅しているということである．特に公務員数の削減された国として取り上げられたイギリスを含め，ほとんどの国では公務員数は増加傾向にある．これに対して，大きな減少傾向が見出されるのは，ドイツと日本の2カ国にすぎない．つまり，一部の国で生じた公務員数の大幅な減少は，

---

[6] 灰色の棒が表示されていない国は，1994年の段階での公務員数が1980年代以降の最大値に達していた国である．また，ILOのデータでは，1995年以降のオーストリアで公務員数の大幅な減少が見られるが，データの断絶によるものである可能性が高いためここでは表示しなかった．

1980年代に見られた一過性の現象に過ぎなかったのである．1995年以降，日本やドイツ，イタリアなどの一部の国を除けば，先進諸国の人口は緩やかに増加を続けた．従って，こうした公務員数の実数の増加は，人口比で見た公務員数がほぼ横ばいの傾向にあることを意味する．脱工業化の進んだ国とそうでない国の違いも，ここからは読み取れない．次節で詳しく見るように，現在の先進各国は，公務員数の大きな変動が生じない時代に入っているのである．

以上から，脱工業化論は経済発展に伴って一般的に福祉国家の拡大圧力が生じる理由を説明するには適しているのかもしれない．しかし，こうした圧力が社会保険と公共部門の雇用に同じように反映されるとは限らない．特に，この理論では先進諸国における公務員数の増加が全般的に停止している理由を説明できないのである．

第2節　政権の党派性と福祉国家改革

福祉国家研究のもう一つの柱は，社会集団間の紛争を重視する権力資源論の考え方である．この議論によれば，福祉国家の発展は労働者の階級利益を代表する政党が政権を獲得できるかどうかに依存する．社会民主主義政党が長期政権を樹立した国では社会保障制度や公共部門の雇用が充実し，レーガンやサッチャーのような政治指導者の率いる保守政党が台頭した国では年金制度改革や行政改革が断行されるというのである．従って，この議論では行政改革が重要な役割を果たすものの，そこに福祉国家改革一般と区別されたメカニズムはない．本節では，権力資源論の説明力が福祉国家の拡大局面に限定されていることを明らかにした上で，その改革局面においては政策分野ごとに異なる変化のメカニズムを考えなければならないことを示す．その上で，先進諸国の公務員数の増加が止まったタイミングは国によって異なっており，政権の党派性とは明確な関係はなかったことを明らかにする．

1. 政党政治と福祉国家

労働者の階級利益を代表する社会民主主義政党が政権を獲得すると，福祉国家も拡大しやすくなる．この考え方は権力資源論と呼ばれ，1980年代以降の

福祉国家研究に大きな影響を与えてきた．権力資源論は，経済発展によって一様に福祉国家が拡大するという産業社会論とは大きく異なる構成を取る．すなわち，経済発展を遂げた国々の中でも，産業労働者が労働組合を組織し，農民やホワイトカラー労働者などと連携しながら，社会民主主義政権の樹立に成功した国に限って，福祉政策が充実するというのである[7]．この議論に従えば，スウェーデンなどの北欧諸国で福祉国家が飛躍的に拡大したのは，アメリカなどの国に比べて労働者の組織率が高く，社会民主主義政党が長期に渡って政権を担当したからだということになる（Korpi 1983; Esping-Andersen 1990）．こうした政権の党派性の影響は，福祉国家の改革局面においても生じるとされている（Korpi and Palme 2003; Allan and Scruggs 2004）．

問題は，権力資源論を使えば公務員数を他の福祉政策と同様に説明できるかどうかである．この議論を日本に当てはめた場合，社会保障制度の発展が他国に比べて立ち遅れたのは自民党の保守支配体制が続いたからだということになるだろう（新川 1993）．その論理に従えば，日本の公務員数が少ないのは，自民党の一党支配の下で労働者の階級利益が政策に反映されにくかったためである．しかし，日本の公務員数は左派政党の弱い他の国と比べても極端に少なく，1970年代以後の社会保障制度の発展とは対照的に，高度成長期以後ほとんど変化していない．こうした行政改革を殊更に重視する日本の政策選択が例外的なものであって，他国における公務員数は他の福祉政策と同じように政権の党派性に規定されているのかどうかを探るのが，ここでの課題である．

権力資源論者の中でも，福祉国家に対する政権の党派性の影響に関して最も包括的な検討を行ったのは，エヴリン・ヒューバーとジョン・スティーブンス

---

[7] 近年は，こうした権力資源論の発想を，それと本来は対立していた産業社会論の考え方と接続する試みも見られる．例えば，脱工業化による収斂作用を強調するアイヴァーセンも，各国で支配的な政治勢力の種類によって脱工業化への短期的な政策対応は異なると主張する．すなわち，市場原理を重視する自由主義福祉国家では，生産性の伸びにくいサービス業と賃金の上昇しやすい製造業の間の不平等の拡大が放置される一方，伝統的な社会構造の維持を志向するキリスト教民主主義福祉国家では経済的平等の維持と引き換えに失業率の上昇を受け入れ，女性も含めた全ての市民の平等を目指す社会民主主義福祉国家では平等と完全雇用を両立させるために公務員数を増やすという．つまり，脱工業化による公共部門における雇用の拡大圧力は，左派勢力の強い国ほど政策に反映されやすいというのである（Iversen and Wren 1998; Iversen 2005）．

第2節　政権の党派性と福祉国家改革

の『福祉国家の発展と危機』であろう．この研究は，公務員数の他に租税収入，財政支出など福祉国家に関係する八つの指標のデータを1945年から1990年代半ばまで収集し，先進16カ国を対象とする統計分析と，9カ国の比較事例研究を組み合わせた労作である．その福祉国家の拡大局面を分析した章は，先進諸国における1960年から1985年までの期間を対象としており，そこでは社会民主主義政党が長期に渡って政権を握る国ほど，社会保障支出の水準も高く，公務員の数も多いという傾向が示されている（Huber and Stephens 2001, 67-71）．これは，社会保障支出に限定して行われた1993年の論文の分析と同様に，ストレートに権力資源論を支持する分析結果であるといえよう（Huber, Ragin, and Stephens 1993）．

ここまでであれば，公務員数も他の福祉政策の動きに合わせて労働者階級の組織力に従って増加するという結論になる．しかし，福祉国家の黄金時代が終わった後の，福祉国家の縮減を分析する章に入ると，こうした明快な分析は影を潜める．そこでは，サンプルを1960年代から1990年代まで概ね10年ごとに区切り，各時期における政権の党派性と福祉政策の関係を推定する作業が行われている．その分析結果は非常に複雑であり，政策分野と時期によって政権の党派性と政策の相関関係は強い場合もあれば弱い場合もある．そのため，膨大な数の統計分析の表が読者を圧倒する一方で，そのメッセージは曖昧なものに終わっている．強いて要約すれば，1980年代には各分野で福祉政策の拡大が止まり，社会保障支出に関しては左右の政党の政策的な違いが小さくなったものの，公共部門による雇用に関しては依然として社会民主主義政権の長い国の方が公務員数も多い傾向が見られたということになろう（Huber and Stephens 2001, 212-219）．

こうした分析結果の不明瞭さは，福祉国家の拡大過程に比べて改革過程が遥かに複雑であることを示している．その複雑さが生じるのは，一つには「新たな福祉政治」の理論が言うように，福祉国家の拡大を推進してきた勢力に加えて，福祉政策の受益者が新たに政策過程の参加者として加わるためである（Pierson 1994, 27-50）．しかし，本書にとって重要なのは，同じ国でも分野によって政策の向かう方向が全く異なるということである．高齢者が増えれば年金制度改革が政治日程に上り，生活保護の受給者数が増えれば給付水準の切り

下げが争点となるように，分野によって政策が見直される理由は異なる．そうである以上，政権の党派性という変数によって全ての分野における改革を同時に説明するのは非常に難しいのである．

そもそも，権力資源論は福祉国家の拡大の止まるメカニズムを説明するものではない．ヒューバーとスティーブンスの理論においても，政権党の交代による短期的な政策変化は説明の対象から注意深く外されている．その議論によれば，福祉国家の規模を規定するのは各国の政権の長期的な党派性であって，特定の年に政権を握っている政党の党派性ではない．その理由は，福祉国家の進む方向の転換は労働者の階級意識の変化を通じて生じることにある．この立論の特徴は，他の権力資源論に比べて政党に大きな役割を与えていることである．もともと，権力資源論においては，労働者階級の自発的な組織化を通じて社会民主主義政権が成立し，福祉政策が充実すると考えられてきた．ヒューバーとスティーブンスの議論は，政党と階級の関係を裏返し，政党により積極的な役割を与える．すなわち，労働者の階級利益に基づいて政権の性格が規定されるのでなく，政権の党派性によって労働者の階級利益が規定されると考えたのである．社会民主主義政権が長く続くことで労働者の階級意識が強化され，それを通じて福祉国家の支持基盤が強くなれば，選挙によって一時的に右派政権が成立したとしても，それまでの政策を急に転換することはできなくなり，福祉国家の拡大が続くというのである（Huber and Stephens 2001, 17-32）．

このような論理構成は，分析結果にも反映されている．以下では，ヒューバーとスティーブンスの統計分析の方法を検討してみよう．

2. 政権党と公務員数

福祉国家の拡大局面に関するヒューバーとスティーブンスの統計分析は決して複雑なものではないが，その変数の定義の仕方は極めて特徴的である．従属変数は，公務員数や社会保障支出の毎年の変化の大きさではなく，その水準である．政権の党派性に関わる独立変数は，その年の各国の政権の党派性ではなく，その国における1946年以後の左派政権の累積年数である．つまり，ここで検証の対象になっているのは，「ある年に左派政党が政権を握ると公共部門が拡大する」という仮説ではなく，「左派政権が長く続く国では公共部門も大

第 2 節　政権の党派性と福祉国家改革　　　237

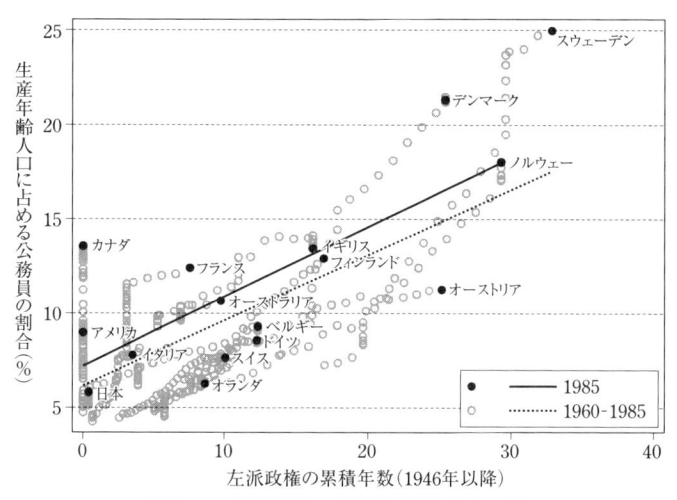

図 7.4　左派政権の累積年数と公務員数

きい」という仮説なのである．短期的な政権の変動が及ぼす効果が，変数を設定する段階で排除されていることこそ，この分析の特徴であると言えよう．

　この分析を視覚化したのが，図 7.4 である．ここでは，ヒューバーとスティーブンスが福祉国家の拡大局面を分析するために用いた統計モデルから政権の党派性以外の全ての変数を除き，単回帰分析を行った．サンプルは 1960 年から 1985 年までの先進 16 カ国であり，横軸は 1946 年以降の左派政権の累積年数，縦軸は各国の生産年齢人口に占める公務員の割合である．データは，「比較福祉国家データセット」として公開されているものを用いた（Huber et al. 2004）．左派政権の累積年数は，左派政党が単独で政権を担当している場合は 1，それ以外の場合は与党の中で左派政党の占める議席の割合を算出し，その数値を 1946 年から合計したものである．このデータセットに収録されている公務員数の数値は，OECD 統計の一般政府職員のデータから軍人を除いたものに相当する（Cusack 1998）．図を見やすくするため，サンプル全体は灰色で，1985 年の時点での各国の位置は黒で表示した．有力な左派政党の存在しないアメリカやカナダ，そして自民党の一党支配が続いた日本は，図の左側に固まっている．その一方で，社会民主主義政党が政権を取ることが多かった北欧諸国は，図の右側に位置している．点線はサンプル全体，実線は 1985 年のサン

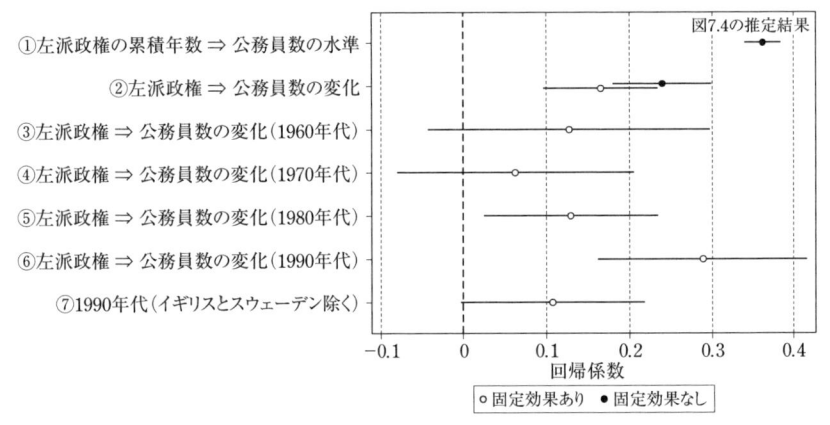

238　第 7 章　福祉国家と行政改革

```
①左派政権の累積年数 ⇒ 公務員数の水準
②左派政権 ⇒ 公務員数の変化
③左派政権 ⇒ 公務員数の変化 (1960 年代)
④左派政権 ⇒ 公務員数の変化 (1970 年代)
⑤左派政権 ⇒ 公務員数の変化 (1980 年代)
⑥左派政権 ⇒ 公務員数の変化 (1990 年代)
⑦1990 年代 (イギリスとスウェーデン除く)
```

図 7.5　左派政権の効果

プルに，それぞれ回帰直線を当てはめたものである．全体的な傾向を見れば，左派政権の累積年数の長い国の公務員数が多いのは一目瞭然である．サンプル全体に関して言えば，1 年間の左派政権につき生産年齢人口に占める公務員の割合が 0.36% 高い値を取っている．

　重要なのは，この分析方法を使う限り，同一国内における政権党の交代が公務員数に与える影響は分からないということである．サンプル全体を 1985 年のサンプルと比べると，二つの回帰直線はほぼ平行である．1985 年のサンプルの回帰直線が各国の位置によって決まっているように，サンプル全体の回帰直線も，基本的には各国の平均的な位置に規定されている．つまり，この分析はパネルデータを使うことによってサンプル数を増やしてはいるものの，それぞれの国の中での歴史的な政党政治の展開がもたらす影響を示すものではなく，左派政党の強い国とそうでない国の政策を比較しているに過ぎないのである．

　そこで，同一国内で政権党が交代した場合に生じる影響を推定するために，変数を設定し直して分析を行ったのが，図 7.5 である．①は，左派政権の累積年数を独立変数，公務員数を従属変数とする単回帰分析の結果であり，図 7.4 に点線で示した回帰直線の傾きを再現したものである．黒い点が回帰係数を，細い棒が 95% 信頼区間を表す．②は，二つの分析結果を並べている．黒い点で示したのは，その年の政権の党派性を独立変数に，公務員数の前年からの変

化を従属変数に設定し，単回帰分析を行った結果である．これに対して，白抜きの点で示したのは，同じ変数の組み合わせを用いた上で，国別の固定効果を制御したものである．この分析は，政権の党派性と公務員数に同時に影響を与えるような各国固有の要因の効果を取り除くため，国ごとのダミー変数を回帰方程式に加えたものであり，同じ国の中での左派政権と右派政権の政策を比較するのに適した推定方法である．③から⑥は，ヒューバーとスティーブンスが福祉国家の改革局面に関して分析を行ったように，サンプルを10年ごとに四つの区間に区切り，それぞれの時期についての分析を行ったものである．

　これらの統計モデルの分析結果は，興味深い傾向を示している．まず，①と②を比べると，公務員数の水準の代わりに公務員数の変化を従属変数として用いることで，回帰係数の推定値，すなわち回帰直線の傾きは約3分の2となる．さらに，②の二つの推定値を比べると分かるように，固定効果を制御することで，推定値は①の半分以下となる．また，③から⑥までを見ると，時期を区切った場合，1960年代から1980年代までは，政権党の左右の違いはそれほど大きくなく，1990年代になって初めて，左派政権と右派政権に大きな差が表れている．しかし，データを確認すると，この結果はイギリスとスウェーデンにおける公務員数の大幅な減少によって生じており，その2カ国を分析から除いた⑦の分析結果は，やはり左右の政権の差が小さいことを示唆している．

　こうした分析結果を踏まえると，ヒューバーとスティーブンスの統計分析の射程は，実はかなり限定されていることが分かる．図7.4で示した通り，左派政党が政権を担当することの多い国では，公務員数の増加するペースは速い．しかし，図7.5で示した通り，同じ国の中で比較すると，左派政権と右派政権の政策の違いはかなり小さい．そうである以上，左派政権に比べて右派政権の方が公務員数の増加を積極的に止めようとするかどうかは，その分析からは判断できないのである．

3．福祉国家の拡大が止まるタイミング

　福祉国家の拡大が止まるメカニズムは，権力資源論の射程の外にある．しかし，公務員数の増加が止まっていることからも分かるように，現在では福祉国家の拡大局面は既に終わっている．そうだとすると，拡大局面から改革局面へ

の移行はいつ生じたのか．この問題に対するヒューバーとスティーブンスの回答は，1980年代である．その理由は，1960年代と1970年代に比べて，各国における各指標の増加幅が小さいからである（Huber and Stephens 2001, 219）．

しかし，こうした全体的な傾向に関する記述は，国や政策分野による改革局面への移行のタイミングの多様性を覆い隠してしまう．ヒューバーとスティーブンスも，そのことに気付いていないわけではない．それは，福祉国家の拡大局面の分析期間を1960年から1985年に設定した理由が，次のように述べられていることからも見て取れる．「福祉国家の拡大期が1970年代末に終わった国もあれば，1990年代初頭に終わった国もある．従って，我々はその中間点の1985年を，時系列横断分析の最後の年として選択する」（Huber and Stephens 2001, 39）．つまり，1960年には福祉国家がどの国でも拡大傾向にあったのに対して，1985年という年には，それが1980年と1990年の中間であるという以上の特別な意味はないのである．

もちろん，公共部門の拡大の終わるタイミングがその後の傾向に大きな影響を与えないのであれば，それで問題はない．しかし，1970年代末から1990年代初頭というのは，かなり長い期間である．その間，改革のタイミングの早い国と遅い国では，最終的な公共部門の規模に大きな違いが出るのではないかという疑問も生じる．

そこで，1980年代が行政改革の時代であったという通説的な見解を一旦脇に置き，各国で公務員数の増加が止まったタイミングが実際にどれほど違うのかを，データに即して見てみよう．データに表れる傾向の変化が，各国における主要な行政改革の試みとして知られている出来事と一致するとは限らないからである（Pollitt and Bouckaert 2004, 210-305）．

ここではヒューバーとスティーブンスに概ね従い，先進諸国を社会民主主義福祉国家，キリスト教民主主義福祉国家，自由主義福祉国家という三つのグループに分けて公務員数の推移を検討する（Esping-Andersen 1990, 51-54; Huber and Stephens 2001, 86-87）．その狙いは，各国における政権の党派性と公務員数の動向を観察するだけでなく，福祉国家の類型ごとに似通った公務員数の変化のパターンが生じるかどうかを確認するためである．以下で示す三つの図表は，1960年頃から2000年代半ばまでの各国における一般政府職員数の推

移である.政権の党派性は,左派政党が政権与党の50%以上の議席を占める政権を○,右派政党が政権与党の50%以上の議席を占める政権を□,それ以外の政権を△の印で表記した.ただし,ここでは二つの角度からデータを補足する.まず,ヒューバーとスティーブンスの用いる「比較福祉国家データセット」の公務員数の指標が文民に限定されていることを考慮して,OECD統計における軍人も含めた一般政府職員数を実線で表示した.さらに,OECDのデータの途切れている1995年以降については,ILO統計に基づく一般政府職員数を点線で表示している[8].

まず検討するのは,社会民主主義政党が政権を主導することの多い北欧諸国である(図7.6).ヒューバーとスティーブンスは,1980年代の北欧諸国では4カ国全てで公務員数が増加し,ノルウェー以外の国では1990年代に入って公務員数の削減が行われたと述べる(Huber and Stephens 2001, 210-211).しかし,この図を見ると,スウェーデンとデンマークでは既に1980年代初頭に公務員数の増加が止まっていることが分かる.右派政党の台頭に伴う行政改革の時代の到来というイメージが最も当てはまるのはデンマークである.1982年に保守人民党政権が成立すると,公務員数の増加が止まり,その行政改革の影響は1993年に社会民主党が政権に復帰した後も消滅することはなかった.逆に,スウェーデンでは1976年に社会民主労働党から政権を奪取した中道右派連立政権の末期まで公務員が増え続け,1982年に社会民主労働党が政権を奪い返した頃にその増加傾向が止まり,1990年代の前半に大幅な削減が行われた.この2カ国とは異なり,フィンランドとノルウェーでは1980年代には公務員数が伸び続けた.ノルウェーでは,労働党政権の期間が長く,基本的には中道連立政権の成立する1990年代後半まで公務員数に大きなインパクトを与えるような行政改革は行われなかったと考えるべきであろう.フィンランドでは社会民主党と中央党を中心とする連立政権が様々に組み合わせを変えなが

---

[8] OECDのデータについてはCusack (1998)の公共部門雇用の指標(変数名pubewap)を用いる.ただし,このデータの部分的な断絶のあるドイツ,フランス,アメリカと,国営企業職員も含めた数字が示されているオーストリアについては,OECD (2001)の数値を用いた.ILOのデータの出典はILO統計(LABORSTA)である.オランダに関してはILOとOECDのデータの乖離が大きいため,分析の対象から外している.

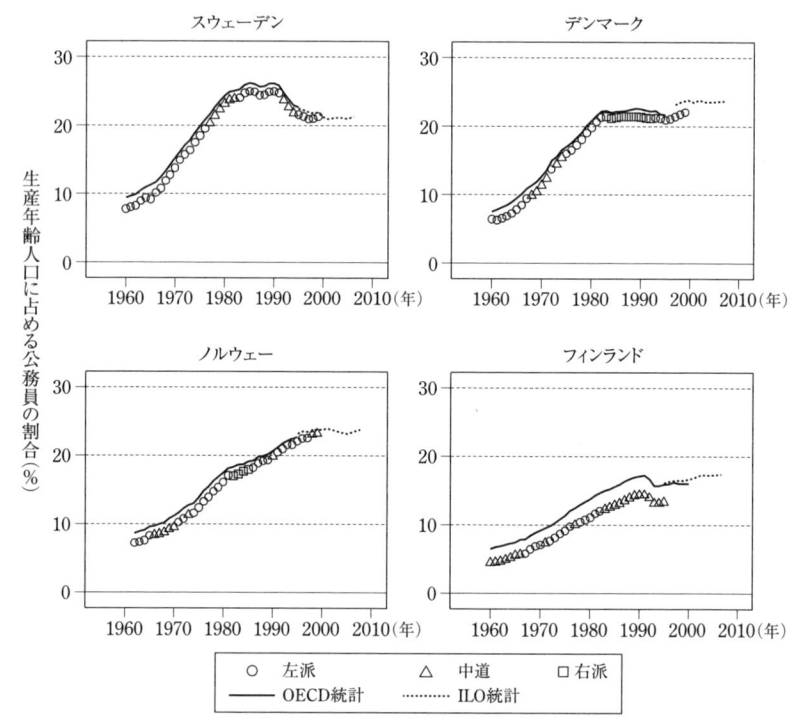

図7.6 社会民主主義福祉国家における一般政府職員数の推移

ら1987年まで続き，国民連合党政権下の1991年に公務員数が極端に落ち込んだ後は横ばいで推移している．

　この4カ国を見るだけでも，政権党の交代による短期的な影響力は小さいと考えるべき理由は明らかだろう．どの国でも一定の段階までは政権の党派的な構成に関係なく公務員数が増加し続け，その後のいずれかの時点で横ばいになるか，減少に転じている．また，公務員数の増加局面で生じる政権交代は，公務員数の動向にはそれほど影響していない．

　そこで，次にキリスト教民主主義政党が政党システムの中心的な位置を占める大陸ヨーロッパの6カ国を見てみよう（図7.7）．ヒューバーとスティーブンスによれば，この地域ではフランスを除けば1980年代と1990年代には公務員数がほとんど変化していない（Huber and Stephens 2001, 210-211）．しかし，

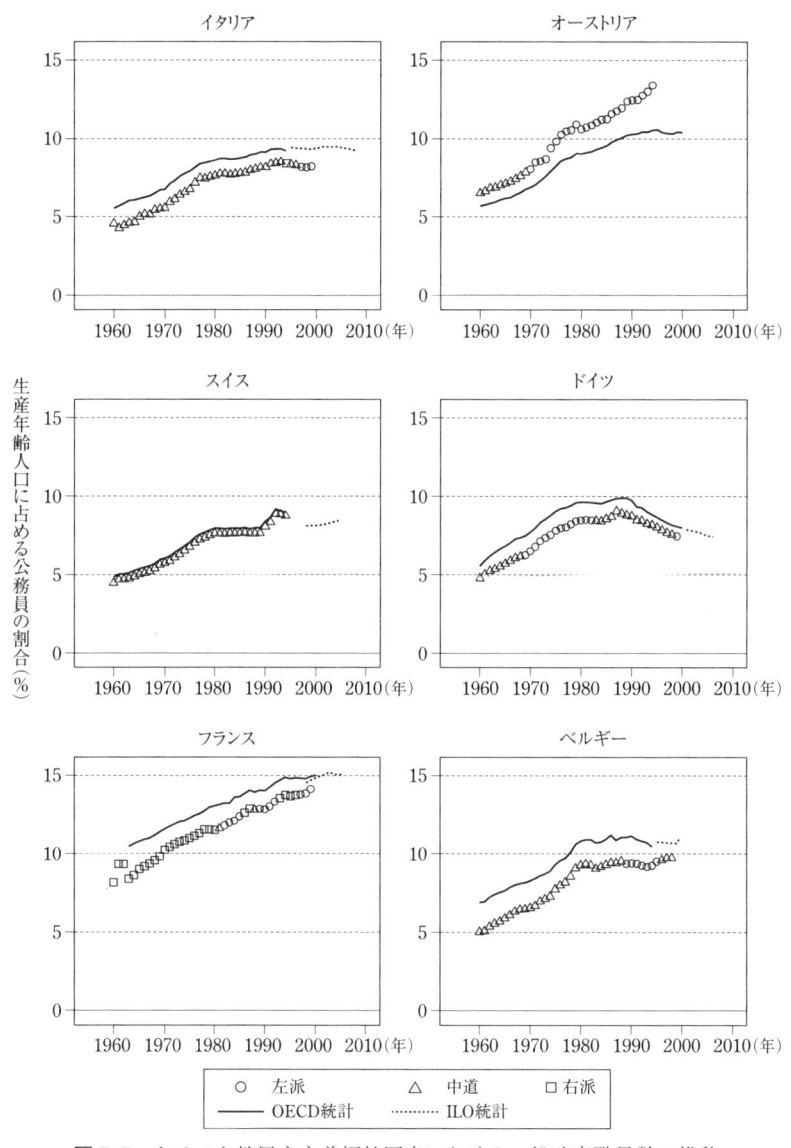

第 2 節　政権の党派性と福祉国家改革　　　243

図 7.7　キリスト教民主主義福祉国家における一般政府職員数の推移

これらの国々では北欧諸国に比べると1970年代以前は公務員数の増加するペースが緩やかであるものの，データを見る限りでは，やはり1980年代初頭に公共部門の拡大を止めた国とそうでない国に分かれている．ドイツ，ベルギー，スイスの3カ国は，1980年頃を境に公務員数の増加が止まった事例である．ベルギーでは，キリスト教民主主義政党，社会民主主義政党，自由主義政党がフランス語系とオランダ語系に分かれて組織されており，キリスト教民主主義政党を中心とする連立内閣が常態であったが，公務員数は1980年頃まで伸び続けた後に横ばいとなった．スイスでは，主要四政党による大連立政権が1959年以後一貫して続き，公務員数は1980年頃まで増加が続いた後に横ばいとなった[9]．ドイツでは，キリスト教民主同盟（CDU）とSPDが交互に政権を担当する中で，公務員数は1980年代初頭にSPD政権下で増加が止まり，東西ドイツ統一後は持続的に減少を続けている．これに対して，オーストリアとフランスでは1980年代を通じて公務員数の増加が続いた．オーストリアでは大部分の期間で社会党（1991年から社会民主党）が政権を握り，国民党と大連立政権を組むことも多い．OECDの一般政府職員数を示す線がヒューバーとスティーブンスのデータに基づく一般政府職員数よりも低い数値を示していることから，彼らのデータには国営企業職員が含まれているものと思われるが，いずれにせよ1990年代半ばまでは公務員数の増加傾向は変わらない．フランスでは長い保守支配の後に，社会党のフランソワ・ミッテラン政権が成立した1981年以後，幾度かの政権交代やコアビタシオンが生じたものの，データを得られた範囲では公務員数の増加は現在まで続いている．判別が難しいのはイタリアの事例である．第二次世界大戦後，イタリアではDCが1992年までほぼ一貫して政権を掌握してきた．1980年代の公務員の増加は極めて緩やかではあるが，それが完全に止まったのは1990年代に入ってからである．

　最後に検討するのは，自由主義政党の強い英語圏の6カ国である（図7.8）．ヒューバーとスティーブンスによれば，1980年代にはカナダで公務員数が増加し，イギリスとアイルランドで減少した．1990年代には，イギリスで大き

---

[9] 1990年から1994年まで公務員数が急に増えているように見えるのは，この期間のみデータの出典が違うからである（Cusack 1998）．ILOのデータを見ると分かる通り，実際には公務員数は変化していない．

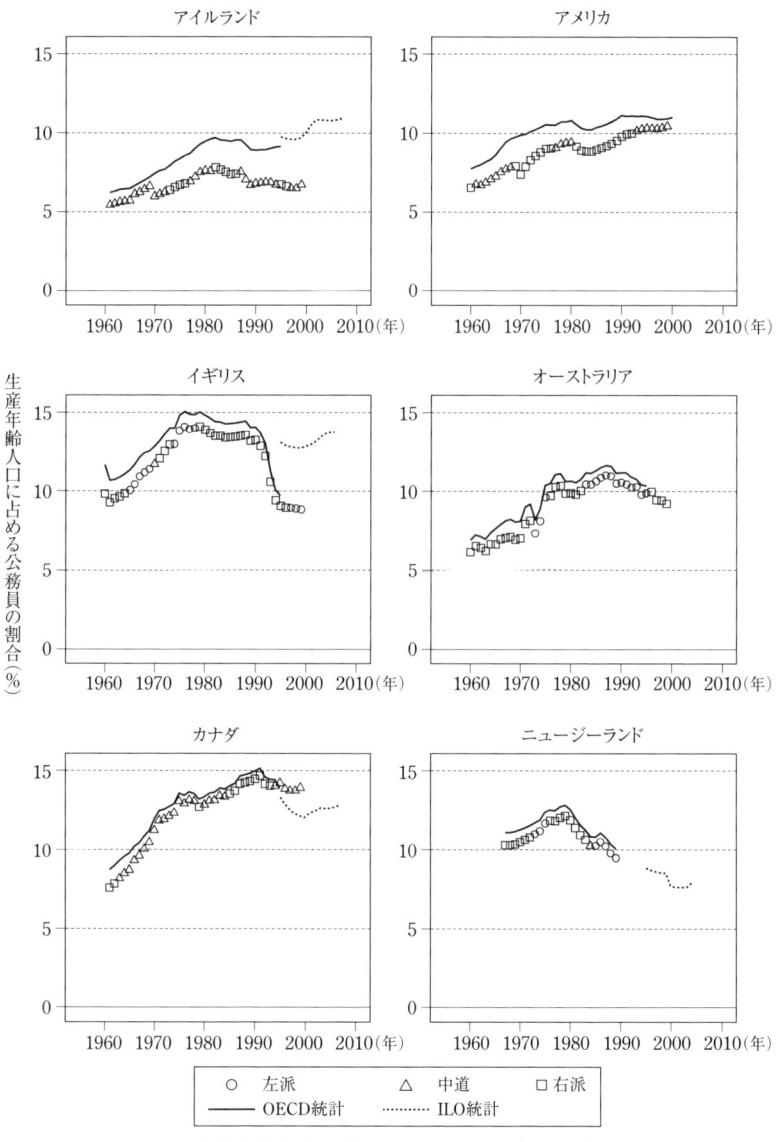

第2節　政権の党派性と福祉国家改革

図7.8　自由主義福祉国家における一般政府職員数の推移

な削減が行われた以外は，公務員数は大きくは変わらなかったという（Huber and Stephens 2001, 210-211）．この中で，イギリスの公務員数の増加が労働党政権下の1970年代半ばに止まったのは前章で見た通りであるが，保守党政権下の1990年代初頭に関しては，ILOのデータを見ると，OECDのデータが示すほどには実際の職員は減少していない．その理由は，1989年のNHS改革で誕生したNHSトラストの職員がOECDのデータでは公務員に含まれていないためである[10]．ニュージーランドでは，1984年に始まる労働党政権下での行政改革が知られているが，一般政府職員数の増加は，既に1970年代の国民党政権下で止まっている．アイルランドでは，1980年代前半にフィナ・ゲール政権が大規模な財政改革に乗り出したことが知られており，公務員数もその頃に減少に転じた[11]．一方，アメリカでは1970年代の民主党カーター政権期には既に公務員数の増加が止まっており，少なくとも新自由主義改革の旗手とされるレーガンの1981年の大統領就任に伴う目立った変化を見ることはできない．オーストラリアでは，データの連続性が疑わしいため，公務員数の増加が止まった時点を正確に特定するのが難しいものの，1975年から1983年まで続いた自由党政権の下で公務員数が横ばいに転じている．例外は，公務員数の増加傾向が進歩保守党政権下の1990年代初頭まで続いたカナダである．OECDとILOの統計データの連続性に問題があるため，公務員数の増加が止まった時点を特定するのは難しいが，転換点を見出すとすれば1990年前後である．

以上，先進諸国における公務員数の増加が停止した経緯を，政権の党派性に言及しながら辿ってきた．ここでは，大きく分けて二つの知見が得られる．第一は，公務員数の増加が止まるパターンの多様性である．例えば，キリスト教民主主義政党を中心とする連立政権の続いたベルギーや，大連立政権が続いたスイスのように，似たような政党が長期に渡って政権を担った国では，その統治の続く中で直面する経済的な難局に対処するために政府が公務員数の抑制に

---

10) Pontusson (2005, 190-191) は，OECDのデータを参照し，NHSを中心にイギリスの公共部門における大規模な雇用削減が行われたと述べる．しかし，これはNHSトラストに移行したNHS職員を民間企業の社員と同列に扱う点でやや一面的な議論だと思われる．

11) ただし，アイルランドについてはヒューバーとスティーブンスの文民一般政府職員数のデータがOECDの軍人も含めた一般政府職員数全体とILOの一般政府職員数の両者から大きく乖離しており，実際よりも少し低めに出ている可能性が高い．

第2節　政権の党派性と福祉国家改革

表7.2　行政改革と政権党

	右派政権が公務員数の増加を止めた国	それ以外の政権が公務員数の増加を止めた国
1985年以前に公務員数の増加を止めた国	アイルランド，オーストラリア，デンマーク，ニュージーランド	アメリカ，イギリス，イタリア，スイス，スウェーデン，ドイツ，ベルギー
1986年以後に公務員数の増加を止めた国	カナダ	オーストリア，ノルウェー，フィンランド

踏み切った．また，スウェーデンとデンマークという，似通った政党システムを有する2カ国では，1980年代の初頭に正反対の方向への政治変動が生じたにもかかわらず，同じような形で公務員数の増加が止まっている．

　第二は，公務員数の増加が止まるタイミングの多様性である．どの福祉国家の類型を見ても，1980年代に明確に公務員数の拡大が止まった国もあれば，1990年代まで従来と変わらず公務員数の増加が続いた国もある．少なくとも，1980年代に全ての国で行政改革の時代が到来したという解釈をデータから明確に引き出すのは困難である．その結果をまとめたのが，表7.2である．この表では，ヒューバーとスティーブンスが福祉国家の拡大局面を1985年で区切っているのに倣い，1985年までに公務員数の増加が止まった国とそれ以外の国を区別した上で，その政策転換が右派政権下で行われた国とそれ以外の国を分けて示した．ここから分かるのは，右派政権の下で公共部門が改革に転じるという一般的なイメージに従う国が比較的少数だということである．その中でも，明確に左派政権から右派政権への交代に伴って1980年代に公務員数の増加が止まった事例は，デンマークに限られている．

　このように，先進各国では1980年代に一様に公務員数の増加が止まったわけでもなければ，右派政権が率先して行政改革に踏み切ったというわけでもなかった．少なくとも公務員数の動向を見る限り，行政改革の時代は，サッチャーやレーガンの登場によってもたらされたのではなかったのである．

　それでは，改革の原動力は何か．この点に関して，ヒューバーとスティーブンスは，統計分析と比較事例研究に基づいて，失業率が上昇したことの影響を強調する．1970年代以後，経済のグローバル化によって自律的な財政・金融政策の余地が狭まったことを含め，様々な要因から失業率が上昇し，それが社

会保険財政を圧迫した結果，福祉国家改革が開始されたというのが，その解釈である（Huber and Stephens 2001, 219-220）．しかし，既に見てきたように，福祉国家の拡大局面とは異なり，改革局面においては全ての政策分野を単一の要因で説明するのは難しい．失業率の上昇は失業保険や年金の給付額を膨らませるかもしれないが，公務員の人件費の増加に直結するものではない以上，その要因によって行政改革を説明するのは，決して説得的ではない．我々に必要なのは，公共部門の人件費に直結したメカニズムなのである．

第3節　給与問題と行政改革

　福祉国家研究の中で，行政改革のメカニズムを他の政策分野とは異なる形で定式化しているのは，コーポラティズム論である．この議論に従えば，集権的な賃金交渉制度はインフレの抑制を通じて福祉国家の拡大に貢献する．そうした制度を持つ国の中で，公共部門の賃金要求を抑えきれなくなった国は行政改革に乗り出し，それを抑制できる国では公共部門の拡大が続く．本書がこの議論に付け加えることがあるとすれば，そのようなメカニズムが作用するのはコーポラティズム型の賃金交渉制度を採る国に限らないということである．本節では，1990年代まで公務員数の増加が続いた事例として，オーストリアとフランスを取り上げる．

1．コーポラティズムと官公労組

　政府の立場から見れば，行政改革を開始する動機は，公務員数の増加が望ましくない経済的影響をもたらすという認識である．日本の事例では，人事院勧告に基づく外生的な給与水準の上昇が，国際収支の制約の下での経済政策の運営を妨げ，早い段階で行政改革を促す重要な原因になった．その論理を一般化すれば，日本の事例とは逆に公務員の給与決定において政府に強い権限を与える制度を持つ国では，行政改革の先送りが可能となると考えられるのである．
　様々な福祉国家の理論の中で，公務員の給与水準の抑制を重視する点で本書の考え方と近い発想に立つのが，コーポラティズム論である．この議論に従えば，賃金交渉制度のあり方は経済パフォーマンスに大きな影響を与える．特に，

賃金交渉が労使の頂上団体に集約されている国では，労働者の交渉力が強化されるだけでなく，頂上団体による統制を通じて労働組合に賃金要求を自制させることができるため，失業とインフレを共に防止し，福祉国家の拡大と経済パフォーマンスの維持という二つの目標を両立することが可能となる（Cameron 1984; Katzenstein 1984）．ジェフリー・ギャレットの研究によれば，こうしたコーポラティズム型の労使関係を維持するための最大の障害が，公務員数の増加である．その議論の特徴は，コーポラティズム型の賃金交渉制度を，労働者全体の賃金上昇を抑制する仕組みではなく，国際競争に晒される輸出産業に比べて賃金抑制のインセンティブの低い国内部門，特に公共部門の労働組合による賃金上昇を抑制する仕組みとして捉えたことにある．すなわち，官公労組の賃金要求を抑止することでインフレを抑え，輸出部門の競争力を維持することこそ，コーポラティズム型の国における良好な経済パフォーマンスの源だというのである（Garrett 1998, 26-50）．

　ギャレットの議論に従えば，公務員数が増加し，官公労組の影響力が増すと，賃金水準の抑制が難しくなる結果としてインフレ傾向が強まる上に，人件費を賄うための租税負担が重くなることを通じて輸出部門の競争力が削がれてしまう．ギャレットが念頭に置いていたのは，普遍主義的な福祉国家として知られた北欧諸国が1990年代に直面した深刻な経済危機であった．公務員数の増加によって経済パフォーマンスが損なわれたからこそ，これらの国々では1990年代に大規模な行政改革が実施されたのだとギャレットは解釈する（Garrett 1998, 148-150; Garrett and Way 1999）．

　実際，公務員の人件費が経済状況を悪化させるという状況は，しばしば公共部門の拡大を止めるという結果をもたらした．この点に関してよく知られているスウェーデンの事例では，スウェーデン労働総同盟（LO）とスウェーデン経営者連盟（SAF）に集権化された賃金交渉の仕組みから，1970年代にはホワイトカラー組合の台頭と公共部門の拡大によって，複数の組合ブロックが賃金交渉を行う状態へと転換していた．LOにおいても公共部門の労働者の比重が高まり，1980年には官公労組が共同戦線を張って賃金の引き上げを求めた結果，最終的に「大紛争」と呼ばれるストライキに至った（Kjellberg 1992, 102-103; Benner and Vad 2000, 414-416）．

官公労組が賃金交渉において大きな役割を果たすようになったことは，スウェーデンの経済状況の悪化とも相まって民間部門の反発を呼んだ．公務員の給与がインフレ圧力を生み，財政支出を膨張させた結果，生産性の高い輸出部門の労働組合は不満を募らせ，特に工場労働者組合（Fabriks）や金属産業労働組合（Metall）は 1980 年代になると明示的に官公労組を批判するようになった（Swenson 1991, 383）．こうした民間労組の批判の背景にあったのは，スウェーデン経済の苦境である．石油危機後の不況によって 1976 年に社会民主労働党が政権を失い，代わって登場した中央党を中心とする中道右派政権の下で大規模な財政出動が行われた結果，1982 年には財政赤字が GDP の 13％ に達した．その一方，賃金上昇による輸出部門の競争力の低下を食い止めて国際収支を安定させるべく，クローナ相場も 1977 年と 1981 年に切り下げられた．中道右派政権の末期には，肥大した公共部門に対して批判が集中し，歳出削減を行うと共に，公務員数の伸びを抑制する方針が示されるようになった．

　ここで重要なのは，こうした政策転換が中道右派政権の退場後に本格的に実行されたことである．1982 年に社会民主労働党がオロフ・パルメの指導の下に政権復帰を果たすと，その政権初日に輸出促進策としてクローナの 16％ 切り下げが行われ，同時に賃金を抑制することに加えて，公共部門の規模を縮減する方針が発表された．この「第三の道」と称される社会民主労働党の政策転換は，その支持基盤である労働組合の要求に反するものであり，1982 年の選挙に際しても LO は為替相場の切り下げに否定的な見解を示すと共に，公共事業費の増額を通じて総需要を回復するべきだと主張していた．こうした政策を主張する LO の経済学者たちは，パルメ政権下でチェル＝オロフ・フェルト蔵相のアドバイザーとして任用された経済学者たちと活発な論争を繰り広げたものの，その意見が採用されることはなかった（Pontusson 1992, 116）．

　このように，コーポラティズム論は官公労組によって集権的な賃金交渉制度の効果が減殺されることを通じて行政改革への道が開かれると考える．この立場に従えば，コーポラティズム型の賃金交渉制度を持つ国が公共部門の拡大を続けるには，公務員の給与水準の上昇の弊害が生じないことが条件になる．

　その条件の一つは，国際収支の制約が欠如していることである．前節で見たように，ノルウェーは 1990 年代まで，フィンランドは 1980 年代まで公務員数

の増加が続いた事例である．ノルウェーでは，1960年代の北海油田の発見により，1970年代の石油危機の際には他の先進諸国とは逆に好況を経験することになった．さらに，石油収入によって財政的制約が緩和された結果，1990年代まで公務員数が増加を続けることになった（Olsen 1996, 185-195）．フィンランドの場合，対ソ連輸出の急伸によって石油危機後の不況を短期間で脱出し，1980年代には公共部門の持続的な拡大と，日本をも上回る急速な経済成長を経験した．その後，冷戦の終結とソ連崩壊によってフィンランド経済が深刻な危機に陥った結果，社会保障支出が大幅に削減され，1990年代の行政改革が開始されたのである（Huber and Stephens 2001, 259-262）．

しかし，こうした条件が欠けている場合，行政改革が開始されるかどうかは，公務員の給与制度に依存することになる．つまり，公務員の給与を有効に抑制する仕組みがあれば，行政改革を先送りすることが可能になるのである．

2. 例外的なコーポラティズム：オーストリアの事例

官公労組の拡大に伴うコーポラティズムの危機を避けた例外的な事例として，ギャレットはオーストリアの事例に言及している（Garrett 1998, 149）．すなわち，オーストリアでは官公労組の交渉力が制限され，その結果として賃金上昇による経済パフォーマンスの悪化を防ぐことができたというのが，その議論である．他の論者も，賃金の平準化を追求しないという意味でのコーポラティズムの例外としてオーストリアに言及することが多い（Iversen 1999, 152; Pontusson 2000, 310）．

ギャレットらの認識の根拠を確認する上で参考になるのが，フランツ・トラクスラーによる公共部門の賃金交渉制度の研究である．この研究は，賃金を含む労働条件の決定方式を，団体交渉，政府による一方的な規制，および両者の混合という三つのタイプに分けている．その中で，オーストリアは日本と同様に団体交渉制度を欠いた国に分類されている．オーストリアの公務員には協約締結権がなく，官公労組と政府の非公式の交渉は行われるものの，最後は立法措置で給与が決定されるためである（Traxler 1999, 59）．さらにオーストリアは，連邦制国家でありながら，アメリカやカナダと異なり公務員の給与決定が集権化されている点にも特色があり，他の多くの国々が1970年代後半からよ

り分権的な給与決定方式に移行する中でも従来の制度を維持した国として際立っていたとされる (Traxler 1999, 60-61).

もともと, 比較政治経済学者の間では, オーストリアは, 1970年代に先進各国が危機に直面する中で, 失業率・インフレ率・経済成長率に関して日本やドイツにも劣らない素晴らしいパフォーマンスを発揮した事例として知られてきた. 石油危機によってインフレ率が上昇して成長率が低下すると, オーストリアは積極財政を行って需要の喚起に努める一方, 為替相場をドイツ・マルクと連動させてインフレを防止し, 所得政策による賃金の抑制で企業の国際競争力を確保した (Scharpf 1991, 56-69; Guger 1998, 40-45). こうした政策の組み合わせを可能とした要因として先行研究が一致して挙げているのが, ÖGBと連邦経済会議所 (BWK, のちWKÖ) を頂点とするコーポラティズム型の賃金交渉制度である. ÖGBは民間部門と公共部門を横断して労働者の60%を組織する一方で, BWKは経営者のほぼ全てを掌握しており, 賃金交渉は両者の間に集約されていた (Traxler 1992, 282-292).

こうした集権的な賃金交渉制度は, スウェーデンのように官公労組の台頭によって揺らぐことなく, 1980年代にも安定的なパフォーマンスを発揮した. 既に指摘されている通り, コーポラティズム型の制度を持つ他の国々の労働組合の頂上団体と比較した際のÖGBの特徴は, 完全雇用の達成を重視する一方で, 部門間の賃金の平準化を目標としては採用せず, 経済的不平等の是正を福祉政策による所得の再分配に委ねたことにある. このようにÖGBがインフレの抑制が求められる中で完全雇用を賃金の平準化に優先した理由については, 決定的な学説はない (Pontusson 2000, 305-315). しかし, その方針を実行することが可能だった理由は, ÖGBが労働運動において独占的な地位を確立していたことにあるとされる. ÖGBは傘下の組合の資金と人員を完全に統制し, 各組合はÖGBの規約においてはÖGBの支部として位置付けられていた. こうした制度が生み出されたのは, 労使対立がナチス・ドイツの介入を招いた過去の反省の上に, 戦後には極度のコンセンサス主義が採用されたためだと言われている (Flanagan, Soskice, and Ulman 1983, 52-56; Katzenstein 1984, 47-48; Scharpf 1991, 178-181).

こうしたオーストリアの賃金交渉制度は, 官公労組の交渉力を制限し, 民間

部門との賃金水準の平準化を求める圧力を和げることを通じて，政府が財政政策の一環として公務員の給与を抑制するという手段を取りやすくするものであったと考えられる．オーストリアには，日本のような給与水準を民間に合わせて補填する仕組みもなく，1980年代を通じて公共部門の賃金の上昇率は民間部門に大きく後れを取った（Traxler 1992, 276）．こうして公務員の給与が抑制されたのとは対照的に，オーストリアの公務員数は多くの先進諸国と比べて遅い時期まで拡大を続けた．もともと，1970年代においてもオーストリアの公務員の給与水準は低く抑えられており，1968年から1973年にかけての高度経済成長期には賃金の高い民間部門に労働者が流れ，国営企業や地方自治体を中心に公共部門では多くの欠員が生じた．このことは他方で，第一次石油危機後の景気の後退に際して，地方自治体の職員を中心に大幅な雇用創出を行うことで失業率を低く抑えることを可能とした（Scharpf 1991, 58）．1980年代に財政状況が悪化した際にも，大規模な行政改革は実施されず，公共投資の削減と国営企業における株式の部分的な売却による収入で乗り切った結果，オーストリアで公務員数の抑制が本格的に開始されたのは1990年代後半になってからであった（Guger 1998）．

3. 政府主導の給与設定：フランスの事例

公務員の給与制度の効果に注目することの利点は，コーポラティズム型とは言えない国でも行政改革が遅くまで行われなかった事例が視野に入ることである．中でも，フランスの事例は1980年代の先進国における行政改革の流行に対する重要な例外である．フランスは，日本と同様に労働組合の組織率の低さと政策過程からの排除によって，「労働なきコーポラティズム」（Pempel and Tsunekawa 1979）の事例として位置付けられてきた（Lehmbruch 1984, 65-66）．フランスでの左派政権の誕生は1981年のミッテラン政権を待たねばならず，比較的組織率の高い公共部門においても労働総同盟（CGT）や労働者の力（FO）などの組合が分立していた（Page 1985, 114-117; Goetschy and Rozenblatt 1992, 407-419）．それにもかかわらず，フランスでは日本と対照的に先進国の中でも最も遅い段階まで公務員数の増加が続き，現在では北欧諸国に次ぐ規模の公共部門が出現したのである．

この例外的な事例を説明する上で無視できないのが，フランスの公務員の給与制度である．西村美香やデヴィッド・マースデンの研究によれば，公務員の団体交渉権を認めるものの，協約締結権を認めないフランスは，政府の権限の強い事例として位置付けられている．そして，連邦制であるアメリカやカナダと異なり，単一国家であるフランスでは給与決定が中央政府に集約されている．このため，フランスでは政府による一方的な給与決定が行われる傾向があり，団体交渉の結果を尊重するかどうかに関しても政府が最終的な決定権限を与えられている（Marsden 1994, 13, 41；西村 1999, 256）．

　戦後フランスは，積極的な経済計画と産業国有化によって国家主導の経済発展を遂げた事例として注目されてきた（Shonfield 1965, 71-87, 121-150）．しかし，そのモデルは 1960 年代末から限界が見え始めた．1969 年 4 月のシャルル・ド・ゴール政権の崩壊と，1970 年代の社会党と共産党の協調による左派の進撃により，ヴァレリー・ジスカールデスタン政権下では最低賃金の引き上げや社会保障支出の拡大が行われる一方，国営企業の合理化は進まず衰退産業に多くの補助金が吸収され，輸出市場で隣国のドイツに大きな後れを取る事態に陥っていた．石油危機は経済状況を一層悪化させ，ジスカールデスタン政権が退陣する時点では，インフレ率が 13％，失業率は 7％ に達していた．その一方でフランスが 1979 年に欧州通貨制度（EMS）に加入すると，フラン相場をドイツ・マルクに合わせるために国内的な景気の引き締めが必要となり，「非計画化」が進められた．こうした政府の市場への介入を弱める流れに反対した社会党のミッテランが 1981 年の大統領選挙で政権を獲得すると，社会福祉の大幅な拡充と産業国有化を含む大胆な「一国社会主義」の実験が開始されたが，この試みは 1 年後には大規模な資本逃避と通貨危機に見舞われ，「U ターン」へと追い込まれた．フランス政府は，ヨーロッパ諸国との通貨統合を国内的な政策の自律性に優先させたのである（Hall 1986, 164-226; Levy 2000, 316-324）．

　フランスにおける 1970 年代以降の経済危機への取り組みに関して特筆するべきは，その危機への対応において公務員の賃金上昇が重要な制約要因とならなかったことである．ミッテラン政権以後の国際収支問題が緊縮財政を迫る中で，公共部門の人件費への対応も財政政策上の課題となったが，フランスでは，

第3節　給与問題と行政改革

行政改革ではなく，給与の抑制による対応が行われた．社会党政権下での経済政策の転換の際には賃金と物価の凍結が行われ，官公労組と政府の間で給与をめぐる合意が成立しない状態が続いたが，その際には政府が一方的に給与を設定した．公務員の給与の抑制策はインフレの進行に対する歯止めとしての役割を期待され，それによって公務員の実質的な給与は1984年から1988年の間に10％低下したと言われる．それに対しては，民間部門と比較した賃金水準の低下に不満を持った組合によるストライキが頻発することになった（Goetschy and Rozenblatt 1992, 425-426; Goetschy 1998, 386-388）．

「Uターン」後のフランスの経済政策は，緊縮財政の導入，産業政策からの撤退，国営企業の民営化，金融規制の自由化など，従来の国家主導の経済政策とは大きく異なる方針が打ち出されたことで知られている．その一方で，1980年代のフランスは，自由化によって生じる経済的な混乱を最小化するべく，福祉政策の縮減ではなく拡充を行うことになった．衰退産業の整理を円滑に進めるため，年金の支給開始年齢の引き下げや退職金の積み増しが行われ，労働参加率は大幅に低下すると共に，労働力の移転を促進するために職業訓練など積極的労働市場政策が導入された．こうした福祉国家の持続的拡大に合わせ，フランスの公務員数も増え続けたのである（Levy 2000, 324-329）．

以上のように，オーストリアとフランスではそれぞれ別の事情から官公労組が政府に対して弱い立場に立たされるような制度が存在していた．オーストリアでは部門間の賃金平準化を志向しない頂上団体の下で，官公労組の交渉力が制約されており，フランスにおいては組合が分裂した状態にあるため政府に対して強い圧力をかけることができなかった．この2カ国を公務員の給与制度に関して同じ類型として扱うことは奇異に思えるかもしれないが，本書の観点から見ると，官公労組による賃金要求を抑制する仕組みを有しているという点で，2カ国は共通する特徴を持っていた．その結果，経済パフォーマンスの悪化と国際収支問題による財政的な制約に対して，公務員の賃金の抑制を通じた対応が図られ，結果として行政改革による公務員数の抑制が行われる時期が遅れたと考えられるのである．

小　括

　従来の福祉国家論は，脱工業化論にせよ，権力資源論にせよ，福祉国家の拡大を説明する理論としては極めて強力である．しかし，これらの理論は福祉国家の拡大が止まった後の展開を説明するものではない．年金制度改革，医療制度改革，行政改革など各分野における改革は，それぞれ異なる理由で，違う時期に行われる．それらを同じ要因で説明することは難しい．本章で行ったのは，その中でも行政改革のメカニズムに対象を限定して説明を行う試みであった．

　強調しておきたいのは，このメカニズムが従来の理論の隙間を埋めるものに過ぎないからといって，それを軽視すべきではないということである．今日では比較的小さな政府とされるイギリスの公務員数も，第二次世界大戦の終戦直後は北欧諸国とほとんど変わらなかった．北欧諸国との決定的な差は，イギリスが1970年代半ばという比較的早いタイミングで公務員数の増加を止めたことによって生じたものである．逆に，フランスはその歴史的な経緯を見れば社会民主主義福祉国家とは程遠いにもかかわらず，公務員の数は今日では北欧諸国に匹敵する水準に達しており，しばしば「公務員天国」と呼ばれるに至っている（下條 1999, 31）．この結果は，福祉国家の拡大局面だけを観察しても説明できないであろう．フランスの公務員が多いのは，他の先進諸国が主として1980年代に福祉国家の改革局面に入る中，公務員数を増やし続けた結果だからである．こうした各国における行政改革のタイミングの多様性は，それぞれの国の制度的な特徴を多かれ少なかれ反映する．現在，我々の目の前にある世界は，こうした変化が生じた後に残されたものなのである．

結　論

　本書で明らかにした通り，日本の公務員数が欧米先進国に比べて少ないのは，経済発展の早い段階で行政改革を開始し，その増加に歯止めをかけた結果である．そのような選択が行われた重要な理由として，本書は日本の政府が公務員の給与を抑制するための制度的な手段を欠いていたことに注目した．人事院勧告に基づく給与制度は，公務員の労働基本権に対する制約の代償として，その給与を保護する役割を果たす一方で，同時に財政的な制約に直面する政府の手を縛り，公務員数を抑制するための行政改革に乗り出すことを早くから促したというのが本書の主張である．

　この知見を念頭に置くならば，日本の公務員数が少ない理由を行政組織の効率性の高さに求める従来の見解は修正されなければならない．日本の公務員数が少ないのは，人員を増やす必要がなかったからではなく，むしろ必要な人員を増やさなかったからであるという可能性を本書は示唆しているからである．その帰結について考える上で参考になるのが，村松岐夫の見解の変化である．1990年代，村松は「日本の行政は明らかに一つの合理的な体系であった．その生産性は今日もきわめて高い」という認識に基づいて日本の官僚制を「最大動員のシステム」として特徴づけ（村松 1994, 4），「日本の省庁官僚制の最大動員という特徴を作り出している第一の要因は，リソースが少ないということである」（村松 1994, 28）と論じていた．その後の日本における官僚不信の深まりから今日の公務員制度改革に至る一連の流れを踏まえて，近年の村松は「日本の公務員の効率の確保，彼らの健全な権力の行使の確保のために，ヒューマンリソースの量が少なすぎることが問題ではないかとさえ思う」（村松 2008, 22），あるいは「日本の公共セクター雇用は縮小し，公共サービスの質は劣化した」（村松 2012, 4）と述べており，その判断を大きく転換している．

　本書で見てきたように，日本の公務員数が他国よりも少ないという条件は昔から変わっていない以上，村松の指摘する問題はかなり前から生じていたので

はないかと思われる．日本が先進国へと離陸する過程で，行政需要に対応した公務員数の増加を封じ込めるための強い抑制圧力が加えられた結果，活動的な官僚制による効率的な行政活動が行われるようになった可能性も否定はできないが，費用対効果の低い事業が外郭団体に委託され，定員削減の目標を達成するために天下りが行われ，不足する正規職員の穴を埋めるために待遇の悪い非正規職員が大量に採用された可能性もある．その意味で，今後も従来のように行政改革を続けて公務員数を減らしても，そこから日本の市民が得られるものは多くないというのが筆者の判断である．

以下，本書を閉じるにあたり，日本の公務員数が経済発展の早い段階で増加を止めたことに付随する理論的な論点を二つ挙げた上で，公務員制度と行政改革に関する本書の政策的な含意を述べる．

1. 古い現象としてのガバナンス

近年，日本では「ガバナンス」という言葉を聞くことが増えた．それは，政府の新しいあり方を指す用語として，「ガバメント」との対比で用いられることが多い．その一方で，この概念に込められる意味は論者によって極めて多様であり，そこに一定の内容を見出すことは難しい．その錯綜した状況を整理する考え方として，「ガバナンスという概念の第一の意義は，我々の社会の認識，理解において，何に目を向けるかを指示し，それにより今まで見えなかったものを視野に入れようとするヒューリスティックな機能にある」と述べる曽我謙悟の指摘は一つの参照点になるだろう．すなわち，ガバナンスという言葉を使うことによって「国際政治における様々な国際機構やNGO，国内政治における地方自治体やサード・セクター，あるいは企業レベルにおける株主以外の利害関係者」などが分析の対象となり，「政府から市民へのコントロール手段としての強制から様々なインセンティブ付与への注目の移動」が生じるのである（曽我 2004, 90-91）．

ここでは，曽我のいうガバナンス概念の「ヒューリスティックな機能」に二つの解釈がありうることを指摘しておきたい．それは，ガバナンスという概念を使わなければ記述できない現象が近年になって新たに生じたという解釈と，もともと存在していた現象がガバナンスという概念によって新たに見えるよう

になったという解釈である．世界が変わったと考えるのが前者であり，研究者が変わったと考えるのが後者である．

　欧米の学界におけるガバナンスの概念は，主として 1980 年代以降の経済のグローバル化や新自由主義的改革に伴う国家と市場の関係の変化を捉えるための概念として登場した．その用法は，大きく分けて二つある．第一の見方は，人間社会において国家の果たす役割を相対化するものである．この観点から最も良く知られているガバナンスの定義は，R. A. W. ローズの「相互依存，資源の交換，ルール，国家からの自立によって特徴づけられた，自己組織的な組織間のネットワーク」というものである．ここでの「ガバナンス」は，国家の「ヒエラルキー」と対比されつつ，「市場」とも区別された概念であり，サッチャー改革以後のイギリスにおける国家の役割の後退を認める一方で，そこに新自由主義的な改革論の描く市場中心の世界とは異なる社会秩序が出現していることを主張するための概念であった（Rhodes 1997, 15）．第二の見方は，ガバナンスの概念を，政府によるサービス供給の手段の変化に限定したものである．例えば，レスター・サラモンはアメリカ連邦政府を主たる素材としながら，公共政策上の問題に取り組む手法として「古典的行政」と「新たなガバナンス」を対比している．前者が①事業・部局，②ヒエラルキー，③官民の対抗関係，④命令と統制，⑤管理技能を重視するのに対して，後者は①政策手段，②ネットワーク，③官民の協力，④交渉と説得，⑤実施技能を重視する（Salamon 2002, 9）．以上の例において，ガバナンスの概念はそれまで存在しなかった現象を視野に入れるために使われているというべきであろう．

　しかし，本書の議論に従えば，このように 1980 年代以降に欧米で生じた現象を説明すべく生み出されたガバナンスの概念を日本にそのまま当てはめるべきではない．日本では，公務員数の増加が早い段階で止まった結果として，公共サービスの多くの部分が公務員以外の主体を通じて間接的に供給されるのは 1980 年代以前から常態だったと考えられるからである．そうである以上，ガバナンスという言葉によって視野に入る現象も，日本では目新しいものであるとは限らない．

　ここで視点を変えて，日本という国家の性格を理解しようと苦心した 1980 年代のアメリカの研究者たちの立っていた地点に立ち戻り，ガバナンスの概念

を日本の文脈に即して理解する方法を探りたい．もとより，欧米諸国を暗黙の比較対象とする彼らにとって，日本の公共部門は伝統的な概念では記述できない不思議な存在であった．チャルマーズ・ジョンソンの「開発国家」にせよ，ダニエル・オキモトの「ネットワーク国家」にせよ，それらは国家が直接的に権力を行使せず，それにもかかわらず市場経済とは異なる仕組みで日本の社会が運営されていることを捉えるために生み出された言葉であった（Johnson 1982; Okimoto 1989）．アメリカの国家を念頭に置くサラモンが「新たなガバナンス」の特徴として挙げる政治主体の間の「ネットワーク」的な関係，あるいは「交渉と説得」による影響力の行使などは，かつて日本における政策の実施過程を観察した外国人が見出した日本の官僚制の特徴そのものであり，必ずしも近年になって新たに生じたものではない．彼らの目には，日本の官僚制が民間企業や外郭団体と協力しながら政策を実施する有様は特異なものとして映ったことであろう．つまり，その概念だけを見れば，こうした1980年代のアメリカにおける日本研究者と，今日の日本でガバナンスという言葉を用いる研究者は，実は似通った現象を研究している可能性が高いのである．従って，研究者がガバナンスという言葉に込める意味が何であれ，それを現在の日本で生じている公共サービスの供給手段の変化の斬新さを強調するために用いるのは適切ではないというのが本書の含意である．

2. 閉ざされた女性の社会進出への道

日本の公務員数が政治的に低い水準に抑制されたという本書の議論は，一見すると公務員が不利益を受けたという話のようにも思えるものの，人事院勧告が機能する限りにおいて公務員は特に金銭的な不利益を被ったわけではない．むしろ，最も大きな不利益を被ったと考えられるのは，他の国であれば公務員になれたにもかかわらず，日本では公務員になることのできなかった社会集団，すなわち女性である．

日本の公共政策に女性の社会進出を抑制する要素が数多く含まれているのは，従来の研究の指摘する通りである．横山文野は，家族・年金・税制・育児・労働の各分野の政策思想の変遷を辿り，戦後日本の公共政策が1990年代に至るまで男性稼得者を中心とした「家族単位モデル」に基づいて設計されてきたと

論じた（横山 2002, 343-355）．逆に，堀江孝司はそのような一貫した政策思想の存在に懐疑的な見方を示し，そもそも「女性政策」が争点として重要ではなく，利害関係者も組織化されていないことから，いわゆる女性政策とは各時点の政府与党内の動きや省庁間の綱引きの副産物にすぎないと主張した（堀江 2005, 2-6）．いずれの立場が正しいにせよ，近年の日本ではこうしたジェンダー・バイアスを是正し，憲法に定められた両性の平等を実質化するための「男女共同参画」への動きが見られる．それに携わる人々が提唱するのは，民間部門の雇用における性差別の禁止や雇用形態別の待遇の均等化を通じて女性の安定した雇用を確保し，税制における配偶者控除や年金制度における第三号被保険者など，サラリーマンと専業主婦から構成される家族像を前提とする仕組みを見直し，育児や介護などこれまで主に女性の無償労働によって担われてきた活動を国家による支援を通じて社会化するアプローチである（大沢 2002, 203-234）．

　以上の論争の中で見落とされているように思われるのが，男女の平等を推進する上で公共部門における雇用の果たす決定的な役割である．アメリカの福祉国家研究において指摘されている通り，ある政策の効果が持続的に発揮されるのは，その政策が単に市民に便益を提供するだけでなく，新たな支持者を組織化する場合である（Skocpol 1992; Pierson 1994）．官僚や政治家などの政治エリートはもちろんのこと，フェミニズム運動も有力な政治主体であるのは間違いないが，その主張が実を結んで長期的に男女の平等化が推進されるためには，その政策が女性全体の政治的な組織力を向上させる必要がある．そのような組織の基盤として戦後の先進諸国において最も重要な役割を担った勢力は，間違いなく女性労働者であった．

　女性の組織化を行う上で，公共部門の雇用は非常に大きな役割を果たす．第7章で登場したヒューバーとスティーブンスは，左派政党の強い国では福祉国家が拡大しやすいという主張と並んで，次のような注目すべき議論を展開している．

> ［保育所や介護施設などの］福祉サービスの供給拡大によって，より多くの女性の労働参加が可能になると，それらのサービスに対する需要が一層

増大し，その需要は主として女性の雇用を通じて満たされる．さらに，福祉サービスが公共部門によって直接供給される国では，公共部門における女性の雇用が拡大する．公共部門においては労働組合組織率が高い以上，そこでの女性の労働参加の拡大は，女性の組織化を推進し，それによる女性の政治的動員の可能性を高めるのである（Huber and Stephens 2001, 47）．

ここで述べられているのは，男女の平等を実現するには何よりもまず女性が団結しなければならないという単純な論理である．そして，公共部門における雇用の拡大は女性の生活を保障すると同時に，その団結を助ける働きを持つのである．北欧諸国では，こうした政策のフィードバック効果が最も強力に作用した．例えば，スウェーデンの場合には労働力不足が深刻化した戦後の高度成長期に労働組合が移民労働者の受け入れを拒絶した結果，民間部門における女性の雇用が拡大し，1980年代初頭にかけて公共部門の拡大と一層の女性の社会進出がもたらされた．このメカニズムを通じて，元来は女性の社会的地位が特に高くなかったスウェーデンは，現在では世界で最も男女が平等な社会として知られるようになったのである（Huber and Stephens 2001, 126-127）．

本書の知見に従えば，日本では公務員数が増えにくい構造が存在する以上，今後も北欧諸国のような形で女性の社会進出が進む可能性は低い．日本における「男女共同参画」において，女性の社会進出とは民間部門における社会進出として考えられており，公共部門の雇用を通じた女性の社会進出は，女性管理職比率の向上という論点に集約されている．従って，今後の少子化対策の進展によって，これまで女性が家庭の内部で行っていた家事・介護・育児などを代替する社会福祉サービスの供給を国家が何らかの形で支援するとしても，それらのサービスは正規の公務員によって直接供給されるのではなく，より不安定で労働組合の組織率の低い雇用形態を通じて間接的に供給されることになるだろう．例えば，総務省が2012年に実施した地方自治体における臨時・非常勤職員に関する調査によれば，全国で約60万人に上る非正規職員の4分の3は女性であり，一般事務職員の他に保育士や給食調理員など女性の家事を代替する職種に集中していた[1]．そうした不安定な形態で女性が多く雇用されたとし

ても，それが北欧諸国のように女性の政治参加と社会的平等を促進するフィードバック効果を生むとは考えにくい．従って，仮に男女平等を推進するメカニズムが北欧諸国の経済発展の過程で作用したとすれば，日本は歴史の早い段階でそこに至る道筋から外れたと考えられるのである．

3. 行政改革の持続性と日本の公務員制度

　本書では，政府による公務員の給与水準のコントロールを難しくする公務員制度が，結果として公務員数の抑制を促したと論じた．しかし，一度開始された行政改革が今日まで持続してきたメカニズムについては，必ずしも重点的な考察を行ったわけではない．そこで，試論的にではあるが，ここでは行政改革がさらなる行政改革の呼び水となるメカニズムについて見通しを示しておきたい．

　そのメカニズムとは，公務員数の削減によって公共部門の相対的な給与水準が上昇し，民間部門の不満を生み出すというものである．一般に，行政改革が行われると，業務の効率化のために人員が削減され，あるいは民間委託によるコストの削減が図られる．この時，削減の対象となるのは，定型化され，置換の容易な業務である．そうした業務に従事する職員の賃金は低いことが多い以上，公務員の数が減るほど一人当たりの人件費は高くなる．こうした傾向を国際的なレベルで確認するべく，ここではOECD（2009）のデータに基づいて先進諸国における公務員数と人件費の関係を見てみよう．図8.1は，2007年の公務員一人当たり人件費の国民一人当たりGDPに対する比率を縦軸に，利用可能なデータの中でそれと時期の最も近い2005年の労働力人口に占める公務員の割合を横軸に取った上で，全体的な傾向を示すために回帰直線を当てはめたものである．図の上に行くほど，国民一人当たりGDPに対する公務員の人件費の水準は高くなる．一見すれば明らかな通り，公務員数の多い国ほど公務員一人当たりの人件費が相対的に低く，韓国を除けば回帰直線から大きく外れた国もない．その中で，日本は公務員の一人あたりの人件費が相対的に高い国に当たる[2]．

　1）「臨時・非常勤職員に関する調査結果について」http://www.soumu.go.jp/main_content/000215168.pdf（2014年3月31日アクセス）

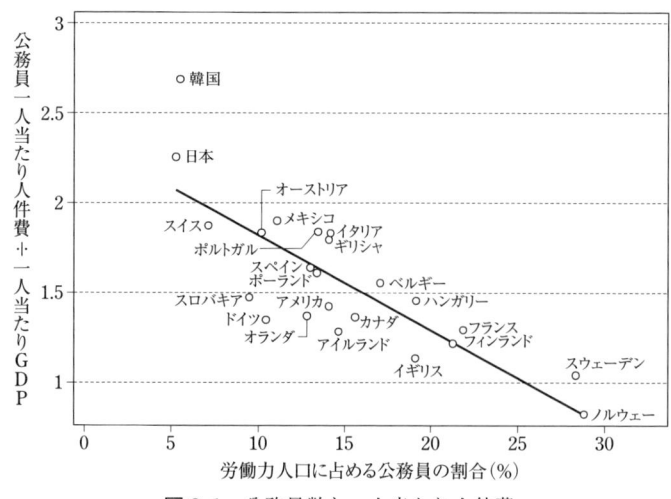

図8.1 公務員数と一人当たり人件費

(縦軸：公務員一人当たり人件費÷一人当たりGDP、横軸：労働力人口に占める公務員の割合(%))

 こうしたパターンを踏まえながら，次のような国を仮想的に考える．この国は民主国家であり，市民の要求は政府の意思決定に反映される．市民は，自分たちの支払っている税金が公務員の給与に充てられていることを知っており，政府が無駄な人件費を支出しないことを望んでいる．政府は，日本の人事院と同じように，民間部門における同等の職種との比較を考慮しながら公務員の給与水準を決める．しかし，こうした比較を行うための材料を持たない一般市民は，単純に民間部門と公共部門の平均的な賃金を比較することで公務員の給与水準を判断する．ある年の予算が決められる際，公務員の平均的な賃金が民間部門よりも高いということを知った市民は，公共部門の給与が高すぎると考え，政府に人件費の削減を求める．しかし，政府の側では給与水準を精密に比較することができるため，民間部門との比較では給与を削減することができない．その結果，政府は特に公務員でなくても実施できるような低賃金の業務を民間に委託し，人件費を節約して市民の要求に応える．翌年になり，市民は再び民

---

2) 日本の給与制度自体が公務員の人件費を引き上げているという指摘もある．例えば，稲継 (2005, 3) は日本の公務員の平均的な給与の高さをイギリスと比較し，その原因を下級公務員の給与が高く「下に厚い」給与体系に求めている．しかし，先進国全体を視野に入れた上でこうした分析を行っている研究は未だ存在しない．

間部門と公共部門の平均的な賃金を比較する．既に前年に低賃金の業務は民間に委託されてしまっているので，公務員として残るのは高賃金の人材に限られており，その結果として公務員の平均的な給与水準は上昇する．これに対して，民間部門には低賃金労働者が参入し，その平均賃金は低下する．その結果，市民の目から見れば公共部門はさらに民間部門に比べて高い賃金を得ているように映る．従って，市民は前年よりも強い調子で無駄の削減を政府に求める．

 こうしたスケッチは，試論の域を出るものではない．しかし，この論理に従えば，一般市民が公務員の給与の平均にしか目配りしない限り，行政改革による「無駄」の削減は公共部門に対する市民の不満を逆に高めてしまう可能性がある．特に，不況期において民間部門の雇用と賃金が不安定化する局面では，市場競争に対する脆弱性を持たない公共部門の平均的な賃金の高さは際立つことになる．公共部門に残る数少ない公務員は，安定した雇用と賃金を保障された特権階級と見なされ，民間部門において不安定な生活を強いられる多数の労働者の批判を浴びる．これは，二重労働市場のインサイダーである正社員が，アウトサイダーである非正規労働者や失業者の批判を受ける構図を，公共部門と民間部門の間で再現するものである[3]．

 そのことを頭に入れた上で，今日の日本における公務員制度に関して，本書から得られる政策的な含意を簡単に述べる．2001年の中央省庁再編後の日本では，それに続く行政改革の議題として，公務員制度改革が政治日程に上ることになった．その主たる内容は，幹部公務員に対する内閣の人事権の強化による能力主義の導入である．2008年6月には，福田康夫内閣の下で，内閣人事局の設置，キャリア・システムの廃止，天下りの一元管理などを含む国家公務

---

[3] Rueda (2007, 12-17, 40-47) に従えば，一般にインサイダーは雇用の保障を求める一方で，アウトサイダーはそうした雇用の保障よりも労働市場の流動化と新規雇用の創出を求める傾向がある．Garrett and Way (1999) は，国際競争力を維持するために賃金の抑制を強いられる民間部門とそうした制約に直面しない公共部門の対立が特に公務員の多い国で激化することを強調するのに対して，Martin and Thelen (2007) は，公務員数の多い国の方が官公労組が国全体の経済パフォーマンスを考えるため，賃金抑制に同意しやすく，また民間部門と協力して雇用創出に取り組みやすいと論じている．ただし，これらの論者はここで論じているような公共部門の給与水準の見かけ上の高さそれ自体がもたらす公務員に対する一般市民の不満を念頭に置いていない．

員制度改革基本法が成立した．ただし，そのプログラムを実行するための関連法案は，公務員に協約締結権を付与することなく法案の成立を図った自民党に対する人事院の抵抗もあり，結局は廃案になった．2009年9月に成立した民主党政権の下では，国家公務員人件費の2割削減が公約とされていた上に，2011年3月11日に発生した東日本大震災の復興財源を捻出するべく人事院のマイナス勧告を超える大幅な給与水準の引き下げが議題に上り，労働組合の同意の下に協約締結権の付与と人事院の廃止を含む公務員制度改革法案が準備されたものの，野党となっていた自民党が労働基本権の回復に関して難色を示した結果，またも改革は頓挫した．2012年12月の総選挙に大勝して政権に復帰した自民党の第二次安倍晋三内閣の下では，労働基本権問題は再び後景に退き，内閣人事局への幹部公務員人事の一元化を中心とする国家公務員制度改革関連法案が2014年4月に可決・成立した．

　以上の経緯の中で，公務員制度改革とは基本的に政治家と幹部公務員の関係を整理するものであって，少数の政治エリートの間の権力関係をめぐる争点であった．政治指導者たちが政治家による官僚制に対する統制の強化を主張する一方で，それを観察する行政学者たちは内閣への人事権の集中が猟官制へと至る可能性を指摘し，公務員の政治的中立性および専門性とのバランスを確保することが大切だと論じてきた（村松2008, 18；2012, 17；牧原2013, 192）．

　しかし，本来こうした点は日本の公務員制度の解決すべき最も重要な問題ではなかったはずである．例えば，辻清明が『日本官僚制の研究』で展開した古典的な議論に従えば，第二次世界大戦後に成立した日本の公務員制度は，民主主義の経験を欠いていたために，官僚制に対する民主的統制の確保と，能率性の向上という課題に加えて，官僚制内部の民主化，すなわち幹部公務員に対する一般職員の地位向上という課題を抱えていた．

　この官僚制内部の民主化という課題に取り組むには，一般職員の待遇を改善し，身分を保障しなければならない．その障害となるのが，労働基本権を制約し，代わりに人事院勧告によって給与を決定する制度であった．辻の考えによれば，この制度の組み合わせは公務員の給与水準を必要以上に低く抑え，その地位を不安定なものにする性質を持つ．一方では，高い独立性を持つ人事行政機関が科学的な装いの下に公務員の給与を低い水準に設定する恐れがあり，そ

れに不満を抱いた職員たちは「役得」に走りかねない（辻 1969, 53）．他方では，労働基本権の制限された状態で政府が人員削減に乗り出せば，公務員の雇用が一気に不安定化する懸念もあった．この点において，日本の公務員制度は，「高級公務員に有利であるにかかわらず，下級公務員には不利な帰結を導く」ものだとされたのである（辻 1969, 56）．

　後知恵で歴史を語ることには慎重でなければならないのを承知で言えば，本書が明らかにしたのは，辻の前者の懸念が杞憂に終わったことによって，逆説的にではあるが，後者の懸念が部分的にせよ現実化したということである．設立直後は度重なる廃止の危機に直面した人事院が，長期的には一般の公務員の給与水準を引き上げるという役割を見事に果たしたことで，人件費の膨張への危機感を抱いた政府が早くから行政改革に乗り出し，その結果として日本では常に公務員数の抑制が重視されることになったと考えられるのである．

　こうした日本の公務員制度の持つ政策的なバイアスは，従来は顧みられてこなかったように思われる．財政状況の極端に悪化した今日の日本で公共部門の果たすべき役割を積極的に定義するのは決して簡単なことではないが，少なくとも現在の制度は公務員の給与と定員の内の前者を優先的に守る仕組みになっており，その意味において公務員数を必要以上に低く抑えている可能性がある．そうであるとすれば，公務員の労働基本権を回復し，人事院勧告制度を改めて団体交渉制度へと移行することは，労働者としての公務員の権利を守るという観点とは別に，人員削減に偏重した不必要な行政改革を防ぐという観点からも，より真剣に検討されるべきなのではないだろうか．

参考文献

1. 和　文

赤木須留喜　1966　「行政改革の論理と契機」『年報行政研究』5: 3-49.
浅井良夫　2001　『戦後改革と民主主義——経済復興から高度成長へ』吉川弘文館.
浅井良夫　2011　「360 円レートの謎」『成城経済研究』192: 1-44.
安孫子誠男　2010　「〈労働 - 福祉ネクサス〉論の問題圏——福祉国家の再解釈をめぐって」安孫子誠男・水島治郎編『労働——公共性と労働 - 福祉ネクサス』勁草書房.
有沢広巳・稲葉修三編　1966　『資料戦後二十年史 2　経済』日本評論社.
安藤良雄　1966　『昭和経済史への証言（下）』毎日新聞社.
飯尾潤　1993　『民営化の政治過程——臨調型改革の成果と限界』東京大学出版会.
飯尾潤　2007　『日本の統治構造——官僚内閣制から議院内閣制へ』中央公論新社.
五十嵐武士　1986　『対日講和と冷戦——戦後日米関係の形成』東京大学出版会.
伊木誠　1973　「単一為替レート設定の影響分析——経済安定本部『K 作業』を中心に」『国学院経済学』21 (4): 35-76.
池田勇人　1999　『均衡財政　附・占領下 3 年のおもいで』中央公論新社.
五十畑隆　1983　『戦後財政金融政策外史』日本列島出版.
井出嘉憲　1982　『日本官僚制と行政文化』東京大学出版会.
伊藤大一　1980　『現代日本官僚制の分析』東京大学出版会.
伊藤正直　2009　『戦後日本の対外金融』名古屋大学出版会.
伊藤昌哉　1985　『池田勇人とその時代』朝日新聞社.
稲継裕昭　1996　『日本の官僚人事システム』東洋経済新報社.
稲継裕昭　2005　『公務員給与序説——給与体系の歴史的変遷』有斐閣.
猪口孝・岩井奉信　1987　『「族議員」の研究——自民党政権を牛耳る主役たち』日本経済新聞社.
今井一男　1951　「終戦以後の給与政策について」大蔵省官房調査部・金融財政事情研究会編『戦後財政史室口述史料　第八冊』.
今井一男　1983　『実録　占領下の官公労争議と給与——大蔵省給与局長の回想』財務出版.
今村都南雄　1993　「第三セクターの概念と国会審議」今村都南雄編『「第三セクター」の研究』中央法規.
今村都南雄　1994　「行政組織制度」西尾勝・村松岐夫編『講座行政学　第 2 巻　制度

と構造』有斐閣.
上山和雄　2009　「東京オリンピックと渋谷，東京」老川慶喜編『東京オリンピックの社会経済史』日本経済評論社.
魚住弘久　2009　『公企業の成立と展開——戦時期・戦後復興期の営団・公団・公社』岩波書店.
宇賀克也　2008　『行政法概説 III』有斐閣.
内山融　1998　『現代日本の国家と市場——石油危機以降の市場の脱〈公的領域〉化』東京大学出版会.
梅川正美　1998　『イギリス政治の構造——伝統と変容』成文堂.
遠藤公嗣　1989　『日本占領と労資関係政策の成立』東京大学出版会.
大国彰　1978　「行革 2 法案の頃」『行政と管理』20: 48-50.
大蔵省財政史室編　1976a　『昭和財政史——終戦から講和まで　第 15 巻　国際金融・貿易』東洋経済新報社.
大蔵省財政史室編　1976b　『昭和財政史——終戦から講和まで　第 3 巻　アメリカの対日占領政策』東洋経済新報社.
大蔵省財政史室編　1980　『昭和財政史——終戦から講和まで　第 10 巻　国庫制度国庫収支・物価・給与・資金運用部資金』東洋経済新報社.
大河内一男　1970　『暗い谷間の労働運動』岩波書店.
大沢真理　2002　『男女共同参画社会をつくる』日本放送出版協会.
大嶽秀夫　1988　『再軍備とナショナリズム——保守，リベラル，社会民主主義者の防衛観』中央公論社.
大嶽秀夫　1997　『「行革」の発想』TBS ブリタニカ.
大嶽秀夫　1999　『日本政治の対立軸——93 年以降の政界再編の中で』中央公論新社.
大森彌　1980　「日本型組織管理——総量規制方式の特色と問題点」『組織科学』14 (2): 11-17.
大森彌　1994　「省庁の組織と定員」『講座行政学　第 4 巻　政策と管理』有斐閣.
岡田彰　1994　『現代日本官僚制の成立——戦後占領期における行政制度の再編成』法政大学出版局.
岡部史郎　1955　『公務員制度の研究』有信堂.
小野塚知二　1999　「労使関係政策」毛利健三編『現代イギリス社会政策史 1945〜1990』ミネルヴァ書房.
加藤栄一・林健久・河野惟隆　1982　「中央財政」武田隆夫・林健久編『現代日本の財政金融 II——昭和 40 年代』東京大学出版会.
金井利之　2012　「政策再編への制度設計」森田朗・金井利之編『政策変容と制度設計——政界・省庁再編前後の行政』ミネルヴァ書房.
蒲島郁夫　2004　『戦後政治の軌跡——自民党システムの形成と変容』岩波書店.

川手摂　2005　『戦後日本の公務員制度史――「キャリア」システムの成立と展開』岩波書店．
上林陽治　2012　『非正規公務員』日本評論社．
北岡伸一　1990　『国際化時代の政治指導』中央公論社．
北岡伸一　1995　『自民党――政権党の38年』読売新聞社．
北山俊哉　2011　『福祉国家の制度発展と地方政府――国民健康保険の政治学』有斐閣．
行政管理庁編　1961　『行政管理年報　第9巻』行政管理庁行政管理局．
行政管理庁編　1967　『行政管理年報　第12巻』行政管理庁行政管理局．
行政管理庁編　1971　『行政管理年報　第14巻』行政管理庁行政管理局．
行政管理庁編　1973　『行政管理庁二十五年史』第一法規出版．
行政管理庁史編集委員会編　1984　『行政管理庁史』行政管理庁．
草野厚　1989　『国鉄改革――政策決定ゲームの主役たち』中央公論社．
楠田丘・丸尾直美　1967　『所得政策』日本生産性本部．
楠田實　2001　『楠田實日記――佐藤栄作総理首席秘書官の2000日』中央公論新社．
久米郁男　1988　「戦後日本における行政の発展――試論」『季刊行政管理研究』42: 27-38．
久米郁男　1998　『日本型労使関係の成功――戦後和解の政治経済学』有斐閣．
経済企画庁編　1962　『戦後経済史（貿易・国際収支編）』大蔵省印刷局．
香西泰　1981　『高度成長の時代――現代日本経済史ノート』日本評論社．
神代和欣　1973　『日本の賃金決定機構――公共部門の賃金決定』日本評論社．
上妻美章　1976　『春闘――総評史の断面』労働教育センター．
河野勝　2002　『制度』東京大学出版会．
コーエン，セオドア　1983a　『日本占領革命――GHQからの証言（上）』TBSブリタニカ．
コーエン，セオドア　1983b　『日本占領革命――GHQからの証言（下）』TBSブリタニカ．
小島健司　1975　『春闘の歴史』青木書店．
古城佳子　1996　『経済的相互依存と国家――国際収支不均衡是正の政治経済学』木鐸社．
後藤基夫・内田健三・石川真澄　1982　『戦後保守政治の軌跡』岩波書店．
国公労連年史編纂委員会編　1998　『国交労働運動五十年史』日本国家公務員労働組合連合会．
小林丈児　1989　『現代イギリス政治研究――福祉国家と新保守主義』中央大学出版部．
小堀眞裕　2005　『サッチャリズムとブレア政治――コンセンサスの変容，規制国家の強まり，そして新しい左右軸』晃洋書房．
斉藤淳　2010　『自民党長期政権の政治経済学――利益誘導政治の自己矛盾』勁草書房．

榊原英資　2012　『財務省』新潮社．
阪田泰二・慶徳庄意　1952　「財政面からみた給与問題――初期の給与問題について」大蔵省官房調査部・金融財政事情研究会編『戦後財政史口述資料　第8冊』．
佐々木毅　1999　『政治学講義』東京大学出版会．
佐藤竺　1966　「臨調と官僚」『年報行政研究』5: 50-69．
佐藤栄作　1998　『佐藤栄作日記　第3巻』朝日新聞社．
佐藤誠三郎・松崎哲久　1986　『自民党政権』中央公論社．
佐藤達夫　1962　「国家公務員法成立の経過」『レファレンス』138: 1-31．
塩田庄兵衛・中林賢二郎・田沼肇　1970　『戦後労働組合運動の歴史』新日本出版社．
自治省　1971　『自治省十年の歩み』自治省．
自治労運動史編集委員会編　1974　『自治労運動史　第1巻』勁草書房．
自治労運動史編集委員会編　1979　『自治労運動史　第2巻』総評資料頒布会．
篠原三代平　1974　「360円レートへの仮説」『季刊理論経済学』25 (1): 1-9．
下條美智彦　1999　『新装版　フランスの行政』早稲田大学出版部．
新川敏光　1984　「1975年春闘と経済危機管理」大嶽秀夫編『日本政治の争点』三一書房．
新川敏光　1993　『日本型福祉の政治経済学』三一書房．
新川敏光　1999　『戦後日本政治と社会民主主義――社会党・総評ブロックの興亡』法律文化社．
新川敏光　2002　「福祉国家の世紀と階級政治――労資和解体制の成立と変容」宮本太郎編『福祉国家再編の政治』ミネルヴァ書房．
新川敏光・井戸正伸・宮本太郎・眞柄秀子　2004　『比較政治経済学』有斐閣．
人事院編　1968　『人事行政二十年の歩み』大蔵省印刷局．
人事院編　1978　『人事行政三十年の歩み』大蔵省印刷局．
人事院編　1998　『人事行政五十年の歩み』人事院．
菅原琢　2004　「日本政治における農村バイアス」『日本政治研究』1: 53-86．
曽我謙悟　2004　「ゲーム理論から見た制度とガバナンス」『年報行政研究』39: 87-109．
曽我謙悟　2013　『行政学』有斐閣．
空井護　1993　「自民党一党支配体制形成過程としての石橋・岸政権 (1957-1960年)」『国家学会雑誌』106 (1-2): 107-160．
空井護　2001　「池田内閣期の公労協春闘 (1)」『法学』64 (6): 681-714．
高野実　1958　『日本の労働運動』岩波書店．
宝樹文彦　2003　『証言戦後労働運動史』東海大学出版会．
田口富久治　1981　『行政学要論』有斐閣．
竹前栄治　1982　『戦後労働改革――GHQ労働政策史』東京大学出版会．
竹前栄治　1987　「革新政党と大衆運動」坂本義和, R. E. ウォード編『日本占領の研

究』東京大学出版会.
建林正彦・曽我謙悟・待鳥聡史　2008　『比較政治制度論』有斐閣.
谷村裕・近藤道生・福良俊之　1967　『財政硬直化をどうする』綜合政策研究会.
地方公共団体定員管理研究会　2011　「地方公共団体における適正な定員管理の推進について」地方公共団体定員管理研究会報告書.
辻清明　1953　「国家公務員法制定秘録」『人事行政』4 (1): 41-81.
辻清明　1969　『新版　日本官僚制の研究』東京大学出版会.
辻清明　1991　『公務員制の研究』東京大学出版会.
東京都清掃局編　1977　『清掃事業のあゆみ』東京都清掃局.
内閣法制局百年史編集委員会編　1985　『内閣法制局百年史』大蔵省印刷局.
中北浩爾　1998　『経済復興と戦後政治——日本社会党 1945-1951 年』東京大学出版会.
中北浩爾　2002　『一九五五年体制の成立』東京大学出版会.
中北浩爾　2008　『日本労働政治の国際関係史 1945-1964——社会民主主義という選択肢』岩波書店.
中野雅至　2006　『間違いだらけの公務員制度改革』日本経済新聞社.
中村隆英　1979　「SCAPと日本——占領期の経済政策形成」中村隆英編『占領期日本の経済と政治』東京大学出版会.
中村政則　1990　「占領とは何だったのか」歴史学研究会編『日本　同時代史2　占領政策の転換と講和』青木書店.
中村政則　1994　「日本占領の諸段階——その研究史的整理」油井大三郎・中村政則・豊下楢彦編『占領改革の国際比較——日本・アジア・ヨーロッパ』三省堂.
南京兌　2009　『民営化の取引費用政治学——日本・英国・ドイツ・韓国4か国における鉄道民営化の比較研究』慈学社出版.
西尾隆　1988　「人事行政機関——歴史の相からみた人事院」人事院編『公務員行政の課題と展望——人事院創立四十周年記念論文集』ぎょうせい.
西尾勝　2001　『行政学』有斐閣.
西成田豊　1994　「戦後危機と資本主義再建過程の労資関係——日本と西ドイツの比較史」油井大三郎・中村政則・豊下楢彦編『占領改革の国際比較——日本・アジア・ヨーロッパ』三省堂.
西村美香　1999　『日本の公務員給与政策』東京大学出版会.
日本銀行　1986　『日本銀行百年史』日本銀行.
野村総合研究所　2005　「公務員数の国際比較に関する調査」内閣府経済社会総合研究所.
橋口収　1977　『新財政事情——大蔵官僚がみた国家財政の実像』サイマル出版会.
花見忠　1965　『労働組合の政治的役割——ドイツにおける経験』未来社.
塙和也　2013　『自民党と公務員制度改革』白水社.

早川征一郎　1997　『国家公務員の昇進・キャリア形成』日本評論社.
林知己夫・入山映　1997　『公益法人の実像——統計から見た財団・社団』ダイヤモンド社.
兵藤釗　1997　『労働の戦後史（上）』東京大学出版会.
広瀬道貞　1981　『補助金と政権党』朝日新聞社.
樋渡展洋　1991　『戦後日本の市場と政治』東京大学出版会.
福井良次　1983　「公務員数の国際比較」『ジュリスト増刊総合特集』29: 78-82.
福岡政行　2010　『公務員ムダ論——不況時代の公務員のあり方』角川書店.
福永文夫　1997　『占領下中道政権の形成と崩壊』岩波書店.
福元健太郎　2001　「成長と自由化の政治的条件——池田政権期の政治経済体制」『年報政治学 2000』171-184.
藤田武夫　1978　『現代日本地方財政史（中巻）』日本評論社.
藤野正三郎　1988　「戦後日本の国際収支（1）——360 円レート円高論」『経済研究』39 (2): 97-108.
布施哲也　2008　『官製ワーキングプア——自治体の非正規雇用と民間委託』七つ森書館.
堀江孝司　2005　『現代政治と女性政策』勁草書房.
毛桂榮　1997　『日本の行政改革——制度改革の政治と行政』青木書店.
槙枝元文　1968　『公務員労働者の賃金闘争』労働旬報社.
牧原出　2003　『内閣政治と「大蔵省支配」——政治主導の条件』中央公論新社.
牧原出　2009　『行政改革と調整のシステム』東京大学出版会.
牧原出　2013　『権力移行——何が政治を安定させるのか』NHK 出版.
増島俊之　1979　「経験的行政管理論（5）　公務員数のいろいろ」『自治研究』55 (12): 78-95.
増島俊之　1980　「経験的行政管理論（6）　定員管理の法制とその運用（上）」『自治研究』56 (1): 101-121.
升味準之輔　1983　『戦後政治（下）』東京大学出版会.
升味準之輔　1988　『日本政治史 4　占領改革, 自民党支配』東京大学出版会.
升味準之輔　1990　『比較政治　西欧と日本』東京大学出版会.
松並潤　1990　「人事行政機関の設立——『行政国家』化への対応（1）」『法学論叢』127 (2): 100-116.
松並潤　1991　「人事行政機関の設立——『行政国家』化への対応（2・完）」『法学論叢』128 (1): 47-76.
真渕勝　1986　「財政危機のなかの大蔵省（3）——昭和四十三年予算編成と財政硬直化打開運動の研究」『阪大法学』138: 25-88.
真渕勝　1994　『大蔵省統制の政治経済学』中央公論社.

真渕勝　1999　「変化なき改革，改革なき変化——行政改革研究の新アプローチ」『レヴァイアサン』24: 7-24.
真渕勝　2009　『行政学』有斐閣.
御厨貴・中村隆英編　2005　『聞き書　宮澤喜一回顧録』岩波書店.
宮崎隆次　1988　「日本における『戦後デモクラシー』の固定化——一九五五年体制の成立」犬童一男・山口定・馬場康雄・高橋進編『戦後デモクラシーの成立』岩波書店.
宮崎隆次　1995　「戦後保守勢力の形成」中村政則・天川晃・尹健次・五十嵐武士編『戦後日本　占領と戦後改革　第2巻　占領と改革』岩波書店.
宮田春生・瀬戸一郎　1985　「IMF・JC結成をめぐって」高梨昌編『証言　戦後労働組合運動史』東洋経済新報社.
宮本太郎　2003　「福祉レジーム論の展開と課題——エスピン・アンデルセンを越えて？」埋橋孝文編『比較のなかの福祉国家』ミネルヴァ書房.
三輪芳朗　1998　『政府の能力』有斐閣.
三輪芳朗，マーク・ラムザイヤー　2002　『産業政策論の誤解——高度成長の真実』東洋経済新報社.
村井哲也　2008　『戦後政治体制の起源——吉田茂の「官邸主導」』藤原書店.
村上孝太郎　1967　「押えきれぬ膨張の圧力——大蔵省の立場」『朝日ジャーナル』9 (52): 36-39.
村田奈々子　2012　『物語　近現代ギリシャの歴史』中央公論新社.
村松岐夫　1981　『戦後日本の官僚制』東洋経済新報社.
村松岐夫　1994　『日本の行政——活動型官僚制の変貌』中央公論社.
村松岐夫　2001　『行政学教科書——現代行政の政治分析』有斐閣.
村松岐夫　2008　「公務員制度の比較研究の目的」村松岐夫編『公務員制度改革——米・英・独・仏の動向を踏まえて』学陽書房.
村松岐夫　2012　「近年の公務員制度改革の経緯」村松岐夫編『最新　公務員制度改革』学陽書房.
ものがたり戦後労働運動史刊行委員会編　1997　『ものがたり戦後労働運動史II』教育文化協会.
森田朗　2000　『現代の行政』放送大学教育振興会.
山口健治　1968　「地方公共団体における機構改善と定員管理の実施状況について」『地方自治』249: 9-18.
山口二郎　1988　『大蔵官僚支配の終焉』岩波書店.
山口光秀　2001　「定員削減の理論と予算編成における政・官の役割を語る」増島俊之・小林秀徳編『証言　大改革はいかになされたか——意思決定者の着眼』ぎょうせい.
山本潔　1977　『戦後危機における労働運動』御茶の水書房.

横山文野　2002　『戦後日本の女性政策』勁草書房.
吉岡健次　1987　『戦後日本地方財政史』東京大学出版会.
吉野俊彦　1975　『戦後金融史の思い出』日本経済新聞社.
米倉輝　1975　「総定員法」『年報行政研究』11: 183-208.
労働省編　1946　『資料労働運動史　昭和21・22年』労務行政研究所.
労働争議調査会編　1959　『国鉄争議』中央公論社.
和田春生　1985　「全労から同盟へ」高梨昌編『証言　戦後労働組合運動史』東洋経済新報社.
渡辺武　1999　『占領下の日本財政覚え書』日本経済新聞社.

2. 英文

Alba, Richard, Ruben G. Rumbaut, and Karen Marotz. 2005. "A Distorted Nation: Perceptions of Racial/Ethnic Group Sizes and Attitudes toward Immigrants and Other Minorities." *Social Forces* 84 (2): 901-919.

Alesina, Alberto, and Edward Glaeser. 2004. *Fighting Poverty in the US and Europe: A World of Difference*. Oxford: Oxford University Press.

Alesina, Alberto, and Enrico Spolaore. 2003. *The Size of Nations*. Cambridge, Mass.: MIT Press.

Allan, James P., and Lyle Scruggs. 2004. "Political Partisanship and Welfare State Reform in Advanced Industrial Societies." *American Journal of Political Science* 48 (3): 496-512.

Amyx, Jennifer. 2004. *Japan's Financial Crisis: Institutional Rigidity and Reluctant Change*. Princeton, N.J.: Princeton University Press.

Anderson, Benedict. 1991. *Imagined Communities: Reflections on the Origin and Spread of Nationalism*, rev. ed. London: Verso Books.（白石隆・白石さや訳　1997　『想像の共同体——ナショナリズムの起源と流行　増補版』NTT出版）

Anderson, Perry. 1974. *Lineages of the Absolutist State*. London: New Left Books.

Artis, Michael. 1964. "Fiscal Policy for Stabilization." In *The Labour Government's Economic Record*, ed. Wilfred Beckerman. London: Duckworth.

Bartels, Larry M. 2008. *Unequal Democracy: The Political Economy of the New Gilded Age*. Princeton, N.J.: Princeton University Press.

Beason, Richard, and David E. Weinstein. 1996. "Growth, Economies of Scale, and Targeting in Japan (1955-1990)." *Review of Economics and Statistics* 78 (2): 286-295.

Beer, Samuel H. 1965. *Modern British Politics: A Study of Parties and Pressure Groups*. New York: W. W. Norton.

Beer, Samuel H. 1982. *Britain against Itself: The Political Contradictions of Collectivism*.

New York: W. W. Norton.

Benner, Mats, and Torben Bundgaard Vad. 2000. "Sweden and Denmark: Defending the Welfare State." In *Welfare and Work in the Open Economy, Vol. II: Diverse Responses to Common Challenges,* ed. Fritz W. Schapf and Vivien A. Schmidt. Oxford: Oxford University Press.

Berger, Suzanne. 1996. "Introduction." In *National Diversity and Global Capitalism,* ed. Suzanne Berger and Ronald P. Dore. Ithaca, N.Y.: Cornell University Press.

Berger, Suzanne, and Michael J. Piore. 1980. *Dualism and Discontinuity in Industrial Societies.* Cambridge: Cambridge University Press.

Blyth, Mark. 2002. *Great Transformations: Economic Ideas and Institutional Change in the Twentieth Century.* Cambridge: Cambridge University Press.

Boix, Carles. 2003. *Democracy and Redistribution.* Cambridge: Cambridge University Press.

Bonoli, Giuliano. 2007. "Time Matters: Postindustrialization, New Social Risks, and Welfare State Adaptation in Advanced Industrial Democracies." *Comparative Political Studies* 40 (5): 495-520.

Bosworth, R. J. B. 2007. *Mussolini's Italy: Life under the Fascist Dictatorship, 1915-1945.* London: Penguin Books.

Brittan, Samuel. 1971. *Steering the Economy: The Role of the Treasury.* London: Penguin Books.

Brooks, Clem, and Jeff Manza. 2007. *Why Welfare States Persist: The Importance of Public Opinion in Democracies.* Chicago, Ill.: University of Chicago Press.

Budge, Ian, Hans-Dieter Klingemann, Andrea Volkens, Judith Bara, and Eric Tanenbaum. 2001. *Mapping Policy Preferences: Estimates for Parties, Electors, and Governments, 1945-1998,* Vol. 1. Oxford: Oxford University Press.

Burk, Kathleen, and Alec Cairncross. 1992. *Goodbye, Great Britain: The 1976 IMF Crisis.* New Haven, Conn.: Yale University Press.

Busemeyer, Marius R., Achim Goerres, and Simon Weschle. 2009. "Attitudes towards Redistributive Spending in an Era of Demographic Ageing: The Rival Pressures from Age and Income in 14 OECD Countries." *Journal of European Social Policy* 19 (3): 195-212.

Cairncross, Alec. 1996. "The Heath Government and the British Economy." In *The Heath Government, 1970-74: A Reappraisal,* ed. Stuart Ball and Anthony Seldon. New York: Longman.

Cairncross, Alec, and Barry Eichengreen. 1983. *Sterling in Decline: The Devaluations of 1931, 1949, and 1967.* Oxford: Basil Blackwell.

Calder, Kent E. 1988. *Crisis and Compensation: Public Policy and Political Stability in Japan, 1949-1986.* Princeton, N.J.: Princeton University Press.（淑子カルダー訳 1989『自民党長期政権の研究——危機と補助金』文藝春秋）

Cameron, David R. 1978. "The Expansion of the Public Economy: A Comparative Analysis." *American Political Science Review* 72 (4): 1243-1261.

Cameron, David R. 1984. "Social Democracy, Corporatism, Labor Quiescence and the Representation of Economic Interests in Advanced Capitalist Society." In *Order and Conflict in Contemporary Capitalism,* ed. John H. Goldthorpe. Oxford: Oxford University Press.（稲上毅・下平好博・武川正吾・平岡公一訳 1987『収斂の終焉——現代西欧社会のコーポラティズムとデュアリズム』有信堂高文社）

Campbell, Andrea L. 2003. *How Policies Make Citizens: Senior Political Activism and the American Welfare State.* Princeton, N.J.: Princeton University Press.

Campbell, John C. 1977. *Contemporary Japanese Budget Politics.* Berkeley, Calif.: University of California Press.（小島昭・佐藤和義訳 1984『予算ぶんどり——日本型予算政治の研究』サイマル出版会）

Central Statistical Office. 1987. *Economic Trends Annual Supplement.* London: H.M.S.O.

Clayton, Richard, and Jonas Pontusson. 1998. "Welfare-State Retrenchment Revisited: Entitlement Cuts, Public Sector Restructuring, and Inegalitarian Trends in Advanced Capitalist Societies." *World Politics* 51 (1): 67-98.

Coates, David. 1980. *Labour in Power? A Study of the Labour Government 1974-1979.* New York: Longman.

Colignon, Richard A., and Chikako Usui. 2003. *Amakudari: The Hidden Fabric of Japan's Economy.* Ithaca, N.Y.: Cornell University Press.

Crouch, Colin. 1979. *The Politics of Industrial Relations.* Manchester: Manchester University Press.

Cusack, Thomas R. 1998. "Data on Public Employment and Wages for 21 OECD Countries." Berlin: Science Center Berlin.

Cusack, Thomas R., Ton Notermans, and Martin Rein. 1989. "Political-Economic Aspects of Public Employment." *European Journal of Political Research* 17 (4): 471-500.

Dahl, Robert A., and Edward R. Tufte. 1973. *Size and Democracy.* Palo Alto, Calif.: Stanford University Press.（内山秀夫訳 1979『規模とデモクラシー』慶応通信）

Dean, Andrew. 1981. "Public and Private Sector Pay and the Economy." In *Incomes Policies, Inflation and Relative Pay,* ed. J. L. Fallick and R. F. Elliott. London: Allen & Unwin.

Derthick, Martha. 1979. *Policymaking for Social Security.* Washington, D.C.: Brookings Institution Press.

Donahue, John D. 1989. *The Privatization Decision: Public Ends, Private Means*. New York: Basic Books.

Donoughue, Bernard. 1987. *Prime Minister: The Conduct of Policy under Harold Wilson and James Callaghan*. London: Jonathan Cape.

Dow, J. C. R. 1964. *The Management of the British Economy 1945-1960*. Cambridge: Cambridge University Press.

Downs, Anthony. 1957. *An Economic Theory of Democracy*. New York: Harper & Row. (古田精司監訳　1980　『民主主義の経済理論』成文堂)

Drewry, Gavin, and Tony Butcher. 1991. *The Civil Service Today*, 2nd ed. Basil Blackwell.

Edwards, Paul, Mark Hall, Richard Hyman, Paul Marginson, Keith Sisson, Jeremy Waddington, and David Winchester. 1992. "Great Britain: Still Muddling Through." In *Industrial Relations in the New Europe*, ed. Anthony Ferner and Richard Hyman. Oxford: Oxford University Press.

Eichengreen, Barry. 2007. *The European Economy since 1945: Coordinated Capitalism and Beyond*. Princeton, N.J.: Princeton University Press.

Eichengreen, Barry, Andrew K. Rose, and Charles Wyplosz. 1995. "Exchange Market Mayhem: The Antecedents and Aftermath of Speculative Attacks." *Economic Policy* 10 (21): 249-312.

Elster, Jon. 1983. *Explaining Technical Change*. Cambridge: Cambridge University Press.

Elster, Jon. 1989. *Nuts and Bolts for the Social Sciences*. Cambridge: Cambridge University Press. (海野道郎訳　1997　『社会科学の道具箱——合理的選択理論入門』ハーベスト社)

Elster, Jon. 2007. *Explaining Social Behavior*. Cambridge: Cambridge University Press.

Ertman, Thomas. 1997. *Birth of the Leviathan: Building States and Regimes in Medieval and Early Modern Europe*. Cambridge: Cambridge University Press.

Esping-Andersen, Gøsta. 1990. *Three Worlds of Welfare Capitalism*. Princeton, N.J.: Princeton University Press. (岡沢憲芙・宮本太郎監訳　2001　『福祉資本主義の三つの世界——比較福祉国家の理論と動態』ミネルヴァ書房)

Estévez-Abe, Margarita. 2008. *Welfare and Capitalism in Postwar Japan*. Cambridge: Cambridge University Press.

Estévez-Abe, Margarita, Torben Iversen, and David Soskice. 2001. "Social Protection and the Formation of Skills: A Reinterpretation of the Welfare State." In *Varieties of Capitalism: The Institutional Foundations of Comparative Advantage*, ed. Peter A. Hall and David Soskice. Oxford: Oxford University Press. (遠山弘徳・安孫子誠男・山田鋭夫・宇仁宏幸・藤田菜々子訳　2007　『資本主義の多様性』ナカニシヤ出版)

Evans, Peter B. 1995. *Embedded Autonomy: States and Industrial Transformation*.

Princeton, N.J.: Princeton University Press.

Evans, Richard J. 2003. *The Coming of the Third Reich*. London: Penguin Books.

Feigenbaum, Harvey B., Jeffrey R. Henig, and Chris Hamnett. 1998. *Shrinking the State: The Political Underpinnings of Privatization*. Cambridge: Cambridge University Press.

Flanagan, Robert J., David W. Soskice, and Lloyd Ulman. 1983. *Unionism, Economic Stabilization, and Incomes Policies: European Experience*. Washington, D.C.: The Brookings Institution.

Flora, Peter, and Jens Alber. 1983. *State, Economy, and Society in Western Europe 1815-1975: A Data Handbook*, Vol. 1. New York: St. James Press.

Frieden, Jeffry A. 1991. "Invested Interests: The Politics of National Economic Policies in a World of Global Finance." *International Organization* 45 (4): 425-454.

Friedman, Milton. 1960. *Capitalism and Freedom*. Chicago, Ill.: University of Chicago Press.（村井章子訳　2008　『資本主義と自由』日経BP社）

Fry, Geoffrey K. 1995. *Policy and Management in the British Civil Service*. London: Prentice Hall.

Garrett, Geoffrey. 1998. *Partisan Politics in the Global Economy*. Cambridge: Cambridge University Press.

Garrett, Geoffrey, and Christopher Way. 1999. "Public Sector Unions, Corporatism, and Macroeconomic Performance." *Comparative Political Studies* 32 (4): 411-434.

Geddes, Barbara. 2003. *Paradigms and Sand Castles: Theory Building and Research Design in Comparative Politics*. Ann Arbor, Mich.: University of Michigan Press.

George, Alexander L., and Andrew Bennett. 2005. *Case Studies and Theory Development in the Social Sciences*. Cambridge, Mass.: MIT Press.（泉川泰博訳　2013　『社会科学のケース・スタディ』勁草書房）

Gerring, John. 2007. *Case Study Research: Principles and Practices*. Cambridge: Cambridge University Press.

Gingrich, Jane, and Ben Ansell. 2012. "Preferences in Context: Micro Preferences, Macro Contexts, and the Demand for Social Policy." *Comparative Political Studies* 45 (12): 1624-1654.

Ginsborg, Paul. 2003. *A History of Contemporary Italy: Society and Politics, 1943-1988*. London: Palgrave Macmillan.

Goetschy, Janine. 1998. "France: The Limits of Reform." In *Changing Industrial Relations in Europe*, ed. Anthony Ferner and Richard Hyman. Oxford: Blackwell.

Goetschy, Janine, and Patrick Rozenblatt. 1992. "France: The Industrial Relations System at a Turning Point." In *Industrial Relations in the New Europe*, ed. Anthony Ferner and Richard Hyman. Oxford: Blackwell.

Golden, Miriam A., Michael Wallerstein, and Peter Lange. 1999. "Postwar Trade-Union Organisation and Industrial Relations in Twelve Countries." In *Continuity and Change in Contemporary Capitalism,* ed. Herbert Kitschelt, Peter Lange, Gary Marks, and John D. Stephens. Cambridge: Cambridge University Press.

Goldthorpe, John H. 1984. "The End of Convergence: Corporatist and Dualist Tendencies in Modern Western Societies." In *Order and Conflict in Contemporary Capitalism,* ed. John H. Goldthorpe. Oxford: Oxford University Press.（稲上毅・下平好博・武川正吾・平岡公一訳　1987　『収斂の終焉——現代西欧社会のコーポラティズムとデュアリズム』有信堂高文社）

Gourevitch, Peter. 1978. "Second Image Reversed: International Sources of Domestic Politics." *International Organization* 32 (4): 881-911.

Greenwood, John, and David Wilson. 1989. *Public Administration in Britain Today,* 2nd ed. Boston, Mass.: Unwin Hyman.

Guger, Alois. 1998. "Economic Policy and Social Democracy: The Austrian Experience." *Oxford Review of Economic Policy* 14 (1): 40-58.

Hacker, Jacob S. 1998. "The Historical Logic of National Health Insurance: Structure and Sequence in the Development of British, Canadian, and US Medical Policy." *Studies in American Political Development* 12 (1): 57-130.

Hacker, Jacob S. 2004. "Privatizing Risk without Privatizing the Welfare State: The Hidden Politics of Social Policy Retrenchment in the United States." *American Political Science Review* 98 (2): 243-260.

Hadley, Eleanor M. 1993. "The Diffusion of Keynesian Ideas in Japan." In *The Political Power of Economic Ideas,* ed. Peter A. Hall. Princeton, N.J.: Princeton University Press.

Hall, Peter A. 1986. *Governing the Economy: The Politics of State Intervention in Britain and France.* Oxford: Oxford University Press.

Hall, Peter A. 1993. "Policy Paradigms, Social Learning, and the State." *Comparative Politics* 25 (3): 275-296.

Hall, Peter A., and David Soskice. 2001. "Introduction to Varieties of Capitalism." In *Varieties of Capitalism: The Institutional Foundations of Comparative Advantage,* ed. Peter A. Hall and David Soskice. Oxford: Oxford University Press.（遠山弘徳・安孫子誠男・山田鋭夫・宇仁宏幸・藤田菜々子訳　2007　『資本主義の多様性』ナカニシヤ出版）

Hall, Peter A., and Rosemary Taylor. 1996. "Political Science and the Three New Institutionalisms." *Political Studies* 44 (5): 936-957.

Hammouya, Messaoud. 1999. "Statistics on Public Sector Employment: Methodology,

Structure and Trends." ILO Working Paper SAP2. 85/WP. 144.

Hathaway, Oona A. 1998. "Positive Feedback: The Impact of Trade Liberalization on Industry Demands for Protection." *International Organization* 52 (3): 575-612.

Heclo, Hugh. 1974. *Modern Social Politics in Britain and Sweden: From Relief to Income Maintenance.* New Haven, Conn.: Yale University Press.

Heller, Peter S., and Alan A. Tait. 1983. *Government Employment and Pay: Some International Comparisons.* Washington, D.C.: International Monetary Fund.

Heston, A., R. Summers, and B. Aten. 2012. "Penn World Table Version 7. 1." Philadephia, Penn.: Center for International Comparisons at the University of Pennsylvania.

Hickson, Kevin. 2005. *The IMF Crisis of 1976 and British Politics.* London: Tauris Academic Studies.

Hodge, Graeme A. 2000. *Privatization: An International Review of Performance.* Boulder, Colo.: Westview Press.

Holmes, Martin. 1985. *The Labour Government, 1974-79: Political Aims and Economic Reality.* London: Macmillan.

Huber, Evelyne, and John D. Stephens. 2000. "Partisan Governance, Women's Employment, and the Social Democratic Service State." *American Sociological Review* 65 (3): 323-342.

Huber, Evelyne, and John D. Stephens. 2001. *Development and Crisis of the Welfare State: Parties and Policies in Global Markets.* Chicago, Ill.: University of Chicago Press.

Huber, Evelyne, Charles Ragin, and John D. Stephens. 1993. "Social Democracy, Christian Democracy, Constitutional Structure, and the Welfare State." *American Journal of Sociology* 99 (3): 711-749.

Huber, Evelyne, Charles Ragin, John D. Stephens, David Brady, and Jason Beckfield. 2004. "Comparative Welfare States Data Set." Northwestern University, University of North Carolina, Duke University and Indiana University.

Ikenberry, G. John. 1994. "History's Heavy Hand: Institutions and the Politics of the State." Paper prepared for a conference on "New Perspectives on Institutions", University of Maryland.

Immergut, Ellen. 1992. "The Rules of the Game: The Logic of Health Policy-Making in France, Switzerland, and Sweden." In *Structuring Politics: Historical Institutionalism in Comparative Analysis,* ed. Sven Steinmo, Kathleen Thelen, and Frank Longstreth. Cambridge: Cambridge University Press.

Iversen, Torben. 1999. *Contested Economic Institutions: The Politics of Macroeconomics and Wage Bargaining in Advanced Democracies.* Cambridge: Cambridge University Press.

Iversen, Torben. 2001. "The Dynamics of Welfare State Expansion: Trade Openness, Deindustrialization, and Partisan Politics." In *The New Politics of the Welfare State*, ed. Paul Pierson. Oxford: Oxford University Press.

Iversen, Torben. 2005. *Capitalism, Democracy, and Welfare*. Cambridge: Cambridge University Press.

Iversen, Torben. 2006. "Capitalism and Democracy." In *The Oxford Handbook of Comparative Politics*, ed. Carles Boix and Susan Stokes. Oxford: Oxford University Press.

Iversen, Torben, and Thomas R. Cusack. 2000. "The Causes of Welfare State Expansion: Deindustrialization or Globalization?" *World Politics* 52 (3): 313-349.

Iversen, Torben, and Frances Rosenbluth. 2006. "The Political Economy of Gender: Explaining Cross-National Variation in the Gender Division of Labor and the Gender Voting Gap." *American Journal of Political Science* 50 (1): 1-19.

Iversen, Torben, and David Soskice. 2006. "Electoral Institutions and the Politics of Coalitions: Why Some Democracies Redistribute More than Others." *American Political Science Review* 100 (2): 165-181.

Iversen, Torben, and Anne Wren. 1998. "Equality, Employment, and Budgetary Restraint: The Trilemma of the Service Economy." *World Politics* 50 (4): 507-546.

Johnson, Chalmers A. 1978. *Japan's Public Policy Companies*. Washington, D.C.: American Enterprise Institute for Public Policy Research.

Johnson, Chalmers A. 1982. *MITI and the Japanese Miracle: The Growth of Industrial Policy, 1925-1975*. Stanford, Calif.: Stanford University Press.（矢野俊比古監訳 1982 『通産省と日本の奇跡』TBSブリタニカ）

Kasza, Gregory J. 2006. *One World of Welfare: Japan in Comparative Perspective*. Ithaca, N.Y.: Cornell University Press.

Kato, Junko. 2003. *Regressive Taxation and the Welfare State: Path Dependence and Policy Diffusion*. Cambridge: Cambridge University Press.

Katzenstein, Peter J. 1984. *Corporatism and Change: Austria, Switzerland, and the Politics of Industry*. Ithaca, N.Y.: Cornell University Press.

Katzenstein, Peter J. 1985. *Small States in World Markets: Industrial Policy in Europe*. Ithaca, N.Y.: Cornell University Press.

Kavanagh, Dennis. 1987. "The Heath Government, 1970-1974." In *Ruling Performance: British Governments from Attlee to Thatcher*, ed. Peter Hennessy and Anthony Seldon. Oxford: Basil Blackwell.

Kavanagh, Dennis. 1996. "The Fatal Choice: The Calling of the February 1974 Election." In *The Heath Government, 1970-74: A Reappraisal*, ed. Stuart Ball and Anthony

Seldon. New York: Longman.

Kendall, Walter. 1975. *The Labour Movement in Europe*. London: Allen Lane.

Kerr, Clark, Frederick H. Harbison, John T. Dunlop, and Charles A. Myers. 1960. *Industrialism and Industrial Man: The Problems of Labor and Management in Economic Growth*. Cambridge, Mass.: Harvard University Press. (川田寿訳　1963『インダストリアリズム』東洋経済新報社)

Kettl, Donald F. 1993. *Sharing Power: Public Governance and Private Markets*. Washington, D.C.: The Brookings Institution.

Kim, Paul S. 1970. "Japan's National Civil Service Commission: Its Origin and Structure." *Public Administration* 48 (4): 405-422.

King, Gary, Robert O. Keohane, and Sidney Verba. 1994. *Designing Social Inquiry: Scientific Inference in Qualitative Research*. Princeton, N.J.: Princeton University Press. (真渕勝監訳　2004　『社会科学のリサーチ・デザイン――定性的研究における科学的推論』勁草書房)

Kjellberg, Anders. 1992. "Sweden: Can the Model Survive?" In *Industrial Relations in the New Europe*, ed. Anthony Ferner and Richard Hyman. Oxford: Blackwell.

Kohli, Atul. 2004. *State-Directed Development: Political Power and Industrialization in the Global Periphery*. Cambridge: Cambridge University Press.

Korpi, Walter. 1983. *The Democratic Class Struggle*. London: Routledge.

Korpi, Walter, and Joakim Palme. 2003. "New Politics and Class Politics in the Context of Austerity and Globalization: Welfare State Regress in 18 Countries, 1975-95." *American Political Science Review* 97 (3): 425-446.

Koshiro, Kazutoshi. 1987. "Labour Relations in the Public Service in Japan." In *Public Service Labour Relations: Recent Trends and Future Prospects*, ed. Tiziano Treu. Geneva: International Labour Organization.

Krugman, Paul. 1979. "A Model of Balance-of-Payments Crises." *Journal of Money, Credit and Banking* 11 (3): 311-325.

Kuklinski, James H., Paul J. Quirk, Jennifer Jerit, David Schwieder, and Robert F. Rich. 2000. "Misinformation and the Currency of Democratic Citizenship." *Journal of Politics* 62 (3): 790-816.

Lamb, Richard. 1995. *The Macmillan Years, 1957-1963: The Emerging Truth*. London: John Murray.

Lee, Chang Kil, and David Strang. 2006. "The International Diffusion of Public-Sector Downsizing: Network Emulation and Theory-Driven Learning." *International Organization* 60 (4): 883-909.

Lehmbruch, Gerhard. 1984. "Concertation and the Structure of Corporatist Networks." In

Order and Conflict in Contemporary Capitalism, ed. John H. Goldthorpe. Oxford: Oxford University Press.(稲上毅・下平好博・武川正吾・平岡公一訳　1987　『収斂の終焉——現代西欧社会のコーポラティズムとデュアリズム』有信堂高文社)

Levy, Jonah D. 2000. "France: Directing Adjustment?" In *Welfare and Work in the Open Economy, Vol. II: Diverse Responses to Common Challenges*, ed. Fritz W. Sharpf and Vivien A. Schmidt. Oxford: Oxford University Press.

Light, Paul C. 1999. *The True Size of Government*. Washington, D.C.: Brookings Institution Press.

Lijphart, Arend. 1999. *Patterns of Democracy: Government Forms and Performance in Thirty-Six Countries*. New Haven, Conn.: Yale University Press.(粕谷祐子訳　2005『民主主義対民主主義——多数決型とコンセンサス型の36ヶ国比較研究』勁草書房)

Lindblom, Charles E. 1959. "The Science of Muddling Through." *Public Administration Review* 19 (2): 79–88.

Lindblom, Charles E. 1977. *Politics and Markets: The World's Political-Economic Systems*. New York: Basic Books.

Lindert, Peter H. 2004. *Growing Public: Social Spending and Economic Growth since the Eighteenth Century*. Cambridge: Cambridge University Press.

Loveridge, Raymond. 1971. *Collective Bargaining by National Employees in the United Kingdom*. Ann Arbor, Mich.: University of Michigan Institute of Labor and Industrial Relations.

Luebbert, Gregory M. 1991. *Liberalism, Fascism, or Social Democracy: Social Classes and the Political Origins of Regimes in Interwar Europe*. Oxford: Oxford University Press.

Lynch, Julia, and Mikko Myrskyla. 2009. "Always the Third Rail? Pension Income and Policy Preferences in European Democracies." *Comparative Political Studies* 42 (8): 1068–1097.

Macmillan, Harold. 1972. *Pointing the Way, 1959–1961*. London: Macmillan.

Macmillan, Harold. 1973. *At the End of the Day, 1961–1963*. London: Macmillan.

Maddison, Angus. 2001. *The World Economy: A Millennial Perspective*. Paris: OECD.

Mahoney, James, and Kathleen Thelen. 2010. "A Theory of Gradual Institutional Change." In *Explaining Institutional Change: Ambiguity, Agency, and Power*, ed. James Mahoney and Kathleen Thelen. Cambridge: Cambridge University Press.

Maier, Charles S. 1987. *In Search of Stability: Explorations in Historical Political Economy*. Cambridge: Cambridge University Press.

Manow, Philip, Kees van Kersbergen, and Gijs Schumacher. 2013. "De-industrialization and the Expansion of the Welfare State: A Reassessment." In *The Political Economy of the Service Transition*, ed. Anne Wren. Oxford: Oxford University Press.

March, James G., and Johan P. Olsen. 1989. *Rediscovering Institutions*. New York: The Free Press.（遠田雄志訳　1994　『やわらかな制度──あいまい理論からの提言』日刊工業新聞社）

Mares, Isabela. 2006. *Taxation, Wage Bargaining, and Unemployment*. Cambridge: Cambridge University Press.

Margalit, Yotam. 2013. "Explaining Social Policy Preferences: Evidence from the Great Depression." *American Political Science Review* 107 (1): 80-103.

Marsden, David. 1994. "Public Service Pay Determination and Pay Systems in OECD Countries." OECD Occasional Papers 2.

Martin, Cathie Jo, and Kathleen Thelen. 2007. "The State and Coordinated Capitalism: Contributions of the Public Sector to Social Solidarity in Postindustrial Societies." *World Politics* 60 (1): 1-36.

Martinez, Michael D., Kenneth D. Wald, and Stephen C. Craig. 2008. "Homophobic Innumeracy? Estimating the Size of the Gay and Lesbian Population." *Public Opinion Quarterly* 72 (4): 753-767.

Meltzer, Allan H., and Scott F. Richard. 1981. "A Rational Theory of the Size of Government." *Journal of Political Economy* 89 (5): 914-927.

Mettler, Suzanne. 2005. *Soldiers to Citizens: The GI Bill and the Making of the Greatest Generation*. Oxford: Oxford University Press.

Morgan, Kenneth O. 1985. *Labour in Power, 1945-1951*. Oxford: Oxford University Press.

Morgan, Kenneth O. 1997. *Callaghan: A Life*. Oxford: Oxford University Press.

Myles, John. 1984. *Old Age in the Welfare State: The Political Economy of Public Pensions*. Boston, Mass.: Little, Brown & Company.

Nadeau, Richard, Richard G. Niemi, and Jeffrey Levine. 1993. "Innumeracy about Minority Populations." *Public Opinion Quarterly* 57 (3): 332-347.

Naschold, Frieder. 1996. *New Frontiers in Public Sector Management*. Berlin: Walter de Gruyter.

Niskanen, William A. 1971. *Bureaucracy and Representative Government*. Chicago, Ill.: Aldine, Atherton.

Nobles, Melissa. 2000. *Shades of Citizenship: Race and the Census in Modern Politics*. Palo Alto, Calif.: Stanford University Press.

North, Douglass C. 1981. *Structure and Change in Economic History*. New York: W. W. Norton.（大野一訳　2013　『経済史の構造と変化』日経BP社）

North, Douglass C. 1990. *Institutions, Institutional Change and Economic Performance*. Cambridge: Cambridge University Press.（竹下公視訳　1994　『制度・制度変化・経

済成果』晃洋書房）
North, Douglass C., and Robert P. Thomas. 1973. *The Rise of the Western World: A New Economic History*. Cambridge: Cambridge University Press.（速水融・穐本洋哉訳 1994 『西欧世界の勃興――新しい経済史の試み』ミネルヴァ書房）
O'Connor, James. 1973. *The Fiscal Crisis of the State*. New York: St. Martin's Press.（池上惇・横尾邦夫監訳 1981 『現代国家の財政危機』御茶の水書房）
OECD. 1982. *Employment in the Public Sector*. Paris: OECD.
OECD. 1992. *Public Management: OECD Country Profiles*. Paris: OECD.
OECD. 1994. *Statistical Sources on Public Sector Employment*. Paris: OECD.
OECD. 1997. *Measuring Public Employment in OECD Countries: Sources, Methods and Results*. Paris: OECD.
OECD. 2001. *OECD Statistical Compendium on CD-ROM*. Paris: OECD Electronic Publications.
OECD. 2002. "Statistical Questionnaire on Public Sector Pay and Employment." OECD Public Management Service PUMA/HRM（2002）14.
OECD. 2009. *Government at a Glance 2009*. Paris: OECD.（平井文三訳 2010 『図表でみる世界の行政改革――政府・公共ガバナンスの国際比較』明石書店）
OECD. 2011. *Government at a Glance 2011*. Paris: OECD.（平井文三訳 2013 『図表でみる世界の行政改革――OECDインディケータ』明石書店）
Okimoto, Daniel I. 1989. *Between MITI and the Market: Japanese Industrial Policy for High Technology*. Palo Alto, Calif.: Stanford University Press.（渡辺敏訳 1991 『通産省とハイテク産業――日本の競争力を生むメカニズム』サイマル出版会）
Olsen, Johan P. 1996. "Norway: Slow Learner – or Another Triumph of the Tortoise?" In *Lessons from Experience: Experiential Learning in Administrative Reforms in Eight Democracies,* ed. Johan P. Olsen and B. Guy Peters. Oslo: Scandinavian University Press.
Olson, Mancur. 1982. *The Rise and Decline of Nations: Economic Growth, Stagflation, and Social Rigidities*. New Haven, Conn.: Yale University Press.（加藤寛監訳 1991 『国家興亡論――「集合行為論」からみた盛衰の科学』PHP研究所）
Orren, Karen, and Stephen Skowronek. 2004. *The Search for American Political Development*. Cambridge: Cambridge University Press.
Page, Edward C. 1985. "France: From l'Etat to Big Government." In *Public Employment in Western Nations,* ed. Richard Rose. Cambridge: Cambridge University Press.
Parkinson, Northcote. 1957. *Parkinson's Law*. London: Penguin Books.（森永晴彦訳 1961 『パーキンソンの法則』至誠堂）
Parris, Henry. 1973. *Staff Relations in the Civil Service: Fifty Years of Whitleyism*.

London: George Allen and Unwin.

Parry, Richard. 1985. "Britain: Stable Aggregates, Changing Composition." In *Public Employment in Western Nations*, ed. Richard Rose. Cambridge: Cambridge University Press.

Paulos, John Allen. 1988. *Innumeracy: Mathematical Illiteracy and Its Consequences*. New York: Hill and Wang.（野本陽代訳　1990　『数字オンチの諸君！』草思社）

Pempel, T. J., and Michio Muramatsu. 1995. "The Japanese Bureaucracy and Economic Development: Structuring a Proactive Civil Service." In *The Japanese Civil Service and Economic Development: Catalysts of Change*, ed. Hyung-ki Kim, Michio Muramatsu, T. J. Pempel, and Kozo Yamamura. Oxford: Clarendon Press.

Pempel, T. J., and Keiichi Tsunekawa. 1979. "Corporatism without Labor? The Japanese Anomaly." In *Trends Toward Corporatist Intermediation*, ed. Philippe C. Schmitter and Gerhard Lehmbruch. London: Sage.（山口定監訳　1984　『現代コーポラティズムI』木鐸社）

Persson, Torsten, and Guido Enrico Tabellini. 2003. *The Economic Effects of Constitutions*. Cambridge, Mass.: MIT Press.

Peters, B. Guy. 1996. "The United States: Learning from Experience about Administrative Reform." In *Lessons from Experience: Experiential Learning in Administrative Reforms in Eight Democracies*, eds. Johan P. Olsen and B. Guy Peters. Oslo: Scandinavian University Press.

Pierson, Paul. 1994. *Dismantling the Welfare State? Reagan, Thatcher, and the Politics of Retrenchment*. Cambridge: Cambridge University Press.

Pierson, Paul. 1996. "The New Politics of the Welfare State." *World Politics* 48 (2): 143-179.

Pierson, Paul. 2004. *Politics in Time: History, Institutions, and Social Analysis*. Princeton, N.J.: Princeton University Press.（粕谷祐子監訳『ポリティクス・イン・タイム——歴史・制度・社会分析』勁草書房）

Pimlott, Ben. 1985. *Hugh Dalton*. London: Macmillan.

Pollitt, Christopher, and Geert Bouckaert. 2004. *Public Management Reform: A Comparative Analysis*. Oxford: Oxford University Press.

Pontusson, Jonas. 1992. *The Limits of Social Democracy: Investment Politics in Sweden*. Ithaca, N.Y.: Cornell University Press.

Pontusson, Jonas. 2000. "Labor Market Institutions and Wage Distribution." In *Unions, Employers and Central Banks: Macroeconomic Coordination and Institutional Change in Social Market Economies*, ed. Torben Iversen, Jonas Pontusson, and David Soskice. Cambridge: Cambridge University Press.

Pontusson, Jonas. 2005. *Inequality and Prosperity: Social Europe vs. Liberal America.* Ithaca, N.Y.: Cornell University Press.

Pontusson, Jonas. 2006. "The American Welfare State in Comparative Perspective: Reflections on Alberto Alesina and Edward L. Glaeser, *Fighting Poverty in the US and Europe.*" *Perspectives on Politics* 4 (2): 315–326.

Prasad, Monica. 2006. *The Politics of Free Markets: The Rise of Neoliberal Economic Policies in Britain, France, Germany, and the United States.* Chicago, Ill.: University of Chicago Press.

Przeworski, Adam. 2007. "Is the Science of Comparative Politics Possible?" In *The Oxford Handbook of Comparative Politics,* ed. Carles Boix and Susan Stokes. Oxford: Oxford University Press.

Rehm, Philipp. 2009. "Risks and Redistribution: An Individual-Level Analysis." *Comparative Political Studies* 42 (7): 855–881.

Rehm, Philipp. 2011. "Social Policies by Popular Demand." *World Politics* 63 (2): 271–299.

Rhodes, Martin. 2000. "Restructuring the British Welfare State: Between Domestic Constraints and Global Imperatives." In *Welfare and Work in the Open Economy: Diverse Responses to Common Challenges in Twelve Countries,* ed. Fritz W. Scharpf and Vivien A. Schmidt. Oxford: Oxford University Press.

Rhodes, R. A. W. 1997. *Understanding Governance: Policy Networks, Governance, Reflexivity, and Accountability.* Buckingham: Open University Press.

Rodrik, Dani. 2000. "What Drives Public Employment in Developing Countries?" *Review of Development Economics* 4 (3): 229–243.

Rogowski, Ronald, and Duncan C. MacRae. 2008. "Inequality and Institutions: What Theory, History, and (Some) Data Tell Us." In *Democracy, Inequality, and Representation,* ed. Paolo Beramendi and Christopher J. Anderson. New York: Russell Sage Foundation.

Rose, Richard. 1985. *Public Employment in Western Nations.* Cambridge: Cambridge University Press.

Rosenbluth, Frances McCall. 1989. *Financial Politics in Contemporary Japan.* Ithaca, N.Y.: Cornell University Press.

Rueda, David. 2007. *Social Democracy Inside Out: Partisanship and Labor Market Policy in Advanced Industrialized Democracies.* Oxford: Oxford University Press.

Salamon, Lester M. 2002. "The New Governance and the Tools of Public Action: An Introduction." In *The Tools of Government: A Guide to the New Governance,* ed. Lester M. Salamon. Oxford: Oxford University Press.

Samuels, Richard J. 1987. *The Business of the Japanese State: Energy Markets in*

Comparative and Historical Perspective. Ithaca, N.Y.: Cornell University Press.（廣松毅監訳　1999　『日本における国家と企業——エネルギー産業の歴史と国際比較』多賀出版）

Samuels, Richard J. 2003. "Leadership and Political Change in Japan: The Case of the Second Rincho." *Journal of Japanese Studies* 29 (1): 1-31.

Scharpf, Fritz W. 1991. *Crisis and Choice in European Social Democracy.* Ithaca, N.Y.: Cornell University Press.

Schattschneider, E. E. 1960. *The Semi-Sovereign People: A Realist's View of Democracy in America.* New York: Holt, Rinehart, and Winston.（内山秀夫訳　1972　『半主権人民』而立書房）

Schiavo-Campo, Salvatore, Giulio De Tommaso, and Amitabha Mukherjee. 1997. "An International Statistical Survey of Government Employment and Wages." World Bank Policy Research Working Paper 1806.

Scott, James C. 1998. *Seeing Like a State: How Certain Schemes to Improve the Human Condition Have Failed.* New Haven, Conn.: Yale University Press.

Shapiro, Ian. 2005. *The Flight from Reality in the Human Sciences.* Princeton, N.J.: Princeton University Press.

Shonfield, Andrew. 1965. *Modern Capitalism: The Changing Balance of Public and Private Power.* Oxford: Oxford University Press.（海老沢道進訳　1968　『現代資本主義』オックスフォード大学出版局）

Simmons, Beth A. 1994. *Who Adjusts? Domestic Sources of Foreign Economic Policy during the Interwar Years.* Princeton, N.J.: Princeton University Press.

Skocpol, Theda. 1985. "Bringing the State Back In: Strategies of Analysis in Current Research." In *Bringing the State Back In,* ed. Peter B. Evans, Dietrich Rueschemeyer, and Theda Skocpol. Cambridge: Cambridge University Press.

Skocpol, Theda. 1992. *Protecting Soldiers and Mothers: The Political Origins of Social Policy in the United States.* Cambridge, Mass.: Harvard University Press.

Skowronek, Stephen. 1982. *Building a New American State: The Expansion of National Administrative Capacities, 1877-1920.* Cambridge: Cambridge University Press.

Slater, Dan. 2010. *Ordering Power: Contentious Politics and Authoritarian Leviathans in Southeast Asia.* Cambridge: Cambridge University Press.

Soss, Joe. 2002. *Unwanted Claims: The Politics of Participation in the U.S. Welfare System.* Ann Arbor, Mich.: University of Michigan Press.

Stephens, John D. 1979. *The Transition from Capitalism to Socialism.* Urbana, Ill.: The University of Illinois Press.

Strange, Susan. 1971. *Sterling and British Policy: A Political Study of an International*

Currency in Decline. Oxford: Oxford University Press.

Streeck, Wolfgang, and Kathleen Thelen. 2005. "Introduction: Institutional Change in Advanced Political Economies." In *Beyond Continuity: Institutional Change in Advanced Political Economies*, ed. Wolfgang Streeck and Kathleen Thelen. Oxford: Oxford University Press.

Suleiman, Ezra N. 2003. *Dismantling Democratic States*. Princeton, N.J.: Princeton University Press.

Swank, Duane. 2002. *Global Capital, Political Institutions, and Policy Change in Developed Welfare States*. Cambridge: Cambridge University Press.

Swenson, Peter. 1991. "Labor and the Limits of the Welfare State: The Politics of Intraclass Conflict and Cross-Class Alliances in Sweden and West Germany." *Comparative Politics* 23 (4): 379–399.

Tanzi, Vito, and Ludger Schuknecht. 2000. *Public Spending in the 20th Century: A Global Perspective*. Cambridge: Cambridge University Press.

Taylor, Robert. 1993. *The Trade Union Question in British Politics: Government and Unions since 1945*. Oxford: Blackwell.

Theakston, Kevin, and Ed Gouge. 2004. "Central and Local Government." In *New Labour, Old Labour: The Wilson and Callaghan Governments, 1974–79*, eds. Anthony Seldon and Kevin Hickson. London: Routledge.

Thelen, Kathleen. 1999. "Historical Institutionalism in Comparative Politics." *Annual Reviews of Political Science* 2 (1): 369–404.

Thelen, Kathleen, and Sven Steinmo. 1992. "Historical Institutionalism in Comparative Politics." In *Structuring Politics: Historical Institutionalism in Comparative Analysis*, eds. Sven Steinmo, Kathleen Thelen, and Frank Longstreth. Cambridge: Cambridge University Press.

Tilly, Charles. 1992. *Coercion, Capital, and European States, A.D. 990–1992*. Oxford: Blackwell.

Tilly, Charles. 1998. *Durable Inequality*. Berkeley, Calif.: University of California Press.

Tornell, Aaron, and Andres Velasco. 2000. "Fixed versus Flexible Exchange Rates: Which Provides More Fiscal Discipline?" *Journal of Monetary Economics* 45 (2): 399–436.

Traxler, Franz. 1992. "Austria: Still the Country of Corporatism." In *Industrial Relations in the New Europe*, ed. Anthony Ferner and Richard Hyman. Oxford: Blackwell.

Traxler, Franz. 1999. "The State in Industrial Relations: A Cross-National Analysis of Developments and Socioeconomic Effects." *European Journal of Political Research* 36 (1): 55–85.

Van de Walle, Nicholas. 2004. "The Economic Correlates of State Failure." In *When States Fail: Causes and Consequences,* ed. Robert I. Rotberg. Princeton, N.J.: Princeton University Press.

Van Evera, Stephen. 1997. *Guide to Methods for Students of Political Science.* Ithaca, N.Y.: Cornell University Press.（野口和彦・渡辺紫乃訳　2009　『政治学のリサーチ・メソッド』勁草書房）

Vogel, Steven K. 1996. *Freer Markets, More Rules: Regulatory Reform in Advanced Industrial Countries.* Ithaca, N.Y.: Cornell University Press.（岡部曜子訳　1997　『規制大国日本のジレンマ――改革はいかになされるか』東洋経済新報社）

Walter, Stefanie. 2010. "Globalization and the Welfare State: Testing the Microfoundations of the Compensation Hypothesis." *International Studies Quarterly* 54 (2): 403-426.

Weber, Max. 1946. "Politics as a Vocation." In *From Max Weber: Essays in Sociology,* ed. H. H. Gerth and C. Wright Mills. Oxford: Oxford University Press.（脇圭平訳　1980　『職業としての政治』岩波書店）

Weinstein, D. E. 1995. "Evaluating Administrative Guidance and Cartels in Japan (1957-1988)." *Journal of the Japanese and International Economies* 9 (2): 200-223.

Weiss, Linda M. 1998. *The Myth of the Powerless State.* Ithaca, N.Y.: Cornell University Press.

White, Leonard D. 1933. *Whitley Councils in the British Civil Service: A Study in Conciliation and Arbitration.* Chicago, Ill.: University of Chicago Press.

Wildavsky, Aaron B. 1964. *The Politics of the Budgetary Process.* Boston, Mass.: Little, Brown & Company.（小島昭訳　1972　『予算編成の政治学』勁草書房）

Wilensky, Harold L. 1975. *The Welfare State and Equality.* Berkeley, Calif.: University of California Press.（下平好博訳　1984　『福祉国家と平等――公的支出の構造的・イデオロギー的起源』木鐸社）

Wilensky, Harold L. 2002. *Rich Democracies: Political Economy, Public Policy, and Performance.* Berkeley, Calif.: University of California Press.

Williamson, John B., and Fred C. Pampel. 1993. *Old-Age Security in Comparative Perspective.* Oxford: Oxford University Press.

Winchester, David. 1987. "Labour Relations in the Public Service in the United Kingdom." In *Public Service Labour Relations: Recent Trends and Future Prospects,* ed. Tiziano Treu. Geneva: International Labour Office.

あとがき

　本書は，筆者が2010年11月に東京大学大学院法学政治学研究科に提出した博士論文「市民を雇わない国家——国際比較から見た日本の公務員数の規定要因についての考察」に大幅な加筆・修正を施したものである．書くべきことは既に本文に書いたので，ここでは本書が成立するまでのいきさつを記すと共に，お世話になった方々に感謝の気持ちを述べたいと思う．

　バブル崩壊後の日本で育ち，官僚バッシングの風潮を真に受けて大学に進んだ筆者は，公務員試験を受けようと考えたこともなかった．それにもかかわらず本書が書かれたのは，平等な社会を実現する条件は何かという政治経済学の古典的な問題への筆者なりの関心と，自分の住む国の現状に対する問題意識とが繋がったためである．身分の安定が保障され，仕事と家庭の両立に向いているとされる公共部門における雇用の規模が，日本では欧米の先進国と比べて極めて小さい．しかし，行政の無駄を省くというスローガンの下，公務員数はなぜか毎年のように削減され続けている．本書は，そうした力学がどこから生じたのかを，筆者が用意できた限りの材料を用いて探ったものである．

　この問題関心が研究として結実するまでには，多くの人々との出会いがあった．その中でも，最も感謝をしなければならないのは言うまでもなく，指導教員の城山英明先生である．先生はそれまで何の面識もなかった筆者を大学院に受け入れて下さっただけでなく，常に的確なアドバイスを与えて下さり，本書の原型となる，博士論文の完成へと導いて下さった．

　特に筆者が城山先生の影響を強く受けたのは，政治学に対するアプローチである．それは一言でいえば，社会現象の個性を重視する態度とでも言えよう．大学院に入る前の筆者は，社会科学の目的とは理論的な仮説を検証し，法則性を発見することだと思い込んでいた．しかし，食品安全から核兵器まで，あらゆる分野について無数の事例をご存知の先生は，どの事例にも教科書的な理論からは予想できない豊かなニュアンスが隠されていることを常に強調された．

しかも先生は，どんな複雑な事例でも，その経緯を「聖職者と密輸人の同盟」や「win-win」などといったキーワードでサラリと説明してしまうのであった．これらのキーワードが持つ汎用性は極めて高く，あらゆる因果関係がそれらを組み合わせることで明快に説明された．この説明の形式を，「法則」と対比して「メカニズム」と呼ぶことを知ったのは，かなり後になってからであるが，先生と演習や研究会でご一緒するたびに，見たこともないメカニズムが目の前で次々と繰り出された．

さらに，先生には本書の問題設定のヒントを与えて頂いた．それは，ある研究会での先生のご発言である．その日のテーマは，原子力政策だったと記憶している．詳しい文脈は覚えていないが，原子力安全規制に携わる人員は日本に比べてアメリカの方が圧倒的に多い，その意味でアメリカは案外大きな政府である，という先生のご指摘が筆者には大変印象的だった．気になって調べてみると，原子力行政に限らず，アメリカは日本よりも公務員が多い国だった．それまで筆者はアメリカの方が官僚制の権力が弱く，小さな政府なのではないかと思っていただけに，この事実は極めて反直観的であった．そして，なぜ日本では公務員がこれほど少ないのか，その理由が知りたくなった．博士論文を書くに当たって明確な問題設定から出発できたのは，この時の先生のご指摘が頭の片隅に残っていたからである．

次に御礼を申し上げるのは，樋渡展洋先生である．先生に出会ったことで，筆者は政治経済学という分野の存在を知った．政治思想史や政治哲学の領分だと思っていた自由と平等の問題が，現代政治学の研究対象にもなりうるという発見は，筆者にとって衝撃的であった．修士課程までは消費者問題や環境問題の政策過程を研究していた筆者が，博士課程で政治経済学に大きく方向を転じたのは，先生の授業で山のような課題文献を読んだためである．その後も，研究のお手伝いをする中で，データの集め方や本の選び方など，先生には幅広い技能を伝授して頂いた．研究会の席で頂いた重要なご指摘は，いずれも本書を大きく改善するものとなっている．

また，東京大学大学院法学政治学研究科の先生方には，研究者になるための基礎訓練を施して頂いた．苅部直先生には，大学に入ったばかりの筆者に，本を読むことの難しさと楽しさを教えて頂いたことで，研究者の道を志すきっか

けを与えて頂いた．加藤淳子先生には，KKV よりも先に Przeworski and Teune を読むという特異な構成を取る方法論の授業を通じて，問題設定に合わせて研究を設計することの重要性を教えて頂いた．大串和雄先生には，比較政治学の基礎を学ぶ中で，筆者の報告資料やコメント・ペーパーに隅々まで修正を加えて頂き，注意深く文献を読むための手ほどきをして頂いた．東京大学行政学研究会でご一緒することの多かった森田朗先生には，行政の現場と学問の世界とを縦横無尽に行き来しながら，研究会の議論を鮮やかに整理される手腕に圧倒された．金井利之先生の，その飄々と物事の核心を突き，予想もしない角度から常識を覆すご発言には，何度膝を打ったことだろうか．

　筆者の理論的な立場を固める上での決定的な転機は，博士課程の途中の 2006 年からマサチューセッツ工科大学（MIT）政治学部に留学したことである．刺激的な数々の授業の中でも，Suzanne Berger 先生と Michael Piore 先生の政治経済学の演習は圧巻の一言に尽きるものであり，社会科学に対する筆者の理解を大きく前進させるものだった．Andrea Campbell 先生にアメリカ政治発展論を教えて頂いたことは，日本を国際比較の中に置くという本書の構成を考える上で大いに役立った．本書に結実するアイデアが生まれたのも，この留学時代である．コースワークの一環として提出を義務付けられていた論文を執筆するに当たり，筆者は迷わず日本の公務員数をテーマに選んだ．ご指導を頂いたのは，日本に造詣の深い Richard Samuels 先生と Kenneth Oye 先生であり，この時に執筆した論文は本書の第 1 章と第 2 章の素材となっている．また，MIT は大学院生同士の議論が文字通り日夜絶えない空間であった．特に，Erica Dobbs, Michele Margolis, Timea Pal, Joshua Shifrinson, Kyoung Mun Shin, Adam Ziegfeld とは，おそらく一生分の議論を交わした．皆に心から感謝したい．

　とはいえ，そこからすぐに研究が動き出したわけではない．日本の公務員数は，アメリカでは全く関心を呼ばないテーマだったからである．帰国後の 2009 年，研究の方向性を変えようかと迷っていた筆者を動かしたのは，やはり城山先生だった．留学中に手を付けていた研究を継続し，東京大学で博士論文にまとめることを勧めて頂いたのである．論文を書き始めてみると，筆者は先生のご指導が実に的確であったことを知った．特に心強かったのは，日本の

公務員が諸外国よりも少ない理由を研究しているということを筆者が打ち明けるたびに，研究者と実務家とを問わず，「そんなはずはない」という反応が口々に返ってきたことである．それほどまでに，この事実は人々の直感に反しており，強い関心を呼び起こすものだったのである．

博士論文の審査を引き受けて頂いた田辺国昭先生，谷口将紀先生，斎藤誠先生，水町勇一郎先生にも感謝したい．特に，主査を務めて頂いた田辺先生は，筆者にとって誰よりも高く聳え立つ山であった．大学院に入学した頃，自分がそれまで学部の図書館から借りてきた本の貸出カードを何気なく見返していた筆者は，その全てに先生のお名前が記されていることを発見し，自分が歩むべき道のりの長さを知って絶望のどん底に叩き落とされたものであった．何とか先生の裏をかくべく周到に準備して臨んだ演習でも，筆者の未熟なコメントは軽々と一蹴され続けた．審査の際に先生から頂いたご意見は，本書で可能な限り反映するよう努めている．また，谷口先生に頂いたご指摘に従って，本書を作成する過程では多くの資料を集め直すことになった．

東京大学大学院法学政治学研究科が並外れて学際性に富んだ大学院であったことは，筆者にとって誠に幸いであった．大抵の分野は誰かが研究していたので，分からないことがあれば，その人に聞くとすぐに答えが返ってきた．全ての方のお名前を挙げることはできないが，特に，石川葉菜，梅川健，大西香世，片桐梓，金貝，河野有理，小渕良樹，境家史郎，作内良平，佐藤俊輔，白糸裕輝，高木悠貴，中野貴子，林載桓の各氏には，それぞれの分野の事情を丁寧に教えて頂き，あるいはその研究への情熱によって刺激を与えて頂いた．

論文を改訂する作業の大部分は，筆者が2011年から3年間勤務した首都大学東京大学院社会科学研究科で行われた．法学政治学専攻の素晴らしい同僚の先生方の中でも，伊藤正次先生には，総定員法の成立過程に関して決定的に重要なご教示を頂く一方で，学界の事情に無知な筆者を様々な形でご指導頂いた．谷口功一先生には，ご専門の法哲学者としてだけでなく，社会人として，大学教員の模範を示して頂いた．北村朋史先生には，「同期入社」の縁で，疲れた時に研究室にお邪魔しては様々な事柄について相談相手になって頂いた．

また，大学院生活を通じて様々な形で経済的な支援を頂いたことに感謝したい．留学に際しては，日米教育委員会とMIT政治学部から奨学金を頂いた．

帰国後は，日本学術振興会特別研究員（DC2）に採用して頂き，科学研究費補助金（特別研究員奨励費，課題番号 10J02330）の支給を受けた．また，本書は科学研究費補助金（研究活動スタート支援，課題番号 23830051）による成果の一部でもある．

　本書の刊行のきっかけを提供して下さったのは，東京大学出版会の奥田修一氏である．奥田氏には，原稿が遅れがちな筆者を辛抱強く待って頂いただけでなく，本書の内容に関しても多くの有益なご指摘を頂き，素晴らしい編集の手腕で本書を完成へと導いて頂いた．本を作ることと論文を書くことが全く違うのだということを教えて頂いたことも含め，感謝の言葉もない．また，2014年に東京大学に職場を移した後，本書の校正段階でゲラを隅々まで丁寧にチェックして頂いた，大学院生の羅芝賢氏にも御礼申し上げる．羅氏の並々ならぬ熱意によって多くの窮屈な表現を正して頂いたことは，本書を格段に読みやすいものにしたはずである．

　最後に，私事になるが家族に感謝の気持ちを伝えたい．妻の緑川芳江は，一家の大黒柱として筆者を経済的に支え続けてくれただけでなく，山あり谷ありの筆者の研究について，常に一緒に悩んだり，喜んだりしてくれた．学生時代，大学の図書館で閉館まで共に過ごすのが日課だった頃，夕食の席でその日読んだ本のことばかり話す筆者のお喋りを辛抱強く聞いてくれて，また，その後もなかなか研究者として独り立ちできない筆者を今まで待っていてくれて，本当にありがとう．豊富な経験を通じて社会の最前線の様子を伝えてくれた父の前田博と，筆者に数倍する教育・研究歴によって教員という職業の手本を示してくれた母の前田陽子に本書を捧げる．

　　2014 年 7 月

　　　　　　　　　　　　　　　　　　　　　　　　　　　　前田　健太郎

索　引

ア　行

アイルランド　46, 58, 192, 244, 246
浅井清　140
芦田均　117-118, 121, 126, 128, 133
麻生太郎　32
アトリー（Attlee, Clement）　194
安倍晋三　266
天下り　25, 27, 31-32, 184, 258, 265
アメリカ　1, 6, 12, 14-15, 24-25, 35-36, 41, 50, 53, 56, 76, 108, 123, 126-130, 132, 134, 145, 147, 194-197, 214, 231, 234, 237, 246, 259-261
アメリカ政治発展論　17
アメリカ連邦人事委員会　119
アメリカ労働総同盟（AFL）　114, 116
荒木萬壽夫　90
新たな福祉政治　230-231, 235
安保闘争　158-159
イギリス　1-2, 7, 9, 12, 24-25, 53, 76-77, 98, 120, 147, 192-221, 231-232, 239, 244, 246, 259
イギリス産業連合（FBI）　202
イギリス労働組合会議（TUC）　197-198, 200-202, 204-205, 211-213, 217
池田勇人　88, 95, 104, 139-140, 151, 153, 159, 161-166
石田博英　157
石橋湛山　115, 153
イタリア　76, 135, 137-138, 193, 196, 233, 244
一挙安定論　126, 128
一省一局削減　172, 182
1兆円予算　145, 153
一般政府　2, 20-21, 23, 33-36, 73, 77, 80
イデオロギー　82, 123
イーデン（Eden, Anthony）　201
意図せざる結果　6, 14, 109
犬丸実　163
井原敏之　164
岩井章　155
岩本信行　133

イングランド銀行　213-214
インフレ　10, 96-98, 100-101, 103, 115, 117, 125-128, 131, 146-147, 168, 188, 198, 200, 204, 213, 215, 217-218, 249-250, 252, 254-255
ヴァイマル共和国　136
ウィルソン（Wilson, Harold）　203-205, 212-213
ウィルバーフォース（Wilberforce, Richard）　211
上からの改革　69, 71, 81-82
埋め込まれた自律性　41
運輸一般労働組合（TGWU）（イギリス）　201, 205, 214, 217
エヴァンス（Evans, Moss）　217
エスニック集団（エスニシティ）　25, 47
円　99, 101, 124-125, 128, 130-131, 145, 147
欧州通貨制度（EMS）　254
大出俊　90-91, 174
大国彰　171
大蔵省（イギリス）　198-199, 203, 206, 213
大蔵省（日本）　1, 10, 87-88, 92, 94, 98-100, 103-105, 109, 113, 115, 117-118, 122, 132, 140, 154, 163, 165, 167-168, 171-172, 175
　　──給与局　115
　　──主計局　87, 100, 109, 154, 167-168, 171
太田薫　154, 159, 166
大平正芳　189
オーストラリア　246
オーストリア　24, 198, 244, 251-253, 255
オランダ　35

カ　行

外郭団体　3, 5, 11, 22, 25, 27, 178, 187, 258, 260
外貨準備高　99, 103, 193
外貨割当制　104
階級対立　9-10, 64, 68
解雇規制　47
改進党　153
開発国家　40-42, 260
開放経済体制　104, 109, 157

各省設置法　90, 161, 171-172
革新同志会(革同派)　143
カズンズ(Cousins, Frank)　201
仮説検証　16, 54-55
片山哲　22, 116-117, 119-120, 125-126, 133
価値観　7, 11, 58-60, 196
加藤閲男　143
加藤勘十　114
カナダ　24, 195, 197, 237, 244, 246
ガバナンス　258-260
川島正次郎　165-166
為替相場　6, 124-132, 134, 145-147
　──の切り下げ　99, 145-147, 193, 196, 202-205, 213, 250
官公労組　6, 11, 89-91, 94, 96-98, 117, 119, 123, 140, 143-145, 161, 164, 199, 249-252, 255, 265
韓国　2, 41-42, 60, 83
関税および貿易に関する一般協定(GATT)　104
官吏待遇改善委員会　116
官僚制　1-2, 4, 15-16, 40, 42, 47, 49, 53, 63, 66, 82, 118, 161, 181, 257-258, 260, 266
　──の民主的統制　140, 266
機関委任事務　74, 161
企業別組合　98, 147
岸信介　104, 153, 156
規模の経済性　57
義務的経費　87, 98, 168
木村俊夫　90-92, 172
逆コース　6, 13, 123, 150
逆第二イメージ　69
キャッシュ・リミット　216
キャッスル(Castle, Barbara)　194, 205
キャラハン(Callaghan, James)　194, 204, 213-215, 217-220
給与制度　4, 6, 8, 11, 96-97, 122-123, 139, 142-143, 251, 257
給与調査部(イギリス)　199, 202
教員組合全国同盟(教全連)　114
行政改革　4-7, 12, 14-16, 25, 68-71, 73-75, 81-83, 88-89, 92, 106-109, 150, 160-162, 165, 172, 174-175, 181-182, 184, 187-189, 206-208, 225, 234, 240-241, 246-251, 253, 255, 257-258, 263, 265-267

行政管理庁　25, 90, 107-109, 161-162, 165-167, 170-171, 175, 188
行政機関職員定員法　133-134, 161
行政機関の職員の定員に関する法律(総定員法)　5, 8, 74, 87-88, 92, 98, 105-109, 166-167, 171-175, 182
行政刷新審議会　133
行政需要　63, 87-88, 108, 161, 167, 182, 189, 258
行政審議会　134, 161-165
行政整理　6, 22, 81, 132-134, 143-144, 150, 161, 164-165, 171
行政組織　4, 53-55, 60
業績評価投票　220
協約締結権　93, 251, 254, 266
ギリシャ　34-36, 46
キリスト教民主主義福祉国家　234, 240
キレン(Killen, James)　116, 120, 135
均衡財政　88, 154, 167
近視眼的投票　220
楠田實　174
クリップス(Cripps, Stafford)　195, 200
ぐるみ闘争　155
グローバル化　10, 71, 247, 259
軍国主義　135-136, 138
軍事部門　24, 35-36
軍用レート　125, 128, 130-131
計画増　167-168
経済安定九原則　129, 132-133
経済安定本部　125-126, 129
経済協力開発機構(OECD)　2, 33-34, 83, 104
経済産業省　42
経済的自由主義　152-153
傾斜生産方式　125
経路依存性　5, 231
ケインズ(Keynes, John Maynard)　193-194
ケインズ主義　88, 104, 107, 193, 214
欠員不補充　166-167, 171-172, 178
ケナン(Kennan, George F.)　127, 129
源泉所得税　23, 30-31
権力資源論　67, 233-236, 239
小泉純一郎　1
公益法人　3, 7, 23, 25, 28-29, 32, 182-186, 189
公共企業体　93-94, 155-156, 159
公共企業体等労働委員会(公労委)　93, 155-157, 159

索　引　　301

公共企業体等労働関係法適用労働組合協議会（公労協）　156-157, 159
公共企業体労働関係法（公労法）　121
公共事業　11, 47, 89, 129, 168
郷司浩平　163
公職追放　152-153
厚生省　115
高度成長期　4-6, 12, 14, 16, 75, 80-82, 87-88, 92, 99, 108, 150-152, 159, 184
後発工業国　2, 41, 83
公務員制度　4, 6, 11, 13-15, 93, 96, 118-120, 257, 263, 265-267
「公務員の種類と数」　21, 25-28
公務員バッシング　53
高齢化　67, 101, 103
コーエン（Cohen, Theodore）　116, 130
古賀専　159
国営企業　2, 15, 20, 32-35, 38, 62, 73, 76-77, 138, 253, 255
国債　10, 87, 103, 167-168
国際金属労連（IMF）　158
国際金属労連日本協議会（IMF-JC）　158-159
国際決済銀行（BIS）　203
国際収支の天井　103
国際収支問題　6-7, 99, 101-102, 104-106, 134, 146-147, 153, 167, 188-189, 193, 196-197, 200, 206, 254-255
国際自由労働組合総連盟（国際自由労連）　144, 154
国際通貨基金（IMF）　7, 34, 97, 104, 145, 201, 214-215
国際労働機関（ILO）　33-34, 36
　──結社の自由委員会　166
国税庁　23, 30
国勢調査　25
国鉄労働組合（国労）　116-117, 143-144, 156, 166
国鉄労働組合総連合会（国鉄総連合）　114, 116, 133
国民皆保険制度　11, 71
国民協同党　116, 133
国民保健サービス（NHS）（イギリス）　195, 198, 246
国民民主党　151-153
国務省（アメリカ）　118, 127-128
国有化　2, 35, 41, 195, 254
五大改革指令　113
国家安全保障会議（NSC）（アメリカ）　129
国会闘争共同委員会（国会共闘）　144
国家公務員　3, 8, 26, 73, 75, 90, 93, 106, 134, 156, 159
国家公務員給与等実態調査　93
国家公務員法　32, 93, 117-123, 140
国家諮問委員会（NAC）（アメリカ）　127-128, 130
国家の自律性　41, 70
国庫負担金制度　178
固定相場制　99-100, 123, 145
コーポラティズム　67, 98, 197, 248-253
　労働なき──　253

サ　行

再軍備　151, 153
財政赤字　46, 88-89, 100, 103-104, 107, 180, 225, 250
財政硬直化打開運動　87-88, 92, 98-99, 103-105, 109, 167-168, 170, 175
財政制度審議会　105, 168, 171
最大動員のシステム　4, 54, 257
財閥解体　125
財務省（アメリカ）　127-128
サッチャー（Thatcher, Margaret）　1, 9, 12, 68, 216-217, 219-220, 230, 247, 259
佐藤栄作　87-88, 153-154, 167, 172-175, 182
佐藤喜一郎　162, 166
佐藤達夫　91
三月闘争　117, 120, 122, 143
産業社会論　10, 63-64, 66, 224-225, 234
産業別組合会議（CIO）（アメリカ）　114
三公社民営化　1, 73, 75
サンフランシスコ講和条約　153
産別民主化運動　116, 143
自衛官　26-27, 36, 94
ジェンダー　47-48, 261
志賀義雄　114
事実　55, 60-61
ジスカールデスタン（Giscard d'Estaing, Valéry）　254
下からの圧力　67, 69, 71, 76, 82
七月号俸　115

索引

自治省　27, 178-181
自治庁　180
失業　217, 234, 247-249, 252-254
失業保険　227, 230, 248
幣原喜重郎　133
渋沢敬三　118
資本主義　1, 9-10, 16, 47, 64, 67, 69, 138
資本主義の多様性　10
下村治　154
社会開発　88, 154, 167
社会集団　7-8, 10, 12-14, 50, 66-68, 145, 147
社会的亀裂　66
社会福祉サービス　67, 70, 227, 262
社会保障支出　2, 56, 63, 225-227, 230-231, 235-236, 251
社会保障費　89, 168
社会民主主義政党　8-9, 82-83, 98, 150, 234-235, 237, 241
社会民主主義福祉国家　234, 240
シャープ（Sharp, Evelyn）　208
十月闘争　115
自由主義福祉国家　234, 240
修正資本主義　151-152
自由党(1950-1955)　150, 152-153
自由民主党（自民党）　8-11, 32, 82-83, 88-89, 93, 98, 100, 105, 150-154, 161-162, 167-168, 170, 174, 188, 234, 237, 266
収斂理論　10, 64-67, 225
春闘　6, 94, 154, 156-159, 166
省電安全運転事件　115
昭電疑獄事件　128, 144
「初期の対日方針」　124
職種別民間給与実態調査　93
職場委員　198, 205, 211
女性の社会進出　47, 49, 58, 71, 260, 262
職階制　118-119
所得政策　96-97, 197, 200-205, 211, 213-215, 217, 252
所得政策的調整　98
所得倍増　88, 96, 151, 153-154, 163
ジョーンズ（Jones, Jack）　205, 214, 217
指令ゼロ号　143
人員整理　91, 165-166, 173-174
人権指令　113
人件費　4, 6, 27, 43, 93-94, 98, 106, 168-170, 248-249, 254, 263-264, 267
新公共管理論(NPM)　83, 109
人事院　4, 6, 118-119, 121-122, 132, 139-142, 267
人事院勧告　4-6, 11, 90-97, 106, 121, 123, 132, 134-135, 139-142, 145, 154-155, 159, 161, 163-174, 178, 181, 188, 199, 257, 260, 266-267
　　　——の完全実施　91, 95, 109, 159-160, 172-174, 188
　　　——の実施日　95-96, 167, 173-175
　　　——の尊重　91-92, 166, 171, 188
人種　25, 56
新自由主義　12, 88, 107, 230, 246, 259
新物価体系　117, 125
スイス　24, 35, 58, 244
スウェーデン　12, 36, 46, 58, 76, 83, 98, 192, 231, 234, 239, 241, 249-250, 262
鈴木善幸　12
鈴木茂三郎　156
スト権スト　188
ストップ＆ゴー　193, 202
スミソニアン合意　210
正規職員　27, 161, 258
政権の党派性　7, 9, 83, 234-241, 246
政策波及　83
政策理念　12, 88
政治エリート　12-14, 66, 68-70, 72, 196
政治経済学　7, 12, 17, 226
政党システム　82-83, 152
制度論　7-13
　　合理的選択——　8
　　社会学的——　8, 13
　　歴史的——　8, 13
政府系企業　3, 5, 27
政府消費支出　2, 227-230
政令諮問委員会　134, 140
政令201号　118, 121, 143-144
世界大恐慌　69, 136, 145-146
世界労働組合連盟（世界労連）　144
石油危機　98, 103, 188-189, 211, 250-252, 254
積極的労働市場政策　255
全官公庁共同闘争委員会（共闘）　116
全官公庁労働組合連絡協議会（全官公）　117, 120, 122, 144

索　引

全国官公職員労働組合連絡協議会(全官公労協)　114-115
全国造船機械労働組合総連合(造船総連)　159
全国炭坑労働者組合(NUM)(イギリス)　211-212
全国労働組合共同闘争委員会(全闘)　116
漸増主義　63
全逓信従業員組合(全逓)　90, 114, 117, 135, 143-144
全日本教育労働組合(日教労)　114
全日本産業別労働組合会議(産別会議)　114-116, 133, 143
全日本自治団体労働組合(自治労)　27, 180-181
全日本電気機器労働組合連合会(電機労連)　159
全日本労働組合会議(全労会議)　158
全日本労働総同盟(同盟)　158
専門家　12, 162
占領期　6, 13-14, 21, 88, 154
争議権　4, 93, 96, 113, 118-119, 155, 157
総合予算主義　168
総務省　24, 27-28, 30, 32, 184, 262
総量規制方式　8, 167
総力戦　81, 139, 141
族議員　1, 93
ソ連　41, 127, 138

タ　行

第一次世界大戦　69, 136-137, 139, 198-199
第一次臨時行政調査会(第一臨調)　6, 15, 82, 107, 160-166, 180, 182
対応力　101, 103, 161
第三セクター　23, 27-28, 32, 184-186
代償機関　90, 96
大正デモクラシー　113, 136
第二次世界大戦　4-7, 16, 35, 63, 71, 76, 78-82, 108, 113, 124, 135-136, 138-139, 266
第二次臨時行政調査会(第二臨調)　12, 15, 73, 160, 188
タイミング　5, 7, 66, 70-72, 80, 83, 189, 240, 247
高野実　114, 144, 154-155, 158
高橋衛　164, 170
宝樹文彦　135, 143
竹花勇吉　159
脱工業化　67, 225-230, 233-234

田中角栄　89, 173-174
谷村裕　167-168
ダルトン(Dalton, Hugh)　194-195
団体交渉権　4, 96, 118-121, 254
団体交渉制度　122, 135, 139, 142-143, 199, 267
治安維持法　113, 138
地域人民闘争　117
チェンバレン(Chamberlain, Neville)　199
地方公共団体定員管理調査　25, 27-28, 56
地方交付税交付金　94, 168, 178
地方公務員　3, 26, 56, 73-75, 93-94, 134, 156, 159, 176-181
地方公務員法　93, 121, 180
地方財政計画　179
地方三公社　27, 184
地方自治体　22, 56, 74-75, 84, 106, 176, 178
チャーチル(Churchill, Winston)　195
中央省庁　22, 74, 86, 94
中央労働委員会(中労委)　113, 115-118
中間安定論　126, 128
中道政権　120, 125-126, 133
頂上団体　98, 197-198, 249, 252, 255
朝鮮戦争　151-153, 155, 180
直接供給　36, 43-45, 181, 262
賃金交渉制度　10, 67, 97-98, 197-198, 200, 248-252
賃金凍結　96-97, 201-206
通貨制度　100, 123
通商産業省(通産省)　1, 40, 42, 105
定員外職員　161, 171
定員管理　8, 87, 167
定員削減計画　188-189
定年制　180-181
底辺への競争　10
デ・ガスペリ(De Gasperi, Alcide)　138
出来事　55, 60-61
デンマーク　192, 241
ドイツ　24, 76, 135-136, 198, 231-233, 244
ドイツ・マルク　201, 252, 254
東京オリンピック　182
東京都清掃局　182-183
当然増　167-168
特殊法人　22-23, 26-27, 181-182
徳田球一　114
特定産業振興臨時措置法(特振法)　105

独立行政法人　3, 26, 32
ド・ゴール(de Gaulle, Charles)　254
都市清掃改善闘争　180
ドッジ(Dodge, Joseph)　129-130
ドッジ・ライン　6, 81, 124, 132, 143-144, 147, 150-151
ドライヤー(Dreyer, Erik)　166
トリアッティ(Togliatti, Palmiro)　137-138
トルーマン(Truman, Harry S.)　129, 194
トルーマン・ドクトリン　127, 138
ドレイパー(Draper, Jr., William H.)　126-127, 129

ナ 行

内閣人事局　265-266
内閣府　28, 160
内閣法制局　171
中曽根康弘　1, 69, 73, 75
ナチス　136, 252
二・一ゼネスト　116, 118, 122, 142-143
西尾末広　114, 144, 158
西ドイツ　137, 192
二重労働市場　265
日米安全保障条約(日米安保条約)　88, 153, 163
日本型所得政策　188
日本官公庁労働組合協議会(官公労)　144, 156-157, 159
日本共産党(共産党)　82, 114, 116-117, 122, 133, 135, 138-139, 143, 154, 159
日本教職員組合(日教組)　116
日本経営者団体連盟(日経連)　147
日本公務員労働組合共闘会議(公務員闘)　159, 172
日本国家公務員労働組合共闘会議(国公共闘)　156
日本私鉄労働組合総連合会(私鉄総連)　144, 155, 157
日本社会党(社会党)　8-9, 82, 89-91, 114, 116, 133, 151-153, 156-158, 165-166, 173-174, 180-181
日本自由党　115, 133
日本炭坑労働組合(炭労)　155-157
日本鉄鋼産業労働組合連合会(鉄鋼労連)　157, 159
日本電気産業労働組合(電産)　144
日本民主党　153
日本労働組合全国評議会(全評)　114
日本労働組合総評議会(総評)　89-90, 144, 154-159, 166
日本労働総同盟(総同盟)　114-116, 133, 138, 144, 158
入札改革　45
ニュージーランド　177, 246
ニューディーラー　125
ネットワーク　259-260
年金　67, 70-71, 89, 227, 230, 236, 248, 255
農業補助金　11, 47, 89
農村バイアス　89
野村総合研究所(野村総研)　25
ノルウェー　46, 58, 83, 98, 241, 250-251

ハ 行

配置転換　91, 164-165, 173-174
パーキンソンの法則　63
ハード(Hurd, Douglas)　210
鳩山一郎　153
鳩山由紀夫　32
パルメ(Palme, Olof)　250
ハロルド(Harold, J. R.)　135
ヒエラルキー　259
東日本大震災　1, 266
非常勤職員　27, 262
ヒース(Heath, Edward)　207-208, 210-212
ヒースコート=エイモリー(Heathcoat-Amory, Derick)　196
ヒトラー(Hitler, Adolf)　136
ヒーリー(Healy, Denis)　213-214
ヒンデンブルク(Hindenburg, Paul von)　136
ファシズム　135-138
フィードバック効果　13, 70, 147, 262-263
フィンランド　36, 241, 250-251
フーヴァー(Hoover, Blaine)　14, 118-122, 132, 140
フーヴァー委員会(アメリカ)　108, 162, 165
フェミニズム運動　261
フェルト(Feldt, Kjell-Olof)　250
付加価値税　71
武器貸与法(アメリカ)　194
福祉元年　89
福祉国家　10, 36, 42, 47, 68

――改革　70, 88, 230
――研究　58, 66, 70-71, 234, 261
――の黄金時代　235
――の拡大　67, 225-226, 230-231, 233-237, 239-240, 247-249, 255
――の縮減　10, 70, 230-231, 235
福田赳夫　173
福田康夫　265
物価・所得法（イギリス）　204-205
フット（Foot, Michael）　194
不満の冬　217-219
プラウデン財政支出委員会（イギリス）　206
フラン　146, 254
フランス　24-25, 36, 53, 76, 146-147, 192-193, 196, 244, 253-255
プリーストリー方式（イギリス）　199, 202-203
プリンシパル・エージェント論　45
フルトン委員会（イギリス）　206-208
ブレトン・ウッズ体制　6, 99, 145, 147, 193, 196
プログラム予算（PPBS）　108
文化　7, 9, 11-12, 15
平和四原則　154
ベヴァン（Bevan, Aneurin）　195
ベースアップ　132, 161, 163, 166, 170
ベルギー　36, 192, 244
ベン（Benn, Tony）　214
変動相場制　100, 103, 188, 210
ホイットレー（Whitley, John Henry）　199
ホイットレー協議会（イギリス）　120, 198-199, 202
ボイル（Boyle, Edward）　208
貿易資金特別会計　125, 130
貿易庁　124-125
包括政党　162
星加要　144
保守合同　150-151, 153
保守政党　8-9, 82, 150
保守党（イギリス）　9, 192, 195, 200-201, 203, 206-208, 211-212, 218, 220
補正予算　94, 106, 168
細谷松太　116, 143-144
ポツダム命令　113
ポーランド　34
保利茂　90-91, 173
ポンド　7, 145, 147, 192-196, 200-203, 205, 210, 213-215

マ 行

マクミラン（Macmillan, Harold）　201-203, 206
マーシャル・プラン　127, 138, 144
松岡駒吉　114, 144
マッカーサー（MacArthur, Douglas）　113, 116-118, 120-121, 126-129
マッカーサー書簡　118, 121-122, 142-143
マディソン（Madison, James）　57
マルクス主義　9, 41, 64, 69
三木武夫　188
三井三池闘争　158-159
ミッテラン（Mitterrand, François）　253-254
宮澤喜一　140, 170
宮田義二　159
民営化　1-2, 15, 107, 231, 255
民間委託　5, 43, 45, 83, 107, 178, 180, 227, 231
民間給与実態統計調査　30
民主化　82, 113-114, 118, 120, 122, 125-127, 266
民主社会党（民社党）　158
民主自由党（民自党）　128-129, 133, 150
民主党（1947-1950）　116, 133, 150-152
民主党（1998-）　32, 265
ムッソリーニ（Mussolini, Benito）　137
村上孝太郎　167-168
モードリング（Maudling, Reginald）　203
モンテスキュー（Montesquieu, Charles-Louis de）　57

ヤ 行

山口光秀　109, 171
山下興家　140
ヤング（Young, Ralph）　128
友愛会　138
予算最大化モデル　40
予算編成方針　100-102
吉田茂　115-116, 118-119, 128, 133-134, 139-140, 150-152
予備費　94, 106, 168
ヨーロッパ　122-123, 139, 192
世論調査　37, 39, 59, 70, 218
四・八声明　159

ラ 行

利益配分体系　88, 98
陸軍省(アメリカ)　127-128
立憲政友会　82
立憲民政党　82, 153
リッジウェイ声明　134, 140, 153
リーマン・ショック　1, 46
猟官制　266
理論構築　54
臨時職員　27
臨時人事委員会　120-121, 132, 140
冷戦　6, 13, 122-124, 127, 132, 134, 137-139, 144, 150-151, 153, 251
レーガノミクス　69
レーガン(Reagan, Ronald)　1, 230, 246-247
歴史の分岐点　10, 13, 71
連合国軍総司令部(GHQ)　6, 14, 112-130, 132, 135, 139-140, 142, 144
　──経済科学局(ESS)労働課　113, 116, 120, 132, 135
　──民政局(GS)公務員制度課　113, 118-121, 132
連邦準備制度理事会(FRB)(アメリカ)　127-128
ロイド(Lloyd, Selwyn)　201-202
ロイド・ジョージ(Lloyd George, David)　199
ロイヤル(Royall, Kenneth C.)　126-127
労使関係法(イギリス)　211, 213
労使協調　10, 97, 115-116, 125, 158-159, 163, 201-203
労働運動　8, 82, 113-116, 118, 120, 122-123, 133, 135-139, 141, 143-145, 154, 156, 158-159
労働関係調整法　113
労働基本権　4, 11, 92-93, 96, 113, 118-119, 121-122, 140-143, 166, 257, 266-267
労働組合会議(TUC)(イギリス)　197-198, 200-205, 211-213, 217-218
労働組合法　113, 147
労働参加率　48-49
労働者の階級利益　67, 233-234
労働省　115
労働党(イギリス)　192, 194-195, 200, 203-207, 212-214, 217-218, 220
ロシア革命　137-138
ロジャーノミクス　69

ILO 第 87 号条約　140, 166
IMF 危機　215, 217
NSC 13/2　123, 129
PFI　45

著者略歴

1980年　東京に生まれる．
2003年　東京大学文学部卒業．
2011年　東京大学大学院法学政治学研究科博士課程修了．
　　　　首都大学東京大学院社会科学研究科准教授，東京
　　　　大学大学院法学政治学研究科准教授を経て，
現　在　東京大学大学院法学政治学研究科教授．

市民を雇わない国家
　　日本が公務員の少ない国へと至った道

2014年 9 月25日　初　版
2024年10月10日　第 6 刷

［検印廃止］

著　者　前田　健太郎
　　　　（まえだ　けんたろう）

発行所　一般財団法人　東京大学出版会

代表者　吉見　俊哉

153-0041 東京都目黒区駒場 4-5-29
https://www.utp.or.jp/
電話 03-6407-1069　Fax 03-6407-1991
振替 00160-6-59964

印刷所　株式会社三陽社
製本所　牧製本印刷株式会社

Ⓒ 2014 Kentaro Maeda
ISBN 978-4-13-030160-2　Printed in Japan

JCOPY〈出版者著作権管理機構 委託出版物〉
本書の無断複写は著作権法上での例外を除き禁じられています．複写される場合は，そのつど事前に，出版者著作権管理機構（電話 03-5244-5088，FAX 03-5244-5089, e-mail: info@jcopy.or.jp）の許諾を得てください．

東京大学法学部編 「現代と政治」委員会	東　大　政　治　学	46・1800 円
辻　　清　明著	公　務　員　制　の　研　究	A5・5800 円
大　森　　彌著	官　の　シ　ス　テ　ム 行政学叢書 4	46・2600 円
牧　原　　出著	行政改革と調整のシステム 行政学叢書 8	46・2800 円
曽　我　謙　悟著	現 代 日 本 の 官 僚 制	A5・3800 円
加　藤　淳　子著	税　制　改　革　と　官　僚　制	A5・6000 円
城　山　英　明編 大　串　和　雄	政　策　革　新　の　理　論 政治空間の変容と政策革新 1	A5・4500 円
羅　芝　賢著	番　号　を　創　る　権　力	A5・4600 円

ここに表示された価格は本体価格です．ご購入の
際には消費税が加算されますのでご了承ください．